Das Beste von
Karl Valentin

Herausgegeben von Elisabeth Veit

Piper   München Zürich

ISBN 3-492-04039-X
2. Auflage 1998
© Piper Verlag GmbH, München 1998
Gesetzt aus der Janson Text
Umschlaggestaltung: Zero Werbeagentur, München
Druck und Bindung:
Graphischer Großbetrieb Pößneck, Pößneck
Printed in Germany

Inhalt

Dialoge und Streitgefechte

Der Radfahrer 12
Teppichklopfen 13
Der Hasenbraten 15
Der neue Buchhalter 18
Am Heubod'n 20
Der Trompeter von Säckingen 22
Das Hunderl 24
Ballgespräch 26
Beim Arzt 27
Zitherstunde 29
Wahre Freundschaft 31
Semmelknödel 34
Die Fremden 36
Der überängstliche Hausverkäufer 38
Der Vogelhändler 40
Schwierige Auskunft 42
Streit mit schönen Worten 44
Telefon-Schmerzen. Buchbinder Wanninger 46
Mir hat geträumt 49
Haben Sie Zeit, gehn's mit 50
Mein Freund Oskar 51
Pessimistischer Optimismus 53
Zeuge Winkler 55
Transport-Schwierigkeiten 58
Verstehst nix von der Politik 60
Geschäftsleute 62
Nein 64
Die Atombombe 66
Funk-Reportage 68
Vater und Sohn über den Krieg 71

Monologe und skurrile Reden

Das Aquarium 78
Ich bin ein armer, magerer Mann 80
Der verlorne Brillantring 82
Ein komischer Liebesbrief 84
Die Uhr von Löwe 85
All Heil! 86
Der Feuerwehrtrompeter (Signalist) 88
Der schneidige Landgendarm 91
Das Münchner Kindl vom Rathausturm besucht die
    unter ihm liegende Stadt 94
Unpolitische Rede 96
1. Narrenrede 97
Der Photograph 99
Der Menter Xaver hat Zahnweh 102
Brief aus Bad Aibling 105
Der Regen 106
Hochwasser 108
Quo vadis 111
Die Schlacht bei Ringelberg 113
Neues vom Starnberger See 115
Kreszenz Hiagelwimpft 118
Auf dem Marienplatz 121
Lernt Autoen! 122
Klagelied einer Wirtshaussemmel 124
Karl Valentins Olympia-Besuch 1936 127
Vereinsrede 128
Die Brennessel 130
Historisches 131
Die Friedenspfeife 133
Schamgefühl 133
Im Jenseits 134
Die Geldentwertung 137

Szenen und Theaterstücke

Schuhplatten Text. Alpensängerterzett 140
Schau- & Sturzflüge im Lokal 143
Beim Tiefsee-Taucher 150
Theater in der Vorstadt 155
Das Clownduett oder die verrückten Notenständer 181
Raubritter vor München 187
Bahnhofszene 211
Die zwei Elektrotechniker oder
  »Der reparierte Scheinwerfer« 215
Das Brilliantfeuerwerk. Rosenau 224
Eine fidele Münchner Stadtratssitzung anno dazumal . . . 245
Im Photoatelier 248
An Bord 263
»Der Wilddieb« oder Die blutige Begegnung in der
  Höllenschlucht 275
Um das braune Band 278
Die Ahnfrau 281
In der Schreinerwerkstätte 283
Die Mutter 289
Wie heißt der Notenwart? 291
Valentin fährt Straßenbahn 293
Im Uhrmacherladen 295
Der Zirkuskauf 298
Luftballonkatastrophe 300

Couplets und Lieder

Rezept zum russischen Salat 304
Trommelverse von der roten Feder! 306
Romance in C-Moll 310
Parodie auf Still ruht der See 311
Blödsinn-Verse 312
Chinesisches Couplet 314

Der Maskenball der Tiere 315
Das futuristische Couplet 317
Klapphornverse 318
Wenn ich einmal der Herrgott wär' 321
Alte Volkslieder – wieder »zeitgemäß« 322
Der Herrgott schaut oft von oben runter 325
Loreley 326
Expressionistischer Gesang 327

Filme und Filmszenen

Wie entstand die Jazzkapelle 332
Münchner Fremdenrundfahrt 334
Sie weiß etwas 339
Die gestreifte Zeltleinwand oder im Übereifer gehandelt . 347
Schloß Grünwald 350
Weltanschauung 352
Unterbrechungen 354
Mo-zart! 356
Die gestrige Zeitung 359

Realsatire in Briefen

Brief an den Feuilletonredakteur Dr. Walter Behrend . . . 364
Brief an den Schauspieler Max Pallenberg 365
Brief an eine Zigarettenfabrik 366
Brief an den Schriftsteller Dr. Eugen Gürster 367
Brief an den Schauspieler Gustl Waldau 368
Brief an die Tochter Bertl Fey 369
Brief an den Kunstmaler Otto Pippel 371
Brief an den Direktor des Münchner Volkstheaters 372
Brief an den Programmmreferenten des Reichssenders
    München Dr. Heinrich Cassimir 374

Brief an den Beamten des Wasserbauamtes München
  R. Knorr 375
Brief an die Schriftleitung der Süddeutschen Sonntagspost 376
Brief an den Münchner Oberbürgermeister Karl Fiehler . . 378
Brief an das Wirtschaftsamt München 379
Brief an den Bürgermeister von Grünwald Dr. Hans Eberl   380

Anhang

Zeittafel 382
Nachwort 387
Bildnachweis 398

Dialoge und Streitgefechte

Der Radfahrer

1928

PERSONEN: *Der Radfahrer Karl Valentin, ein Schutzmann.*

SCHUTZMANN: Halt!

Valentin blinzelt den Schutzmann an.

SCHUTZMANN: Was blinzeln Sie denn so?

VALENTIN: Ihre Weisheit blendet mich, da muß ich meine Schnee-
brille aufsetzen.

SCHUTZMANN: Sie haben ja hier eine Hupe, ein Radfahrer muß doch
eine Glocke haben. Hupen dürfen nur die Autos haben, weil die
nicht hupen sollen.

VALENTIN *(drückt auf den Gummiball):* Die meine hupt nicht.

SCHUTZMANN: Wenn die Hupe nicht hupt, dann hat sie doch auch
keinen Sinn.

VALENTIN: Doch – ich spreche dazu! Passen Sie auf, immer wenn ich
ein Zeichen geben muß, dann sage ich Obacht!

SCHUTZMANN: Und dann haben Sie keinen weißen Strich hinten am
Rad!

VALENTIN: Doch! *(Zeigt seine Hose.)*

SCHUTZMANN: Und Rückstrahler haben Sie auch keinen.

VALENTIN: Doch! *(Sucht in seinen Taschen nach.)* Hier!

SCHUTZMANN: Was heißt in der Tasche – der gehört hinten hin.

VALENTIN *(hält ihn auf die Hose):* Hier?

SCHUTZMANN: Nein – hinten auf das Rad – wie ich sehe, ist das ja ein
Transportrad – Sie haben ja da Ziegelsteine, wollen Sie denn bauen?

VALENTIN: Bauen – ich? Nein! – warum soll ich auch noch bauen?
Wird ja so soviel gebaut.

SCHUTZMANN: Warum haben Sie dann die schweren Steine an Ihr
Rad gebunden?

VALENTIN: Damit ich bei Gegenwind leichter fahre, gestern in der
Frühe z. B. ist so ein starker Wind gegangen, da hab ich die Steine
nicht dabei gehabt, ich wollt' nach Sendling nauf fahren, daweil
bin ich nach Schwabing nunter kommen.

SCHUTZMANN: Wie heißen Sie denn?
VALENTIN: Wrdlbrmpfd.
SCHUTZMANN: Wie?
VALENTIN: Wrdlbrmpfd – –
SCHUTZMANN: Wadlstrumpf?
VALENTIN: Wr – dl – brmpfd!
SCHUTZMANN: Reden S' doch deutlich, brummen S' nicht immer in Ihren Bart hinein.
VALENTIN *(zieht den Bart herunter):* Wrdlbrmpfd.
SCHUTZMANN: So ein saublöder Name! – Schaun S' jetzt, daß Sie weiter kommen.
VALENTIN *(fährt weg – kehrt aber nochmal um und sagt zum Schutzmann):* Sie, Herr Schutzmann – – –
SCHUTZMANN: Was wollen Sie denn noch?
VALENTIN: An schönen Gruß soll ich Ihnen ausrichten von meiner Schwester.
SCHUTZMANN: Danke – ich kenne ja Ihre Schwester gar nicht.
VALENTIN: So eine kleine stumpferte – die kennen Sie nicht? Nein, ich habe mich falsch ausgedrückt, ich mein, ob ich meiner Schwester von Ihnen einen schönen Gruß ausrichten soll?
SCHUTZMANN: Aber ich kenne doch Ihre Schwester gar nicht – wie heißt denn Ihre Schwester?
VALENTIN: Die heißt auch Wrdlbrmpfd – – –

Teppichklopfen
1928

Teppichklopfgeräusch .....
KARLST Ja du Drecksau du dreckate, ja woast denn du net, daß ma im Stiagnhaus net Teppichklopfa derf – magst scho aufhörn gell, hör doch amal auf, sonst hetz i dir an Hausherrn nauf auf's Gnack, das'di auskennst willst jetzt net glei aufhörn ha?

VALENT Ja sie schaug o, gehts di vielleicht was o, wenn i Teppich klopf, werd dir scho passen, gell weiblicher Hausmoasteraff – sie hoaßt mi a Drecksau ...

KARLST Ja des bist a und jetzt hörst amal mit dem Klopfa auf und gehst schleunigst mit deine staubigen Perser in Hof hinter, da kannst dann klopfa, solang der Himmel blau is, aber im Stiagnhaus hörst ma auf mit dem Getös.

VALENT So, dös kannst ma du gar net vabieten, gell.

KARLST Sag liaber dein Hundsbuam er soll mir d'Milli bringa, gell, gestern hat ers erst um achte in der Früah daher bracht und um siebne muaß mei Mo scho in d'Arbeit fort.

VALENT Geht ja mi nichts o, was der Bua ..

KARLST Und wenn ers morgn wieder um achte daher bringt, na reiß i eahm seine Senflöffen raus aus sein rothaareerten Kommisloawekopf, gell und wirf'n sammt de Millekübeln üba d'Stiagn nunter, daß 'd as woaßt.

VALENT So, dös konnst ja probiern und konnst amal mein Buam probeweis über d'Stiagn abewerfa, dann dakrei i Dir aba d'Fassad, daß 'd moanst, der Blitz hat di gstroaft, du alter Brotbrocka und von morgn ab kannst da dei Milli selber holn.

KARLST Ja dös tua i scho denn vor deim unapetittlichen Saubuam da graust ma ja scho lang und wennst du net selber so a Drecksau warst, na tatst eahm vorm Milleaustragn z'erst schneizen, gell, sonst dafallt er sich noch amal über sei eigne Rotzglock'n.

VALENT So – ich bin Gott sei Dank eine reinliche Person und über meine Kinder und über mei reelles Gschäft sagst ma nichts, du Z'sammag'schneckelter Hausmoastertrampel.

KARLST Dir gib i dann glei an Hausmoastertrampel gell – über dei reells G'schäft da sollst du a no rennomiern.

VALENT Du konnst mi.

KARLST Du bist ja wega deiner Gipswasserhandlung länger in Stadelheim drauß wia in deiner Milliburg, gell und jetzt will i dir no was sagn, wennst in deiner Wohnung koa Wasserleitung hättst, na warst ja a scho lang dahungert, denn dei dappiger Mo konn dich mit'n Zahnstocherschnitzeln net dahalten.

VALENT Ja – aber mein Mo tuast du aus'n Spiel lassen gell, du rinnaugate Hausmoasterdreckdrossel – gell zum poussiern war er dir scho recht g'wesen, wiast man damals auf der Redout ausspanna hättst wolln, aber er hat dir was g'huast.

KARLST Geh hör auf – hör auf – hör auf ...

VALENT Du gräußlichs Wei ...

KARLST Und dei gichtbrüchiger Millewaglhengst ja – der hat mich a scho amal am Peter und Paulitag in's Kaffehaus g'führt – bis jetzt hast as ja gar net gwußt, aba i hab'n ja gar net mög'n, ich hab mi ja glei dünne g'macht und hab'n sitzen lassen, weil i mit an solchan Stefften

VALENT Der hat scho dir nichts wolln.

KARLST wia dei Mo is, allerhand Aufsehgn eregn tat.

VALENT Ja mei Mo ist auf di no net scharf gwesen, dös machst mir net weiß. Auf dei 15 ctm Mai gibt dir mei Mo koan Kuß und wenn er dir wirkli scho oan gebn hat, dann woaß i a jetzt, wo er sein letzten Rufaschmarrrn her hat.

KARLST Aber du konnst a koan Mo nimmer reizen mit dein blatterngsteppten Rosenteint und deiner rosaroten Warzen am Kinn du zahnluckate Salonrufa, daß 'd as woaßt, da geh her, wennst da traust, na hau i dir a solchas.

VALENT Wer is a Salonrufa?

Beide schreien und raufen ......

KARLST Dö ganzen Haar reißt's ma raus ahhh ....

STIMME: Und wenn sie nicht gestorben sind, dann raufen sie heute noch?

Der Hasenbraten

1936

MANN: Elisabeth! – Ich hab doch Hunger, was is denn heute mit dem Hasenbraten?

FRAU: Der ist noch nicht ganz fertig, aber die Suppe steht schon am Tisch.

MANN: *(schlürft)* Na, die Suppe ist heut wieder ungenießbar.

FRAU: Wieso? Dös is sogar heut eine ganz feine Supp'n.

MANN: Das sagt ja auch niemand, daß die Supp'n nicht fein ist, ich
mein' nur, sie ist ungenießbar, weil's so heiß ist.

FRAU: Eine Suppe muß heiß sein.

MANN: Gewiß! Aber nicht zu heiß!

FRAU: dddddddd – alle Tag' und alle Tag' das gleiche Lied, entweder ist ihm d'Supp'n z'heiß oder sie ist ihm zu kalt; jetzt will ich
Dir amal was sag'n, wenn ich Dir nicht gut genug koch', dann
gehst ins Wirtshaus zum Essen.

MANN: Dös is gar net notwendig, die Supp'n is ja gut, nur zu
heiß.

FRAU: Dann wartest halt so lang, bis kalt is.

MANN: Eine kalte Supp'n mag ich auch nicht.

FRAU: Dann – – – – – – – jetzt hätt' ich bald was g'sagt.

MANN: Ich weiß schon – – – – – nach'm Essen.

FRAU: Jeden Tag und jeden Tag muß bei uns gestritten werden,
anders geht's nicht.

MANN: Na ja, Du willst es ja nicht anders haben.

FRAU: So, bin ich vielleicht der schuldige Teil?

MANN: Na wer denn, hab' ich die Supp'n kocht?

FRAU: Eine kochende Suppe ist immer heiß.

MANN: Ja vielleicht kochst Du's zu lang!

FRAU: Zu lang? Nein, nein, morg'n häng' i an Thermometer in Sup-
pentopf nei, damit der Herr Gemahl a richtig temperierte Supp'n
bekommt.

MANN: Eine gute Köchin braucht kein' Thermometer zum Supp'n
kochen.

FRAU: Ja ja, nun kommt die spöttische Seite, so geht's ja jeden Tag,
zuerst nörgelt er und dann kommt der Spott auch noch dazu.

MANN: Was heißt nörgeln, ich habe doch als Mann das Recht zu
sagen, die Suppe ist mir zu heiß.

FRAU: Jetzt fangt er wieder mit der heißen Supp'n an; es ist wirklich
zum verzweifeln.

MANN: Du brauchst nicht zu verzweifeln, Du sollst die Suppe so auf
den Tisch stellen wie sie sein soll, nicht zu kalt und nicht zu heiß.

FRAU: Aber jetzt ist sie doch nicht mehr zu heiß!

MANN: Jetzt nicht mehr, aber wie Du sie hereingetragen hast, war sie zu heiß.

FRAU: Schau, schau, er hört nicht mehr auf, er bohrt immer wieder in dasselbe Loch hinein.

MANN: Wieso, was soll denn das heißen?

FRAU: Weil Du immer wieder mit der heißen Supp'n daherkommst.

MANN: Du bist doch mit der heißen Supp'n hereingekommen, nicht ich, Du drehst ja den Stiel um.

FRAU: Du bist und bleibst ein Streithammel *(Zwischenreden:* Du – nein Du!) – – Horch – – *(3 mal schnüffeln)* – Was riecht denn da so komisch?

MANN: Ich hör' auch was – – da brandelt was –

FRAU: Hast vielleicht wieder eine brennende Zigarette auf den Teppich geworfen?

MANN: Ich hab' ja heute noch nicht geraucht und wenn ich geraucht hätt', dann hätt' ich die Zigarette nicht auf den Teppich, sondern in den Aschenbecher geworfen.

FRAU: Ich hab's ja auch nicht behauptet, ich hab' ja nur gemeint, und meinen werd' ich noch dürfen. Um Gotteswillen, der Rauch kommt ja aus dem Gang!

MANN: No, so geh halt naus und schau, was los ist.

FRAU: Mein Gott! – Die ganze Küche ist voll Rauch – *(macht Ofentüre auf)* Jessas, der Has' ist verbrannt!

MANN: Ja ja, bei uns muß ja immer was los sein!

FRAU: So! – *(Kommt aus der Küche auf den Mann zu und zeigt ihm den Braten)* Da schau her, da schau her, da haben wir jetzt die Bescherung! Mit Deiner ewigen Streiterei ist unser ganzes Essen verbrannt.

MANN: So Mahlzeit! – Und drinnen waltet die tüchtige Hausfrau!

FRAU: Wer ist denn schuld? Du! Mit Deinem ewigen Streiten und Nörgeln!

MANN: Ich habe nicht gestritten und genörgelt, ich hab' ja nur gesagt, daß die Suppe zu heiß ist!

FRAU: Jetzt fangt er wieder an mit der heißen Supp'n, ich lauf noch auf und davon!

MANN: Auf brauchst gar nicht laufen, nur davon! – Genügt mir vollständig!

FRAU: Mit lauter Streiten hab' ich ganz drauf vergessen und der arme arme Has' ist jetzt im glühenden Ofenrohr jämmerlich verbrannt. – – – Essen kannst'n nimmer!

MANN: Das glaub' ich! Aber dem Tierschutzverein werd' ich's melden!

Der neue Buchhalter
1937

(Der Chef zum neu-angestellten Buchhalter.)

CHEF: Also Herr Maier, Sie beginnen heute Ihre Tätigkeit in meinem Geschäft als Buchhalter.

BUCHH: Jawohl, Herr Maier!

CHEF: Es ist natürlich wieder ein Verhängnis, daß Sie auch Maier heißen, genau wie ich.

BUCHH: Jawohl Herr Meier, aber ich schreibe mich Maier mit a i und Sie Herr Meier mit e i.

CHEF: Nun ja, aber wie's der Kuckuck haben will, habe ich noch mehrere Meier in meiner Fabrik, und zwar mein Teilhaber, der heißt auch Meyer.

BUCHH: Das ist natürlich tafal – fatal, das muß ja zu Verwechslungen führen!

CHEF: Nein, nein! Verwechslungen gibt es da nicht, denn der Teilhaber schreibt sich ja Meyer mit Ypsilon.

BUCHH: Verzeihung! So, so, dann natürlich nicht.

CHEF: Dann haben wir noch einen weiteren Meier bei uns, und zwar, den Hausmeister, der heißt aber Gott sei Dank Meir, also hinten ohne e.

BUCHH: Na fabelhaft! Das ist natürlich kinderleicht, den und die anderen Meier auseinanderzukennen.

18

CHEF: Na, das will ich nicht sagen, der Hausmeister Meir muß nur sehr prägnant ausgesprochen werden.

BUCHH: Natürlich Herr Meier, also Meir!

CHEF: Das wären also die 4 Meier in meinem Geschäft; nun zu den Kunden und Geschäftsleuten. Da schreiben sich nahezu ein halbes Dutzend ebenfalls wieder Meier in allen Variationen. Merken Sie sich nun, was ich Ihnen sage.

BUCHH: Jawohl, Herr Meier!

CHEF: Also passen Sie auf!, Herr Maier! Unser Holzlieferant heißt Mayer, den können Sie aber mit sich niemals verwechseln, weil Sie sich ja mit a i schreiben und der mit a Ypsilon.

BUCHH: Aha, also wie der Hausmeister.

CHEF: Wieso der Hausmeister? Der Hausmeister schreibt sich doch Meir, ohne hinten mit e.

BUCHH: Richtig! Hinten ohne mit e, ich war jetzt in Gedanken, hinten mit e, Verzeihung!

CHEF: Zu aller Fatalität heißt nämlich mein Schwiegersohn auch noch Mejer, aber Mejer mit Jott und dann haben wir noch einen Kunden mit dem Namen Meierer. Um aber Verwechslungen zu vermeiden, ist es das einfachste, Sie merken sich die Schreibweise der vielen Meier.

Also: 1. Meine Wenigkeit Meier	M e i e r geschrieben
Ihre Wenigkeit Maier	M a i e r geschrieben
Mein Teilhaber Herr Meyer	M e y e r geschrieben
Der Hausmeister Meir	M e i r ohne e am Schluß
Der Holzhändler Mayer	M a y e r geschrieben
Mein Schwiegersohn Mejer	M e j e r geschrieben
und mein Kunde Meierer	M e i e r e r geschrieben.

So wäre es sehr einfach und jede Verwechslung ausgeschlossen. Dann noch ein wichtiger Punkt. Wenn einer oder der andere Meier ins Geschäft kommt, dann ist es ja leicht für Sie, im Laufe der Zeit die vielen Meier auseinander zu kennen. Sagen wir, der Herr Meier mit i geschrieben, hat ein gestreiftes Taschentuch, der 2. Meier trägt einen schmutzigen Kragen – – –

BUCHH: Wenn er aber einen frischen Kragen trägt?

CHEF: Nun ja, dann erkennen Sie ihn eben an dem frischen Kragen.

Kritisch ist die ganze Sache mit den vielen Meiern nur am Telefon, wenn man diese Kerle nicht sieht.

Buchh: – – – dann einen Fernsehapparat!

Chef: Ach Fernsehapparat! – So weit sind wir noch nicht. Haben Sie also gut aufgepaßt, was ich Ihnen gesagt habe?

Buchh: Selbstverständlich!

Chef: Also, wiederholen Sie die Schreibweise der vielen Meier!

Buchh: Der eine Meier hat vorne ein schmutziges Taschentuch und hinten ein Ypsilon. Der zweite Meier hat hinten das a und vorne reibt er sich mit Jot ein.

Chef: Sie Idiot sagen alles verkehrt! Was würden Sie tun, wenn die Meier alle plötzlich kämen?

Buchh: Zusperren und keinen hereinlassen, Herr Meier!

Am Heubod'n

1937

Anni: Simmerl, Simmerl! wo bist denn?

Simmerl: Do!

Anni: Wo?

Simmerl: Do!

Anni: I seh Di ja net.

Simmerl: Desweg'n bin i do da.

Anni: Ja hörn tua i Di scho', aber seh'gn tua i Di net.

Simmerl: Ja dös sell ko' i scho' versteh, weilst halt im Finstern nix siehst.

Anni: Aba warum hört ma nacha im Finstern was?

Simmerl: Ja warum? Hörst Du ebba jetzt grad was?

Anni: Freili'! Di hör i.

Simmerl: Warum grad ausg'rechnet mi?

Anni: Weil halt sunst wahrscheinli neamand da is.

Simmerl: Ja woaßt Du dös g'wiß?

ANNI: Freili woaß i dös g'wiß, sunst tat i do außer Dir no ebbs hör'n.

SIMMERL: Hörst Du mi denn a wenn i nix red?

ANNI: Sell woas i net, red amal nix, ob i nacha was hör.

SIMMERL: Ja jetzt paß auf, jetzt red i nix – Hast dös jetzt g'hört wia i nix g'redt hab?

ANNI: Ja tadellos – und dös hab i nacha g'hört wiast g'sagt hast »hast dös g'hört wia i nix g'redt hab?«

SIMMERL: So, dös hast g'hört? – Aber des andere net?

ANNI: Was für a anders?

SIMMERL: No ja, wia i nix g'redt hab.

ANNI: Na, zuaghört hab i scho', aber g'hört hab i nix.

SIMMERL: Dös is g'spaßig, gell, mit dera Hörerei!

ANNI: Ja, dös is wohl g'spaßig. – Du Simmerl! probiern ma dös gleiche mit'n sehn a, statt mit'n horch'n, schaug amal net, ob i Di na seh?

SIMMERL: Ja is scho recht, jetzt schaug i amal net – – jetzt hab i net g'schaut, hast mi' g'sehn?

ANNI: Na!

SIMMERL: Hast mi wirklich net g'sehn?

ANNI: Na g'wiß net, i hab Di ja z'erst a net g'sehn wiest g'schaut hast.

SIMMERL: Was? Da hast mi a net g'sehn?

ANNI: Na!

SIMMERL: Ja wo hast nacha da hing'schaugt?

ANNI: Nirgends.

SIMMERL: Warum hast denn dann nirgends hing'schaut?

ANNI: Ja wo hätt i denn sonst hinschau'n soll'n?

SIMMERL: Ja mei, zu mir her hätt'st schaun soll'n.

ANNI: Im Finstern seh i Di doch net.

SIMMERL: Ja warum net?

ANNI: Wenn Du dös net woaßt, wia soll's denn dann i wiss'n? Wo i doch viel dümmer bin als Du.

SIMMERL: Na Anni, dös kannst a net sag'n, mir zwei san scho' gleich dumm, sunst kunnt ma net so saudumm daherred'n.

Anni: War dös saudumm, was mir jetzt grad gredt ham?

SIMMERL: Na ganz saudumm no net.

ANNI: No net? – Was is denn nacha ganz saudumm?

SIMMERL: Ganz saudumm wär z. B. dös, wenn i zu Dir g'sagt hätt' –
Anni! Halt Dir amal d'Ohr'n zua, dann schaug i ob i Di riach.
ANNI: So, dös is ganz saudumm?
SIMMERL: Ja, dös wär ganz saudumm!
ANNI: O mei bin i saudumm, daß i net amal g'wußt hab, was ganz
saudumm is.

Der Trompeter von Säckingen
1937

K: O mei, Herr Nachbar, Sie hab'n ja von historischen Ereignissen
nicht die geringste Ahnung.

V: Ja glauben S' mir doch, der Trompeter von Säckingen war ein
ganz einfacher Mann, nur mit dem Unterschied, daß er immer
eine Trompete dabeig'habt hat.

K: Wieso immer eine Trompete?

V: Na ja, wie ein anderer immer seinen Regenschirm dabei hat, so
hat der eine Trompete bei sich g'habt.

K: Nein nein, Sie verwechseln den Mann, Sie meinen wahrscheinlich den Mann mit der Flöte, dem die Ratten und Mäuse nachgelaufen sind, wenn er geflötet hat.

V: Ja lieber Herr, das war ja der Rübezahl, der immer die Rüben
gezählt hat, der hat zu der Zeit, als der Trompeter von Säckingen
geblasen hat – ah – gelebt hat, wollt ich sagen, – noch gar nicht
gelebt.

K: Was? Der hat nicht gelebt? Wenn er nicht gelebt hätte, hätte er
ja niemals Trompete blasen können.

V: Freilich hat er gelebt!

K: Jetzt sagen Sie wieder, er hat gelebt.

V: Ich hab' gesagt, zu der Zeit hat er nicht gelebt, als der Trompeter von Säckingen gelebt hat.

K: Wer?

V: Der Trompeter von Säckingen.

K: Sie haben doch im Moment behauptet, der Rübezahl hat nicht gelebt, zur Zeit als der Trompeter von Säckingen gelebt hat.

V: Das kann schon sein! – Also einer von den zweien hat nicht gelebt, das weiß ich aus Erfahrung, das hat mir nämlich mein ehemaliger Vater immer oft erzählt; der Herr Trompeter von Säckingen, hat er g'sagt, war beim 30-jährigen Krieg Trommler.

K: Geh! So a Schmarr'n! A Trompeter ist doch kein Trommler!

V: Lassen Sie mich bitte ausreden; der Trompeter von Säckingen war ein gelernter Trommler, aber während einer früheren Schlacht 1333 wurde ihm von einem bösen Hunnensoldaten die Trommel entzwei geschlagen und das ärgerte ihn so, daß er das Trompetenblasen lernte.

K: Der Trompeter von Säckingen war doch der, der einst mit seiner Trompete das schöne Lied geblasen hat.

V: Stimmt! Behüt' Dich Gott, es wär' so schön gewesen, behüt' Dich Gott, es hat nicht sollen sein!

K: Das gibt's nicht, das ist technisch nicht möglich, daß einer mit der Trompete den Text blasen kann.

V: Was für einen Text?

K: No ja – »Behüt' Dich Gott, es wär' so schön gewesen.«

V: Das behaupte ich auch gar nicht; die Worte kann er freilich nicht blasen, die kann er nur singen.

K: Ja, hat denn der zum Trompetenblasen nebenbei noch singen können?

V: Nein! Er hat nur die Melodie geblasen.

K: Wer hat dann aber die Worte gesungen »Behüt' Dich Gott, es wär' so schön gewesen?«

V: Das hat sie gesungen.

K: Wer sie? – Also die Frau Trompeter von Säckingen?

V: nein! Nicht seine Frau, seine Geliebte hat das gesungen.

K: Ah, jetzt begreif ich's, er hat geblasen und sie hat dazu gesungen.

V: Ja, anders kann es nicht gewesen sein! – Sie hat beim Mondenschein auf ihn gewartet und dann ist er gekommen und hat das Lied mit der Trompete geblasen und sie hat mitgesungen.

K: Ah – und da ist wahrscheinlich einer dazu gekommen und hat den Text mitstenographiert?

V: Nein, der hat eben nicht mitstenographieren können.
K: Warum nicht?
V: Der hat so laut blasen, daß man den Text nicht verstanden hat.
K: Hm! – – – So a Rindviech!

Das Hunderl

1937

(Bellen).
FRAU: Ach, is dös a nett's Hunderl! Hams das schon lang?
HERR: Ja ja, schon 10 Jahr.
FRAU: So, so, insgesamt?
HERR: Selbstverständlich!
FRAU: Warum derf er denn nicht freilaufen?
HERR: Er hat keinen Beißkorb.
FRAU: Ja, beißt er denn?
HERR: Ja woher, nicht im geringsten!
FRAU: Dann braucht er doch keinen Beißkorb.
HERR: Doch, ohne Beißkorb darf er nicht Straßenbahn fahren.
FRAU: Aber er fährt doch jetzt nicht Straßenbahn.
HERR: Jetzt nicht, es ist ja auch gar keine Straßenbahn da.
FRAU: Aber da kommt alle Augenblicke eine.
HERR: Das nützt mir nichts, ich darf doch nicht fahren, weil ich keinen Maulkorb hab'.
FRAU: Sie brauchen doch keinen, nur das Hunderl muß einen haben.
HERR: Dös weiß ich schon, der hat ja einen, nur dabei hab' ich ihn nicht.
FRAU: Ja, dann dürfens freilich nicht in die Straßenbahn hinein.
HERR: Natürlich darf ich nicht hinein, dann fahr' ich halt mit der nächsten.
FRAU: Ach so, ich hab' geglaubt, Sie wollen schon mit dieser fahren.
HERR: Freilich wollt' ich mit dieser fahren, aber bis ich heim lauf'

und hol' den Beißkorb, ist doch die Straßenbahn weggefahren, die kann doch auf mich nicht 10 Minuten warten.

FRAU: Ja, dös kann auch der Schaffner nicht machen, denn wenn er nicht wegfährt, dann würden sich ja die nachkommenden Straßenbahnwagen stoppen, dös geht nicht, dös könnens auch nicht verlangen, daß wegen so einem kleinen Hunderl ....

HERR: Freilich kann ich das nicht verlangen, das weiß ich schon selber, lassens mir jetzt mei Ruah mit dera saudumma Fragerei, kümmern Sie sich um Ihre Kinder und net um andere Leut ihre Viecher! Man hat ja so soviel Ärger und Verdruß mit den Hunden. Mitten in der Nacht muß man oft aus'm warmen Bett raus und muß die Tiere nunterlassen. In Hof dürfens nicht nunter, in Hausflur sollens nicht. Ja, wir Menschen haben's bequem, aber ich kann meinem Hund nicht zumuten, daß er aufs W.C. geht. 's ganze Jahr hat ma mit'n Hausherrn und dem Hausmeister Streitigkeiten wegen den Hunden – wie gestern Abend zum Beispiel: Setzt sich mein Hund mitten aufs Trottoir und macht sein großes G'schäfterl; ein Herr sieht das, kommt auf mich zu, brüllt mich an: »So eine Sauerei, haben wir den Bürgersteig deshalb, daß diese Sauviecher ihn beschmutzen dürfen?! Der Hund weiß es natürlich nicht, daß das der Bürgersteig ist, aber Sie blöder Kerl könnten das wissen! Ich glaube, die Straße ist breit genug für derlei Verrichtungen!«

FRAU: Ja mei, aber auf d'Straß'n soll so ein Hunderl auch wieder nicht, da schrei'n dann die Autofahrer und Radfahrer glei' wieder: »Weg von der Straß'n mit dem Sauhund!«

MANN: Na ja, ich hab mich belehren lassen und am andern Tag, wie mein Hund sich wieder aufs Trottoir setzt, und will sein großes G'schäfterl machen, hab' ich ihn sofort mit der Leine vom Bürgersteig heruntergezogen auf d'Straß'n. Schreit mich ein Mann an: »Sie ganz unverschämter Kerl, den Tierschutzverein sollt ma holen, mitten unterm G'schäft machen zieht der rohe Mensch das arme Hunderl auf die Straße hinunter; angezeigt gehören Sie, so ein Rohling!«

FRAU: Ja mei! Was machens denn dann morgen, wenn das Hunderl wieder müssen muß?

HERR: Aufs Hausdach geh' ich mit mein'm Hund hinauf, oder ich laß ihn einschläfern und dann ausstopfen.

FRAU: Da ham's recht, dann braucht er sein G'schäfterl nimmer ausüben, dann hat er für immer ausgeschäftelt.

Ballgespräch
1937

(Die Musik spielt einen schönen Walzer) Tanzschritte hörbar

ER: Ein herrlicher Walzer nicht wahr, mein Fräulein? (Darf ich um diesen Walzer bitten mein Fräulein?)

SIE: Aber füchtig heiß isch es do.

ER: Ja eine ermattende Hitze ist hier.

SIE: Aber liaber z'heiß als z'chalt.

ER: Vorigen Sonntag war ich auch hier, da war's lange nicht so heiß.

SIE: Was Sie nit säget!

ER: Es war nicht ganz so heiß, aber immerhin.

SIE: Jo, jo, da ischt oft verschiede.

ER: Und vom Tanzen wird einem immer noch heißer.

SIE: Ich hasse d'Hitz.

ER: Ja, ja man erspart sich ein Dampfbad dabei.

SIE: Ich bi froh, daß ich chein wüllene Rock hüt agleit ha, dö hätt ich jo noch meh g'schwitzt.

ER: Das glaube ich, man kann sich beim Tanzen nicht leicht genug anziehen.

SIE: Mini Mamma schwitzt o sehr licht, seit sie!

ER: Tanzt ihre Frau Mama auch noch gern?

SIE: Nei!

ER: Warum Nicht?

SIE: Ach Gott, sie is scho ziemli alt und schwitzt ä so liecht, seit sie.

ER: Ihre Frau Mama auch? Da haben Sie die Hitze wahrscheinlich von Ihrer Mutter geerbt.

SIE: Hä Sie, Sie sind jetzt o nen Witzbold.
ER: So so, Ihre Mama schwitzt auch sehr oft.
SIE: Ne, nei, nu wenn sie tanzt, meint's.
ER: Ach so, nur beim Tanzen schwitzt sie?
SIE: Jo, jo bim Tanz.
ER: Tanzt sie noch öfters?
SIE: Nei, überhaupt numme.
ER: So, sie tanzt nicht mehr.
SIE: Chein Schritt meh.
ER: Na dann schwitzt sie doch auch nicht mehr.
SIE: Nei, t'Mamma hat mit'm Tanze endgültig Schluß g'macht, aber
d'Papa schwingt no gern s' Tanzbei.
ER: Was Sie nicht sagen, schwitzt Ihr Herr Papa auch so leicht?
SIE: Natürli, biem Papa isch es jo liecht verständlich.
ER: Wieso?
SIE: Hä, er isch jo en geborene Schwyzer!

Beim Arzt

1937

ARZT: Darf ich bitten, der Nächste. *(Tür klappen)*
PATIENT: Grüß Gott Herr Arzt.
ARZT: Grüß Gott Herr Meier, na wo fehlt's?
PATIENT: O mei Herr Doktor, mit mein'm Mag'n stimmt's nimmer
recht. jedesmal wenn ich g'essen hab, dann hab ich den Magen so
voll.
ARZT: Ja das ist doch keine Krankheit, das ist doch ganz logisch,
wenn Sie in den Magen was hineintun, muß er ja voll werden, wie
ist es denn wenn Sie nichts essen?
PATIENT: Ganz das Gegenteil, dann fühl ich so eine Leere im
Magen.
ARZT: Na sehen Sie, dann ist doch Ihr Magen in Ordnung.

PATIENT: Ja aber wie kommt denn das dann, daß ich beim Stiegen-steigen so schnaufen muß?

ARZT: Ja mein Lieber, da muß a Anderer auch schnaufen, aber das hängt doch nicht mit dem Magen zusammen, sondern mit der Lunge.

PATIENT: Ja auf der Lunge bin ich g'sund, da fehlt mir nix, trotzdem ich mir vor 2 Jahren an Fuß brochen hab.

ARZT: So an Fuß ham Sie sich brochen, wie ist denn das passiert?

PATIENT: Zuviel Alkohol hab ich dawischt.

ARZT: Am Alkohol können Sie sich doch nicht den Fuß brechen.

PATIENT: Freili, b'suffa war i und da bin i auf einer ausländischen Bananenschale ausg'rutscht und hab mir meinen eigenen Fuß brocha.

ARZT: Ja da war aber dann nicht der Alkohol schuld, sondern die Bananenschale.

PATIENT: Selbstverständlich war die Bananenschale schuld, weil ich die net g'sehn hab und drum glaub ich, Herr Doktor, daß mit meinen Augen nimmer 's richtige is, weil, wenn ich z. B. daheim Zeitung lies, dann krieg i so Kreuzweh, daß i 's lesen aufhören muß.

ARZT: Aber lieber Herr Meyer, schlechte Augen können niemals Kreuzschmerzen erzeugen.

PATIENT: Dös kann schon sein, aber d'Augen und 's Kreuz müssen doch eine heimliche Verbindung haben, weil man oft die alten Leut' jammern hört, wenn's sagen: »Es ist schon ein rechtes Kreuz, wenn man nimmer gut sieht.«

ARZT: Ja Herr Meier, Sie sollen halt weniger Zeitung lesen, dafür viel Obst essen, denn Obst ist gesund.

PATIENT: Nicht für jeden Herr Doktor – a Bekannter von mir wäre beinahe an einer Zwetschgen erstickt.

ARZT: Wie alt sind Sie denn schon Herr Meier?

PATIENT: Schauns Herr Doktor, ich bin schon bald 10 Jahre älter als meine Frau – ja.

ARZT: So, so – wie alt ist denn ihre Frau?

PATIENT: Ja meine Frau die ist jetzt – das könnt ich Ihnen jetzt gar nicht sagen.

ARZT: Nun ja, ist auch Nebensache – ist der Darm in Ordnung?

PATIENT: Von der Frau?

ARZT: Nein nei, der Ihrige?

PATIENT: Aso, der meinige – ja ja – selbstverständlich – im Vertrauen zu Ihnen gesagt. *(Pause von 3 Sekunden)*

ARZT: So so, hahahaha – dann lieber nicht – dann verschreib ich Ihnen statt Rizinusöl lieber Opiumtropfen. Was haben Sie eigentlich für einen Beruf Herr Meier?

PATIENT: Ich bin Leiternfabrikant.

ARZT: Ha ha, Sie machen die langen Leitern für die Feuerwehr?

PATIENT: Na na, ich mach die ganz winzig kleinen für die Laubfrösch.

ARZT: Was Sie nicht sagen, sehr interessant, na ja, Leiter ist Leiter, aber daß wir wieder auf unser Thema zurückkommen Herr Meier, außer einer kleinen Diarreh wüßt ich nicht was Ihnen fehlt, Sie sind vollständig gesund.

PATIENT: Was, g'sund bin i! Mir wär's ja gnua, für was bin denn i dann bei der Krankenkasse?

Zitherstunde

1937

(Es läutet mit Bimmelglocke).

MAXL: Grüß Gott, Herr Zitherlehrer!

LEHRER: Grüß Gott, Maxl; komm nur herein.

MAXL: An schönen Gruß von der Mutter und Sie möchten vielmals entschuldigen, daß ich heute so spät komme.

LEHRER: Hat Dich Deine Mutter so lange benötigt?

MAXL: Na na, d' Muatter hat mich pünktlich fortg'schickt – aber i hab' mit meine Kameraden »Räuber und Schande« g'spielt.

LEHRER: Ja, was hat denn das mit Deiner Mutter zu tun?

MAXL: Dös woaß i a net.

LEHRER: Na ja. – – Hast Du fleißig gelernt?

MAXL: Nein, Herr Lehrer!

LEHRER: Warum nicht?

MAXL: Ja, ich hab' der Mutter Kohlen raufholen müssen vom Keller.

LEHRER: Das ist ja recht und schön, wenn Du Deiner Mutter hilfst, aber heut' ist doch Donnerstag und am Montag warst Du das letztemal bei mir in der Zitherstunde; Du hast doch nicht 3 Tage lang Kohlen raufholen müssen vom Keller.

MAXL: Ich hab' ja Kartoffeln auch raufholen müssen.

LEHRER: Ja ja, aber das dauert doch nicht 3 Tage lang.

MAXL: Aber a Mili hab' i auch holen müssen und a Salatöl.

LEHRER: Das ist ja alles ganz recht – aber Du hättest doch alle Tage wenigstens eine Stunde üben können.

MAXL: Na, dös is net ganga, weil's so kalt g'wen is in unserm Zimmer.

LEHRER: Dann heizt man eben ein, ich muß auch heizen – da hätte halt Deine Mutter einheizen sollen.

MAXL: Mir ham ja keine Kohlen.

LEHRER: Wieso? Grad vorher hast Du gesagt, Du hast Deiner Mutter Kohlen raufholen müssen vom Keller und jetzt im Moment sagst Du wieder, Ihr habt keine Kohlen.

MAXL: Ja – im Keller ham ma keine mehr – weil ich's alle rauftragen hab'.

LEHRER: Nun ja, dann hast Du die Kohlen heraufgetragen und dann hat sie eingeheizt.

MAXL: Na na!

LEHRER: Was na na?

MAXL: Eing'heizt war ja schon.

LEHRER: Wie, es war schon eingeheizt?

MAXL: Ja, eing'heizt hat d'Muatter scho g'habt mit Holz allein, aber bis i d'Kohlen rauftragen hab vom Keller, is 's Holz wieder verbrennt g'wen, weil mir im 4. Stock wohnen.

LEHRER: Ich glaub halt, daß Deine Mutter nicht richtig einheizen kann, dann soll eben Dein großer Bruder Feuer machen.

MAXL: Moana Sie an Schorsche, der Schorsche konn se ja net bucka, der hat ja an wehen Fuaß, weil er vom Baum abag'falln is.

LEHRER: Ach ja, der ist vom Baum gefallen. – Bei der Arbeit?

30

MAXL: Na, beim Obststehl'n.

LEHRER: Dann soll halt Deine Großmutter einheizen.

MAXL: Ah d'Großmuatter, de is ja scho z'alt, de sieht ja net amal an Ofa, viel weniger 's Ofaloch.

LEHRER: *(energisch)* Ja irgendwer wird doch bei Euch zuhaus noch einheizen können!

MAXL: Mei Tante, dö hat –

LEHRER: Nun ja – die Tante – soll doch die einheizen!

MAXL: Mei Tante – die hat gut einheizen können, aber die is ja schon g'storben vor 4 Jahr.

LEHRER: Ist denn das möglich, daß in einer Familie niemand einheizen kann! Es muß doch bei Euch zuhause ein Mensch sein – –

MAXL: Ja höchstens mei Schwester, d' Lina – aber de hoazt nia ein, weil d' Muatter erst neulich zu ihr g'sagt hat, sie soll ei'hoazen, na hat mei Schwester g'sagt: »Dös kannst Dir denken, daß i mit de frisch lackierten Fingernägel einhoazen tu und rußige Pratzen krieg.«

LEHRER: Na also, wenn Deine Schwester zu nobel ist zum einheizen, dann muß sich doch um Himmelswillen irgend jemand finden, der bei Euch einheizen kann.

MAXL: Ja, höchstens der Vater.

LEHRER: Ach was, der Vater heizen – heizen ist doch kein Geschäft für den Vater!

MAXL: Ja ja – mei Vater is doch Heizer.

Wahre Freundschaft

1940

V: Aber das ist eine Überraschung für mich! Ihr Herr Schwager, der Lorenz, mein bester Freund, ist gestern gestorben.

K: Ja! Ja! – Das ist schnell gegangen! Der hätte ruhig noch so 10 bis 20 Jahre leben können.

V: Ja ruhig! – Ich hab' ihn ja gern mög'n – er war ein lieber Mensch – einer meiner besten Freunde – wirklich!

K: Ja, er hat bei Lebzeiten oft von Ihnen erzählt und von den Stück'ln, die Ihr beide gemacht habt.

V: O mei – ich hätt' nicht 'glaubt, daß dieses Freundschaftsband *so* schnell und jäh zerrissen wird!

K: Ja, das hätt' niemand so schnell geglaubt.

V: Ich kann's noch gar nicht recht fassen, daß der Lorenz – so ein wackerer Kamerad – schon von uns gegangen sein sollte!

K: Er hätt' halt nicht so viel trinken soll'n! 's Bier hat er halt gern mög'n.

V: Ja mei, wenn er's net so gern mög'n hätt, hätt er sicher net so viel trunken. – Aber daß es *so* schnell geht, hätt nicht jedermann geglaubt!

K: Ja, es ist fast allzu schnell gekommen!

V: Aber ich darf sagen, ich hab' viele Freunde, aber mein bester Freund war und bleibt der Lorenz. Wie oft hat er mir in der Not ausg'holfen, wenn's grad net g'stimmt hat! Lorenz – hab i g'sagt, i bin momentan in Verlegenheit; – schon hat er mir RM. 50.– in die Hand gedrückt.

K: Das stimmt, er war *zu* gut, zu *gut!*

V: Seh'n Sie, Frau Oberberger, *das* sind Freunde, und solche Leut müssen fort.

K: Ja, – in *der* Hinsicht war er großzügig!

V: Er war ein Mensch, der andern Menschen gezeigt hat, was ein Mensch ist. Er war immer nobel!

K: Ja – nur nobel, das kann man nicht anders sagen! Ihnen gegenüber sogar sehr nobel – hat er mir oft gesagt.

V: Einmal, wie es mir recht dreckig gangen ist, – ich war damals ganz am Hund – und trotzdem er selbst nicht auf Rosen gebettet war, hat er mir mit 500.– Mark gutg'standen. Das werd' ich ihm in Ewigkeit nicht vergessen.

K: Ja, – so war er! Er hat eine edle spendende Seele g'habt! – Ja, die hat er g'habt!

V: Ja, die hat er g'habt! – Und jetzt hat er das Zeitliche gesegnet, der gute Lorenz!

K: Das Zeitliche hinter sich – ja, das kann man wohl sagen.

V: Zu jedem Namens- und Geburts-Tag hat er mir gratuliert. Da schaun's her, Frau Oberberger, das Zigarrenetui *(schnackelt)* hat er mir auch g'schenkt! Das wird mir ein nie vergessendes Andenken bleiben!

K: Ich hab' noch eine Photographie zu Hause, wo Sie und der Lorenz armumschlungen im Salvatorkeller sitzen.

V: Ja, – *das* war'n Zeiten! Für meinen Freund Lorenz wär ich *jederzeit* durch's Feuer gegangen – ja! – Ich schon!!!

K: *Davon* bin ich überzeugt!

V: Wann ist denn die Beerdigung?

K: Am Sonntag um 3 Uhr!

V: Am Sonntag um 3 Uhr – – schad', – da muaß i nach Daglfing zum Rennen – da kann i leider net komma! Na ja – verwandt war'n wir ja eigentlich nicht zueinander!

Semmelknödel

1940

K: Ja sag einmal, warum bist Du denn heute mittag nicht zum Essen gekommen? 2 Stunden hab' ich auf Dich gewartet!

V: Ja, ich hab' da draußen gleich gegessen, wo ich zu tun g'habt hab', in der kleinen Wirtschaft und da ißt man sehr gut, fast tadellos.

K: No, so gut wie ich koche, wird's bestimmt nicht sein!

V: Doch, doch!

K: Aber jetzt ist es 9 Uhr abends; wo warst Du denn in der langen Zwischenzeit?

V: Nirgends! Da hab' ich auf das Mittagessen gewartet.

K: Ja, ist Dir denn das nicht zu langweilig geworden?

V: Nein. In der Zwischenzeit hab' ich mit der Kassierin gesprochen.

34

K: Was, 9 Stunden warst Du mit der Kassierin beisammen? Über was habt ihr denn da gesprochen?

V: Ja über das, daß die Semmelnknödel so lange nicht kommen.

K: So lang wartet doch kein vernünftiger Mensch auf das Mittagessen.

V: Da war ich ja nicht vernünftig, ich war ja hungrig.

K: Papperlapapp – wenn man das Essen um 12 Uhr bestellt und in einer halben Stunde ist es noch nicht da, dann geht man einfach.

V: Freilich, dann frißt's ein anderer für mich . . . . . .

K: Und ausgerechnet Semmelknödel hat er sich bestellt, wo doch ich heute auch Semmelknödel gemacht hab.

V: Was, dieselben?

K: Ach, dieselben! Unsinn! – Andere hab ich halt gemacht; aber Semmelknödel sind Semmelknödel!

V: . . . deln!

K: was »deln«?

V: Semmelnknödeln heißt's!

K: Ich hab ja g'sagt: Semmelknödel.

V: Nein: Semmel*n*knödel*n*!

K: Nein, man sagt schon von jeher: Semmelknödel.

V: Ja, zu einem – aber zu mehreren Semmelknödel sagt man: Semmel*n*knödel*n*.

K: Aber wie tät' man denn zu einem Dutzend Semmelknödel sagen?

V: Auch Semmelnknödeln. – Semmel ist die Einzahl, das mußt Dir merken, und Semmeln ist die Mehrzahl, das sind also mehrere einzelne zusammen. Die Semmelnknödeln werden aus Semmeln gemacht, also aus mehreren Semmeln; Du kannst nie aus einer Semmel Semmelnknödeln machen.

K: Machen kann man's schon.

V: Ja, ja, machen schon; aber wenn Du aus einer Semmel 10 Semmelnknödeln machen tätst, dann würden die Semmelnknödeln so klein wie Mottenkugeln. Dann würde das Wort Semmelknödel schon stimmen, weil s' bloß aus einer Semmel sind. Aber solang die Semmelnknödeln aus mehreren Semmeln gemacht werden, sagt man unerbitterlich: Semmel*n*knödeln!

K: Du sagst es aber auch nicht richtig; jetzt hast grad g'sagt: Sem-
melnknö*deln.*

V: Nein, ich hab g'sagt: Semm*eln*knödeln.

K: Richtig muß es eigentlich *Semmel*nknödeln heißen; die Semmel
muß man betonen, weil die Knödel aus Semmeln gemacht sind
– – – überhaupt, das Wichtigste ist der Knödel; Semmeln*knödel*n
müßt es ursprünglich heißen!

V: Nein, das Wichtigste ist das n zwischen Semmel und Knödeln.

K: Ja, wie heißt es dann bei den Kartoffelknödeln?

V: Dasselbe! n – ! Kartoffel*n*knödeln!

K: Und bei den Schinkenknödeln? Ah – hahaha –

V: Da ist's genau so; da ist das n schon zwischendrin. Es gibt keine
Knödeln ohne n.

K: Doch, die Leberknödeln!

V: Ja, stimmt! – Lebernknödeln kann man nicht sagen!

Die Fremden

1940

PROFESSOR: So! – Wir haben also in der letzten Unterrichtsstunde
über die Filzpantoffel gesprochen und behandeln heute das
Hemd. Wer von euch weiß zufällig einen Reim auf »Hemd«?

VALENTIN: Auf Hemd reimt sich »fremd«.

PROF.: Sehr gut! Und wie heißt die Mehrzahl von »fremd«?

VAL.: Die Fremden.

PROF.: Jawohl, die Fremden. – Und aus was bestehen die Fremden?

VAL.: Aus »fremd« und aus »den«.

PROF.: Sehr gut! – – Und was ist ein »Fremder«?

VAL.: Fleisch – Gemüse – Mehlspeisen – Obst usw.

PROF.: Nein! – Nein! – Nicht was er ißt, sondern was er tut.

VAL.: Er reist ab.

36

PROF.: Sehr richtig! – Er kommt aber auch an – und ist dann ein Fremder. – Bleibt er dann für immer ein Fremder?

VAL.: Nein! – Ein Fremder bleibt nicht immer ein Fremder.

PROF.: Wieso?

VAL.: Fremd ist der Fremde nur in der Fremde.

PROF.: Das ist nicht unrichtig. – Und warum fühlt sich ein Fremder nur in der Fremde fremd?

VAL.: Weil jeder Fremde, der sich fremd fühlt, ein Fremder ist, und zwar solange, bis er sich nicht mehr fremd fühlt – dann ist er kein Fremder mehr.

PROF.: Ausgezeichnet! – Wenn aber ein Fremder schon lange in der Fremde ist, – ist das dann auch ein Fremder? Oder ist das ein Nichtmehrfremder?

VAL.: Jawohl, das ist ein Nichtmehrfremder; aber es kann diesem Nichtmehrfremden – unbewußt – doch noch einiges fremd sein.

PROF.: Was zum Beispiel?

VAL.: Den meisten Münchnern z. B. ist das Hofbräuhaus nicht fremd – hingegen ihnen die meisten Museen fremd sind.

PROF.: Sehr richtig! – Dann kann also der Einheimische in seiner eigenen Vaterstadt zugleich noch ein Fremder sein. – Es gibt aber auch Fremde unter Fremden! Wie verstehen Sie das?

VAL.: Fremde unter Fremden sind – so wie ich mir das vorstelle –, wenn Fremde mit dem Zug über eine Brücke fahren und ein anderer Eisenbahnzug mit Fremden unter derselben durchfährt, so sind die durchfahrenden Fremden – Fremde unter Fremden, was Sie, Herr Professor, wahrscheinlich nicht so schnell begreifen werden.

PROF.: Leicht fällt es mir nicht! Aber nun wieder zum Thema. – Und was sind »Einheimische«?

VAL.: Einheimische sind das Gegenteil von Fremde. Aber dem Einheimischen sind die fremdesten Fremden nicht fremd, – er kennt zwar den Fremden persönlich nicht, merkt aber sofort, daß es sich um einen Fremden handelt, bzw. um Fremde handelt; zumal, wenn diese Fremden in einem Fremdenomnibus durch die Stadt fahren.

PROF.: Wie ist es nun, wenn ein Fremder von einem Fremden eine Auskunft will?

VAL.: Sehr einfach. – Frägt ein Fremder in einer fremden Stadt einen Fremden um irgend etwas, was ihm fremd ist, so sagt der Fremde zu dem Fremden: »Das ist mir leider fremd, ich bin hier nämlich selber fremd.«

PROF.: Das Gegenteil von fremd ist bekannt. Ist Ihnen das klar?

VAL.: Eigentlich ja! Denn, wenn z. B. ein Fremder einen Bekannten hat, so muß ihm dieser Bekannte zuerst fremd gewesen sein, aber durch das gegenseitige Bekanntwerden sind sich die beiden nicht mehr fremd. Wenn aber diese beiden Bekannten zusammen in eine fremde Stadt reisen, so sind diese zwei Bekannten dort für die Einheimischen wieder Fremde geworden. – Sollten sich diese beiden Bekannten hundert Jahre in dieser fremden Stadt aufhalten, so sind sie auch dort den Einheimischen nicht mehr fremd.

Der überängstliche Hausverkäufer
1940

VALENTIN: *(zum Käufer)* Guten Tag, Sie wünschen?

KÄUFER: Ich komme wegen dem Haus.

V: Sie meinen wegen dem Häuschen?

K: In der Zeitung steht aber Haus.

V: Nein, es ist ein kleines Haus, ein Häuschen.

K: Ah, ein Häuslein, steht das Häuschen im Freien?

V: Da steht es doch.

K: Ich komme auf das Zeitungsinserat, Sie haben doch das Haus zu verkaufen, ist das hier das Haus?

V: Jawohl! Ich verkaufe es ungern, aber ich bin froh, wenn ich es los bin.

K: Wieviel Stockwerke hat das Haus?

V: Keines, nur Parterre.

K: Ist es bewohnt auch?

V: Momentan nicht, weil ich herauße stehe.

K: Wieviele Zimmer hat es denn?

V: Nur eins – dafür keine Treppe, kein Stiegenhaus.

K: Ist das hier eine ruhige Gegend?

V: Jawohl, im Winter hören Sie nicht einmal das Auffallen der Schneeflocken, aber dafür gibt es im Sommer viele Ameisen, aber die gehen ganz leise.

K: Wie steht es mit den Toilettenverhältnissen?

V: Closet ist keines im Haus.

K: Ja, aber wenn man ......

V: Der Wald ist 5 Minuten von hier entfernt.

K: Ja, aber bei Nacht?

V: Auch nur 5 Minuten.

K: Wann sind Sie in dieses Haus eingezogen?

V: Einen Tag später.

K: So früh schon – und wie ist es mit der Beleuchtung? Gas oder elektrisch?

V: Im Haus und im Freien überall elektrisch.

K: Ich sehe aber nirgends eine elektrische Leitung.

V: Nur elektrische Taschenlampen, die brennen überall.

K: Wie alt ist das Haus schon?

V: Weiß nicht, hab noch nicht gefragt.

K: Sind Hypotheken drauf?

V: Nein, nur ein Kamin.

K: Was bedeuten diese 4 Zimmerwände?

V: Das sind Stützen.

K: Für was?

V: Fürs Hausdach.

K: Ist Ungeziefer im Haus?

V: Nein ich bin noch Junggeselle.

K: So – So!

V: Jawohl!

K: Legen Sie ....

V: Nein – ich nicht.

K: Einen Moment . . . .

V: Bitte!

K: Legen Sie . . . .

V: Nein – aber meine Hühner legen.

K: Legen Sie Wert darauf, daß das Haus bald verkauft wird?

V: Sofort – in sofortiger Bälde.

K: Kaufen Sie sich dann wieder ein neues Haus?

V: Niemals mehr, ich suche ein altes 1000 Meter tiefes Bergwerk zu mieten.

K: Was ein Bergwerk? Und das wollen Sie dann bewohnen?

V: Selbstverständlich!

K: Das ist ja unheimlich.

V: Schon – aber sicher!

K: Vor wem?

V: Vor Meteorsteinen.

K: Ach so ein Meteorstein fällt doch so selten vom Himmel runter.

V: Ja die Sicherheit geht in dem Fall über die Seltenheit.

Der Vogelhändler

1940

K: Grüß Gott – ah Sie sind der Ausgeher von der Vogelhandlung.

V: Sind Sie zuhaus?

K: Ich wart schon so lange auf Sie, ich hab schon geglaubt Sie kommen nicht mehr.

V: Da ist der Kanarienvogel samt Käfig und da ist die Rechnung.

K: Das ist recht – wo ist denn der Hansi? – Der Käfig ist ja leer, wo ist denn der Vogel?

V: Der muß schon drinn sein.

K: Was heißt, muß drinn sein, es ist aber keiner drinn.

V: Dös ist ja ausgeschlossen, ich bring Ihna doch net an leeren Käfig.

K: Ja bitte schauns doch selber 'nein.

V: Da brauch ich gar net neinschaun, mir ham doch schließlich a reelles G'schäft, was glauben Sie, was die Kunden sagen täten, wenn wir überall an leeren Käfig hinbringen würden, und noch dazu ohne Vogel. Unsere Kundschaften werden richtig bedient, da fehlt sich nichts.

K: Was heißt, fehlt sich nichts, natürlich fehlt was – der Vogel fehlt.

V: Da müßt er mir beim Transport jetzt ausgekommen sein, daß das Türl offen war.

K: Redens doch nicht, das Türl kann nicht offen gewesen sein, das ist ja zu.

V: Dös is zu?

K: Natürlich!

V: Dann muß er drinn sein.

K: Er ist aber nicht drinn.

V: Frau, das ist unmöglich, bei einer geschlossenen Tür kann kein Vogel raus.

K: Aber in dem Fall muß er doch rausgekommen sein, sonst wär er ja drinn.

V: Drinn muß er sein, da gibts gar koan Zweifel. Schauns amal auf d'Rechnung nauf, ob er auf der Rechnung steht.

K: Ja da steht freilich: – – Ein Käfig mit Vogel 13.– Mark.

V: No also, da sehn Sie's, glauben Sie mein Prinzipal würde Ihnen eine Rechnung schreiben »Käfig mit Vogel 13.– Mark« und würde Ihnen statt an Käfig mit Vogel nur einen Käfig allein liefern? Der Käfig allein nützt Ihnen nichts und der Vogel allein nützt Ihnen auch nichts – das g'hört zusammen wie a Supp'n ohne Salz.

K: Was macht man jetzt da?

V: Ja ich muß die Rechnung einkassieren – 13.– Mark macht alles zusammen.

K: Was heißt da: Alles zusammen?

V: Ja der Käfig und der Vogel.

K: Vogel war doch keiner drinn, ich bezahle doch nicht was ich nicht vollständig bekommen habe.

V: Ja dann nehme ich die ganze Ware wieder mit.

K: Die ganze Ware ist gut, Sie können ja nur den Käfig mitnehmen, Vogel war ja keiner drinn.

V: Frau, der Vogel muß drinn gewesen sein.

K: Na, wo wär er denn dann hingekommen?

V: Das ist mir gleich, auf der Rechnung steht: Käfig mit Vogel 13.– Mark.

K: Da müssen Sie mir aber zuerst einen Käfig mit Vogel bringen.

V: In diesem Fall nun nicht Frau, da bräuchte ich doch nur mehr den Vogel bringen.

K: Wieso nur den Vogel? Ich brauch doch einen Käfig auch dazu!

V: No ja, an Käfig hams doch schon, Sie werden doch nicht behaupten, daß der Käfig auch ausgekommen ist.

K: Reden Sie doch nicht, der Käfig ist freilich da, Sie brauchen mir nur noch den Vogel dazu liefern.

V: Einen Vogel allein liefern wir ja nicht – nur immer zusammen – Käfig mit Vogel.

K: Ja mir haben Sie den Käfig allein geliefert, ohne Vogel.

V: Aber auf der Rechnung steht: Käfig mit Vogel – Bitte Käfig mit Vogel.

K: Ich bin doch nicht verpflichtet, daß ich ihr saudummes G'schwätz anhör. *(bum – schlägt die Türe zu)*

V: Jetzt hat's mir d'Tür vor der Nas'n zuag'haut – ich kann's der Frau auch wirklich nicht verdenken, denn es ist wirklich kein Vogel drinn – aber auf der Rechnung steht tatsächlich: Käfig mit Vogel!

Schwierige Auskunft
1940

K: Sie bitte, wie komme ich denn hier am schnellsten zum Bahnhof?

V: Da sind Sie noch weit weg, da müßten Sie entweder gehen oder fahren. Wenn Sie fahren, sind Sie vielleicht in 15 Minuten dort, aber zu Fuß brauchen S' bedeutend länger.

K: Und wie geht man denn da, wenn man zu Fuß geht?

V: Da gibt es 3 Wege. Entweder Sie gehen gerade aus und dann über den großen Platz, oder Sie gehen durch den Stadtpark und bei dem Hotel vorbei, oder Sie gehen am kürzesten durch die Passage durch und zwischen dem Kaufhaus und der Markthalle durch. Dann kommen Sie direkt hin.

K: Ja, ich hab' aber höchste Zeit, denn um 15 Uhr 20 geht schon mein Zug, und jetzt ist es schon 15 Uhr 10.

V: Ja, dann ist es g'scheiter, Sie geh'n den Kasernenweg entlang bei der Autotankstelle vorbei und da können S' dann nochmal fragen.

K: So – da soll ich dann nochmal fragen; ja, geht denn keine Straßenbahn hin?

V: Ja mit der Straßenbahn ist es überfüllt, wissen S', da kriegt man so wenig Platz und z'erst muß man so lange warten und schließlich kommt's dann und ist besetzt.

K: Also dann ist das auch nichts – und ich habe schon höchste Zeit, o mei, o mei, wenn ich Sie nur besser versteh'n tät!

V: Ja, ich kann schon lauter reden!

K: Nein, nicht lauter!

V: Leiser?

K: Nein, deutlicher sollen Sie reden!

V: Ja deutlicher kann ich nicht reden!

K: Haben Sie einen Sprachfehler?

V: Nein, nein!

K: Reden Sie immer so undeutlich?

V: Nein, nur wenn ich auf der Straße was g'fragt werd'.

K: Ja, Sie brauchen ja nur Ihren Mund weiter aufmachen beim Sprechen!

V: Dös trau i mir net.

K: Warum nicht?

V: Weil i zum Zahnarzt muß.

K: Beim Zahnarzt müssen S' an Mund auch weiter aufmachen!

V: Ja, da macht's ja nichts mehr. – Mir ist nämlich heut' mei Goldplombe locker word'n und da hab' i Angst, daß ma rausfällt, wenn ich an Mund aufmach'. Und da muß ich jetzt so obacht geb'n und kann den Mund net aufmachen.

K: Und ausgerechnet Sie muß ich fragen um Auskunft!

V: Ah, das macht mir nichts!

K: Ja, Ihnen macht's freilich nichts, aber mir macht's was!

V: Wieso?

K: Ja – weil ich an Zug versäumt hab'!

Streit mit schönen Worten

1940

Sɪᴇ: Mei Ruh laß mir!

Eʀ: Du mir auch!

Sɪᴇ: Ich weiß schon, wieviel es g'schlagen hat!

Eʀ: Ich auch!

Sɪᴇ: A anderer Mann geht auf d'Nacht in sein Wirtshaus und kommt in der Früh heim; aber das ist ja Dir alles fremd, Du fühlst Dich ja nur am häuslichen Herd glücklich!

Eʀ: Du hockst ja auch lieber daheim bei mir!

Sɪᴇ: Ja, wenn Du es nur einsiehst!

Eʀ: Du hast mir noch jede Stunde meines Lebens verschönt!

Sɪᴇ: Du mir genau so; und wenn ich noch so betrübt war, so warst es Du, der mir jeden Wunsch von den Augen absah!

Eʀ: Ja, weißt Du noch, wie wir damals in jener Sommernacht allein auf einer Bank saßen; Du wolltest noch bleiben und ich wollte noch bleiben, und dann kam der Schutzmann, der uns dann fragte, was wir denn da wollen.

Sɪᴇ: Ja, und dann warst Du es, der gesagt hat, ach lassen Sie uns doch allein!

Eʀ: Ja, das weiß ich noch, aber Gott sei Dank war der Schutzmann dann vernünftiger und ist gegangen.

Sɪᴇ: Drum sag ich es 1000 mal: hätte ich nur einen anderen kennen gelernt als Dich, was hätt' ich denn an einem andern gehabt: nichts als Verdruß und Ärger!

44

ER: Ach, wenn man Dich so ansieht – – – Du bist ja so eine – – – ach – – – ich kann mich gar nicht ausdrücken – – so ein – – – – – – – – daß ich Dir gleich stundenlang in die Augen schauen könnte!

SIE: Du kannst natürlich nichts als einem Sachen ins Gesicht schleudern, die leider wahr sind! Aber meine liebe Frau Schwiegermutter ist ja dieselbe wie ihr Herr Sohn; die kann ja auch sonst nichts, als mir recht schön ins Gesicht tun und hinter meinem Rücken lobt sie mich, wo sie mich nur loben kann! Aber da bin ich ihr gut genug, daß ich ihr meine ganze Wäsche waschen lasse, alle Näharbeiten laß ich ihr zukommen ohne einen Pfennig zu verlangen; da ist man dann die Schwiegertochter hinten und vorne! Zum Weihnachtsfest alle Jahre hab ich von ihr die schönsten Präsente angenommen ohne ein Wort zu sagen; aber das ist scheint's alles vergessen!

ER: Aber meiner lieben Schwiegermutter fehlt auch nichts! Wie oft hab' ich einen kleinen Seitensprung gemacht, bei dem sie mich ertappte – nichts hat sie Dir davon gesagt! Verheimlicht hat sie Dir alles!

SIE: Das sind ja unplumpe Vertraulichkeiten! Das sagst Du ja nur zu mir, daß ich Dich noch lieber haben sollte, als ich Dich sowieso schon habe. Mit derlei Sachen kannst Du mich nicht aus der Ruhe bringen und wenn Du mir's nicht zu bunt machst, dann pack ich meine sieben Zwetschgen zusammen und bleib erst recht bei Dir!

ER: Du darfst Dich nicht beklagen, denn so gemeint war es ja nicht *(haut mit der Faust auf den Tisch)*. Ich verbitte mir nun endlich Deine Zudringlichkeiten! Ich hab' Dir heute schon mindestens 100 Küsse gegeben, und mehr braucht eine Frau nicht an einem Tag!

SIE: Das ist eine unverschämte Lüge von Dir; Du bist ein ganz gewalttätiger Mensch; das hat sich an meinem Namenstag gezeigt, als Du mir den teuren Pelzmantel gekauft hast und ich wollte nur einen gewöhnlichen Lodenmantel.

ER: So, jetzt machst Du mir noch Vorwürfe, aber ich werde es mir merken! Zu Deinem Geburtstag bekommst Du von mir für Deine impertinente Bescheidenheit 500 Mark, dann kannst Du Dir kaufen, was Du willst; dann brauch ich mich wenigstens nicht mehr freuen über Deine Dankbarkeit!

Sie: Ja ja, jetzt kommt natürlich wieder der Vorwurf, das bin ich ja an Dir schon gewöhnt! Ich verbitte mir ab heute von Dir jede Unzudringlichkeit – sonst werde ich Dir den Himmel kalt machen, es heißt zwar: die Hölle heiß machen, aber bei Dir ist das alles fruchtlos!

Er: Eleonore, sei doch nicht vernünftig! Wollen wir uns doch wieder vertragen! Wozu immer diese aufregenden Schmeicheleien!? Sagen wir uns doch lieber in aller Ruhe die Gemeinheiten direkt ins Gesicht!

Sie: Ja, Du saudummer Kerl, da hast recht! Da bin ich sofort damit einverstanden!

Er: Na also, Du Rindviech, du depperts! Siehst, es geht auch so!

Telefon-Schmerzen
Buchbinder Wanninger
1940

Handlung: (Der Buchbindermeister Wanninger hat auf Bestellung der Baufirma Meisel & Co., 12 Bücher frisch eingebunden und bevor er dieselben liefert, frägt er telefonisch an, wohin er die Bücher bringen soll und ob und wann er die Rechnung einkassieren darf. Er geht in seiner Werkstätte ans Telefon und wählt eine Nummer, wobei man das Geräusch der Wählscheibe hört).
Nachdem der Anschluß hergestellt ist:

Baufirma Meisel, Portier: Hier Baufirma Meisel & Co.

Buchb. Meister: Hier ist Buchbinder Wanninger. Ich möchte nur der Fa. Meisel mitteilen, daß ich die Bücher fertig habe und ob ich die Bücher hinschicken soll und ob ich die Rechnung auch mitschicken soll – bitte!

Portier: Einen Moment!

SEKRETARIAT: Hier Meisel & Co., Sekretariat!

BUCHBD. MEISTER: Hier ist Buchbinder Wanninger. Ich möchte Ihnen nur mitteilen, daß ich die Bücher fertig habe und ob ich die Bücher hinschicken soll und ob ich die Rechnung auch mitschicken soll – bitte!

SEKRETARIAT: Einen Moment, bitte!

DIREKTION: Direktion der Fa. Meisel & Co. hier!

BUCHBD. MEISTER: Hier ist Buchbinder Wanninger. Ich möchte der Fa. Meisel nur mitteilen, daß ich die Bücher fertig habe und ob ich die Bücher hinschicken soll und ob ich die Rechnung auch mitschicken soll – bitte!

DIREKTION: Ich verbinde Sie mit der Verwaltung, einen Moment mal!

VERWALTUNG: Hier Baufirma Meisel & Co., Verwaltung!

BUCHBD. MEISTER: Hier ist Buchbinder Wanninger. Ich möchte Ihnen nur mitteilen, daß ich die Bücher fertig habe und ob ich die Bücher hinschicken soll und ob ich die Rechnung auch mitschicken soll – bitte!

VERWALTUNG: Rufen Sie doch bitte Nebenstelle 33 an. Sie können gleich weiterwählen. – *(Geräusch der Wählscheibe)*

NEBENSTELLE 33: Hier Baufirma Meisel & Co.

BUCHBD. MEISTER: Hier ist Buchbinder Wanninger. Ich möchte der Fa. Meisel mitteilen, daß ich die Bücher fertig habe und ob ich die Bücher hinschicken soll und ob ich die Rechnung auch mitschicken soll – bitte!

NEBENSTELLE 33: Einen Moment mal! Ich verbinde Sie mit Herrn Ingenieur Plaschek.

ING. PLASCHEK: Hier Ingenieur Plaschek!

BUCHBD. MEISTER: Hier ist Buchbinder Wanninger. Ich möchte nur dem Herrn Ingenieur mitteilen, daß ich die Bücher fertig habe und ob ich die Bücher hinschicken soll und ob ich die Rechnung auch mitschicken soll – bitte!

ING. PLASCHEK: Da weiß ich nichts davon. Fragen Sie doch mal bei Herrn Architekt Klotz an. Einen Moment mal!

ARCHIT. KLOTZ: Hier Architekt Klotz!

BUCHBD. MEISTER: Hier ist Buchbinder Wanninger. Ich möchte nur dem Herrn Architekt mitteilen, daß ich die Bücher fertig habe und ob ich die Bücher hinschicken soll und ob ich die Rechnung auch mitschicken soll – bitte!

ARCHIT. KLOTZ: Da fragen Sie am besten Herrn Direktor selbst. Er ist jetzt nicht in der Fabrik. Ich verbinde Sie gleich mit der Wohnung.

WOHNUNG: Hier Direktor Hartmann!

BUCHBD. MEISTER: Hier ist Buchbinder Wanninger. Ich möchte dem Herrn Direktor nur mitteilen, daß ich die Bücher fertig habe und ob ich die Bücher hinschicken soll und ob ich die Rechnung auch mitschicken soll – bitte, Herr Direktor!

WOHNUNG, DIR.: Ich kümmere mich nicht um diese Sachen. Vielleicht weiß die Abteilung III Bescheid; ich schalte in die Firma zurück.

ABTLG. III: Baufirma Meisel, Abteilung III.

BUCHBD. MEISTER: Hier ist Buchbinder Wanninger. Ich möchte nur der Fa. Meisel mitteilen, daß ich die Bücher fertig habe und ob ich die Bücher hinschicken soll und ob ich die Rechnung auch mitschicken soll – bitte.

ABTLG. III: Einen Moment bitte, ich verbinde mit der Buchhaltung.

BUCHHALTUNG: Fa. Meisel & Co., Buchhaltung!

BUCHBD. MEISTER: Hier ist Buchbinder Wanninger. Ich möchte nur der Fa. Meisel mitteilen, daß ich die Bücher fertig habe und ob ich die Bücher hinschicken soll und ob ich die Rechnung auch mitschicken soll – bitte!

BUCHHALTUNG: So, sind die Bücher endlich fertig – hören Sie zu, dann können Sie ja dieselben – Rufen Sie bitte morgen wieder an, wir haben jetzt Büroschluß!

BUCHBD. MEISTER: Jawohl – danke – entschuldigen Sie vielmals bitte.

Mir hat geträumt

1941

HERR LANG: Ja Herr Kurz, wie einem nur so ein Unsinn träumen kann!

HERR KURZ: Erzählen's mir den Traum, vielleicht hab ich dasselbe auch schon einmal geträumt.

LANG: Unsinn! Jeder hat seine eigenen Träume, das ist doch individuell. Zum Beispiel meine jüngste Tochter, die Otto – die Ottilie will ich sagen – gestern hat s' wieder so schwer geträumt. G'schrien hat s' aus Leibeskräften! »Ganz recht«, hab i g'sagt, »leichtsinnig's Ding, wie oft hab i dir schon das Träumen verboten!«

KURZ: Nun, erzählen Sie mir doch, was Sie geträumt haben!

LANG: Ja – wahrscheinlich war es ein Alpendruck. – Ich – wir – und unser ganzer Gesangverein, 13 Mann, standen auf einem Bahnhof und wollten in den Zug einsteigen. Im Nu seh'n wir, daß dieser Eisenbahnzug nur 12 Wägen hat – wir waren aber 13 Mann. Jetzt hat einer, das war ich, neben dem Zug herlaufen müssen, und einer hat die Hand aus dem hinteren Wagengon rausgestreckt und hat mich geführt. Schon bei den ersten 50 Km hätt' ich's bald nimmer daschnaufen können, denn der Personenzug is ja schneller g'fahrn als der Orientexpreß; weil der Lokomotivführer das g'sehn hat, daß ich neben dem Zug hinten mitlaufe, hat er gemeint, ich bin ein Dieb und will ihm seinen Eisenbahnzug stehlen (im Traum natürlich). Mit dem ganzen Eisenbahnzug sind wir plötzlich in ein Hotel hineing'fahrn und mitten in ein Schlafzimmer hinein; da sind wir 12 Mann ausg'stiegn, der Eisenbahnzug is zum Fenster hinausg'flogn (im Traum natürlich) und wir haben uns ins Bett gelegt. Im Schlafzimmer war aber nur ein Bett; jetzt haben wir 13 Mann uns in ein Bett gelegt – ich war der unterste –. Immer wenn ich aufg'schnauft hab, hat's den obersten Mann an Plafond hingedrückt. Keiner hat die ganze Nacht keine Minute nicht geschlafen (im Traum natürlich). – Am andern Morgen wollten wir eine Bergpartie machen. Bei einem Käshändler haben wir uns Proviant mitgenommen – einen Papiersack voll flüssigen

Lineburger – 10 Kilo. Zwei Mann haben den Sack getragen. Plötzlich reißt der Sack, der Lineburger läuft raus, fängt zu laufen an, läuft über einen Berg hinunter, – g'stunken hat's wie in der Lineburger Heide (natürlich nur im Traum). – Wie wir alle am Bergesgipfel oben waren, fallen wir 13 Stück Mann in eine Gletscherspalte hinunter – 500 mtr. tief – aber wir waren nicht verloren. Unser Tenor sang die Tonleiter und an dieser Tonleiter sind wir wieder hinaufgestiegen – aber nur im Traum natürlich!

Haben Sie Zeit, gehns mit
1941

HERR B.. So, heut hätt'ns Zeit? Also gehns mit.
VALENTIN. Wohin?
B. Irgend wohin!
V. Ja, da war i scho amal!
B. So?
V. Ja!
B. So, da warn si schon amal?
V. Ja, öfters scho!
B. Ja, dann hats keinen Sinn, i hab g'meint, sie warn überhaupt noch nicht dort!
V. Na! Na! überhaupt scho glei gar net!
V. Da müssns scho entschuldigen, des hab i net gwußt!
V. Selbstverständlich, des habens ja nicht wissen können!
B. No, des will i grad net sagn, – – da Peter war ja a no net drüben!
V. Da Peter a no net?
B. Na!
V. Vom Peter hätt i des net vermutet. – So, der war a no net dort?
B. Ja – – – i kanns net mit Sicherheit sagn, – vielleicht war er vorher scho amal dort!

V. Das kann a sein!

B. Der Peter is eben so a Mensch, wenn der sagt, er geht da und da hin, dann geht er auch hin!

V. I bin genau so, i hätt schon oft, irgend wohin gehn solln und im letzten Moment hab i mir dann denkt, a was, gehst doch hin!

B. Sans dann hinganga?

V. Ja – –, bin aber net lang dort blibn!

B. Dös is lang gnua!

V. Dös sag i a – – was hab i denn davon? – – Is schad um d Zeit!

B. Des stimmt! – – – Zeit is Geld!

V. Na, – – des stimmt net – – Zeit hab i gnua, aber kein Geld! – – Wenn i so viel Geld hätt wie Zeit, dann hätt i mehr Geld wie Zeit!

HERR B. Dann hättn sie keine Zeit mehr, daß mit mir wohin gehen!

V. Dann nicht aber heut hätt ich noch Zeit!

(Wieder von vorne beginnen)

geht 2 bis 3 mal durch – und dann unterbrechen: jetzt müss ma aufhörn sonst merkens die Hörer, daß des immer wieder von vorn ogeht.

Mein Freund Oskar

1941

HERR TREU: Nicht so laut, Oskar, nicht so laut; neben Dir sitzt der Herr Meier, der kommt oft in unsere Familie, nicht daß der etwas ausplaudert! Das wär' mir furchtbar fatal!

OSKAR: Versteh, versteh, selbstverständlich! Nur ganz unter uns: *(lispelt lauter unverständliche Worte)* o-o-o-o-o-o-o-o-o-o-o-o

HERR TREU: Ja freilich!!! Da weiß ich ja gar nichts davon!

OSKAR: o-o-o-o-o-o-o-o-o-o-o-o

HERR TREU: Ja, warum hast Du mir denn das nicht gleich gesagt!

OSKAR: o-o-o-o-o-o-o-o-o-o-o-o-o

HERR TREU: Meine Frau?

OSKAR: o-o-o-o-o-o

HERR TREU: Ja, da bin ich ja wie aus den Wolken gefallen!

OSKAR: o-o-o-o-o-o-o-o-o-o-o-o-o-o-o-o-o-o-o-o

HERR TREU: Meine Frau! Ausgeschlossen!

OSKAR: o-o-o-o-o-o-o-o-o-o-o-o-o

HERR TREU: Niemals! Da kenn ich meine Frau zu gut!

OSKAR: o-o-o-o-o-o-o-o-o-o-o-o-o-o-o-o-o-o-o-o

HERR TREU: Das ist ja unmöglich!

OSKAR: o-o-o-o-o-o-o-o-o-o-o-o-o

HERR TREU: Zu meiner Frau? Lieber Freund, das kann ich nicht glauben und wenn Du es mir vorbetest!

OSKAR: o-o-o-o-o-o-o-o-o-o-o-o-o-o-o-o-o-o-o

HERR TREU: Wie lange? Seit Jahren? – Lieber Oskar, Du erlaubst Dir mit mir einen schlechten Witz!

OSKAR: o-o-o-o-o-o-o-o-o-o-o-o-o

HERR TREU: Ein fescher Mann in den besten Jahren?

OSKAR: o-o-o-o-o-o-o-o-o-o-o-o-o

HERR TREU: Das kann ich kaum fassen!

OSKAR: o-o-o-o-o-o-o-o-o-o-o-o-o

HERR TREU: Was! Deine Frau hat schon öfters gesehen, wie dieser Mann meine Wohnung verlassen hat? Und kann sie das beschwören?

OSKAR: o-o-o-o-o-o-o-o

HERR TREU: Gut! – – Das Weitere wird sich ja von selbst geben!

OSKAR: o-o-o-o-o-o-o-o-o-o-o-o-o

HERR TREU: Der ist in der ganzen Gegend schon bekannt? Ja, warum hat denn keine Frau die Courage, diesem Mann die Meinung zu sagen!?

OSKAR: o-o-o-o-o-o-o-o-o-o-o

HERR TREU: gerade da würde er ja leichter zu fangen sein, als nachts!

OSKAR: o-o-o-o-o-o-o-o-o-o

HERR TREU: Das mein ich ja! Diese Morgenbesuche bei den Frauen wählt er absichtlich, weil er sicher ist, daß die Männer der Frauen im Geschäft sind.

OSKAR: o-o-o-o-o-o-o-o-o-o-o-o-o-o-o-o-o-o-o

HERR TREU: Warte nur, treuloses Ehetäubchen, Du hast nichts zu lachen, wenn ich heute heimkomme! Diese vormittäglichen Männerbesuche werd ich Dir auszutreiben wissen!

OSKAR: o-o-o-o-o-o-o-o-o-o-o-o-o-o

HERR TREU: Also, Deine Frau kann das beschwören? Wie sieht er denn ungefähr aus?

OSKAR: o-o-o-o-o-o-o-o-o-o-o-o-o

HERR TREU: Groß – schlank – schwarze Brille! – Hm, hm, morgen vormittag gehe ich nicht ins Geschäft, da geh' ich wo anders hin und zwar auf die Lauer in unser Stiegenhaus, um diesen sauberen Herrn auf frischer Tat zu ertappen!

OSKAR: o-o-o-o-o-o-o-o-o-o-o-o-o-o-o-o-o-o-o

HERR TREU: Wie? Unsere Zugeherin soll gesehen haben, wie dieser Schurke meiner Frau heimlich Geld gegeben hat? Ha, das wird ja immer toller!!! Wieviel? 150.– Mark? Ah, ah, ah! Das ist ja kaum zu glau .... o, ich Rindvieh – – – jetzt weiß ich alles, das war ganz sicher der Geldbriefträger!!!

Pessimistischer Optimismus

1942

HERR LANG *zu Herrn Valentin*: .... So so, Sie sind Pessimist?

VAL.: Und Sie? – Optimist!

LANG: Ja!

VAL.: Sie sehen also alles rosig.

LANG: Jawohl, – alles!

VAL.: Die Rosen auch?

LANG: Na – die werden Sie doch auch rosig sehen!

VAL.: Die schon – aber das ist aber auch das einzige, was ich rosig sehe.

LANG: Wie sehen Sie denn die Welt?

VAL.: Nur unrosig! – Wenn es auch in einem alten Lied heißt: Ja die Welt ist schön!

LANG: Warum? – Finden Sie die Welt nicht schön?

VAL.: Nein – – Was soll denn da schön sein? Das unschöne geht doch schon mit der Geburt an! – Oder ist vielleicht die Geburt etwas Schönes? Fragen Sie mal darüber eine Hebamme oder einen Geburtshelfer – –

LANG: Na gut – – schön ist das nicht, aaber – – es ist halt mal so!

VAL.: Ja – – das – »Es ist halt mal so!« – – ist ja schon nicht schön! Schön wäre nach meiner Ansicht, wenn es nicht so wäre.

LANG: Na – – wenn es nicht so wäre, dann wären Sie ja nicht auf der Welt.

VAL.: Ja, das wäre doch schön!

LANG: Wenn aber alle so denken würden wie Sie, dann wäre doch niemand auf der Welt.

VAL.: Ich sage Ihnen doch – – dann wäre es doch schön.

LANG: Für wen?

VAL.: Für die Menschen, welche nicht auf der Welt sein müßten!

LANG: Menschen, die noch nicht auf der Welt waren, können doch nicht unterscheiden, ob es auf der Welt schön ist oder nicht!

VAL.: Das Schöne ist doch das, daß diese Menschen noch nicht auf der Welt waren!

LANG: Wie meinen Sie das?

VAL.: Ein Beispiel: – – haben Sie schon etwas gehört vom dreißigjährigen Krieg?

LANG: Gewiß!

VAL.: Was haben die Menschen, die zu dieser Zeit gelebt haben, alles mitgemacht? Können Sie sich das vorstellen?

LANG: Ja, diese Menschen haben Furchtbares erlebt! – – Alle Schrecken des Krieges – – dazu noch Hungersnot und Pestilenzen.

VAL.: Na also – – hätten Sie zu dieser Zeit auf der Welt sein wollen?

LANG: Nein, – gewiß nicht!

VAL.: Sehen Sie – – war das nicht schön, daß Sie zu dieser Zeit nicht gelebt haben?

LANG: Stimmt!

VAL.: Also, daraus ersehen Sie doch, daß es für einen Menschen schön sein kann, selbst wenn er noch nicht gelebt hat – – und genau so schön ist es für den Menschen, wenn er nach seinem Erdendasein nicht mehr lebt!

LANG: Ja – aber das Leben selbst haben Sie ja ganz übersprungen in Ihrer philosophischen Schilderung.

VAL.: Einen Moment – – – es gibt allerlei Leben – – – es gibt zum Beispiel ein kurzes Leben – – ein Kind wird geboren, und nach einer Stunde schon stirbt es. War das ein schönes Leben?

LANG: Nein! – – – Aber es gibt doch auch ein langes Leben – – – es gibt doch Menschen, die über 100 Jahre lang leben? Und oft wünschen, noch länger zu leben.

VAL.: Gewiß, solche Fälle gibt es, aber was hat so ein alter Mensch noch von seinem Leben, insofern man dieses noch ein Leben nennen kann – völlig verkalkt, schon fast versteinert liegt er da – eine halbe Mumie könnte man sagen – zu nichts mehr fähig, als zum Sterben.

LANG: Zu nichts mehr fähig? Sagen Sie? Lesen Sie die Bibel – Abraham wurde 700 Jahre alt und hatte 500 Kinder.

VAL.: Na, na, na, na, – Sie übertreiben – 400 Kinder soll er nur gehabt haben.

Zeuge Winkler

1943

Ort der Handlung: Im Gerichtssaal.
PERSONEN: *Hanns Winkler – Fensterputzer (Zeuge)*
           Der Richter   – nordd. Herkunft.
RICHTER: Sie sind in der Beleidigungsklage Johann Wimmer gegen Egide Lindner (Pflasterer) vorgeladen. *(Hier folgen die üblichen Gerichtsfragen – – –).* Der Herr Wimmer hat den Herrn Lindner

am Biertisch im Gasthaus »Zum Juligarten« beleidigt. Und Sie waren dabei Zeuge!

ZEUGE WINKLER: Woaß i! Der Wimmer is mei Freund und da Lindner Egide a. Und von dene zwoa mog i nix pfeiffa.

RICHTER: Sie soll'n auch nicht pfeiffen, sondern Sie sollen aussagen, wie diese Beleidigung zustande gekommen ist.

ZEUGE W.: Ja mei *(deutet mit dem Finger)* i bin da g'sess'n u. da Lindner Egide is da g'sess'n, und da Wimmer Hanse da und da hat – glab i – da Lindner Egide an Wimmer Hanse s'Bier ausg'suffa.

RICHTER: Was heißt: »Glab i«? – Haben Sie denn das nicht bestimmt beobachtet?

ZEUGE W.: Bestimmt? – Wenn mir so beinander hocka, da sauft amal der und dann sauft wieder der andere – da hätt i vui z'toa, wenn i da oiwei obacht geb'n müassat, ob oana vom andern sein Bier sauft.

RICHTER: Aber wegen der Sauferei is doch diese Beleidigung gefallen! Der Herr Wimmer soll doch zum Herrn Lindner gesagt haben, daß er irrtümlich von seinem Bier getrunken habe und hat ihn deshalb einen Schlawiner genannt.

ZEUGE W.: Naa, er hat nur zu eahm g'sagt *(Wimmer zu Lindner):* Schlawina dreckata, wennst no amal dein Saurüassl in mein Bierkelch einihängst, na hau i dir mit der Handfläch'n oane auf dei Haupt nauf, daß alle Wiederbelebungsversuche erfolglos bleiben.

RICHTER: Und was hat der Lindner drauf erwidert?

ZEUGE W.: Nix! Dös werd ja a guat g'wen sei, denn wenn der Wimmer Hanse warm werd, san d'Sanitäter in der Näh!

RICHTER: Also, das heißt »Dann wirds gefährlich«!

ZEUGE W.: Ja, aber lebensgefährlich! Wenn der Hanse in Stimmung is, is die Gaststätte auf koan Fall mehr splitterfrei!

RICHTER: Also kurz gesagt, »er ist ein Raufbold, wie man so sagt«?

ZEUGE W.: Naa, er hat ja net g'rafft mit'n Lindner Egide, er hat'n ja nur an Schlawiner g'hoassn!

RICHTER: Na, aber wenn er irrtümlich von einem fremden Bierglas nippt, ist er doch nicht gleich ein Schlawiner.

ZEUGE W.: Genippt? Der hat schon richtig ozog'n!

RICHTER: Was heißt »ozog'n«?

ZEUGE W.: A Quartl hat a eahm sicher rausg'saugt – ja wenn der nur genippt hätt' wär ja an Hanse der Barometer net g'stiegen!

RICHTER: Gut! Aber der Streit hat sich doch dann auf der Straße fortgesetzt.

ZEUGE W.: Ja, mia san dann alle ganga, und dann hat der Wimmer Hanse zum Wirt g'sagt »Wenn der Bollnhund no oamal daherin verkehrt, geh i in die Wirtschaft nimmer nei«.

RICHTER: Ja, was is denn das schon wieder für ein Ausdruck? Was ist denn das für ein Hund, ein Bollnhund? So einen hab ich ja noch nicht einmal im Zoologischen Garten gesehen. Ich hab schon von einem Windhund, von einem Wolfshund, von einem Hühnerhund gehört, aber noch nie von einem Bollenhund? Der ist mir unbekannt.

ZEUGE W.: Ja, sehn's Herr Richter, wenn's scho koan Bollnhund gibt, wia Sie behaupten, dann braucht doch der Aff deszweg'n net beleidigt sei!

RICHTER: Ja, der Lindner Egide fühlt sich aber grad wegen dem Bollnhund beleidigt.

ZEUGE W.: Na ja, na soll er halt beleidigt sei! D'Ausdrück tean doch net weh! Der soll froh sei, daß er eahm koane g'stiert hat!

RICHTER: Ja was ist denn das schon wieder! Was heißt denn »gstiert«?

ZEUGE W.: »G'stiert«?? – g'stiert hoaßt, wenn er eahm a Schell'n geb'n hätt!

RICHTER: Aber eine Schelln kann er ihm ja nur beim Tarocken geben!

ZEUGE W.: Ja, dös stimmt Herr Richter, da gibts aa Schelln. Aber die Schelln, dö i moan, de gibt ma oan nur mit der Hand.

RICHTER: Ja, die Schelln beim Kartenspielen gibt man ja auch mit der Hand, oder haben Sie schon Kartenspieler gesehen, die mit den Füßen tarockt haben?

ZEUGE W.: O mei, Herr Richter, wenn Sie die Münchner Ausdrück net verstehen, dann g'höret halt zu solchene Verhandlungen a Dollmetscher her oder ... ma soll halt in München Münchner Richter ham, oder wenigstens bayrische Richter, dann wär vui Zeit und Geld daspart!

Transport-Schwierigkeiten
1944

BICHLBAUER *(zu seinem Knecht Michl):* Spann schnell ein und fahr mit
'n Leiterwag'n zum Berger Pauli nach Olching 'nüber und hol die
alten Kisten, die er mir no net z'ruckgeb'n hat!

MICHL: Kist'n soll i hoin – ja, da woaß ja i no gar nix davo.

BAUER: Dös glaub i scho, daß du da no nix davo woaßt, drum sag i
dir 's ja.

MICHL: Woaß dös da Berger Pauli, daß i de Kist'n hol'n soi?

BAUER: Woher soll er denn dös wiss'n, desweg'n schick i di ja 'nüber,
daß du eahm sag'n sollst, daß du de Kist'n hol'n sollst.

MICHL: Wenn aber der Berger Pauli net dahoam is?

BAUER: Wenn da Berger Pauli net dahoam is, kannst du 's eahm
natürli net sag'n aber sei Frau werd scho da sei.

MICHL: Soll i 's dann da Frau Berger sag'n?

BAUER: Freili!

MICHL: D' Frau werd halt net wiss'n wo de Kist'n san.

BAUER: Dös woaß i natürli a net, ob s' de woaß.

MICHL: Was soll i dann doa, wenn 's de net woaß?

BAUER: Dös woaß i a net, dann muaßt hoit warten, bis da Berger
Pauli kimmt.

MICHL: Wenn aber der Berger Pauli net kimmt, soll ich dann sei
Frau frag'n, wia lang i warten soll?

BAUER: Frag'n kannst ja.

MICHL: I moan, es is besser, i fahr morg'n 'nüber, da is der Pauli vielleicht sicherer dahoam als heit.

BAUER: Red doch net so saudumm daher, morg'n kann er vielleicht
noch weniger dahoam sei als heit.

MICHL: Jetzt kenn i mi nimmer aus, soll i heit fahr'n oder morg'n?

BAUER: Einspanna tust jetzt und fahrst 'nüber, und wennst de Kisten
net kriagst, dann fahrst mit 'n leeren Wag'n wieder hoam.

MICHL: Na! Dös dua i net, denn wenn i scho eispann und 'nüberfahr,
dann nimm i d' Kist'n auf alle Fälle mit. Spazier'nfahr'n dua i net.

BAUER: Spazier'nfahr'n brauchst ja a net, denn wenn der Berger

Pauli oder sei Frau dahoam san, dann kriagst ja d' Kist'n, denn de Kist'n san ja mei Eigentum.

MICHL: Woaßt was Bauer, i spann net ei, i geh zuerst persönli 'nüber zum Berger Pauli und frag'n, ob er dahoam is. Sagt er ja, dann geh i hoam, spann ei, fahr 'nüber und hol d' Kist'n.

BAUER: Dös is ganz vakehrt, wennst scho 'nüber gehst, dann kannst do glei 'nüber fahr'n! Denn wenn der Pauli dahoam is, kriagst ja d' Kist'n, na stehst da und hast koan Wag'n dabei und trag'n kannst de groß'n Kist'n net.

MICHL: Ja, ja, da hast scho recht, Bauer, aber wia g'sagt, da Pauli kannt ja a net dahoam sei, was nacha?

BAUER: Ganz einfach! Wann er wirkli net dahoam is, nacha steckst eahm an Zettl an Tür hin, dann woaß der Pauli, daß du da warst.

MICHL: Dös mit dem Zettl versteh i net recht, weil, wenn doch der Berger Pauli net dahoam is, ko er doch den Zettl net lesen!

BAUER: Ja, Rindvieh saudumms, freili kann er den Zettl net lesen, wenn er net dahoam is, aba wenn er kimmt, kann er'n doch lesen!

MICHL: Ja, wenn er kimmt, brauch i doch koan Zettl, da kann is eahm doch glei selber sag'n, weg'n de Kisten.

BAUER: Ja, blöda Hund, du kannst doch net so lang wart'n, bis er kimmt!

MICHL: Ja mei, dös kummt drauf o, wo er hinganga is, der ko lang ausbleib'n, konn aber a sofort wieder da sei.

BAUER: Paß auf, Michl, de G'schicht is ganz einfach, mia schreib'n jetzt an Zettl. Gib den Fetzen Papier her, der da auf'm Boden liegt, so da schreib'n ma jetzt drauf: »War da, zweg'n den Kist'n holen«, so und jetzt spannst ei und fahrst zum Berger Pauli 'nüber, is er dohoam, dann is recht, is er net dahoam, is d' Frau dahoam, is d Frau auch net dahoam, steckst den Zettl an d' Tür oni.

MICHL: Dös is a net 's Richtige, weil wenn s' alle zwoa dahoam san, dann hab'n mia den Zettl umsunst g'schrieb'n.

BAUER: Sakrament, an dös hab i net denkt.

MICHL: Woaßt was Bauer, schenk eahm doch de paar alt'n Kist'n, mir hab'n ja so so vui so Glump.

BAUER: Guat, i schenk s' eahm.
MICHL: Und an Zettl?
BAUER: Den zreißt!
MICHL: *(ffffffffschd)*.

Verstehst nix von der Politik

1945

A. Wennst nix von der Politik verstehst, nacha redst net so saudumm daher – dös hoaßt net Komponist, sondern Kommonist.

B. Kommonist?

A. A Komponist is ja a soichana, der zum Beispiel an »Tölzer Schützenmarsch« komponiert hat.

B. Na! Dös is net wahr, an Tölzer Schützenmarsch hat – dös woaß i zufälligerweis – a Gastwirt von Tölz komponiert.

A. Is ja verkehrt – Du moanst ja musiziert.

B. Na! – Oana der wo a Musi macht, is koa Komponist, – dös is a Musikant.

A. Na – der wo die Musi spielt, is a Musikant.

B. Du spinnst ja – dann war ja mei Radio dahoam a a Musikant, der spielt a oft a Musi.

A. Du redst no grad so dumm daher wia damals im Weltkrieg 1914 – da hast a daher politisiert und hast allawei vom Bierverband anstatt von Vierverband daher gredt.

B. Aber Du hast a nix verstanden, weißt damals gmoant hast, die Entente dös war das hintere Ende von einer Ente.

A. Geh Du alter Sprüchmacher – Wie saudumm hast di damals gstellt beim Wählen, wost zu mir gsagt hast, i wähl einen Konditor statt einen Kandidaten und wie Du zu mir gsagt hast – für an Kaminkehrer is jetzt a harte Zeit, weil wenn der an Radio hört, is er a Schwarzhörer.

B. Dös hab i doch nur aus Gaudi gsagt.

60

A. A Gaudi – hast vielleicht da a a Gaudi gmacht, wia Du gsagt hast, Dei Schwager is Strumpfbandführer worn, statt Sturmbannführer.

B. Da hab i mi ja nur versprochen.

A. Daß Du für Dei Alter no so saudumm bist, da hab i heut noch den Beweis. Kannst Dich noch erinnern, wia am Anfang vom Kriag die Verdunklungsvorschriften in der Zeitung gstanden san, da hab ich zu Dir gsagt, daß im Englischen Garten Plakat angschlag'n sind mit der Aufschrift: Das Herumschwirren von Glühwürmchen ist bei eintretender Dunkelheit polizeilich verboten. – Dann bist am andern Tag mit Dein'm Radl 'nunterg'fahrn, weilst'as net glaubt hast.

B. Ja, weil i anstatt Glühwürmchen Glühlämpchen verstanden hab.

A. Geh, geh, geh, geh, geh, geh, geh! – Glühlämpchen hast Du verstand'n, als wia wenn im Englischen Garten Glühlämpchen umanandaschwirren tat'n.

B. Mhm. – Du brauchst koa Angst ham, daß Dir oana d'Weltmeisterschaft im Blödsei streitig macht! Kannst Dich no erinnern, wia damals auf der Insel Kreta die Fallschirmspringer gelandet san – da hast Du zu mir g'sagt, obs auf dera Insel allaweil regnen tut, weil die Fallschirmspringer alle an Schirm dabei g'habt ham.

A. Du hast ja aa damals an Blödsinn daher geredt, wiast gsagt hast, da Hitler hat a Glück g'habt, daß er net Adolf Kräuter g'hoaßn hat, sonst hätt'n ma schrein ... »Müassn« Heil Kräuter!

B. Aber Dei ganze politische Anschauung is ja nur a Kas gwesn, denn wenns nach Deiner Ansicht ganga wär, hättn mir den Kriag verlorn.

A. Mir ham ihn ja verlorn!

B. Dös woaß i scho! Ja moanst Du, daß Du alloa bloß an Kas daher gredt hast?

Geschäftsleute
1946

FRAU: *(Es hat geläutet an der Wohnungstüre)* Jessas na! – Wer werd denn dös wieder sei?

MANN: *(Zimmermann)* Grüaß God, Frau!

FRAU: Ah! Dös is ja der Herr ...

MANN: Da Zimmermann!

FRAU: Zimmermann? – Nachm Nama nach kenn i eana eigentlich weniger.

MANN: Nachm Nama nach hoaß i net Zimmermann. – I bin a Zimmermann.

FRAU: Ah! Sie san a Zimmermann.

MANN: Ja – Sie ham doch nach mir gschickt – was is denn los?

FRAU: Jessas ... zammgramt hab i heut no gar net – ausschaun tuts bei mir ... dös is schrecklich – genga S' nur rein zu mir.

MANN: Frau! I hab net vui Zeit. – Sie ham vor acht Tag eanan Buam zu mir gschickt, i soll kemma – wo fehlts denn? I hab sovui Arbat, a jede Minutn muaß i ma wegstehln – alle Augenblick kemma d'Leut mit so Kloanigkeiten daher, und bei jedem pressierts. – Kürzli a bei oan, habs eam glei gmacht, weil er a so gwinslt hot, »er muaß heit no habn« – seit 6 Wochn liegt dös Glump heut no bei mir in da Werkstatt – heit hat ers no net gholt.

FRAU: Ja, ja, solchane Leut gibts – i bin grad 's Gegenteil. – Meine Hausschua hab i gestern zum Schuasta tragn: In a paar Tag hat er gsagt, sans fertig. – I bin aba glei am andern Tag scho nüba – mei! hat mi der zammgstaucht! – »Moana S' i konn hexn« hat er gsagt. – Bald hätt er mi aus seiner Werkstatt aussigschmissn.

MANN: Dös hätt i a do.

FRAU: Was sagn S'?

MANN: I hätt Eana a nausgschmissn aus meiner Werkstatt.

FRAU: Aus Eana Werkstatt? – Ja, in eanana Werkstatt war i ja noch gar nia drinn – – dös war ja beim Schuasta.

MANN: Frau, erzähln S' ma jetz nix, sondern sagn S' ma, was bei Eana zmacha is – i hab net vui Zeit.

FRAU: Freili hab i zu Eana gschickt, Sie solln zu mir rüber kemma – aba dös war ja scho vor acht Tag. – Moana S', mir fallts jetzt ein, was i von Eana wolln hab?

MANN: Ja Kreuz Himmi Sakra – was buidn S' denn Eana eigentlich ein, i laß d' Arbat dahoam steh, lauf bis zu Eana rüba, versäum an Haufa Zeit, und jetzt weil i da bin, wissn S' net, was von mir wolln. – Dös is ma doch a no net passiert. – Was schicka S' denn na nüba, daß i kemma soll?

FRAU: Ja, i bin Eana ja dankbar, daß Sie herkemma san.

MANN: Für was wolln S' na denn dankbar sei, wenn i no gar nix gmacht hab?

FRAU: So, dös is ja recht nett von Eana. – Kann i vielleicht was dafür, daß mir durchn Krieg so dappi worn san? – Sie kemma ma grad recht! Wenn S' koa Geduld ham, solang bis ma eingfalln is, dann gebn S' Eana Gschäft auf – i muaß mi a stundenlang vorn Milliladn hinstelln und wartn, bis i a Milli kriag.

MANN: I hab koa Milligschäft – i bin a Zimmamann, merkn S' Eana dös. Und wenn S' jetzt net glei sagn, was S' wolln vo mir, dann geh i wida –.

FRAU: Ja mei, mir fallts halt jetzt momentan net ein und wenn S' ma an Kopf runta reißn.

MANN: Na, den brauch i net! So an saudumma Kopf hab i selba.

FRAU: Gell – a Fenster kenna Sie net einglasn?

MANN: Na! I bin koa Glasa – i bin a Zimmamo.

FRAU: Na, in meine Zimma is alles in Ordnung.

MANN: Bis auf d' Ordnung – wia i grad sieg.

FRAU: Was sagn S'?

MANN: Bis auf den Saustall – wenn S' dös bessa verstehn.

FRAU: Jessas, jetzt fallts ma grad ein, weil S' vom Saustall redn, jetzt woaß is, warum daß i Eana holn hab lassn, wegn unsern Hasnstall im Gartn drauß – da is da Bodn dafeit und da ghöratn a paar neue Bretta hingnaglt.

MANN: Und wega dem altn Hasnstall sprenga Sie mich zu Eana her?

FRAU: Ja, i kann doch mein Hasnstall mit de Hasn net zu Eana in d' Werkstatt nüba fahrn, noch dazua, wo ma no junge Hasn dazu kriagt ham.

MANN: Ja, Sie blöds Fraunzimma, – konn i vielleicht an den Hasnstall an neuen Bodn nei macha, wenn d' Hasn no drinn san?

FRAU: Sie braucha mi gar koa blöds Fraunzimma hoaßn – dö paar
Brettln konn mei Mo a hinnagln, da braucht ma schließlich koan
Fachmann dazua. – Es kommt scho wieda a Zeit, wo d' Gschäfts-
leut auf uns angwiesn san.

MANN: Ja ja, dös müaß ma leida jetzt oft hörn und dös stimmt a – dö
Zeit kummt sicha wieda, wo mir auf d' Kundschaft angwiesn
san – aber net auf solche Kundschaftn, wia Sie oane san. Und jetzt
kenna Sie mi ... dös hoaßt mir – »mein Hobl ausblasn«, schöne
Frau. Pfüad Eana Gott.

Nein

1946

V.: Kennen Sie meinen Schwager?

B.: Nein!

V.: Den *kennen* Sie nicht?

B.: Nein.

V.: So. Ich hab' geglaubt, Sie kennen ihn?

B.: Nein.

V.: Überhaupt nicht?

B.: Nein.

V.: Gesehen haben Sie ihn auch nicht?

B.: Nein.

V.: Aber Sie wissen doch, daß ich einen Schwager hab'?

B.: Nein.

V.: Ja, was is dös!

B.: Nein.

V.: *Was*, nein – möchten Sie meinen Schwager kennen lernen?

B.: Nein.

V.: Meine Schwägerin auch nicht?

B.: Nein.

V.: Haben Sie auch einen Schwager?

B.: Nein.

V.: Schwägerin auch nicht?

B.: Nein.

V.: Geschwister auch nicht?

B.: Nein.

V.: Zwillinge?

B.: Nein, nein.

V.: Haben *Sie* Kinder?

B.: Nein.

V.: Wie viele?

B.: Nein.

V.: Sie haben ja gar nichts?

B.: Nein.

V.: Kein Haus auch nicht?

B.: Nein.

V.: Haben Sie kein Geld auch nicht?

B.: Nein.

V.: Wenn S' *kein* Geld *nicht* haben, dann haben Sie ja eins!

B.: Nein.

V.: Sagen Sie zu allem nein?

B.: Nein.

V.: *Ja* sagen Sie überhaupt nicht?

B.: Nein.

V.: Aber, daß der Krieg aus ist, das freut Sie schon?

B.: Nein.

V.: Was? Dann sind Sie ja Kriegsgewinnler?

B.: Nein.

V.: Dös san S' a net?

B.: Nein.

V.: Ja, *irgend* was müssen S' doch sein?

B.: Nein.

V.: Ein Neinsager sind Sie doch auf jeden Fall?

B.: Nein.

V.: Ein Mensch, der zu allem Ja sagt, sind Sie aber auch nicht?

B.: Nein.

V.: Ja, dann sind Sie ja ein Depp!

B.: Nein.

V.: A net?

B.: Nein.

V.: Jetzt werd mir Ihre Nein-Sagerei zu dumm – einmal *müssen* Sie »ja« sagen. – Nun stell ich an Sie noch zwei Fragen: Sind Sie Pg.?

B.: Nein.

V.: Haben Sie alle Ihre Fragebögen gewissenhaft ausgefüllt?

B.: Selbstverständlich!

V.: Moana Sie der hätt' »Ja« g'sagt? – »Auf Wiedersehn« hat er g'sagt und is ganga!

Die Atombombe
1946

Fr. Huber: Na Frau Maier, was sagn jetzt Sie über die neue Atombombe?

Fr. Maier: Ja – dö soll ja furchtbar sein.

Huberin: Furchtbar? Dö soll nicht nur furchtbar sein, das soll das Katastrophalste sein, was je erfunden wurde.

Maierin: So, das Katrophalste, wie ham S' gsagt?

Huberin: Das Ka-ta-stroh-stroh-fall-steh, das is schwer zum Ausdrücken.

Maierin: Was is denn eigentlich so ein Katastrophal?

Huberin: Ein Katastrophal ist eine Art Energie, und wenn die explidiert, dann gehts los, dann is dö ganze Welt hi.

Maierin: Geht dann die Atombombe los oder die Energie?, wie Sie vorhin gsagt ham.

Huberin: Na, na, der Kern geht los, net der Amtom selber.

Maierin: So, so, nur der Kern. – Wo is der?

Huberin: Der is innen drin im Amtom, genau wia bei de Zwetschgn, da is aa der Kern innen drin.

MAIERIN: Ja stimmt, dös is erst kurz in der Zeitung gstandn von dieser Amtombombenkernzertrümmerung.

HUBERIN: Ja, ja, des is des, stellns Ihna vor, so ein Amtomkern is so klein, daß man net amoi mit dem größtn Fernrohr siecht, und wenn der Kern zertrümmert werd, entstehen daraus lauter noch kleinere Molikühle, – de san um aa Drionstel mal kleiner, als wia der winzigste Amtomkern selber.

MAIERIN: Ja was is dös, – da muaß aber der Arbeiter, der den winzig klona Amtomkern mit 'm Hammer zertrümmert, no guate Augn ham.

HUBERIN: O mei, Frau Maier, in der Philophiserie lassn Sie hübsch zu wünschn übrig, Sie stelln eahna diese Zertrümmerung so kindisch vor! Die zertrümmert sich ja selbst, wenn die Amtombombe vom Flugzeug aus hinabwärts auf den Boden fällt.

MAIERIN: Wenns aber auf an woachn Boden fällt, in an sogenannten Lettn oder Batz, oder gar ins Wasser, was nacha?

HUBERIN: Dann aa.

MAIERIN: Aa nacha, wenns naß werd? Löschts da net aus?

HUBERIN: A woher, die Amtombombe is ja wasserdicht, de werd überhaupts net naß, bis de naß werd, gehts ja scho los, da is ja die Katastrophe schon exeplodiert.

MAIERIN: Ja wia Sie dös alles wissn.

HUBERIN: Kunststück – i bin immer auf dem laufenden und noch dazu sehr belesen.

MAIERIN: Und was is nacha mit den kleinen Maniküren, wie Sie vorher gsagt habn.

HUBERIN: Maiküren? – Sie meinen die Molikühlen – dö zreißts aa.

MAIERIN: Einesteils könnt man sich ärgern, weils solche Sachen erfinden, aber für an gwöhnlichen Kartharr, da gibts no nix.

HUBERIN: Ja, ja Frau Maier, Sie dürfen auch an Kartharr net mit der Amtombombe in Einklang bringen.

MAIERIN: Na, na, des steht mir fern, i moan ja nur.

HUBERIN: Schaugns, wenn diese Amtomenergiekernzertrümmerungsmethode einmal zu nützlichen Sachen Verwendung findet, dann ist das doch ein wahrer Segen für uns und für die ganze Menschheit.

MAIERIN: Ja ja, schon, aber wenn doch vor der nützlichen Verwendung die schädliche Verwendung angewandt wird, dann ist doch nach meiner Ansicht die nützliche Verwendung nicht mehr anwendbar, weil mir doch scho alle hi san.

HUBERIN: Na, so gfährli werds net wern. Im Krieg hats ja auch gheißn, jede Kugel trifft net, und da ists dasselbe, denn so genau als wia mit einem Gwehr oder einer Kanone könnas' mit der Amtombombe niemals zielen.

MAIERIN: Ja, i hab ja von all den neuen Erfindungen sehr wenig Kenntnisse, aber i muaß grad so staunen, daß Sie des alles so wissn, Frau Huaber.

HUBERIN: Mei, Frau Meier, von Ihnen kann man das auch gar nicht verlangen, und wie gsagt, bin ich sehr belesen und außerdem hat mi unser Zimmerherr, der Herr Lorenz, über vieles Technische aufgeklärt. Der Herr Lorenz is nämlich Möbelpacker bei der Speditionsfirma Fey und Falk und außerdem is er ein tüchtiger Bastler. Der hat vorige Woch einen Hasnstall gmacht aus lauter alte Kistnbrettln, entzückend, sag ich Eahna. Ja, jetzt muaß i aber geh, vor lauter Ratschn kriag i sonst koa Milli mehr.

MAIERIN: Ja, i muaß aa geh, aber interessant war des heit, hoch- und wissenschaftlich, Eahna is grad guat zuzhörn, Frau Huber, de andern Weiber redn nur allaweil, was soll i denn heit kocha, und vielleicht kriag i doch no an Bezugschein und so weiter.

HUBERIN: Ja mei, Frau Meier, es gibt halt solche und Gott sei Dank andere aa. Also pfia Gott, Frau Maier.

MAIERIN: Pfia Gott, Frau Huber!

Funk-Reportage

1947

Man hört Dampfmaschinengeräusch.

ANSAGER: Wir befinden uns mit unserem Mikrophon soeben in einem Hof eines Anwesens in Berg am Laim bei München – Eine kleine Lokomobile mit angekuppelter Saugpumpe und 3 Wägen mit großen Eisenfässern stehen vor dem Hause. Ein dicker, 20 m langer Gummischlauch schlängelt sich von der Pumpe bis in den Hof und mündet mit dem anderen Ende des Schlauches in einer Versitzgrube.

Sind Sie der Besitzer dieser Pumpanlage? Bitte beantworten Sie mir einige Fragen vor dem Mikrophon. Bitte hier hinein sprechen.

ARBEITER: Na, i bin bloß angestellt.

ANSAGER: Ha ha, Sie sind ein Angestellter der Grubenentleerungsanstalt. Unsere Hörer interessiert es nämlich, wie so eine Grubenentleerung vor sich geht.

ARBEITER: Ja mei, erklären ko i dös eigentli net, wenn holt a Grubn voll is, dann telefoniert der Hausbesitzer in unsa Büro, daß die Grubn grammt werden muß, weils voll is.

ANSAGER: Ich verstehe, dann haben Sie von Ihrem Chef den Auftrag, mit der Dampfmaschine und einigen Fässern die betreffende Grube zu entleeren.

ARBEITER: Ja ja, entleeren, mir sagn halt »ramma«.

ANSAGER: *Ramma* – also räumen sozusagen, auspumpen, und wie geht das technisch vor sich?

ARBEITER: Ja mei, a schöne Arbeit is des net –

ANSAGER: Nein, das kann man nicht behaupten, aber es muß eben auch sein.

ARBEITER: Freili muß des sei, was meinens, wenn die Gruben nie grammt würden, de tatn ja alle überlaufn. A so a Grubn is alle 3 Monat voll, bsonders in an 4stöckign Haus wo viele Partein wohna.

ANSAGER: Ja aber so viel ich weiß, ist ja in meisten Häusern Schwemmkanalisation, da gibt es keine Grubenentleerung, weil die Fäkalien durch die Schwemmanlage fortgespült werden.

ARBEITER: In da Stadt drin scho, aber außahalb München gibts no viele Häuser wo grammt werden muaß – Des mach i ja jetzt a schon breits 25 Jahr.

ANSAGER: Dann können Sie also bald Ihr 25jähriges Rama-Jubiläum feiern –

ARBEITER: Stimmt ...

ANSAGER: Wie sind Sie zu diesem Beruf gekommen? Es heißt, zu jedem Beruf muß man eine Liebe haben –

ARBEITER: No, Liebe, kann ma da eigentli net sagen. Jeder kanns net machn, wegen dem Gruch.

ANSAGER: Ja, das ist mir erklärlich, ein Angestellter in einer Parfüm-fabrik, in welcher Parfüm hergestellt wird, wie z. B. Rosen-, Veil-chen-, Hyazinthenparfüm usw. hat entschieden einen schöneren Beruf erwählt, wenigstens für seine Nase.

ARBEITER: Na, des will i gar net sagn – i zum Beispil riach dös gar nimma, i bin für den Gruch scho bald imnum.

ANSAGER: Haben Sie auch in Ihrem Beruf mit Misständen zu rech-nen?

ARBEITER: Ja, manchmal kommts vor daß sich da Schlauch ver-stopft –

ANSAGER: Wie ist das möglich?

ARBEITER: Mei, wenn a Packpapierpfropfen nei kommt in Schlauch, des reißts net durch und bleibt steckn.

ANSAGER: Packpapier – wie kommt denn Packpapier in den Schlauch?

ARBEITER: Mei die Leut nehmen heut alles her, Vorschrift ist eigent-lich weiches Zeitungspapier.

ANSAGER: Dieser Misstand ist natürlich auch auf den gegenwärtigen Papiermangel zurückzuführen – und was die Hörer auch inter-essiert, *wo* werden denn die vollen Fässer ausgeleert?

ARBEITER: Die Fässer werden auf irgend einer Wiese ausgeleert, an dem Platz wachst das Gras a Jahr drauf an viertel Meter hoch.

ANSAGER: Das stimmt, es ist dies der beste Dünger, den sich der Landwirt wünschen kann.

ARBEITER: Die Kühe, wo das gute Gras fressn, gebn aber a die beste Milli.

ANSAGER: Und gerade die Milch ist heute so knapp weil es eben an Dünger fehlt.

ARBEITER: Ja vor dem Krieg haben wir Dünger gnug ghabt –

ANSAGER: Wie kommt das, daß wir jetzt weniger Dünger haben?

ARBEITER: Ja mei, das hängt halt auch mit der Nahrungsmittel-knappheit zamm ...

ANSAGER: Mit der Nahrungsmittelknappheit? Wie meinen Sie das?

ARBEITER: Dös is doch sehr einfach – vor dem Krieg habn wir so a Versitzgrubn im Jahr 3mal grammt, jetzt höchstens 1mal im Jahr.

ANSAGER: Glauben Sie, daß die Zeit wieder kommt, daß Sie die Gruben statt einmal, wieder öfters im Jahr räumen müssen?

ARBEITER: Sicha. Wenn uns das Ausland des wirklich schickt, was die Zeitungen schreiben, dann könntn mir die Grubn im Jahr mindestens 10-mal ramma.

ANSAGER: Sie hörten ein Gespräch über Grubenentleerung – angeschlossen Radio Pasing auf gleicher Wellenlänge – Nun noch die Zeit – mit dem Gongschlag ist es genau 25 Uhr *(Gong)* – 25 Uhr mitteleuropäischer Hungerszeit – Verzeihung – Normalzeit.

Vater und Sohn über den Krieg

1947

SOHN: *(10 Jahre alt)* Du, Vata, gell der Krieg is was Gefährliches?

VATER: Freili, dös is das Gefährlichste was es gibt!

SOHN: Warum wird dann immer wieder Krieg geführt, wenn er so gefährlich is?

V. Ja, mei! – Es heißt halt – – so lange es Menschen gibt – gibt es Kriege!

S. Gell Vata, wenn a König oder a Kaiser an König oder an Kaiser von einem andern Land beleidigt, kummt a Kriag?

V. Na, na – – so einfach is dös nicht, da müssen schon die Kriegsminister und der Kriegsrat a gfragt werdn.

S. Wenn dann der Herr Kriegsrat den Krieg will, dann kommt a Kriag?

V. Nein – dann wird erst vorher noch der Reichstag einberufen und die Parteien entscheiden dann über Krieg oder Frieden!

S. Sind das solche Parteien, wie die bei uns im Haus wohnen?

V. Hah! Dummer Bua – das sind politische Parteien, die vom Volk gewählt wurden!

S. Wird dann das Volk auch gfragt, ob wir an Krieg wolln oder nicht?

V. Nein! s Volk wird nicht gfragt, denn das Volk sind ja die Parteien, weil das 60-Millionen-Volk im Reichstaggebäude keinen Platz hätte – – deshalb hat das Volk seine Vertreter!

S. An Hämmerle Maxe sei Vata is a a Vertreter!

V. Na, Bua – das is ja nur a Vertreter von einer Zigarettenfabrik.

S. Kriagst von dem koane Zigaretten?

V. Na! In Kriagszeiten braucht man keinen Vertreter, weil die Waren knapp sind.

S. Du, Vater, werdn die Soldaten auch gfragt, obs an Kriag wolln?

V. Na! Die Soldaten werden nicht gfragt, die müssen in den Krieg ziehn, so bald er erklärt ist – – mit Ausnahme der Freiwilligen.

S. Müssen die Freiwilligen auch schießen im Krieg?

V. Nein – ein Freiwilliger muß nicht, der schießt halt, weil im Krieg gschossen werden muß.

S. Dann müssen's ja doch!

V. Aber nur freiwillig muß er!

S. Gell, Vata, die Gewehre – die Kanonen, die Fliegerbomben und alle die Kriegswerkzeuge, die laßt alle der Kaiser machen?

V. Natürlich!

S. Die sind teuer, gell Vata?

V. Die sind freilich teuer, die kosten viele, viele Milliarden!

S. Der Kaiser kanns aber leicht zahln, weil er reich is.

V. Der is freili reich, der Kaiser is der reichste Mann im ganzen Land.

S. Von was is denn der Kaiser so reich worn, Vata?

V. Durch sein Volk – – durch die vielen Steuern.

S. Aber dem Kaiser sei Volk is net reich.

V. Nein – das nicht – – aber das macht die Masse – – wenn z. B. von den 60 Millionen Menschen nur jeder 1 Mark Steuer im Jahr zahlt, sind es schon 60 Millionen Mark.

72

S. Ghörn die 60 Millionen dann dem Kaiser?

V. Nein, die gehören dem Staat und vom Staat kriagt der Kaiser dann auch etwas, aber vielleicht nur 5 Millionen, so viel, daß er halt mit seiner Familie gut auskommt.

S. A paar Millionen? Gell Vata, so viel verdienst du als Arbeiter nicht?

V. Na – i verdien im Jahr net ganz 2000 Mark.

S. Aber als Rüstungsarbeiter hast scho mehra verdient?

V. Ja, das war aber nur während dem Krieg!

S. Gell, Vata – wegen dem Verdienst wär der Krieg scho recht?

V. Eigentlich schon – – aber –

S. Was: aber – –?

V. Lieber weniger verdienen und im Frieden leben wär halt doch schöner.

S. Ja, Vata, wennst du und deine Arbeitskameraden nie in einer Rüstungsfabrik arbeiten tätst, dann gäb es doch keine Waffen – dann wär doch immer Frieden, weil man ohne Waffen keinen Krieg führen kann.

V. Ja, ja – da hast du scho recht – aber das müssen alle Arbeiter auf der ganzen Welt beherzigen.

S. Warum tuast das nicht?

V. Mei, Bua – du bist noch so jung – das verstehst noch nicht, wenn ich dir das auch erklär – die Arbeiter werden von den Kapitalisten überlistet.

S. Was ist dös – überlistet?

V. Überlistet? Es wird künstlich eine Arbeitslosigkeit erzeugt – – wenn die Arbeitslosigkeit nach einigen Jahren den Höhepunkt erreicht hat, steht schon im Hintergrund der Krieg – –

S. Was is nacha?

V. Dann werden wieder Arbeiter gesucht –

S. Dann werden die Arbeiter wieder froh sein, wenns a Arbeit kriegen.

V. Viele Millionen Arbeiter arbeiten dann wieder in Fabriken und machen die Teile für 5 Millionen Nähmaschinen.

S. Nähmaschinen? Du Vata, zu was braucht man denn beim Krieg Nähmaschinen?

V. Dös wird den Arbeitern nur vorgetäuscht – – in Wirklichkeit werden es lauter Maschinengewehre.

S. Glauben dös die Arbeiter? Wie is dös dann bei den Riesen-Kanonenrohren?

V. Da wird den Arbeitern vorgetäuscht, das werden lauter Fernrohre für die Sternwarte.

S. Geh – Vata – – so einen plumpen Schwindel kann man doch keinen Arbeiter vormachen.

V. Freilich ist das nicht faßbar – aber die Kanonenrohre sind da, also habens die Arbeiter doch gmacht!

S. Hast du auch den Schwindel geglaubt?

V. Ha – ha – ich hab sofort gemerkt, daß das Waffen werden für den Krieg.

S. Warum hast du dann nicht gestreikt?

V. Ich allein kann doch nicht streiken – – wenn schon – dann müssen alle Arbeiter der ganzen Welt sofort in den Streik treten und keine Waffen mehr machen, dann wäre gleich Schluß mit den unseligen Kriegen.

S. Warum tun das dann die Arbeiter nicht?

V. Mei, Bua, redst du dumm daher, wenn damals nach der großen Arbeitslosigkeit ich net in der Rüstungsfabrik gearbeitet hätte, wären wir, ich, die Mutter und du verhungert und die anderen Arbeiter auch.

S. Ja, du hast ja doch gearbeitet und trotzdem müssen wir heute auch bald verhungern.

V. Na – na – so schlimm wirds nicht werden.

S. Wenn aber wieder a Krieg kommt, tätst du dann auch wieder für die Rüstung arbeiten.

V. Ja – mei – – wenns uns wieder überlisten, dann gehts uns wieder genau so wie beim letzten Krieg.

S. Aber Vater, wenn das so ist, wie du mir das alles erklärst, gibt es ja niemals einen ewigen Frieden auf der Welt.

V. Niemals – deshalb heißt es ja doch: so lange es Menschen gibt, gibt es Kriege.

S. Menschen? Nein Vater – in dem Fall müßte es heißen: Solange es Arbeiter gibt, gibt es Kriege.

74

V. Nein, es muß heißen, so lange es solche Schwindler gibt, die die Arbeiter immer wieder anschwindeln, so lange gibt es Kriege.

S. Dann ist ja der Schwindel schuld an den Kriegen.

V. Ja, so ist es – und diesen Schwindel heißt man internationalen Kapitalismus.

S. Kann man den denn ausrotten?

V. Nein! Höchstens mit Atombomben, die die ganze Welt vernichten!

S. Gell Vater – aber der wunde Punkt is halt der: wer macht zum Schluß diese Atombomben?

V. Natürlich auch wieder die Arbeiter.

S. Wenn sich aber die ganzen Arbeiter auf der Welt einig wären, gäb's dann auch noch an Krieg?

V. Nein – dann nicht mehr – das wäre der ewige Friede.

S. Aber gell Vater – die werden nie einig.

V. Nie.

Monologe und skurrile Reden

Das Aquarium

1907

Weil wir gerade von einem Aquarium reden: ich hab' nämlich
früher in der Sendlingerstraße gewohnt. Das heißt, nicht *in* der
Sendlingerstraße, das wäre ja lächersam – in der Sendlingerstraße
könnte man ja gar nicht wohnen, weil immer die Straßenbahn
durchfährt. Also, in den Häusern der Sendlingerstraße habe ich
gewohnt. Nicht in allen, nur in einem davon. In dem, das zwischen
den anderen so drinsteckt, ich weiß nicht, ob Sie das Haus kennen.
Und da wohne ich. Aber nicht im ganzen Haus, sondern nur im
ersten Stock. Der ist unterm zweiten Stock und da geht in den zweiten Stock eine Treppe hinauf. Das heißt – sie geht schon auch wieder herunter, vielmehr wir, nicht die Treppe, gehen hinauf, man sagt
ja nur so.

Und da habe ich in dem Wohnzimmer, wo ich schlafe (ich habe
extra ein Wohnzimmer, in dem ich schlafe, und im Schlafzimmer
wohne ich), also da habe ich zu meinem Privatvergnügen ein Aquarium. Das steht so in der Ecke drin. Ich hätte ja so ein rundes
Aquarium auch haben können, dann wäre aber die Ecke nicht ausgefüllt.

Das Aquarium hat ringsherum vier Glaswände, und unten hat es
einen Boden, der das Wasser hält. Wenn Sie nämlich oben Wasser
hineinschütten würden, und der Boden wäre nicht da, da könnten
Sie ja oben zehn, zwanzig oder sogar dreißig Liter hineinschütten –
das würde alles wieder unten hinauslaufen. Bei einen Vogelkäfig sind
die Wände auch so ähnlich wie bei einem Aquarium, aber da ist alles
ganz anders. Da sind die Wände nicht aus Glas, sondern aus Draht.
Es wäre ja auch ein Riesenunsinn, wenn's beim Aquarium ebenso
wäre, weil das Aquarium das Wasser nicht halten könnte. Da liefe ja
das Wasser immer neben dem Draht heraus. Drum ist eben alles von
der Natur so wunderbar eingerichtet.

Ja, und ich habe eben in meinem Aquarium Goldfische, und in
meinem Vogelkäfig hab' ich einen Vogel. Jetzt hat mich neulich mal
die Dummheit geplagt, da hab' ich die Goldfische ins Vogelhaus

getan und den Kanarienvogel ins Aquarium! Natürlich sind die Goldfische im Käfig immer wieder von der Sitzstange runtergerutscht, und der Kanarienvogel wäre mir im Aquarium bald ersoffen. Dann hab' ich die Sache wieder richtiggestellt, und nun sind die Fische wieder lustig im Aquarium geschwommen, erst links, dann rechts, dann hinunter, dann wieder hinauf – die schwimmen fast jeden Tag anders.

Vorgestern ist mir ein Malheur passiert. Die Fische brauchten Wasser, und ich hab' einen Wassereimer voll nachgefüllt. Und nun ist das Wasser zwei Zentimeter hoch übers Aquarium hinausgestanden. Das hab' ich aber erst am andern Tag gemerkt, und ein Goldfisch ist über den Rand geschwommen und auf den Fußboden hinuntergefallen, weil wir in dem Zimmer, wo das Aquarium steht, einen Fußboden haben. Nun hat aber der Fisch am Boden kein Wasser gehabt, weil wir so, außer im Aquarium, kein Wasser im Zimmer haben. Da hab' ich den Fisch aufheben und wieder ins Aquarium zurücktun wollen, aber der Fisch war so glatt und ist mir immer wieder aus der Hand geglitscht. Ja, wenn er aus Eisen gewesen wäre, dann hätte ich einen Magnet genommen, und die Sache wäre erledigt gewesen. Aber es ist ja wieder von der Natur so schön eingerichtet, daß die Fische nicht aus Eisen sind, sonst könnten sie ja erstens nicht schwimmen, und zweitens könnte man sie ja dann nicht essen.

Also, den Fisch, der da am Boden lag, den hätte ich nie gegessen! Erstens würde ich von einem Fisch nicht satt werden, und wenn ich die anderen auch alle essen täte, dann wäre ja das Aquarium leer! Ess' ich die Fische wirklich und verkaufe das leere Aquarium – hat der andere das Aquarium, und ich hab' die Fische.

Verkaufe ich die Fische – hat der andere die Fische und ich das leere Aquarium. Verkauf' ich das Aquarium mit den Fischen – so wird das ein Transport, der einen zur Verzweiflung bringt. Denn geht man schnell mit dem fischgefüllten Aquarium, dann schwabbelt immer das Wasser raus und die Fische werden seekrank. Geht man langsam, macht man drei Stundenkilometer! Trägt man die Fische extra und das Aquarium auch extra – werden die Fische kaputt.

Kauft mir der andere nur das Aquarium ab, dann kann er zwar das Aquarium schnell heimtragen, aber er hat keine Fische dazu. Kauft er mir das Aquarium nicht ab und die Fische auch nicht – hat er gar nichts. Und das ist das einzig Richtige. Denn lieber gar nichts, als ein Aquarium, aus dem ein Fisch herausgestürzt ist, und der dann am Boden liegt, und den man nicht aufheben kann. Nicht, weil er so schwer, nein, weil er so glatt ist, wie ein Fisch!

Natürlich wäre der Fisch auf dem Fußboden bald hingewesen. Ich wollte ihn mit einem Browning erschießen, aber die Schießerei war mir zu unsicher, ich nahm den Fisch und warf ihn in die Isar, und er ertrank.

Gott sei Dank!

Ich bin ein armer, magerer Mann

zwischen 1906 und 1910

> Ach, es ist doch schrecklich g'wiß,
> Wenn der Mensch recht mager ist;
> Ich bin mager, welche Pein,
> Mager wie ein Suppenbein.

Was muß denn ich verbrochen haben, daß mich die Natur gar so grauslich zamg'richt hat. – Ich versteh' das nicht, in unserer Familie kann das unmöglich liegen, denn mein Vater wiegt über drei Zentner, meine Mutter über zwei Zentner und meine Schwester hat einen Bahnexpeditor geheiratet, und gerade ich muß so mager sein. – Ja, jetzt tut's es ja noch, aber früher soll'n S' mich g'seh'n hab'n, gleich nach der Geburt, da hab ich ausg'schaut wie a Salami. – Darum hab' ich auch als klein's Kind keine Wiege gebraucht, mich hat meine Mutter ganz einfach in einen Lampenzylinder neing'steckt und hat mich am Tisch umhergewalkerlt, so mager war ich.

Und trotzdem is mein Vater stolz auf mich, der mag die fetten Kinder selber nicht und grad deshalb, weil ich so mager bin, drum »mag er« mich so gern. Er sagt »Vetter« kann ich immer noch werd'n, wenn amal mei Schwester heirat'. Einmal bin ich in einem Kaffeehaus an einem Billard dort gelehnt und weil ich so mager bin wie ein Stock und weil ich am Billard dortg'lehnt bin, jetzt hat einer g'laubt, ich bin der Billardstock. – –

Aber die größte Gaudi war das, wie ich zur Musterung gehen hab' müssen, also hab'n die da drob'n a Gaudi g'habt, wie s' mich g'sehn haben. – Net, und ich hab' doch, wenn ich ausgezogen bin, so Rippen da 'rüber, quer rüber – mich hat halt früher meine Mutter immer zum Meerrettichreiben hergenommen. – Kurz und gut, wie die mich g'sehn hab'n, hab'n s' g'sagt: Ja Kerl, Sie kommen ja daher wie a Bahnwärterhäusl aus Wellblech. – Aber trotzdem, daß ich so gebaut war, hab'n s' mich nicht genommen zu den Soldaten, nicht amal zum Militär hab'n s' mich brauchen können.

Natürlich bin ich auch furchtbar leicht; wenn ich z. B. in einem Restaurant sitz und da Wirt reibt an Ventilator auf, da muß ich mich immer am Tisch anbinden, daß's mich net in's Röhrl neizieht. – – Dann hat amal einer zu mir g'sagt: Sie sind schon wirklich a gräuslicher Kerl, Sie können Ihnen jetzt schon in der Anatomie verkaufen; dann bin ich auch hingegangen zu dem Anatomieprofessor und hab mich offeriert, nun hat er g'sagt: Was verlangen S' denn für Ihnen? – Ja, sag' ich, unter 80 Mark kann ich mich nicht hergeb'n, weil auf 50 Mark komm' ich mich ja selbst. – Ja, sagt der Herr Professor, wie können Sie das behaupten, daß Sie 50 Mark wert sind? – Ja, sag i, ich hab mich kürzlich ausgezogen und hab meine Knochen so abgegriffen und da hab' ich 'rausgefunden, daß ich 50 Knochen hab' und weil ich in jedem Knochen »a Mark« hab', bin ich 50 Mark wert. –

Dann hab ich amal was gelesen von einem Leichenverbrennungsverein, denk' ich mir, da gehst auch hin und laßt dich amal verbrennen, wennst gestorben bist; dann bin ich auch hingegangen und hab den Leichenverbrennungsvorstand g'fragt, ob das überhaupt geht bei mir, dann hat er mich ang'schaut und hat g'sagt: Ja, Sie sind schon arg dürr, bei Ihnen kostet es mehr. – Ja, sag ich, warum denn grad bei mir? – Ja, sagt er, weil ma bei Ihnen im Verbrennungsofen drin an neuen Rost brauchen, weil Sie durch den jetzigen unbedingt durchrutschen würden. – –

Und trotzdem ist die Magerkeit mein Lebensretter, denn wie ich einmal in Afrika war bei den Kannibalen, da hab'n mich die Menschenfresser erwischt und hab'n mich braten wollen, dann hab'n s' a Feuer g'macht und hab'n mich ausgezogen – wie mich die ausgezogen g'sehn hab'n, sind s' alle davongelaufen weil's denen g'raust hat vor mir und mein Leben war gerettet.

Der verlorne Brillantring
zwischen 1906 und 1910

(Diese Nummer erfordert eine eigene Vortragsweise um zur Wirkung zu kommen.)
Trotzdem daß ich 2 Jahre beim Militär gedient habe, habe ich vor 8 Tag meinen Brillantring verloren.

Den Ring kann ich halt gar nicht vergessen, denn jedesmal wenn ich daher schau, wo ich immer hing'schaut hab, muß ich gleich wegschaun.

Also der Ring war einzig, – – erstens schon aus dem Grund, weil ich blos den einzigen g'habt hab. – – – Ein Feuer hat der Ring g'habt, – – – wegen dem Ring ist schon a paar mal d' Feuerwehr ausgerückt.

Blitzt hat der Ring, wie der Blitz, dem Ring hat bloß mehr das Donnern gefehlt, dann wärs direkt ein Donnerwetterring gewesen – – – Einer hat so einmal zu mir g'sagt »Donnerwetter hab'n Sie an schönen Ring«.

Wie das gegangen ist, daß ich den Ring verloren hab, ist mir heut noch ein Rätsel, – – denn 8 Tag vorher hab ich ihn doch noch g'habt, – also hat der Ring 8 Tag gebraucht, bis er verloren gegangen ist.

Mir liegt ja weniger an dem Ring, aber was tu ich jetzt mit dem blausammt'nem Etwie, da hat der Ring so schön neipaßt, wer weiß ob ich wieder so einen Ring krieg, der wo so schön da nein paßt, wie der.

Aber mei, jetzt ist er schon fort, jetzt kann man's nicht mehr ändern, das heißt, einmal hab ich'n schon ändern lassen, beim Goldarbeiter, da hab ich den Ring weiter machen lassen, weil er mir immer so vom Finger runterg'fallen is, der Goldarbeiter hat'n aber gleich wieder so weit g'macht, daß'n mei Frau als Armreif trag'n hat können. Durch das ist er dann verloren gegangen.

Wissen Sie, ich hätt den Ring schon wieder bekommen, wenn ich gleich eine Annonce aufgegeben hätt' in der Zeitung, aber jetzt is's auch schon wieder 8 Tag her, jetzt weiß ich nicht mehr genau, wie der Ring ausg'schaut hat, ich weiß bloß noch, daß er in der Mitt a Loch g'habt hat, wo man den Finger durchsteckt und daß er 50 Mark kost hat, aber mein Gott solche Ring gibt's halt mehr auf der Welt. Eigentlich bin ich ja froh, daß ich den Ring verloren hab, wie leicht hätt's sein können, daß er mir einmal g'stohln worden wär.

Ja, der Ring liegt mir heut noch am Herzen, nicht in Wirklichkeit, sondern man sagt eben so, denn wenn er mir in Wirklichkeit am Herzen liegen tät, dann wüßt ich ja wo er wär, dann ging ich in d'Klinik hinaus, und ließ mich operieren, dann hätt man gleich wieder, aber schließlich kost die Operation 200 Mark, dann zahl ich 150 Mark drauf, um das Geld krieg ich schon wieder 3 neue Ring und brauch die Schmerzen nicht aushalten.

Aber ich lass'n doch noch ausschreib'n in der Zeitung, vielleicht hilft's doch, – – ja, ob aber der grad die Zeitung liest, der wo den Ring g'funden hat, das ist die Frage, – – und dem extra schreiben, er soll so freundlich sein und soll die Zeitung lesen, wo das drinn steht, das kann ich nicht, weil ich nicht weiß wo er wohnt, der wo'n g'funden hat.

Vielleicht wohnt er im Ringhotel.

Ein komischer Liebesbrief
1907/1908

LIEBER . . . . !

(Hier nennt der Vortragende s e i n e n Vornamen.)
Mit weinenden Händen nehme ich den Federhalter in meine Hände
und schreibe Dir. – Warum hast Du so lange nicht geschrieben? –
wo Du doch neulich geschrieben hast, daß Du mir schreibst, wenn
ich Dir nicht schreibe!! – – Mein Vater hat mir gestern auch
geschrieben; er schreibt, daß er Dir geschrieben hätte. Du hast mir
aber kein Wort davon geschrieben, daß Dir mein Vater geschrieben
hat. – Hättest Du mir geschrieben, daß Dir mein Vater geschrieben
hat, so hätte ich meinem Vater geschrieben, daß Du ihm schon
schreiben hättest wollen, hättest aber leider keine Zeit gehabt zum
Schreiben, sonst hättest Du ihm schon geschrieben.

Mit unserer Schreiberei ist es sehr traurig, weil Du mir auf kein
einziges Schreiben, welches ich Dir geschrieben habe, geschrieben
hast. – Wenn Du nicht schreiben könntest, wär es was anderes, dann
tät ich Dir überhaupt nicht schreiben, weil dann die Schreiberei keinen Wert hätte, – *so kannst Du aber schreiben* und schreibst doch
nicht, wenn ich Dir schreibe!

Ich schließe mein Schreiben und hoffe, daß Du mir nun endlich
schreibst, sonst ist das mein letztes Schreiben, welches ich Dir
geschrieben habe. – – Solltest Du aber wieder nicht schreiben, so
sage wenigstens dem Überbringer dieses Schreibens, wann und wo
wir uns heute noch treffen. *(Vortragender übergibt den Brief wieder
dem Überbringer mit den Worten:)* Sag'ns eine schöne Empfehlung
von mir und ich wart ihr heut Nacht um 2 Uhr – Ecke Dachauer-
straß' und Isartorplatz.
*(Vortragender bläst oder singt hierauf den letzten Ton seines Liedes und
geht dann ab.)*

Die Uhr von Löwe

1909

Gestatten Sie, daß ich Ihnen ein schönes Lied vortrage, und zwar die Ballade »die Uhr« von Löwe. Setze voraus, daß ich mich bei diesem Vortrage selbst begleite, weil ich mich, Gott sei Dank, selbst begleiten kann. Erst kurz habe ich mich selbst nach Hause begleitet, das hat zwar sehr dumm ausgesehen, wie ich so allein neben mir hergegangen bin, aber die Hauptsache ist, daß ich mich selbst begleiten kann. Da bin ich heute meinem Vater noch dankbar, daß er mich so streng musikalisch erzogen hat. Sie, der hat mich streng musikalisch erzogen! Als Kind habe ich nur mit der Stimmgabel essen dürfen, geschlagen hat mich mein Vater nach Noten. Die Uhr von Löwe. Sehen Sie, wie mir mein Vater das Gitarrespielen hat lernen lassen, hat er mir bei einem Tändler eine ganz alte Gitarre gekauft, auf der Gitarre war keine einzige Saite mehr drauf, also nicht einmal eine – aber mein Vater hat gesagt, zum Lernen ist die gut genug. Die Uhr von Löwe. Schicke voraus, daß dieser Löwe kein Uhrmacher war, sondern Komponist. Die Uhr von Löwe. Sehen Sie, weil wir gerade von einer Uhr reden, mein Uhrgroßvater lebt nämlich noch, und dem wurde vor kurzer Zeit seine Uhr gestohlen. Seit dieser Zeit ist er jetzt jünger, denn jetzt ist er nur noch »Großvater«. Die Uhr von Löwe. Ich hab auch einmal einen Verdruß gehabt mit einem Uhrmacher. Da hab ich mir bei einem Uhrmacher so eine moderne Taschenuhr gekauft. Mit dieser Uhr bin ich acht Tage herumgelaufen und hab nie gewußt, wieviel Uhr es ist, weil keine Zeiger und kein Zifferblatt auf der Uhr waren und das ist doch eigentlich die Hauptsache von einer Uhr. Und weil ich mich nicht ausgekannt habe mit dieser Uhr, habe ich die Uhr an die Wand hingeworfen, weil ich geglaubt habe, daß vielleicht eine Wanduhr daraus werden könnte, aber sie ist in tausend Scherben zerbrochen und unter diesen Scherben habe ich herausgefunden, daß ein Zifferblatt und ein Zeiger doch dabei waren, aber die müssen innen gewesen sein. Dann bin ich aber zu dem Uhrmacher gegangen und hab es ihm gesagt. Ja, sagt er, das glaub ich schon, da hätten sie bloß den

Sprungdeckel aufmachen sollen. Die Uhr von Löwe. Auf diesen Uhrmacher habe ich heute noch einen Zorn, weil er mir das nicht gesagt hat von dem Sprungdeckel. Dann hab ich mir aus Rache eine wirkliche Wanduhr gekauft, so eine alte, mit langen Ketten zum Aufziehen. Das war so eine Arbeit, wie ich mit der Uhr das erstemal spazieren ging, da sind mir immer die Gewichte zwischen die Füße gekommen und der Nagel hat mir weh getan.

Die Uhr von Löwe. Ich trage wo ich gehe stets eine Uhr bei mir, wie viel es ge – – –

Sehen Sie, wenn man es eigentlich richtig nimmt, paßt dieses Lied gar nicht für Gitarre weil es heißt: ich trage wo ich gehe usw.; ich gehe aber jetzt nicht, ich stehe (oder sitze) jetzt, weil ich unterm Gitarrespielen nicht gehen kann, und dann hab ich keine Uhr, die hab ich versetzt.

Sehr geehrtes Auditorium, nachdem ich unterm Gitarrespielen nicht gehen kann und außerdem meine Uhr versetzt habe, ist es mir leider nicht möglich, Ihnen die Uhr von Löwe zum Vortrag zu bringen.

All Heil!

1910

(Vortragender erscheint auf der Bühne mit einem alten Fahrrad im Rennfahrerkostüm.)

»All Heil!«

Wenn man es eigentlich richtig betrachtet, ist das Radfahren eine große Dummheit, ich zum Beispiel fahrat ja überhaupt nicht, aber mir hat es der Doktor angeordnet, der hat gsagt, ich muß Bewegung haben, sonst wer ich zu fett. Fett bin ich eigentlich gar nicht, ich bin nur leichtsinnig, wie oft bin ich schon auf d'Nacht ohne Glocke ausgfahrn, nicht amal a Licht hab ich dabei ghabt und auf d'Nacht fahr ich nämlich nie ohne Licht aus, bei Tag weniger, außerdem es wird recht früh Nacht, wie im Winter z. B. und im Winter fahr ich überhaupt nicht.

Was hab ich schon Malheur gehabt mit der Radlerei, erst kürzlich bin ich wieder mit samt mein Radl unter a Automobil nein kommen, hab aber ein Glück dabei ghabt, wie mich nämlich der Chauffeur unterm Wagen rauszieht, sieht er, daß ich a guter Spezi zu ihm bin, natürlich hat er dann sofort bremst, sonst wär ich sicher kaput gewesen.

Darum sag ich, ich gib die ganze Radlerei noch auf, aber bevor ich mein Rad an einen andern verkauf, fahr ich doch lieber selber – – und mir tut das Radfahren gut, a jeder kanns net vertragen, da muß ma guat beinand sei, vor allem gsund auf der Brust *(husten)*, jetzt ich halt auch was auf meine Gesundheit, ich leb auch darnach. Bei mir heißts in der Früh um 11 Uhr raus ausn Bett, a paar gute Zigaretten graucht, z'Mittag a Paar Regensburger in Essig und Öl, recht sauer, das macht Blut. – Nachmittags a kleine Radtour nach Holzkirchen, aber gemütlich 70 km, wenn man dann so erhitzt am Ziel angelangt ist, net glei in a warms Lokal neisetzn, nein! zuerst im Hausgang a bisserl stehn bleibn, wos recht zieht, damit der Schweiß am Körper trocknet, wenns einem dann s'frieren anfangt, net glei a warme Limonad trinken, nein! a frische Maß Bier schnell nunterstürzen und a Stück Brot danach essen, dann kann einem nix passieren – – nur auf diese Weise bekommt man ein kräftiges, blühendes Aussehen, schauns mich an, ich treib das schon wochenlang, a paar Freunde von mir habn diesen Rat auch befolgt, dene fehlt jetzt nix mehr.

Wissen sie, jetzt fahr ich nur mehr zum Vergnügen, früher wars ja mein Beruf, ich war nämlich früher roter Radler, weil ich aber amal als roter Radler am »Gründonnerstag« »blau« gmacht hab, hat mir mein Prinzipal »weiß« gmacht, daß dös net sei darf und hat mir kündigt.

Verunglückt bin ich auch schon, bei meinem letzten Rennen hab ich einen Nabelbruch erlitten, – Gabelbruch, seit dieser Zeit hab ich die Rennerei satt. In meinem Leben mach ich kein Radrennen mehr mit, ich muß zu meiner Schande gestehen, daß ich bei jedem Rennen der letzte war, da war aber nicht ich schuld, da warn die andern schuld, weil die immer vorgfahrn sind. Sehn sie, der wo den ersten Preis gmacht hat, der Mann ist krank, der leidet an Verfolgungswahn, der bildet sich bei jedem Rennen ein, der zweite fahrt ihm immer nach und das war auch beim letzten Rennen der Fall – natürlich fährt doch der wahnsinnig dahin, der muß doch der erste werden, das ist aber doch nicht gerecht, da soll man doch nur gesunde Leute dazu nehmen, wie ich. Wenn auch nicht jeder der erste wird, das soll auch bei einem richtigen Rennen nicht vorkommen, das hätte auch gar keinen Sinn.

Ein paar Mal hab ich ein Schrittmacher gmacht, aber da hams mich net brauchen können, weil ich zu wenig Luft verdrängt hab.

Zum Schluß erzähl ich ihnen noch was Interessantes, ich bin nämlich Vorstand des Radlerklub »d'Windhund« und da habn wir von der Fabrik eine neue Standarte kriegt und in die Standarte war mit goldenen Buchstaben der schöne Spruch hineingestickt »Der Mensch denkt und Gott lenkt«, – wie ich das gelesen hab, hab i mei Radl packt, bin auf d'Straß naus, hab mi nauf gsetzt und bin dahin gefahren, ohne zu lenken – – dabei wirfts mich glei so an a Hauseck hin, daß ich drei Stund blödsinnig war – na, hab i mir denkt, mi drahts es nimma o mit euchere Sprüchwörter und seit dieser Zeit lenk ich wieder selber. –

All Heil!

Der Feuerwehrtrompeter (Signalist)
zwischen 1910 und 1914

Kreuz Sakra, könnt' ich da nervös werd'n mit der saudummen Fragerei! So oft wir Feuerwehrleut' in Uniform auf der Straß'n gehn, fragt jeder Mensch: »Wo brennt's denn?« Das ist doch zu dumm, dann müßte man doch einen Polizisten auch fragen: »Wer hat denn da was g'stohl'n, Herr Polizist?« Überhaupt, was für dumme Leut' es gibt, das ist nicht zu glauben. – Es gibt tatsächlich Leut', die können keinen Trompeter von einem Feuerwehrmann unterscheiden. Ich bin doch ein Trompeter, – das heißt, – ich bin schon ein Feuerwehrmann, aber ich bin eigentlich kein direkter Feuerwehrmann, der wo es direkt mit dem Feuer zu tun hat, ich muß natürlich schon dabei sein beim Feuer, – nur brauch' ich nicht spritzen, sondern ich muß blasen, damit der andere spritzen kann; denn wenn ich nicht blas', dann kann der andere nicht spritzen, das heißt, können tut er ja schon, aber dürfen tut er nicht – ich darf ja auch nicht blasen, wenn ich will, ich häng' wieder vom Kommandanten ab; der schafft mir an, wenn ich blasen muß; schafft mir der Kommandant nix an, dann darf ich auch nicht blasen und wenn ich nicht blas', darf der andere nicht spritzen, und wenn der nicht spritzt, verbrennt das Haus.

Drum ist die Hauptsache von der ganzen Feuerwehr der Kommandant, und ich bin der Trompeter, und darum ärgert mich das so furchtbar, wenn mich die Leut' immer für einen Feuerwehrmann anschau'n. Bei dem letzten Brand bin ich auch wieder verwechselt worden. Wir stehn vor dem brennenden Haus am Brandplatz, auf einmal kommt eine Frau aus dem brennenden Haus herausgestürzt und rennt ausgerechnet auf mich zu und sagt: »Bitt' schön, Herr Feuerwehrmann, holen Sie mir mein kleines Kind herunter vom 5. Stock, das liegt in der Wieg'n drinnen und muß sonst verbrennen.« »Liebe Frau«, hab' ich gesagt, »das geht mich nichts an, das müssen Sie dem Feuerwehrmann sagen, ich bin der Trompeter; aber daß Sie sehen, daß ich auch tue, was in meinen Kräften steht: blasen tu' ich Ihrem Kind schon, daß es runterkommen soll.«

Ja, ja, die Sach' ist nicht so einfach, wie Sie sich die Blaserei vorstellen, die vielen Signale, wo ich im Kopf haben muß! Viel' Signale haben wir eigentlich nicht, nur zwei, aber von diesen zwei Signalen hängt alles ab. Sehn Sie, Sie werden das ja nicht begreifen, weil Sie ja selbst keine Feuerwehr sind. Das erste Signal, Nr. 1, heißt: »Zum Angriff!« Signal Nr. 2 heißt: »Gefahr vorüber, – abrücken!« Stellen S' Ihnen vor, was das für eine Sauerei gibt, wenn ich die zwei Signale verwechsle und statt »Zum Angriff!« – »Gefahr vorüber!« blas!

Ja, das ist nicht so einfach, das muß alles gelernt sein. Mein Gott, wenn ich an meine Lehrzeit denk', wie ich die Feuerwehrerei g'lernt hab', da graust's mir heut' noch. Wissen Sie, ich hab' auch, offen gestanden, nichts lernen können, weil's g'rad ausgerechnet die drei Jahr', wo ich in die Lehr' 'gangen bin, nirgends brennt hat, und selber haben wir nichts anzünden woll'n, wegen dem Verdruß von den Leuten.

Ich wär' überhaupt kein Feuerwehrmann geworden, aber das war so: Mein Vater, der war 30 Jahr' dabei, dann war die Uniform da, dann hab' ich mir denkt, wirst halt auch einer. Passen tut mir alles bis auf den Helm-Riemen, der ist mir zu weit, weil mein Vater so einen großen Kropf g'habt hat. – Ich könnt' ihn schon kürzer machen lassen, aber schließlich krieg' ich auch einmal einen Kropf, dann hört die Abänderei nicht auf – lieber wart' ich, bis ich auch einen Kropf krieg'. Ja, mein Vater war bei der Berufsfeuerwehr, der hat immer die Leiter betreiben müssen, die wo so 'naufgeht, der war Betriebsleiter.

Wissen Sie, wir haben zweierlei Feuerwehr; es gibt eine freiwillige Feuerwehr und eine Berufsfeuerwehr – Jetzt, wir in unserem Dorf wir haben nur eine freiwillige Feuerwehr, zehn Mann und die Spritze. Den größten Brand, wo ich mitgemacht hab', das war damals, wie unser Dorf abbrennt ist. Heut' sind es g'rad sechs Jahr', das war groß! 50 Meter breit und 60 m hoch, 62 m darf man sagen, ganz genau hab'n wir's nicht abmess'n können, weil's immer so hinaufg'schwänz'lt ist. –

Ja das Feuer wär' nicht so groß geworden, wenn wir es gleich bemerkt hätten, aber erstens ist es bei der Nacht auskommen und unser Dorf ist so schlecht beleuchtet g'wesen, daß wir nicht einmal das Feuer g'seh'n hab'n. Zweitens hat der Turmwächter g'rad in dieser Nacht Ausgang g'habt. Am dritten Tag haben wir es erst gemerkt, daß das halbe Dorf lichterloh gebrannt hat.

Dann sind wir erst ausg'rückt. Wie wir an das Spritzenhaus hinkommen, sehen wir zum größten Unglück, daß das Spritzenhaus selber schon abgebrannt ist; jetzt hat der Kommandant sofort zum Baumeister hinüberg'schickt, er soll so schnell wie möglich ein neues Spritzenhaus bauen, daß wir wenigstens die Spritz'n rausfahr'n können. – Zu uns hat er g'sagt, wir sollen einstweilen löschen, so gut als es geht. »Ja, mit was denn?« haben wir gesagt. Im »Winter, wo das ganze Wasser eing'froren ist!« Jetzt haben wir schnell ein paar Zentner Wasser gekocht, daß wir Wasser bekommen haben zum Löschen. Das gekochte Wasser war aber so heiß, daß wir uns die Finger verbrannt haben beim Spritzen. Nach 10 Minuten ist Wassernot eingetreten, da hat der Herr Apotheker in liebenswürdiger Weise 10 Flaschen Mineralwasser gespendet, das war natürlich gleich verspritzt. – Die Wassernot war so groß, daß zwei Feuerwehrmänner mit einer Kinderbadewanne zum Dorfschuster hinunter'gangen sind, der wo schon sechs Jahre die Wassersucht hat; den haben s' ersucht, ob er nicht mit ein paar Maß Wasser aushelfen könnt', sonst ist das ganze Dorf beim Teufel. –

Auf einmal ist doch ein anderer Wind gekommen und das Feuer hat aufg'hört am Abend und seit dieser Zeit haben wir zur Erinnerung an das große Feuer alle Abend – Feierabend.

Der schneidige Landgendarm

1912

(Vortragender erscheint auf der Bühne als alter Landgendarm, angeheitert, mit einer großen Mappe und einer Hundskette mit daran hängendem Hundehalsband)

GESANG. *(Nach der Melodie: Üb' immer Treu' und Redlichkeit etc.)*
Ich bin ein schneidiger Landgendarm
Und habe einen scharfen Blick.
Und grad weil ich so dünn bin,
Hab'n mich diese Spitzbub'n gar so dick.

PROSA.
Ich bin der dünnste Gendarm, nicht der dümmste – der dünnste Gendarm von unserm ganzen Dorf, das heißt, mir sind ja nur zu zweit, ich und mein Wachtmeister, der ist gerade das Gegenteil von

mir; der ist so dick, daß er gar nicht mehr gehen kann, viel weniger laufen. Drum erwischt auch der keinen Spitzbub'n mehr, die muß alle ich fangen, und ich erwisch auch jeden; und da hab' ich eine närrische Freude, wenn ich einem nachgelaufen bin und hab' ihn erwischt – nur eines kann ich für den Teufel nicht leiden, wenn mir die gemeinen Kerle nachlaufen, da krieg ich einen Zorn, weil das gar nicht sein darf, daß der Spitzbub dem Gendarm nachläuft, da hätte ich das Recht, daß ich sofort einen aufschreibe, aber unterm Laufen kann doch ich nicht schreiben – ich kann überhaupt nicht schreiben, das ist ja das dumme bei mir, ich muß jeden Spitzbub'n, den ich auf der Straße gefangen habe, – – abzeichnen. Sie, das ist eine Hundsarbeit, einen solchen Spitzbub'n abzeichnen; meinen Sie, von diesen Spitzbub'n tät' sich einer einmal eine Stunde lang ruhig halten? Nicht um's Sterben. Unterm Bleistiftspitzen sind sie mir schon davon, da kann ich ihnen gleich ein paar zeigen, die ich vorige Woche gefangen hab'. (Siehe Verbrecher-Album*.)
(Fortsetzung nach der Erklärung des Verbrecher-Albums.)
Jetzt mit diesen Spitzbub'n und den Verbrechern wär's nicht das Gefährlichste, aber die Kinder – also, wir haben böse Kinder in unserm Dorf, direkt Angst hab' ich, wenn um 4 Uhr die Schule aus ist – – seh'n wenn s' mich tun, ist es schon gefehlt – – muß ich mit ihnen mitspielen; vorgestern haben wir auf der Sauwiese hint »blinde Kuh« gespielt, muß ich da als königlicher Landgendarm die blinde Kuh machen, aber was will ich denn tun? Spiel' ich nicht mit, dann hauen sie mich recht, die Lausbuben die bösen. Ja, lang mach' ich den Spaß nicht mehr mit, wie mir etwas passendes unterkommt, gib ich die ganze Gendarmerie auf – ich hab' es satt bis da 'rauf. Wissen sie, ich hab' überhaupt kein Gendarm werden wollen, aber das war so: der Vater war Gendarm, der ist pensioniert worden; jetzt war die Uniform und alles schon da, dann bin ich eben auch einer geworden. Wie oft war ich schon in Lebensgefahr, wenn ich so in den Räuberhöhlen umeinander kriechen hab' müssen, da wär's mir

---

* Das Verbrecher-Album ist ein großes Zeichenheft, in welches verschiedene große Köpfe oder Gegenstände (wie es eben der Vortrag verlangt) mit schwarzer Farbe gezeichnet sind, damit dieselben vom Zuschauerraum aus leicht sichtbar sind.

schon oft knapp gestanden, wenn ich nicht meinen Polizeihund dabei gehabt hätte. Gell Wacki! – *(Schaut sich nach seinem Hund um.)* Ja, gibt es denn eine solche Gemeinheit auch, jetzt haben mir diese frechen Spitzbub'n meinen Hund auch gestohlen, drum denk' ich mir schon, daß er seit acht Tag' so brav ist und nicht mehr bellt – ja weit fort kann er nicht sein, weil das Halsband noch da ist – – da darf ich mir sofort wieder einen neuen Hund kaufen – ob aber der neue Hund in das Halsband hineinpaßt? – – Jetzt darf ich gleich meinen Hund suchen und werde ihn auch gleich erwischen, denn – –

GESANG:
Ich bin ein schneidiger Landgendarm
Und habe einen scharfen Blick.
Und grad weil ich so dünn bin,
Hab'n mich diese Spitzbub'n gar so dick.

Das Münchner Kindl vom Rathausturm besucht die unter ihm liegende Stadt
zwischen 1913 und 1916

Ich bin das Münchner Kindl, ein wirklich armer Wurm,
ich steh seit vielen Jahren dort drobn am Rathausturm,
ich schaue so herunter auf unsre Münchnerstadt,
will Ihnen nun erzählen, was sich ereignet hat.

PROSA:
Also, jetzt stelln S' Ihna amal vor, das Hockerl da war der Rathausturm. An Rathausturm selber hab i natürlich net reintragen könna, weil er mir z' schwer war, und er hätt überhaupt koan Platz da herin.

Sehn S', so steh i jetzt 40 Jahr lang drobn auf mein Platzerl und derf mi net rührn. An ganzen Tag muß i mi mäuserlstad halten – warum? Damit i ja die Beamten net aufweck, die im Rathaus drinn

94

schlafa. 40 Jahr lang hab i a gußeisers Gwand an, dös is fei koa Kleinigkeit. Aber das gußeiserne Gwand muaß i tragen, des hat' das Bayer. Zentrum mir anmessen lassen, daß mir der Wind an Rock net in d' Höh wehn kann, denn des waar sowas für unser sittenreines München. Die oanzige Unterhaltung, die i aufn Turm hab, is 's Glockenspiel – da dank i unsern Herrgott wirkli, daß i a gußeisernes Ohrwaschl hab. Manchmal wirds sogar lebensgfährlich bei mir herobn, namentlich jetzt, wo die vielen Flieger kommen. Es ist nur gut, daß i recht fest ognagelt worn bin, sonst war i scho lang in Propeller neikemma. –

Neulich schau i am Himmel nauf, siech i, wia die Wolken schiebn. Des wird halt unser Herrgott noch net wissen, daß Schiabn in München verboten ist. Das wenn halt die Polizei amal sieht, die macht da koa Ausnahm, da wern an Herrgott oft 50.– Mark Straf' treffa. Jetzt heut is mir amal z'dumm worn, und bin runterganga. Mein Gott, gehts auf dem Marienplatz zua. – Der Schutzmann, der am Marienplatz den ganzen Tag steht, der woaß am besten, der muaß de ganze Zeit obacht gebn, daß er net überfahrn werd. – Jetzt hab i dann an so an kloana Rundgang gemacht, in mei Stammlokal, wo i früher verkehrt bin, a Maß Bier zu trinken. Wie i hinkomm, hängt a groß' Plakat heraus, a Kassa is dort, viel mehr Leut san drinn gwesen als früher, wo's no a Wirtschaft war. – Is da a Kino hineinbaut worn. – Jetzt bin i voll Ärger ums Eck nüberganga, dawei san da no mehr Leut gstandn, i will schaun, ob da was passiert ist, dawei siech i wieder so a groß Plakat – war des aa a Kino! –

Na, hab i mir denkt, da hört sich do scho alles auf, jetzt kaufst Dir a Haferl Kaffee. Natürlich hab i mi nimmer so recht auskennt, weil i scho z'lang nimmer herent war. – Frag i da an Herrn, wo 's Sendlingertorkaffee ist? Sagt der: »Ja, da könnas net hi, da is auch a Kino drinn.« Jetzt bin i aber narrisch worn, i bin fort – und glei geh i jetzt wieder nauf auf mein Turm – so ungern als wia i zerst drom war. –

Denn das des koa leichte Arbeit ist, de ganze Stadt zu überwachen, de könna S' Eahna denken. Solln sie's nur amal probiern, und oan von der Wach- und Schließgesellschaft naufstelln, der verlangt mindestens 6–7 Mark pro Tag, bei täglicher Ausbezahlung no dazua. Da müßt na jeden Tag oaner am Turm naufsteign und dem 's Geld

naufbringa ... Aber i verlang nichts und gib auf mei München a so
obacht, und geh solang vo mein Platz net runter, bis die Flieger über
mich kemma.

GESANG:
> So lang die grüne Isar durch d'Münchnerstadt no geht
> So lang der alte Peter am Petersbergl steht
> So lang uns schmeckt a Rade, a Bier und a Trumm Brot,
> Verlaß i a mein München net, und jetza Pfüat enk Good!!!!!

Unpolitische Rede
1914

Hochgeehrte Versammlung!

Es freut mich ungemein, daß Sie, wie Sie, wenn Ihnen das sozusagen irgend jemand beispielsweise, oder daß Sie gewußt hätten,
widrigenfalls ohne direkt, oder besser gesagt inwiefern, nachdem
naturgemäß es ganz gleichwertig erscheint, ob so oder so, im Falle
es könnte oder es ist, wie erklärlicher Weise in Anbetracht oder vielmehr warum es so gekommen sein kann oder muß, so ist kurz gesagt
kein Beweis vorhanden, daß es selbstverständlich erscheint, ohne
jedoch darauf zurückzukommen, in welcher zur Zeit ein oder mehrere in unabsehbarer Weise sich selbst ab und zu zur Erleichterung
beitragen werden, ohnedem es wie ja unmöglich erscheint in bis
jetzt noch nie, in dieser Art wiederzugebender Weise, ein einigermaßen in sich selbst, angrenzend der Verhältnisse, die Sie wie Sie,
ob Sie gegen sie oder für sie nutzbringend in sich selbst von vorne
als gänzlich ausgeschlossen erachtet werden wird, und daß ohnehin
einer ferngehaltenen Verschlimmerung ein, oder ein in irgend einen
einigermaßen einzig verschwiegen ist.

Dennoch treten eine insgesamt wie sich zeigende, weniger oder
einschließlich von unabsehbarer Weite sich kreuzende Meinungs-

verschiedenheiten die in unbestimmt einschneidende Zirkulations-
hemmungen auftretenden Gesichtspunkte auf. Gegebenenfalls erscheinen also nie wiederkehrende Emanzipationen, welche einer
dringenden Abhilfe, insofern gegenüber zu stehen erscheinen wenn
beiderseits die interessenlose Resignation widerspenstiger Auftritte seitens der Gedankenhalluzination beiderlei Geschlechtes
sich in mehrheitigen Gesinnungsvibriationen durch Kotrapunkte in
nichts verwandeln, und eine parteilose, hochprozentige Stimmungs-
mehrheit vorläufig zu Tage treten wird.

Gerade die machtlose Erscheinungsmöglichkeit ob und wie, jetzt
oder später, ist die Grundessenz der lageveränderten Zeitpunkte,
welche keinerlei maßgebende eventuelle Aktualitäten in sich bringt
und der zeitweiligen Vernichtung von Privatexistenzen zugrunde
liegt, obwohl Europa nie Anteil daran genommen hat.

Ich beschließe die heutige Versammlung und heiße Sie zum
Schluße herzlich willkommen und begrüße Sie

Hochachtungsvollst
im Namen sämtlicher Zuhörer,
habe die Ehre!
Karl Valentin

1. Narrenrede
zwischen 1918 und 1920

Das war so! – Wie der moderne Maler malt, so kann der moderne
Schriftsteller schreiben.

In Magdeburg am Rhein wohnte eine Verwandte, nämlich meiner
Mutter ihre Braut, die gegenwärtig von Mexiko vorübergehend
nach Rom reiste.

Dadurch ist das Privatvermögen der Sauerkrautverleihanstalt
»Eldorado« in Konkurs geraten, weil die Pläne zur Grundsteinlegung des neuen Kreisrealschul-Projektes durch Prolongation des

Innern nicht genehmigt worden sind.

Ich finde es übertrieben, deshalb meine Zimmer tapezieren zu lassen, denn in kurzer Zeit kommt die Sache ans Tageslicht, und wenn sich drei Schwestern heiraten, kann von einem Quartett keine Rede sein.

Mir ist die Sache furchtbar peinlich, denn wenn ich die Gummischuhe einmal getragen habe, faßt der Kanzleisekretär die Sache falsch auf, und statt daß ich für das Segelflugzeug zweihundert Mark Einsatz bekomme, muß ich von Frankfurt bis Köln zu Fuß heimfahren.

Mein Rechtsanwalt gab sich alle Mühe, in 3000 Meter Höhe ein Zündholz aufzutreiben, aber deshalb ist nicht gesagt, ob das Filmdrama einem Lustspiel gleichkommt, denn mit einem bloßen Händedruck kann man heutzutage kein Stiegengeländer lackieren, – und warum? – Weil das Zutrauen fehlt! Obwohl kein Zeuge beweisen kann, daß man mit einem Freibillet eine Telephonstörung vermeiden kann. Die Hauptsache ist schließlich doch, daß der Schönschreibunterricht in den Volksschulen nicht mit dem Walchenseekraftwerk in Fühling kommt, denn der städtische Knabenhort hat alle Hebel in Bewegung gesetzt, daß eine abermalige Erweiterung des Potsdamerplatzes nur dann zustande kommen darf, wenn sämtliche Kinos in Berlin in Freudenhäuser verwandelt werden. Was natürlich mit einer Verlängerung der Polizeistunde vor Mitternacht nichts zu tun hat. Im gegebenen Falle würde natürlich hygienischen Rücksichten entsprechend ein öffentliches Hausieren mit elektrischen Klavieren nur dann in Betracht kommen, wenn die Lederindustrie zur Erzeugung von Tabakprodukten die Grenze zwischen Ostern und Pfingsten nicht überschreitet. –

Hinsichtlich Paragraph Nummer Null könnte also die Erlaubnis, auf dem Plötzensee ein Trabrennen abzuhalten, nicht erteilt werden, was durch das Entgegenkommen der Kleinwohnungsgenossenschaft sehr in Frage gestellt ist. –

Ob die vier Könige unter den Tarockkarten dieses Jahr noch abdanken, ist ebenfalls fraglich, denn zehn Pfennig für eine Straßenbahnfahrt ohne Speisewagenbenützung ist eher zu teuer als notwendig.

Infolge dieser Preistreiberei können also Hypotheken auf Star-

und Maikäferhäuser vor dem 0.ten Dezember 1702 nicht gekündigt werden, ebenso wird Zusendung von Neujahrsenthebungskarten an den beiden Osterfeiertagen gerichtlich verfolgt. Halbamtlich, eigentlich viertelamtlich, sei noch mitgeteilt, daß farbiges Konfetti in den verehrlichen Apotheken nicht mehr als Kopfwehpulver verkauft werden darf, und deshalb rufe ich unter Tränen aus:

Nieder mit dem Aschermittwoch – nieder mit dem Karneval – Es lebe der erste April!!!

Volkus plumentus – ex!? – –

Der Photograph

zwischen 1918 und 1920

Voriges Jahr auf Weihnachten hat mir meine Gemahlin-Frau einen Ding gekauft, einen – – – – entschuldigen, ich bin nämlich furchtbar vergeßlich, was hab ich jetzt grad gsagt? – ja, ja, daß ich vergeßlich bin – nein, meine Frau hat mir zum Christkindl ein Präsedent gemacht – einen wunderschönen – was war jetzt das gleich was ich bekommen hab? (*es ruft jemand herauf*: Spazierstock?) na, na, koa Spazierstock – gibts das auch, daß man sowas vergessen kann. (Strohhut.) Geh redens doch net so saudumm daher, auf Weihnachten brauch ich doch keinen Strohhut! Was war jetzt das, was ich von meiner Frau bekommen hab? (a Kind.) Schmarrn! A Kind braucht ma doch mei Frau net kaufen, dös könna mir uns doch – dös kriegn wir doch umsonst.

Mir liegts auf der Zunge, man braucht so Platten dazu, (a Grammophon), ach, a Grammophon ist doch kein Präsent – das ist doch ein Musik-Instrument. Das was ich von meiner Frau kriegt hab – macht ja kei Musik – is so klein und viereckig (a Paket Kunsthonig.) Geh redens doch koan solchen Mist – hat denn a Paket Kunsthonig drei lange Füß? – Wia man nur sowas vergessen kann? Ich weiß ganz gut, was ich mein, nur der Name fällt mir net ein! es ist halt ein

Apparat, wo man damit photographieren kann. – Jetzt hab ich's, an Photograph-Apparat hab ich zu Weihnachten kriegt.

Seit 1¼ Jahr apparate ich mit dem Photographie – umgekehrt wollte ich sagen, photographiere ich mit dem Apparat und krieg nichts fertig. – Ich glaube das liegt an der Witterung – oder besser gesagt – es muß alles gelernt sein. Meine Bilder werden halt nichts. Sehn's da hab ich meine Nichte gemacht, die ist überhaupt nicht zum photographieren, des sagt schon das Wort Nicht-Nichte. – Da hab ich noch verschiedene Aufnahmen.

(Zeigt dem Publikum verschiedene Photographien.)

Das hier ist eine Naturlandschaft, eine Herbststimmung, die hab ich im Frühjahr aufgenommen; ist aber gar nichts worden, da war nur das schuld, weil ich bei der Aufnahme vergessen hab, den Deckel runter zu tun von dem – von dem Obelisk – nicht Obelisk – wie heißt jetzt gleich das runde Vergrößerungsglas vorn dran? (Erbsen oder Linsen), nein, mit O gehts an. (Ob du mich liebst), Schmarrn! Objekthoch – nein, Objektiv heißt's. –

Die schönste Aufnahme, die ich je gemacht habe, ist das hier, da hab ich a ganze Familie photographiert von unserm Haus – im Hof drunt, alle im Sonntagsgwand, mei hab ich g'schwitzt. – Beim Negativentwickeln hab ich's scho g'spannt daß ich was saudumms gmacht hab. In 8 verschiedenen Stellungen hab ich die ganze Familie aufgenommen; sitzend – stehend – von der Seiten – von hinten – von oben und unten.

Bei jeder Stellung hätt ich doch eine neue Platte nehmen solln – ich in mein Eifer mach sämtliche Aufnahmen auf *eine* Platte. – Interesse halber hab ich einen Abzug davon gemacht. Glacht hab ich selber soviel, daß mir der Bauch weh getan hat.

(Bild dem Publikum zeigend.)

Da sehns, der Vater hängt in der Mutter drinn, der Sohn sitzt dem Wickelkind im Gsicht drinna, die Großmutter hat an Dienstmädel ihren Kopf auf, die Füß vom Dienstmädel hat der älteste Sohn auf'n Arm liegen – die kloa Elsa hat drei Nasen im G'sicht und der Großvater hat Kindsfüß kriagt vom kloan Peperl.

Futuristischer kanns der modernste Sezessionist net maln. Beim Plattenentwickeln hab ich auch schon oft a Pech g'habt – unsere

»Toilette« dahoam hab ich als Dunkelkammer verwandelt – da stinkts oft drinn – nach den Chemikalien – a rote Latern hängt drinn – eingricht bin ich wie a Hebamm.

A schöner Sport ist's Photographieren ja – nicht – außerdem Momentaufnahmen – und zu Momentaufnahmen bin ich z'langweilig. – Wie einmal über mein Haus, wo ich wohne, ein Flieger hoch oben drüber geflogen ist, hätt ich von meinem Fenster aus a Momentaufnahme machen wolln. Ja mei, – bis ich bloß mein Apparat g'funden hab, hat der Flieger, glaub ich, in Schleißheim scho d' Flugmaschin abmontiert g'habt. – Personenaufnahmen mach ich speziell ungern, weil sich die Leut nie ruhig halten, besonders d' Damen. – A Dame wenn sich photographieren läßt, sind die Mundpartien am Bild immer verschwommen; weil koane ihr Pappen ganz ruhig halten kann.

Gegenstände sind viel leichter zu photographieren. Neulings hab ich ein Stück Kernseife photographiert zu 3.50 Mk. – die ist mir großartig gelungen; zum »sprechen« sag ich Ihnen. Ich könnte eigentlich jetzt eine kleine Aufnahme machen, mit Blitzlicht. – Herr Theatermeister, bringens mir mein Ding herein, meinen – jetzt weiß ich schon wieder an Namen nicht, meinen – (Überzieher,) nein, meinen (Spazierstock,) redens doch kein solchen Blödsinn, mit an Spazierstock kann ich doch net photographieren – halt – mein Photograph-Apparat rein – jetzt hab ich's wieder. *(Bringt Apparat.)* So einen Moment, dann mach ich schnell eine Momentaufnahme.

(Aufstellung des Apparates.)
(Blitzlicht-Pulver herrichten.)

Schwarzes Tuch über den Kopf *(bleibt hängen, Apparat fällt um, er verwickelt sich ganz)* – *(Zum Publikum)* Also bitte recht freundlich, die Liebespaare im Saal können sich ruhig umarmen. Sie halten das Glas hoch – sie beißen grad in ein Stück Brot nein – Sie geben mir vielleicht ein Glas Bier rauf u.s.w. – Bitte möchten Sie Ihr Monokel rausnehmen, das macht sich sehr schlecht auf dem Bild weil's blendet und für Sie ist's auch besser, weil's dann besser sehen.

Also bitte, jetzt alles ruhig! – Eins, – zwei *(Glockenzeichen.)* *(Theatermeister:* Sie möchten sofort ans Telephon kommen!) Einen

Moment bleiben Sie ruhig in der Stellung. – *(Geht schnell hinter die Kulissen.)* – N. N. hier! Wie? Da sind Sie falsch entbunden! – *(Kommt eilig wieder herein.)* – So nun bitte *(Zum Publikum)* eins – zwei – drei – fertig. – Danke schön.

Die Aufnahme ist glänzend geworden; das werden glänzende Bilder auf mattem Papier. – Also kommen Sie in 8 Tagen wieder, dann erhält Jedes ein Bild gratis – hoffentlich sinds gut geworden. *(Theatermeister bringt eine Schachtel.)*

(Bitte gehört die Schachtel vielleicht Ihnen? Da steht drauf »Photographische Platten für Blitzlicht-Aufnahmen«.)

Kreuz – Sakra – ich hab ja ohne Platten photographiert. *(Zum Publikum:)*

»Das ist mir aber unangenehm. – Also entschuldigens vielmals!!!«
Geht ab.

Der Menter Xaver hat Zahnweh

um 1920

Von gestern bis heut, hat er gsagt, der Menter Xaver, hat er drei Nächt' net gschlafa vor lauter Zahnweh.

Ganz hint in der Eck hat er an Stockzahn, a Mordstrumm, aba hohl wia a alter Trankhafa. Da Xaver sagt, dös kann er net versteh, wenn do a Zahn hohl is, dann is doch im Zahn nix drin, und wia dös »nix« weh toa ko', dös konn er net versteh, dös wui eahm gar net ei'-geh. Denn dann müassat do der Burgermoaster allawei Kopfweh ham, sagt er.

Es is aba aa z'wida fürn Xaver, weil er an ganzen Tag mitn rot-dipfedn Zahnbund rumlaffa muaß, – a jeda fragtn scho aa: Hast Zahnweh, Xaver?

»Naa, brüllt er, an Fuaß hab' i mir verstaucht, drum bind i mir an Kopf ein.« Er hat scho recht, der Xaver, dös muaß do jeder am ersten Blick glei sehgn, daß er Zahnweh hat, sunst taat er do koan Zahnbund ummabinden.

Soweit i an Xaver kenn, konn er ja gar nix dafür, sei Muatter hams erzählt, soll aa am selben Platz an hohln Zahn g'habt ham und da hat'n halt der Xaver geerbt, da konn ma eahm wirkli koan Vorwurf macha.

Gestern solls aba ganz g'fehlt g'wesn sei. Gestern hat er g'wimmert wia 's Sturmglöckerl, wanns brennt, vor lauter Zähntweh, dann is eahm z'dumm worn. Er hat sei schöne Joppn o'zogn, hat sei Plüschhüatl mitn Adlerflaum aufg'setzt, dössell war eahm aba um fünf Nummern z'kloa, wegn am Zahnbund, aba er hats mit an Spagatschnürl o'bundn, sein Stecka packt und dahi is ganga.

Und wias halt scho oft vorkemma is, wia da Xaver in der Stadt vorm Zahnarzt seiner Tür steht, wars eahm grad, als wia wenn der Zahn auf oamal gar nimma so weh taat. Halt, hat si da Xaver denkt, dös hast schö daratn, a Viertelstund später wenn er aufg'hört hätt, waar er scho herausg'wesn, da hab i aba a Glück g'habt. Und g'lacht hat er, wei er sich das Markl erspart hat.

Auf dö Zehaspitzl is er runtaganga vom drittn Stock, und heruntn hat er sich glei a Maß Bier kafft und a Laugnbrezen. Seine andern Zähn hat dös eiskalte Bier und dö stoaharte Laugnbrezen net g'schadt, bloß der oane Zahn, der wehe, war mit dera Behandlung net z'friedn und er hat halt wieda zum tobn und zum ziagn o'gfangt, so daß da Xaver vor lauter Schmerz as Zahln vergessn hat. Und dö Kellnerin hat g'schrian: »Halt z'erst zahln« – und bald hätt er dös aa net g'hört wegn dem dicken Zahnbund.

Und wia a alter Leimsieda is da Xaver wieda zum Zahndokta aufe mit dem oan Gedanken – jetzt muaß er aussi, der Knocha! – Narrisch hat er o'glitten, und a paar Minutn drauf is er scho auf dem g'spassigen Stuhl drom g'hockt. Zittert, sagt er, hat er wia a Schweinssulz. Aba wia da Zahndokta zu eahm g'sagt hat: »No mei Liaba, wo fehlts denn?« – da hat der Xaver 's ganze Vertrauen verloren. Mei, hat er si denkt, wenn der aa no so dumm fragt und als Zahndokta net selba kennt, daß i Zahnweh hab, na werds grad recht. »Ja, Zahnweh hab i«, hat der Xaver g'sagt!

»Ja, ja«, moant da Dokter, »dös glaub i schon, daß Du mir koan

Stiefe zum Doppeln bringst, aber i muaß do wissn, wo Du Zahnweh hast?«

»In mein Mai drinna«, sagt der Xaver!

»Ja«, sagt der Dokter, »na muaßt aber dei Mai aufmacha, daß i den wehen Zahn siehg.« – Mei, hat da Xaver denkt, is der neugieri, der werd do als Zahndokter scho öfters an wehen Zahn g'sehgn ham. Dann hat er sei Mai aufgrissn und da Dokter hat einegschaut, hat sei Zangerl g'holt, und da Xaver hat si' denkt – Jetzt hoaßts aushalten – und hat sich im stillen g'wunschen: Liaba lassat i mir jetzt den größten Holzschiefer ausn großn Zeha rausziagn, dös tuat zwar aa narrisch weh, aba i kannt wenigstens vor Schmerzen dö Zähn z'sammbeißn. Aba beim Zahnreißn hats was mitn Zähn z'sammbeißn, wei da Dokter sagt: So jetzt machas an Mund recht schö weit auf! Aba dösmal hat da Dokter zum Xaver gsagt, gar so notwendig is eigentli dö Rausreißerei net mit dem wehen Zahn, weil man den vielleicht no plombiern kannt. Ich moan, der halts no aus. Na is er auf sei Schrankerl zuweganga, hat's Zangerl neiglegt und is mit so a neumodischen Bohrmaschin daher kemma. Dös war a langa Schlauch und vorn dro is a Bohrer g'wesn, der hat sie draht wia da Teufe. – »Halt«, hat da Xaver g'sagt zum Dokter – »gehst glei weg mit dera Maschin, mir waars ja schön gnua, was möchst ma denn mit dem Teifelsglump otoa?«

Aber da Dokter hat eahm ganz vernünfti erklärt an Xaver, daß er den hohlen Zahn vorm Plombieren ausbohren muaß. »Den brauchas nimmer ausbohrn«, hat da Xaver g'sagt, »der is ja so scho hohl«. Da Dokter hat aba mitn Xaver a rechte Geduld g'habt und hat gmoant, da Xaver soll sich halt dann doch den bösen Zahn reißen lassen. Er hat eahm aa versprocha, daß er gar nix g'spürat, weil er ihn mit Lachgas behandeln tät.

Jetzt hat da Xaver d'Lippen übernander g'schobn, hat oa Aug zuzwickt und hat g'moant: »Nix g'spürn, dös waar scho mei seligster Wunsch beim Zahnreißen, aba mit Lachgas, dössell trau i mir net, wei mei Basn vor vier Wocha g'storbn is und da hab i no Trauer.«

»Ja mei«, hat der Dokter wieda an Xaver vertröst, »woaßt, dös is a schware Sach mit euch Bauern, jetzt bleibt mir nix mehr übrig als an Nerv töten und a Goldkrone aufsetzen.« – Wia dös da Xaver g'hört hat, is er vom Stuhl aufgrumpelt, hat sein Huat packt und sei Packl, denn vom Töten hat er no nie was wissen wolln, und jetzt in da Republik a Goldkrone aufsetzen?

»Naa, Naa!!!!! – Pfüat Gott, Herr Dokta – nix für Unguat!!!«

Brief aus Bad Aibling

um 1920

Hochwohlgeborne Anni,
liebe Ehefrau und Zuckerschneckerl!
Liebe Frau, teile Dir mit, daß ich in Bad Aibling gut angekommen bin. Bei Ankunft stiegte ich aus demselben Zug aus, in dem ich am Bahnhof zu München einstug. Ich wollte absichtlich nicht weiterfahren, da mein Billet nur bis Aibling giltig war und hätte eine Weiterfahrt keinen Wert gehabt, da ich sonst über Bad Aibling hinausgefahren wäre. Die Eisenbahnfahrt ging sehr schnell, da es ein Schnellzug war; wäre es ein Güterzug gewesen, wäre die Fahrt natürlich nur Güter gewesen. Während der Fahrt aßte ich mein Butterbrot und trankte meinen roten Wein. Vis a vis von meinem Schnellzug sauste auf einmal ein anderer Schnellzug vorbei, und zwar so schnell, daß man die Leute, die in dem anderen Schnellzug saßten, kaum grüßen konnte, obwohl vielleicht ein guter Bekannter hätte drin' sitzen können, der dann am andern Tag zu mir gesagt hätte: Gestern waren Sie aber protzig, weil Sie mich nicht einmal gegrüßt haben. Die Fahrt ging dann weiter; auf einmal wurde es mir not, die Notkabine war aber besetzt; deshalb zogte ich die Notbremse und der Zug stund. Der Eisenbahnbesitzer stiegte zu mir in das Kouplet und schrub mich auf wegen Notzug. Die Gesellschaft im Eisenbahnwagen war sehr gemischt; es waren fast lauter Reisende, nur der eine Herr, der in München den Zug versäumte, fuhr nicht mit, da er wahrscheinlich mit dem nächsten Zug hinter uns nachkommt, in welchem wir auch gefahren wären, wenn wir den

Zug auch versäumt hätten. – In Aibling selbst ist es sehr schön, obwohl es, glaube ich, sehr wenig Weinkneipen dort gibt. Gestern hat mich der Kurarzt untersucht, er meint, ich müßte nicht im Bett liegen bleiben, nur bei Nacht müsse ich im Bett bleiben, was ich ja so wie so getan hätte. Sonst geht es mir gut; ich habe mein eigenes Zimmer, in welchem sechs Betten stehen, wovon aber nur vier besetzt sind von vier Patientinnen. – Ich schließe nun meinen Brief und hoffe, daß Du mir in München treu bleibst, wenigstens halbe treu, zum mindesten viertel über zwei. Meine Uhr habe ich vergessen, wir haben auch in unserem Schlafsaal keine Uhr.

Wen Du mir wieder schreibst, schreibe bitte in den Brief hinein, wieviel Uhr es ist. Ich weiß gar nicht, wie ich an der Zeit bin.
Es grüßt und küßt Dich
hochachtungsvollst
ergebenst
Nepermuk *Semmelmeier*, Patient,
z. Zt. Bad Aibling.

Der Regen

zwischen 1920 und 1925

Der Regen ist eine primöse Zersetzung luftähnlicher Mibrollen und Vibromen, deren Ursache bis heute noch nicht stixiert wurde. Schon in früheren Jahrhunderten wurden Versuche gemacht, Regenwasser durch Glydensäure zu zersetzen, um binocke Minilien zu erzeugen. Doch nur an der Nublition scheiterte der Versuch. Es ist interessant zu wissen, daß man noch nicht weiß, daß der große Regenwasserforscher Rembremerdeng das nicht gewußt hat. Siedendes Regenwasser gehört zu den heißesten Flüssigkeiten der Gegenwart. Dem Regen am nächsten liegend ist der Regenwurm – er lebt vom Regen, genau wie der Regenschirmfabrikant. Regenschirm und Sonnenschirm sind zwei gleiche Begriffe und doch würde ihre Verwechslung zu einer nicht vorausgeahnten Katastrophe führen, denn einen Regenschirm kann man im Notfalle als Sonnenschirm benützen, dagegen kann man einen Sonnenschirm im Notfalle kaum als Regenschirm benützen.

Die Regentropfen gleichen in der Form den Hoffmannstropfen, die, an der Medizinflasche hängend, eine ovale, frei in der Luft schwebend, eine runde – und auf einer Tischplatte liegend, eine platte Form besitzen. Regenwasser benützt man häufig zum Gießen von Wiesen, Gräsern, Blumen, Unkraut und Gärten. Kinder benötigen den bekannten Mairegen zum Wachstum, und es ist statistisch nachgewiesen, daß die Kinder wirklich wachsen, auch wenn sie nicht mit Mairegen begossen wurden. Der allerschönste Regen ist der Regenbogen – gar kein Vergleich mit dem Münchner Maffeibogen, jener ist ein Wunder des Himmels, letzterer ein Greuel der Stadt München. Nur an Farbenschönheit überragt ersterer den letzteren.

Das Regenwetter wird oft mit Sauwetter, Hundswetter betitelt. Die Theater-, Kino- und Kaffeehausbesitzer haben derlei Ausdrücke noch nie über ihre Lippen gebracht. Heftige Regengüsse nennt man Wolkenbrüche, damit ist gemeint, daß irgend eine Wolke so schwer mit Wasser gefüllt ist, daß sie bricht, welchen Vorgang man beim menschlichen Biermagen mit Katzenjammer bezeichnet. Gegenmaßnahmen zur Heilung von Wolkenbrüchen sind zur Zeit noch nicht gemacht worden, da Wolkenbruchbänder der großen Dimensionen halber noch nicht hergestellt werden können und zwar aus technischen Gründen.

Künstlicher Regen wird durch Gießkannen erzeugt. Unglaubliche Sitten und Bräuche werden aus dem Mittelalter erzählt. Ich zähle hier schon einige mehr an Aberglauben grenzende Tatsachen auf: Bei den alten Germanen wurden schnell alternde Kinder mit frisch gefallenen Regentropfen geimpft. Während dieser Injektion mußte der Urgroßvater des betreffenden Kindes einen vierstimmigen Choral singen. Ein weiterer Aberglaube bestand darin, Ehesünder auf folgende Art zu entlarven: Bei strömendem Regen mußte der Ehemann 100 Meter weit laufen, unmittelbar nach seiner Ankunft am Ziel wurden die – auf seinen Körper gefallenen Regentropfen schnell gezählt, waren es über 1000 Tropfen, war er ein Ehesünder.

Weitere wissenschaftliche Fortschritte über Regenwasser sind bis heute noch nicht gemacht worden. – Die Feuchtigkeit des Regens soll auch im Mittelalter nicht so stark gewesen sein, wie heutzutage, was ja auch der jüngstvergangene langanhaltende Regen beweist. Denn die verflossene Feuchtigkeit konnte nicht mehr mit Bodenfeuchtigkeit, sondern mit Hochwasser angedeutet werden. Und was Hochwasser bedeutet, wissen wir alle noch von der Sündflut her, die vielen unvergeßlich bleiben wird. Aber dennoch denken wir dabei an die Worte des Dichters:

Sich regen – bringt Segen.

Hochwasser
zwischen 1920 und 1925

Heute nachmittag 3.30 Uhr sind genau 800 Jahre verflossen seit Bestehen unserer Isar. Das Isarbett selbst wurde erbaut von Herzog Jakob dem Wäßrigen. Seine Gemahlin, die spätere Kronprinzessin Cenzi von Harlaching, der frühere Kurprinz Maximilian der Wamperte, Großherzog von Kleinhesselohe, waren bei der Isarenthüllung zugegen. Es war ein feierlicher Akt, ein historisches Jubiläum, als die ganze Münchener Bürgerschaft, der Stadtmagistrat samt den Stadtvätern auf der Fraunhoferbrücke standen und jeden Moment auf die ersten Isarwellen warteten. – Auf der damaligen Praterinsel standen schon Böller salutbereit, die kleinen Häuser und Herbergen waren schon den ganzen Tag illuminiert in den Münchener Stadtfarben und Tausende gelb und schwarze Flämmchen leuchteten in den sonnigen Tag hinein.

Punkt 4 Uhr sollte der grüne Fluß eintreffen, aber es wurde später und später, und kein Tropfen Isar war zu sehen. Es wurden sofort Extrablätter verteilt mit der Inschrift: »Isar noch nicht eingetroffen, eine Stunde Verspätung!«

Große Bestürzung unter der Bevölkerung, aber das Volksgemurmel wurde durch ein eigenartiges, unleises Rauschen unterbrochen – ein kurzes Horchen der Menge, und aus tausend Kehlen schallt es durch die Auen: die Isar kommt, die Isar kommt, die Isar ist schon da. Vom Frauenturm herab (der allerdings erst später erbaut wurde) hielt Bürgermeister A. Bcdef eine Ansprache, welche durch das damalige trübe Wetter für die Allgemeinheit sehr schwer verständlich war; nur der Turmwächter, welcher die Rede mitstenographierte, konnte dieselbe der Nachwelt überliefern. Die Ansprache lautete:

»Willkommen, edler Gebirgsfluß, willkommen in deiner Heimat, in der Haupt- und Residenzstadt München. Endlich haben deine Wogen unsere Stadt berührt, und wir alle freuen uns, des großen Nutzens und Schadens wegen, den wir durch dich bekommen. Du wirst in Zukunft unsere Windmühlen treiben, du gibst uns einen großartigen Aufenthaltsort für unsere armen Fische, wir können in dir baden. Geheimrat Pettenkofer wird dir etwas Gruseliges (nämlich die Fortschwemmung der Fäkalien) anvertrauen. – Liebe Mitbürger, wir können nicht umhin, uns selbst den herzlichsten Dank auszusprechen, denn gerade ich und wir waren es, welche uns am meisten ins Zeug gelegt hatten zur Errichtung einer Isar in der Stadt München. – Aber noch wer ist uns beigestanden bei unserer harten Arbeit: nämlich der da oben (deutet vom Frauenturm noch höher hinauf), er hatte uns das nasse Element, allerdings in etwas knapper Anzahl, zur Verfügung gestellt; alles in allem, ich ersuche sämtliche Anwesende möchten sich von ihren Sitzen erheben und möchten mit mir in den Ruf einstimmen: »Die schöne grüne Isar, sie lebe hoch!« *(Böller)* »Hoch!« *(Böller)* »Hoch!« *(Böller)*.

Aber Gott läßt seiner nicht spotten, nach dem letzten »Hoch!« stieg der Pegel auf 1 – 2 – 3 – 4 – 5 – und gar 6 Meter, die gutmütige grüne Isar schäumte gelb vor Wut, die haushohen Wellen waren mindestens 1–2 Meter hoch, die am Ufer stehenden Menschen flohen in die Stadt – ins Hofbräuhaus –, welches bald überfüllt war, der Rest zog traurig von dannen, – in die Kirche.

Mittlerweile wimmerte auf den Kirchtürmen der Stadt die Sturmglocke und verkündete Unheil – die Hunde heulten, der Wind ebenfalls, die furchtsamen Weiber auch ebenfalls, die Kinder gingen nicht in die Schule, der Bäcker backte, die Kinos wurden geschlossen und die Schweine grunzten, aber das Hochwasser stieg trotzdem immer tiefer. Eine allgemeine Angst überfiel jeden, die Stadtväter traten mit gerunzelter Stirn zusammen, um Sicherheitsmaßregeln auszudenken, aber bei ihnen war alles Denken umsonst. Man beschloß, 100 Silbertaler demjenigen als Belohnung zu geben, der das Hochwasser zum Sinken brächte. Verschiedene Vorschläge von Mitbürgern sind gemacht worden:

1. Sofortige Tiefergrabung des Flußbettes.
2. Der Vorschlag, eine Arche Noah zu bauen, wurde des alten Systems wegen verworfen.
3. Ein Bittgang zum hl. Nepomuk war zu spät, da das Hochwasser bereits zu groß geworden war.
4. Ein Spaßvogel meinte, das Überwasser abzuschöpfen, aber wohin? Aber dem einen Vorschlag: »abwarten«, bis das Hochwasser selbst aufhört, wurde allgemein zugestimmt, da das auch kostenlos wäre.

Und einige Tage später war aus dem Hochwasser ein Niederwasser geworden, es wurde noch öfters Hochwasser, 1899 wurde es gleich so hoch, trat wieder aus den Ufern heraus, riß alle modernen Eisenbetonbauten um, die unmodernen alten Holzbrücken blieben stehen. Da wurde es den technischen Wasserbaumenschen einmal zu dumm, und sie sprachen: »Entweder – oder!«

Sie bauten Kaimauern in München und zwar so hoch, daß die Isar niemals mehr über die Ufer fließen kann, und die Geschichte war für immer erledigt.

Und die Herren Ingenieure und Architekten machten sich lustig über Schillers Worte: »Denn die Elemente hassen das Gebild von Menschenhand!« und auch mit Recht, denn sie allein wissen es ja bestimmt, wie hoch die Isar in Zukunft werden kann!

NB. Nebenbemerkung der Münchener Bevölkerung:

»Wir wollen nichts vom Wasser wissen!

O flösse Bier im Isarbett!«

Punkt.

Quo vadis

zwischen 1920 und 1925

Also gestern war ein direkter Freudentag für mich. Sagt mein Mann zu mir: Kreszenz, heut gehn wir in das neue Kinematographen-Theater nüber und schaugn uns das große Filmdrama an – Quo vadis – das soll großartig sein.

Ich hab mich z'sammagschneckelt (angezogen) so gut als halt noch geht und um ¹/₂2 Uhr san ma scho vorm Kino dort gestanden. Wir ham gmeint, mir komma noch z'früh, daweil san da Menschen dort gstanden, hingrafft ham sie sich zu dera Kasse wie die Wilden.

Ich und mein Alter san gleich an die Kasse hin und ham g'schaut, was die Billetten kosten.

»Mögts Euch schon hinten anstelln!« schreit so a junges Frauen-zimma. – »Wird Ihnen schon passen«, sag ich, »wenn ma zuerst schaun, was es kost; das wissen wir schon selber, daß wir uns hinten anstellen müssen. Sie schaug o, 's rotzige Zimmamadl.«

Mei Mann packt mich gleich am Arm und will mich z'ruckziehn, reißt mir aber von meiner neuen Blusen an halberten Ärmel runter. »No, Lackl«, sag ich, »jetzt schau Dich wieder an, was Du wieder gmacht hast, ich sag ja, wiast halt Du was in Dei Pratzen (Hand) nimmst, is schon hin auch.«

»Aber deshalb brauchen Sie Ihren Mann aa koan Lackl hoaßen«, sagt *sie* drauf, die ganz andere, »weil Ihna Sie mit Ihrem Schnackl-kopf auch dö Blusen net selber kauft ham«. »Haltens fei eahna Maul, Sie gschnappige Person und mischens Ihna nicht in Fami-lienangelegenheiten, sonst stoß ich Ihna naus aus der Reihe der ›Angestellten‹.« – Und dann ham mir die Gescheiteren gemacht und haben uns hinten angestellt bis mir die Billetten ghabt ham.

Punkt 2 Uhr hams uns hineinlassen. Ich hätt ja den schönsten Platz erwischt, aber natürlich, der langweilige Herr Gatte, der beim hellichten Tag schon zu langsam schaut, ist im finsteren Zuschauer-raum umeinandergetappt wia a junger Hund, der im Wasser an Hundstapperer macht. »Ich sich ja nichts, ich sieh ja nichts«, hat er allaweil gschrian und wenn ihn ich nicht auf einen Platz hingesetzt hätt wie ein Schullehrer einen A-B-C-Schützen, dann hätt er die Kinoleinwand auch noch durchgrennt mit seinem Gipskopf. Einen schlechten Platz ham wir erwischt in einer Nischen drin; vor uns ist glücklicherweise ein Mordstrumm viereckige Säuln gstanden. »So, jetzt haben wir's«, hab i zu meim Mann gsagt, »jetzt kannst ums Eck nüber schaun oder Du kannst Dir um den Eintritt zwei Stunden lang die viereckige Säuln betrachten.«

»Ach, möchtens net so freundlich sein, Herr Nachbar«, sag ich zu dem Herrn, der neben mir gesessen ist, »und möchtens ein wenig nach links nüber rücken, daß wir besser vorsehn.« »Das könnens Ihnen denken«, sagt der, »ich bin schon ganz narrisch, wenn Ihna die Säuln geniert, dann streckens halt Ihr'n Ganskragen um die Säuln nüber.« »Ich dank recht schön, Herr Nachbar«, hab ich gsagt, »Sie sind halt ein liebenswürdiger Mensch«, und dann hab ich mir beim ersten Akt den Hals so verdreht, daß ich ausgschaut hab wie ein erdrosselter Flamingo im Zoologischen Garten. Also gschimpft hab ich so viel in dem Kino drin, daß ich bald die Klaviermusik übertönt hätte. Auf einmal schreit einer von der hinteren Reihe zu mir vor: »Gell, tuns fei bald ihre Gebiß-Schatulle zumachen, sonst falln Ihna noch die ganzen Beißperlen raus, wo Ihna die Ortskrankenkasse die Hälfte dazu gezahlt hat.« Jetzt schaun S' eine solche Frechheit an und darfst nichts sagen, sonst kriegst noch Prügel auch.

Vor mir sitzt so ein Lucki, hat an Koks (Hut) auf und weil ich halt a bisserl klein bin, sieh ich natürlich nichts wegen dem sein' Hut. »Ach, möchtens nicht so freundlich sein, schöner Herr, und möchtens Ihren Stops (Hut) runtertun, weil ich sonst nichts sehe«; und weil er nicht gleich darauf reagiert hat, hab ich ihm mit meinem Zeigefinger von hinten ein wenig auf die Achsel hinaufstupft. Der schaut um und staucht (schimpft) mich gleich so zusammen.

»Tu mich fei noch einmal betupfen dahinten, dann heb ich Dich raus aus die Klappsitz, alte Hyazinthn. Und jetzt, mein ich, wirst es packen mitn Stillentium, gräuslicher Hausaff.«

Jetzt bin ich narrisch worden. – »Wer ist a alter Hausaff?« hab ich g'sagt und hab dem Schlawinerbuben von hinten meine zehn Fingernägel so ins Genick neingsetzt, daß er gemeint hat, er hat seinen Kopf in eine Roßhaarzupfmaschine neibracht.

Mei Mann will mir helfen, der dumme Depp packt mich in der Finsternis und haut mir oane nach der andern runter. Der Platzanweiser hat sich mit seiner Uhrketten in meinen Lockenchignon verwickelt, die Leut haben alle geschrien: »Licht, Licht!«, und bis wir uns besonnen haben, war schon Licht – aber Tageslicht, sind wir schon auf der Straße draußen gelegen. Ausgeschaut ham mir, als wenn wir 14 Tage in einem feindlichen Stacheldrahtverhau drin gehängt wären. Ganz verhaut und zerfetzt sind wir von dannen gezogen. Beim Heimgehn sind uns die Schulkinder alle noch nach und ham g'schrien: »Ah, ah, Mann und Frau im Essigkrug.« Vor der Wohnungstüre angekommen, hab ich erst gemerkt, daß ich bei dieser Rauferei mein Tascherl mit die Wohnungsschlüssel verloren hab. Ich mußte in dem Verzug zum Schlosser laufen, der war natürlich nicht daheim, jetzt haben uns mein Mann und ich den ganzen Nachmittag im Stiegenhaus aufs Fensterbrettl gsetzt und haben auf den Schlosser gewartet und anstatt zur Erinnerung an das schöne Filmdrama »Quo vadis« haben wir beide geseufzt »O fad wars!«

Die Schlacht bei Ringelberg
zwischen 1920 und 1926

Im Zeichen des Krieges stand ein Flammenschwert, gebildet aus schneeweißen Wolken, am Abendhimmel. Gegen sechs Uhr am Morgen rückte ein Kriegsheer, bestehend aus vier Mann und siebenhundert Pferden, bis an die Zähne bewaffnet gegen Ringelberg vor.

Und es sei denn, daß es so kam. Da befahl König Pharao seinem Chauffeur: »Gehe hin und streue Rotzglocken unter das Volk.« – Und er tat es. Kriegsgeheul und Krankheiten verpesteten die Luft – die Glocken läuteten und verkündeten die nahe Mittagsstunde, und das Unheil war nicht mehr aufzuhalten. War es die Wachsamkeit, oder die Liebe zum Vaterlande, oder war es nur stolze Eitelkeit, die Ringelberger sahen die Zeit gekommen, denn sie sprachen gemeinsam: »Entweder – Oder.«

Die Andern behaupteten Frankfurt an der Oder. – Kurzum in drei darauffolgenden Nächten stiftete man überall Brand, Ringelberg war nicht mehr die verhaßte Fremdenstadt, sondern ein Flammenmeer – Frauen und Fräuleins, Schwestern, Mädchen und Eltern flüchteten ins Unendliche und brachten den Hilfesuchenden Bier und Zigaretten. –

Kanonen, Sportwagen, Fallschirme und dergleichen Kriegsgeräte rasselten Tag und Nacht durch die Straßen Ringelbergs, und ehe man sich umsah, war die Stadtmauer umstellt. Aber leider waren die Stadttore mit einem Fixierschloß versperrt und guter Rat war nicht billig. –

Die Wut des bösen Feindes wuchs ins Aschlochgraue und zugleich stand durch die Belagerung ein zweiter böser Feind vor Ringelberg – das Hungergespenst. Ganz Ringelberg sollte nun spätestens in einigen Stunden ausgehungert werden, samt Hab und Gut – die Ringelberger trotzten aber dem Hunger, waren froh und heiter und aßen und tranken mehr als zuvor.

Der Feind hatte hier wieder einmal die Rechnung ohne den Wirt gemacht – – –. Die Stadt war verraten – ein fünfundsechzigjähriger Bursche, namens Hopfenzupfer, von Beruf Huber, hatte sich nächtlicher Weile in einen Grammophontrichter versteckt, somit das ganze Gespräch des Feindes belauscht und demselben wieder alles verheimlicht und erzählt.

Als am andern Morgen der warme Westwind föhnartig über die Dächer der alten Residenzstadt wehte, verkündete ein Husarenbläser die Übergabe der Stadt und zwar in schwäbischem Dialekt. Stolz und voll Ingrimm liefen die Bürger wirr durcheinander und am Vormittag des 15. Maies veranstaltete man zugunsten des Überfalles eine polizeiliche Razzia, bei der nicht weniger als ein einhalb Gefangene (Vater und Sohn) in unsere Hände fielen –. Der Jubel wollte keinen Anfang nehmen als zehn Volksschulklassen (zusammen 50 Kinder) aus voller Kehle sangen: »Nun sei gedankt, mein lieber Schwan« – – – Als dieses Lied verklungen war, kam wieder Leben in die Bude, vielmehr in die Stadt. Viel hundert Jahre später hatte die lange Zeit die Kriegswunden zugeheilt, und kein Mensch in ganz Ringelberg spricht heute mehr von diesen Tagen jener Zeit. – – –

Neues vom Starnberger See
1925

Fünf Meter von Starnberg abwärts liegt der Starnberger See. Am linken Ufer des Sees liegt eine »Leoni«, kurz genannt Leoni. Wie in Neuyork, so landen auch hier stündlich Dampfschiffe. Mit den Dampfschiffen nehmen alltäglich die Starnberger Dampfschiffseerundfahrten ihren werten Anfang. Die Rundreisebilletten auf den Dampfern sind aus Pappkarton, und wenn es regnet, ist meistens während der Fahrt die Aussicht auf das bayerische Gebirge wegen schlechter Aussicht nicht zu sehen. Der Starnberger See selbst ist melancholisch, was bei anderen Seen stets meistens auch immer hie und da sehr oft der Fall ist. Einer alten Sage nach aus dem Jahre 1925 sollen sich vom Undosabad aus vorigen Sommer aus unbekannten Ursachen Tausende von Menschen in den See gestürzt haben; dieselben konnten sich aber Dank ihrer guten Schwimmkenntnisse alle selbst aus den Wellen befreien. Im selben Jahr ereignete sich auch noch ein anderer bedauernswerter Unfall. Ein Mann stieß mit dem Ruderboot, ungefähr 50 Meter vom Ufer entfernt, an eine grüne Schlingpflanze, sogenannte Wasserrose, an, das Schiff kippte um und im Handumdrehen fiel der Mann in das in der Nähe befindliche Wasser. Breit und weit kein Mensch, der dem Ärmsten Hilfe bringen konnte, trotzdem er fortwährend um Hilfe schrie. Zufälligerweise kam ein Briefbote daher und bemerkte die Hilferufe des um Hilfe Schreienden. Statt nun wacker (nicht identisch mit Fußballklub Wacker) ans Rettungswerk zu schreiten, rief der hartherzige Briefträger dem Ertrinkenden die nicht minder harten Worte zu: »Ich kann Ihnen leider nicht helfen, da ich selbst nicht schwimmen kann, aber ich kann Ihnen die Adresse eines guten Schwimmlehrers mitteilen!«

Jeder Mensch ohne Ausnahme soll also in der heutigen Zeit schwimmen lernen, das finde ich unbedingt notwendig, damit er einen nicht Schwimmenkönnenden jederzeit aus dem Wasser retten kann. Aber eigentlich ist es auch wieder zwecklos, denn wenn jeder Mensch einmal schwimmen kann, braucht man ja keinen mehr retten. Also wäre es angebracht, daß jeder, der schwimmen kann, dasselbe sofort wieder verlernen soll. Ein weiterer Sport außer dem Ertrinken ist das sogenannte Fischen von lebenden Fischen. Daß die Fische gefangen werden müssen, leuchtet jedem ein, und das ist auch klar. Wäre im Starnberger See z. B. seit Gründung, oder besser gesagt seit dem vieltausendjährigen Bestehen desselben noch nie ein Fisch gefangen worden, so hätten sich diese Fische seit diesen Jahrtausenden so vermehrt, daß vielleicht mehr Fische im See wären als Wasser. Die Folge davon wäre, daß die Fische vor lauter Fischen nicht mehr schwimmen könnten, zu wenig Wasser hätten und daher nicht mehr existieren könnten. Nachdem aber im Starnberger See viel Wasser ist, bleibt die Frage offen, ob tatsächlich schon so viel Fische gefangen worden sind. Eine Kontrolle hierüber käme jetzt natürlich zu nachträglich. Das Fischen mit der Angel ist von vielen Seiten als Tierquälerei empfunden worden, hauptsächlich vom Fisch selbst. Einen Dieb fängt man ja auch nicht mit der Angel, sondern eben aus Humanität mit List und Schlauheit. Stellen wir uns einmal einen Schutzmann vor, der mit der Angel einen Dieb fangen will; der Schutzmann geht mit der Angel in eine Wirtschaft, in der er den Dieb vermutet, befestigt an dem spitzen Angelhaken ein Stück Schweinsbraten, hält diesen dem Dieb vor die Nase, der Dieb beißt an, und schon hat er den Haken in der Oberlippe. Das wäre eine Grausamkeit. Ist es bei einem Fischlein keine Grausamkeit? Eigentlich noch mehr, denn der Fisch ist ja unschuldig, weil er nichts gestohlen hat.

Über die Tiefe des Starnberger Sees gehen die Ansichten weit auseinander. Einige behaupten, er sei tiefer als lang, andere sagen, er sei länger als tief. Fachmännisch wurde genau berechnet, daß er tief, seicht, lang, kurz, schmal und breit zu gleicher Zeit ist. Die Tragkraft des Wassers wurde erst kürzlich von Ingenieuren geprüft, und dabei die erfreuliche Tatsache festgestellt, daß die irrige bisherige Meinung »je tiefer das Wasser, desto mehr Tragkraft« nicht richtig ist. Eine Probe brachte den sicheren Beweis. Während ein faustgroßer Stein in der Mitte des Sees, also an der tiefsten Stelle rapid unterging, blieb ein ebenso großer Gummiball an der seichtesten Stelle auf der Wasserfläche liegen. Ob dieses Experiment eine Tragweite für die Zukunft bedeutet, wird uns die Zukunft beweisen. Jedenfalls ersieht man daraus das fortwährende wissenschaftliche Tasten nach Problemen. Auf alle Fälle steht fest, daß, je weiter sämtliche Ufer eines Sees von einander entfernt sind, desto größer sich also die Wasserfläche gestaltet. Ein See ohne Ufer wäre daher kein See mehr, denn einen uferlosen See hat es bis heute noch nicht gegeben. Dasselbe gilt auch für den Ammersee.

Geschichtliches ist vom Starnberger See nur noch zu berichten, daß der damalige bayerische Herzog der Pfiffige einen Antrag des Starnberger Bürgermeisters: »Errichtung einer Handelsflotte auf dem Starnberger See« schnöde abwies. Die heutigen noch existierenden Starnberger See-Salondampfer können nur noch in den Augen der Firmlinge »Gewaltiges« auslösen, denn für Weltreisende bedeuten dieselben nur mehr ein Lustspiel auf offener See. »Bei schönem Wetter«, sagt der kleine Maxl, »ist es auf dem Starnberger See herrlich, regnet es aber, so wird der See naß.« Über Starnberg selbst ist wenig zu berichten. Starnberg hat seinen eigenen Reiz und seinen eigenen Bahnhof, in welchem unsere neuen elektrischen Schnellzüge stehen. Bei den elektrischen Schnellzügen, die einen Gipfel der deutschen modernen Technik darstellen, haben sich die alten Gasfunseln (aus dem Jahre 1880 ungefähr) so gut bewährt, daß dieselben jetzt in den modernen Münchner Straßenbahnwagen statt der elektrischen Glühlampen eingeführt werden sollen. In Starnberg sind jetzt schon viele Fremde zu sehen, die aus München geflüchtet sind, wegen den unaufhörlichen chronischen Straßenbauarbeiten.

Soweit wäre über Starnberg alles berichtet. Nächsten Sonntag nachmittag um halb 21 Uhr findet im Starnberger See ein Karpfenrennen statt, mit darauffolgendem Brilliantfeuerwerk. Zwölf zehnpfündige dressierte Karpfen schwimmen mit Motorboot und Musikbegleitung von Starnberg nach Seeshaupt; während dem Rennen ist der See für Fußgänger gesperrt.

Kreszenz Hiagelwimpft

um 1925

Kreszenz Hiagelwimpft ist die Gattin eines hiesigen Großkauf-
manns, aus der goldenen Inflationszeit 1919 usw. Lassen wir sie
selbst reden:

»Was moanas, wie schnell wir uns empor g'schwunga ham, – nix
ham ma ghabt i und mei Mo, – nix – als wia a kloans Kind. Aber mit
Kleinem fängt man an, und mit Großem hört man auf. Und heut
hätt ma so ziemlich alles, was unser Herz begehrt. Alles könn ma uns
kaffa, beinand sann ma, daß 's zwischen der Burgoassi und uns, koan
Unterschied gibt. –

Blos' 's Mai wenn ma aufmacha, dann san ma verlorn, dann hauts
uns naus aus der Rolln, zwega der Haidhauser Grammatik. Drum
muaß i jetzt von mein Mo aus Anstandskurse mitmacha, in der
Anstandsanstalt beim Knigge. Voraussichtlich bleib ja i im ersten
Kursus scho hocka, wie a erster Klassler, weils i halt gar net recht
dapacka konn, mit der Bildung. – Wia gestern bei meiner Friseuse,
bei der Frau Speer in der Sendlingerstraße, hab i mi wieder in
Gedanken vergessen, und hab mei Giesinger Abstammung öffentli
bekannt geben, weil mir dö kletzerte Friseuse a so a gräußliche
Mohnweckerlfrisur aufs Haupt aufidraht hat, daß mir mindestens
fünfhundert Schulbuben nachglaufen warn, wenn i damit auf
d'Straß ausse war. – ›Moanst, daß i mit dera Bollnfrisur aus dem
zwölften Jahrhundert Spießruaten laffa tua – an Bubikopf schneidst
ma – aba schleunigst – mit sämtlichen Raffinessen der Gegenwart
und Zukunft‹ – hab i zu der Ondolischuxn gsagt. ›Und verschneidn
blstn tuast, na pack i di so lang beim Schlund bist an Geist aus-
hauchst.‹ In dem feina Schuahladen beim   ists ma a so ganga.
Hab i mi auch wieder vergessen. Da hab i mir feine Schuah kaffa
wolln, feine Lack mit Pariser Goldbrokateinsätze. Zwoa volle Stund
bin i strumpfsockert in dem Ladn drinn ghockt. Moanas i war dro
kemma? Auf oanmal ists mir z'dumm worn. Jetzt bin i aufganga wia
d'Morgensonne. ›Ja du windiger Ladenratz hab i zu dera Verkäufe-
rin gsagt. Tua fei ja net launenhaft sei, und beicht amal wia oft daß

d'jetzt bei mir no vorbei saust, wennst sigst, daß ma pressiert. Wiast mi net augenblickli prompt bedienst, dann fahr i dir strumpfsockert in d'Nasenlöcher nei, daß'd dastickst.‹ Aber da hats ihr auf einmal pressiert, und glei ists mit zwölf Schachteln Damenschläuch angruckt. ›Was willst denn da mit dera Schachtel? Inhalt Schuahnummer fünfunddreißig. Moanst i bin im Säuglingsheim auskemma?‹ Mit drei Paar 42er hab ich das Schuhasyl verlassen, bin aus'n Laden zornig raustanzt, in mein Auto eingstiegn, und meinem Schauffeur befohlen: Alise reib auf, hoam gehts.

– – O mei, unser trautes Heim solln Sie amal dalurn, da kanntens Ihna amal a paar Stund lang an am Reichtum ergötzen. Eine zwölf Zimmerwohnung ham ma uns zuaglegt, ist ja nix a – an Rokokokoko Salon sollns sehn, mit de gschneckelten Säuln und de Persischen Fußabstreifer. Und das glänzerte Speisemahagoni-Zimmer aus der Zeit Lugge des Vierzehnten. De elektrische Trambahn kenna ja mir nur vom Sehngn. Mir ham in unseren Autostall an unhäßlichen Mercedes und einen Maybach Achtsitzer je Hundert *SP* – a *PS*.

Dös Aufsehen erregende Getös sollns amal erleben, wenn wir mit unserm lila lackierten Töff Töff vorm Nationaltheater landen. Es ist halt so ziemlich dasselbe, als wia ehemals mit seine Majestät bis aufs Hochschrein.

Und im Theater drinn nacha, ersten Rang Vorderplatz, auf grünem Sammt, da geht dann das allgemeine Gegaff o, auf unsere Wenigkeit. Mei Alter mitn Opernherzarrer, und ich mitn goldnen Linseisen. Vor acht Tagen warn ma in Tristan und Isolde. – AAA – da schneidst o, mit dem G'schpui –. Der Tristan geht ja noch, aber d'Isolde de gschroamaulat Fee, mit dem chronischen Stimmbandgeknarz, des is Allerhand. Und unterhaltlich wars im Ganzen, so oft hab ich mein Alten gar net aufwecka könna, als er mir eingeschlummert ist … AAA – dö Opern, daß i net rutsch, da geh i scho tausendmal lieber in d'Auermühlbachlichtspiele. Aber mir könna doch heut mit unsern sichtbaren Pomp net in a Vorstadtkino auftaucha. Ja ja – Geld alloa macht auch nicht glücklich. Je mehr Geld, desto mehr Verdruß. Hast Geld, dann brauchst Dienstboten – hast Dienstboten, dann muaßt di Tag und Nacht ärgern über Magd und

Gesinde. Gegenwärtig such ich eine Herrschaftsköchin. Moanas ich treibert eine passende auf? Dö wo ma jetzt ham, dera gfallts nimmer bei uns, hamm Sie Worte? Tuat ma dem Trampe alles was ma ihr an dö Augn absicht. Mittags gibt ma ihr 's ganze Essen, des was mir nimmer mögn, hat ihr eignes Bett, d'Ortskrankenkasse laß ma ihr selber zahln, und da gfallts ihr nimmer bei uns. I moan wenn ma einem Menschen in jeder Weise entgegen kommt –

Und ein wüffes Frauenzimmer ist das – jetzt ist sie schon fünfunddreißig Jahre alt, moana Sie dö fürcht noch an Kaminkehrer? Ja, an Schafkas, im Gegenteil – nachlaufa tuts ihm noch. Aber da derf ma nix sagn, da wars aus bei mein Alten – bei mein Xade – über sei Fanny laßt er nichts kemma – dö wenn eahm viereckate Knödel am Tisch hinstellt, dann sanns a rund bei ihm. Alle vierzehn Tag hats Fräulein Fanny Ausgang von 2–8 Uhr. Sie kommt aber jedesmal erst an andern Tag in der Fruah mit graugreane Froschaugn! Schauns – auf Weihnachten hat man kein Geld angschaut, mein Xade hat ihr drei Ohrringeln kauft und ich hab ihr, daß a a Freud hat, vom Kaspar Ostermeier 's Magdzimmer desinfizieren lassen. Moanas ich hab an Dank ghabt? Ja an Dreck – ausgricht hats mi bei der ganzen Nachbarschaft daß so viel Wanzen ham. Aber heuer auf Weihnachten, wenns noch bei uns ist, soll sies selber fangen. –

Kinoschauspielerin möcht sie jetzt werden! Ham Sie Worte! Sie mit der broatgfozerten Bauernfünfalarva! – – Denkas liaber an eahna Kocherei hab i gsagt, daß amal lerna, auf was für a Seite man's Butterbrot schmiert, moana denn Sie mit eahnan gwarzerten Verdrußfaltengsicht und mit eahnan Baumhacklteint wern Sie a Schauspielerin? – A Schauspielerin? – A Abspülerin könnas macha in der Speisehalle, Sie Prachtdotschen. Ja, es ist unglaublich, eingebildet ist die Person – sie bildet sich immer ein, mein Gemahl ist in sie ganz verrückt – so was braucht sie sich doch net einbilden, de freche Nassl, wo es doch bittere Wahrheit ist. An ganzen Tag hats nur ihre Mannsbilder im Kopf, dumm ists auch, furchtbar zerstreut. – Was tuts nicht neulings? – Reibts net in unsern eleganten Speisesalon die schöne Goldtapete mit Stahlspäne ab, daß d'Fetzen glei bis am Fußboden nunterghängt san. – An Parkettboden putzt sie regelmäßig mit Sidol – an Kanarienvogel gibts manchmal vor lauter Zerstreutheit 's Hundsfressen – auf Weihnachten hats a mal Ostereier gfärbt – am heiligen Dreikönigstag hats Kirtanudeln bacha – auf Pfingsten hats auf unsern schöna schwarzpolierten Blüthner Flügel mit der weißen Ölfarb – Kaspar, Melchior und Balthasar naufgschriebn – und d'Goldfisch .... reibts 's Rindvieh mitn Staublumpn ab. Punkt.«

Auf dem Marienplatz
1926

Der große Dichter Josef Ding (i. J. 1520) sagte einmal: » – Es geschieht nichts Neues unter der Sonne!« – Dieser Mann hatte nicht recht oder vielmehr, er hatte nicht Gelegenheit, heute über den Marienplatz in München zu gehen. Der Marienplatz vor hundert Jahren (siehe Maillingersammlung) – der Marienplatz von heute (siehe Marienplatz). –

Schutzleute zu Podium (früher zu Pferd) und Schutzleute zu Fuß tuen ihre Pflicht. Der Marienplatz ist voll von Menschen – Kindern – Automobilen – Radfahrern – Hunden – Tauben – Glockenspiel – Straßenbahnen – Pflaster – Inseln – Wasserpfützen – Bogenlampen – Zigarrenstumpeln – verfallenen Straßenbahnbilletten – Kontaktdrähten – Benzingestank usw. – Das sind die gegenwärtigen Requisiten des Marienplatzes.

Was treiben diese Requisiten? – Die Schutzleute dirigieren – die Menschen folgen nicht – die Gaffer gaffen – staunen, betrachten, grinsen, spotten, sind noch biedermeierisch veranlagt, wollen sich nicht an den Großstadtbetrieb gewöhnen. – Die Automobile hupen – die Radfahrer warten – die Hunde stören – die Tauben fliegen – das Glockenspiel klingt hell und »rein« – die Straßenbahnen kommen daher und fahren dahin – das Pflaster wird betreten, die Inseln ebenfalls – die Wasserpfützen auch ebenfalls – die Bogenlampen brennen (nachts) – die Zigarrenstumpel liegen – die weggeworfenen

Straßenbahnfahrscheine flattern – die Kontaktdrähte schwingen wie Spinnennetze – der Benzingestank ist tagtäglich – und somit der ganze Zustand unerträglich. –

Die Verkehrspolizei will nur das Beste. – Aber wir Städter sind immer noch Dörfler. – Macht es der Schutzmann so – gehn wir so. – Macht es der Schutzmann aber so – gehen wir gewiß so. – Es soll klappen, aber es klappt nicht. Vielleicht in zehn Jahren, dann ist es aber zu spät, bis dahin fliegen wir alle. – Für die ganze Verkehrsordnung hätte ich eine neue Idee. Und jeder Irrsinnige wird mir voll und ganz beistimmen. Mein Prinzip wäre folgendes:

Am Montag dürfen in ganz München nur Radfahrer fahren, am Dienstag nur Automobile, am Mittwoch nur Droschken, am Donnerstag nur Lastautos, am Freitag nur Straßenbahnen, am Samstag nur Bierfuhrwerke. Die Sonn- und Feiertage sind nur für Fußgänger. Auf diese Weise könnte nie mehr ein Mensch überfahren werden.

Ein zweiter Vorschlag wäre auch dieser:

Von 6–7 Uhr morgens sind die Straßen Münchens nur für Radfahrer, von 7–8 Uhr für Automobile, von 8–9 Uhr für Droschken, von 9–10 Uhr für Lastautos, von 10–11 Uhr für elektrische Straßenbahnen, von 11–11¼ Uhr für das Glockenspiel, von 11¼–12 Uhr für Bierfuhrwerke bestimmt.

Lernt Autoen!

1927

Ich wollte mir kürzlich einen elektrischen Straßenbahnmotorwagen kaufen, selbstverständlich kein modernes Modell, sondern einen alten ausrangierten, aber doch noch gut laufenden Wagen, wie dieselben vor ungefähr 15–20 Jahren in unserer Stadt noch in Betrieb waren. Es waren die Wagen mit 30 Sitz- und 16 Stehplätzen. In welchen ich also allein bequem Platz gehabt hätte. Elektrische Fahrzeuge ziehe ich den Benzinfahrzeugen vor, schon deshalb, weil der elektrische Strom nie stinkt. Aber ich hatte kein Glück, denn der Magistrat gibt keine alten Straßenbahnwagen an Privatpersonen ab, weil dieselben zu Arbeitswagen umgebaut werden und andernfalls werden auch dieselben an Kleinstädte, die Großstädte werden wollen, verkauft.

Ein mir es gut meinender Freund riet mir von dem Ankauf eines elektrischen Straßenbahnwagens vollständig ab, denn er meinte, wenn ich auch einen solchen bekommen hätte, würde mir als Privatmann niemals gestattet werden, damit die Straßenbahngeleise in München zu benützen. Mein Freund hatte recht, und ich war überglücklich, daß ich keinen Straßenbahnwagen bekommen habe. Ich setze den Fall, daß ich aber doch einen Wagen bekommen hätte, dürfte aber im Straßenbahngeleise nicht fahren, so hätte ich mir eben im schlimmsten Falle auf meine Kosten in der Stadt Privatgeleise legen lassen müssen, was mit sehr großen Unkosten verbunden gewesen wäre. Außerdem fährt unsere Münchner Straßenbahn mit allen ihren erdenklichen Linien immer die gleichen Strecken, was bei einem Privatstraßenbahnwagen nicht möglich ist. Da ich doch alle Tage wo anders hinfahren will, müßte ich natürlich alle Tage andere Geleise legen lassen. Dies war der Grund, daß ich mich zu einem schienenlosen Fahrzeug entschlossen habe. Dazu gehört auch das Auto. Um das Autofahren zu erlernen, braucht man ein Auto; wenn man sich keines kaufen kann, muß man eines zu leihen nehmen. – Aber wer leiht ein Auto her? – Niemand! – Doch! Bei jeder Kraftfahrschule bekommt man dieselben inklusive Fahrlehrer zu leihen, natürlich muß man dasselbe nach Beendigung des Kurses wieder zurückgeben, ebenfalls den Lehrer. – Den Privatfahrkursen geht eine polizeiliche ärztliche Untersuchung voraus. 1. Man muß das weibliche oder männliche fünfte Lebensjahr überschritten haben. 2. Man muß gegen Autounfälle geimpft sein. 3. Man wird auf Farbenblindheit untersucht, damit man die Manschetten der Verkehrsschutzleute, weißblau – nicht mit den weißroten Schutzmannspodiumen verwechselt. 4. Außerdem muß der Autofahrenlernenwollende sehr gut hören können, damit er einen eventuellen Zusammenstoß mit einem anderen Fahrzeug sofort wahr nimmt. 5. Weiter muß der Kraftkursfahrschüler gut rechnen können, damit er sämtliche Unfälle, die ihm bei der ersten Alleinausfahrt zustoßen, im Kopfe addieren kann. – – –

Leider muß ich hier meinen Artikel beschließen, da die Redaktion der »SS« [= Süddeutschen Sonntagspost] schon zum dritten Male anruft, um Einsendung des Manuskriptes. Also lernt automobilieren!

Klagelied einer Wirtshaussemmel

zwischen 1928 und 1933

Nicht jede Semmel hat so ein schweres Dasein als gerade wir Wirtshaussemmeln. Eine Privatsemmel z. B. wird beim Bäcker gekauft, heimgetragen und meistens gleich gegessen. Aber wir Wirtshaussemmeln und meine Kolleginnen, die Römischen Weckerln, die Loabeln und die herunter geschnittenen Hausbrote, wir haben meistens ein ekliges Dasein, bis wir von den Menschen verspeist werden.

Es hat sich ja einmal der Magistrat um uns gekümmert und hat in jeder Wirtschaft kleine Tafeln anbringen lassen, mit der Inschrift: »Das Betasten der Nahrungsmittel zum Zwecke ihrer Prüfung ist verboten.« Aber darum kümmert sich heute keine Sau mehr, viel weniger ein Mensch. Nicht genug, daß wir gleich nach unserer Erschaffung aus Mehl und Wasser sofort ins Krematorium kommen, werden wir, wenn wir fertig gebacken sind, von rohen Bäckerlehrbuben in die Lieferkörbe geworfen, diese Körbe werden wiederum unsanft ins Lieferauto geschwungen, und im 60 km Tempo rasen wir armen Semmeln dem Restaurant oder Gasthof zu, in welchem wir heute noch verspeist werden sollen.

Nicht jeder Semmel blüht dieses kurze Dasein, wie einer sogenannten Eintagsfliege. Manchen Semmeln geht es wie den alten Jungfrauen. Sie bleiben über, wenn auch nicht so lange. Nach Wochen und Monaten kommen wir in eine vielschneidige Guillotine

(Knödelbrotschneidemaschine genannt), werden zu Scheiben geschnitten und bilden den Bestand der berühmten bayerischen Semmelknödel.

Aber wie traurig und dreckig geht es uns armen Wirtshaussemmeln. Wir werden von den Kassierinnen (früher Kellnerin) in aller Frühe ins Brotkörbchen gelegt und auf den Tisch gestellt. So – und nun sind wir der sogenannten Hygiene unterworfen.

Zum Frühschoppen kommt schon um 10 Uhr direkt vom Bahnhof die Familie Huber aus Neuburg. Sie setzen sich alle an den Tisch, und Frau Huber entnimmt gleich dem Brotkörbchen ausgerechnet »mich«, drückt mir den Brustkorb ein und sagt zu ihrem Mann: Anton, guck mal, fühl mal das Brötchen an, wie weich das ist. Hier in München ist das Brot nicht so knusprig gebacken, wie bei uns in Neuburg.

Herr Huber hatte keine Zeit, mich gleich zu drücken, er hatte sich mit seinem Taschentuch eben die Nase geputzt, und erst, nachdem er dieses eingesteckt hatte, nahm er mich in die Hand, drückte mich zusammen, daß ich beinahe aussah, wie ein Pfannkuchen, legte mich wieder in das Körbchen und sagte: Du hast recht, liebe Kreszenz, die Brötchen sind hier scheinbar alle so weich – indem er sich auch davon überzeugte, und eine Semmel nach der andern zerdrückte. Mit gebrochenem Brustkorb lagen wir Semmeln im Körbchen.

Herr und Frau aßen ihre Weißwürste, welche ihnen scheints auch nicht besonders schmeckten, aber die mußten sie ja schließlich essen, weil sie dieselben bestellt hatten.

Wir Semmeln stehen aber unbestellt am Tisch, mit uns kann ja jeder tun und lassen, was er will.

Nach der Familie Huber nahm ein alter Herr, der zwar sehr gut gekleidet war, aber trotzdem einen riesigen Schnupfen hatte, an dem Tische Platz. Oweh, dachte ich Semmel, der wird mich und meine Kolleginnen wohl nicht anniesen – gesagt – getan – einige Dutzend Male ging ein kräftiges Ha–zieh über uns Semmeln nieder, begleitet von einem heftigen Bakteriensprühregen.

Wir ertrugen gerne diese Schmach des Angespucktwerdens, uns war es nur um die armen Menschen leid, die nach dieser Sauerei vom Schicksal an diesen Tisch geführt werden.

Der alte Herr aß, trank, zahlte, nieste und ging.

Eine Mutter mit vier Kinder waren die Nächsten. Wir Semmeln zitterten, als wir die vier Kinder an den Tisch kommen sahen.

»Mutter, Mutter – darf i mir a Semmel nehmen?« schrie es durcheinander und wie Siouxindianer überfielen die Buben das Brotkörberl, welches dem Ansturm nicht standhielt und über den Tisch hinunter kollerte, und natürlich wir Semmeln auch. Die Mutter schalt leise: »Glei klaubts die Semmeln auf und tuts wieder ins Körberl neilegn schö, daß niemand siecht, dö Semmeln genga euch gar nichts an, mir bstelln uns Brezen.«

Zerdrückt, beschmutzt lagen wir vier Semmeln wieder ungegessen im Körbchen. Was wird aus uns noch werden? dachten wir.

Da kamen die vielen Mittagsgäste, schauten uns verächtlich an und bestellten sich anderes Brot, aber direkt vom Büfett.

Wir Semmeln sahen selber ein, daß wir zu unappetitlich aussahen, um verspeist zu werden. Keiner von den vielen Mittagsgästen wollte von uns was wissen – wir blieben auf dem Tisch stehen, obwohl wir fast von allen Gästen berührt, zerdrückt und angehustet wurden.

Bis der Abend kam, bis die Nacht kam – und schon gleich die Polizeistunde, da kam noch schnell ein Liebespaar geschlichen, setzte sich an den Tisch und trank mitsammen ein Glas Bier.

Sie hatten auch noch Hunger – aber nicht viel Geld. Wie wärs mit den vier Semmeln?

Indem sich beide verliebt in die Augen sahen, aßen sie dazu – uns vier Semmeln.

Die beiden hatten gar nicht bemerkt, wie wir aussahen, denn Liebe macht blind ...!

Karl Valentins Olympia-Besuch 1936
1936

»Hier sitz ich alleine und spähe umher
und lausche hinauf und hernieder«,

so heißt es in dem alten Lied: »An der Weser«.

So ähnlich erging es mir, als ich allein im Olympia-Stadion saß. – Wie kam es, fragte ich mich selbst, daß ich zur Olympiade zu spät kam?? – Ich blieb mir die Antwort nicht schuldig: »Ihr Leichtsinn ist daran schuld!« erscholl es von meinen Lippen. (Ihr bedeutet ich selbst.) Denn aus Eigentrotz sage ich selbst zu mir nicht »Du«, sondern »Sie«, weil man da vor sich selber vielmehr Respekt hat, als mit der Duzerei. – Nur *einen Tag* zu spät und dennoch zu spät! – O, Herr bewahre mich bei der nächsten Olympiade 1940 vor solchen Etwaigitäten. – Trotzdem ich mich setzte, war es doch entsetzlich, als ich allein dasaß, in einer Hand die verfallene Eintrittskarte, die andere Hand in meiner eigenen Hosentasche. – Um mich herum saß nirgends niemand – das große Schweigen ringsumher war still und lautlos. – Meine einzige Unterhaltung war das »Warten«. Zuerst wartete ich langsam, dann immer schneller und schneller, kein Anfang der Olympischen Spiele ließ sich erblicken, – da endlich von mir ein schriller Blick und meine Augen starrten hinunter zu dem Eingang bei der Kampffläche. – Ich sahte einen kleinen Jemand, der Jemand scheinte mich zu suchen, was diesem auf den ersten Blick gelang. Unsere Pupillen kreuzten sich in der Mitte unserer Entfernung. Ich saß, – sie kam – nur sie allein, die kleine Lisl Karlstadt, klärte mich darüber auf, daß *gestern* der *letzte* olympische Tag gewesen ist. – »Ist das schade!« schrie ich teilnahmserregt in den blauen Äther hinaus – ich schnellte langsam von meinem Sitz empor, flugs verließen wir die Stätte des großen »Gewesenseins«. Freude-zerknittert traten wir per Verkehrsmittel die Heimfahrt an in die Stammkneipe am Kurfürstendamm. – Wir Sachsen haben in Berlin einen eigenen Stammtisch, dort kommen täglich alle Münchener zusammen und da wird erzählt, von diesem und jenem, von jenem weniger, dafür öfter von diesem. Ich konnte leider heute zu meinem

Bedauern nichts von den Olympischen Spielen erzählen, da ich ja nichts gesehen hatte, – und alle lauschten umsonst.

Vereinsrede
1937

(Im großen Raum gesprochen. Volksmenge beim Erscheinen des Volksredners: Bravo-Rufe und Händeklatschen.)
Sehr verehrte Versammlungsteilnehmer!
Wenn ich heute das Wort ergreife, so halte ich es für meine Pflicht, einer Sache näher zu treten, die Ihnen und uns und für alle Zukunft, ein Problem von schwerwiegender Bedeutung zu bleiben scheint. Gewiß haben wir nicht die volle Gewißheit, was in Anbetracht einer Zerklauberei der ewig unmöglich erscheinenden Begleiterscheinungen in sich vereinigt, denn gerade hier, bieten sich einschneidende Bedingungen, die von vorneherein ein für allemal ausgemerzt werden müssen. Die Vergangenheit hat uns gezeigt, daß gerade in diesem Punkte gesündigt wurde, schon aus dem Grunde, weil ein Zusammenkommen jener wichtigen Erscheinungen, stets verschwiegen wurde. Wir haben uns mehr denn je über diese Kleinigkeiten immuniert und haben in Sachen herumgewühlt, statt uns zu sagen »Freunde, geht ans Werk«, »greift zu und ihr werdet es nicht bereuen.«
Glauben Sie nicht meine Herren, o bewahre, schauen Sie sich selbst ins Gesicht und Sie sehen Ihre eigenen Masken, – herunter damit! Nein, fühlen Sie sich nicht dazu genötigt, denken Sie an das Problem der Atomzertrümmerung, denken Sie an die Worte des Sokrates: »Femina, Feminima monstrum Vivat Concenbinatum – o eleonoris causa veni vini vizi.« Meine Herren, Schatten der Gegenwart möchte ich verpflanzen wie Minderwertigkeiten, welche nur zu deutlich aufgerollt werden, wenn uns die Zeit nicht selbst den Stempel des Daseins auf die Stirne drückt. Aber wenn wir der Einsicht

näher treten, so werden die Nebenstehenden die Schäden und Nutzen am eigenen Leibe verspüren, denn zu heiß wurde noch keine Suppe gegessen, und wenn, dann verbrennen sich die den Schnabel, die sich mit den bittersten Enttäuschungen selbst am Ufer der Vernunft ins Lächerliche gezogen haben. Es ist nicht gleichgültig, ob ich sage:»ich bin oder ich werde«, – nein, meine Herren, Zufälligkeiten und Abdrosselungen eigener Anschauungen haben sich noch nie zu einer Konservierung von Gedanken verbinden lassen. Wehe dem, der sich selbst, wehe dem, dem derjenige nur das ist, was wir uns von diesem erwartet haben. – Selbst ist die Frau! – Meine Herren! Wenn uns die Besonnenheit uns von unseren Sorgen, deren wenige ein verblendendes Spiel in uns gesetzt, zum Zwecke des Mittels, einen wie bei jedem, wir können nicht das gute Gewissen mit derselben Resignation verknüpfen, der unserem Standpunkt von vorneherein gegenüberstand. Wenn wir in lückenloser Vergangenheit eine Parallele ziehen, wenn wir uns vergegenwärtigen, daß nur Trotz und ein Gegenspiel von weittragender Bedeutung ein Resultat fördert und damit nie wiederkehrende Gelegenheitsfinumen erzielt werden können und wir hiermit unser Gewissen nicht unnötig belasten, daß eine Voraussagung eventueller Submissionsschwierigkeiten einen spontanen Verlauf nehmen, oder nehmen müssen, dann ist es besser, wir vermeiden jegliche Inspirationen, die durch Sicherungen seitens kollektiver Kongreßerörterungen ausgerottet werden. Es gab eine Zeit und diese Zeit läßt sich Zeit, denn im Zeitabschnitte dieses Zeitabschnittes wird die Zeit kommen, die wir zeitlebens nie vergessen werden. Und wenn es am Sonntag wider alles Erwarten wirklich schlechtes Wetter ist, müssen wir unser Stiftungsfest auf den nächsten Sonntag verschieben.
Bravo-Rufe – Applaus!

Die Brennessel
1937

Wenn man dieses Wort liest, denkt man sofort an eine Brennessel. Die Brennessel gehört nicht zu den Säugetieren, sondern zu den Pflanzen. Ein uralter Brauch ist, aus Brennesseln einen Tee zu bereiten, den sogenannten Brennesseltee, welcher auch zum Trinken verwendet wird. Heute verwendet man die Brennessel zum Lesen. Früher wuchs die Brennessel, heute erscheint sie (im Verlag Eher, München – Berlin). Die Heilwirkung des Brennesseltees ist natürlich nur vom Kochen der Pflanze Brennessel zu erwarten, nicht von der Zeitung Brennessel. Nicht die Damen, sondern richtige Gänse essen die Brennessel sehr gern und erblicken in dieser einen Leckerbissen. Ob sich die Gänse beim Fressen von Brennesseln Zunge, Schlund, Magen, Gedärme und Gansloch verbrennen, ist noch nicht erwiesen. Die Rose hat Dornen und sticht, die Brennessel dagegen brennt auch trotzdem: Hätte die Rose keine Dornen, könnte sie nicht stechen; was sind das für botanische Widersprüche! Aus Brennesselfasern hat man schon Stoffe erzeugt und Damenreizwäsche für die Damenwelt fabriziert. Symbolisch wirkt die Brennessel – wenn man schon einen Künstler mit Lorbeerkränzen ehrt, müßte man eigentlich einen Feuerwehrmann bei seinem Feuerwehrjubiläum mit einem Kranz aus Brennesseln ehren. Ich selbst habe die Brennessel als Mittel gegen Diebstahl angewendet. Folgendes gebe ich kund: Ich habe in der Nähe der Stadt ein kleines Landhaus, drumrum einen großen Riesenblumengarten mit allen erdenklichen, wunderbaren Blumen, welche nicht künstlich, sondern wirklich sind. Mein Garten steht in farbiger Pracht. Aber weil die Blumen so schön waren, haben mir die Menschen immer wieder Blumen abgerissen. Nun kam mir die glückliche Idee: ich pflanzte keine Blumen mehr, sondern nur mehr Brennesseln. Die Pracht ist zwar verschwunden, aber die Stehlerei hat ein Ende genommen. Daß ich mir durch diese Erwägung die Mißgunst sämtlicher Blumengärtner zugezogen habe, weiß ich; aber ich habe die Polizei (Abteilung Blumendiebstähle) entlastet. Und das ist eine gute Tat.

Sollte ich des Anblicks der Brennesseln überdrüssig werden, pflanze ich Disteln, und an Stelle meiner wachsamen Hunde kommen Igel in meinen Garten, dazu noch Stachelbeersträucher, und statt der Legbüchsen lasse ich ständig die Dunggrube von meinem Anwesen offen. Was sollte dann noch in meinem Garten gestohlen werden können? Mir können alle Diebe gestohlen werden. Im übrigen will ich meine Ruhe und meine Brennessel haben; denn wie sagt der Dichter?: »Kein Schnee und kein Eisen kann brennen so heiß, wie brennende Nessel und indischer Reis.« Hiermit wäre alles Notwendige gesagt.

Historisches

1940

Morgen mittag, 3/4 12 Uhr, sind es 200 Jahre, daß der fromme Schwäbbermann von der Neuhauserstraße zusammen mit seinem Freund Columbus den Malzkaffee entdeckte. Lange vorher schon, als König Herodes in einer Wirtschaft dem Grafen Zeppelin zeigte, wie man ein Ei auf die Spitze stellt, kam der Stein ins Rollen, den der Riese Goliath dem David an den Kopf warf. Einige Wochen später sah sich König Barbarossa genötigt, der Hochzeit zwischen der Jungfrau Schneewittchen und dem Bergwerksbesitzer Herrn Josef Rübezahl beizuwohnen. Aber das Hochzeitsmahl wurde jäh unterbrochen durch plötzliche Vorbereitungen zum 30jährigen Kriege. Allein schon die Tatsache, daß die feierliche Eröffnung der Zugspitzbahn auf einen Tag vorher verschoben werden mußte, brachte unter die Zuschauer des großen Fußballänderspieles große Bestürzung. Pfarrer Kneipp, der sich damals zu einer Kaltwasserkur nach Wörishofen begab, um dort Heilung zu finden, die er auch fand, arbeitete damals schon an den Plänen des Walchenseeprojektes. Napoleon Bonaparte, der sich mit seinem Schulkameraden Negus von Abbessinien während einer Verdunkelungsübung den Boxkampf des Weltmeisters Nurmi anhörte, ließ sich von Professor Piccard mit den neu erfundenen Todesstrahlen impfen und hatte es faustdick hinter den Ohren. Dem Edison sein Sohn, der bei einem Kameradschaftsabend im Beisein von Andreas Hofer im Restaurant zum Fünfwaldstätter-See einen Vortrag hielt über den letzten Stratosphärenflug des Motorfahrers Max Schmeling, wurde vom Prälat des oberbayerischen Hopfenzupfer-Syndikats der Nobelpreis für Fingernägelbeißen verliehen. Wenn man nun eine Parallele zieht zwischen den Befreiungskriegen und dem Fortschritt der Farbenphotographie, so verknüpft sich in einem selbst der Gedanke an Maria Stuart, als sie auf der Ruine von Karthago stehend ausrufte: »Ist denn kein Stuhl da für meine Hulda?« Mit Wehmut denkt heute jeder noch zurück, als die Schillers Glocken den Frieden von 1940 einläuteten! Hans Albers gab 10 Minuten hierauf die Anregung, der Münchner Schäfflertanz soll nicht wie üblich im Grunewald, sondern am Äquator abgehalten werden. Doch Kurfürst Max Emanuel trat ihm energisch entgegen und stiftete bei der Hochzeit zu Kanaa zehn Portionen Jopa-Eis, was wieder zur Folge hatte, daß unter den Klängen des Tölzer Schützenmarsches das Volksauto seinen Einzug hielt. Da stiftete nun zum Trotz Kaiser Nero zur Einweihung des Wittelsbacher Brunnens 10 Hektoliter Mangfallwasser. Das ärgerte den alten Diogenes so, daß er sein Faß verkaufte und mit dem Lohengrin seinen Schwan auf dem Rhein vor dem Loreley-Felsen vorbeifuhr und zur Loreley hinaufschrie: »Ich weiß nicht, was soll das bedeuten ...« – Genau wie jeder vernünftige Mensch nach diesem Vortrag sich denken wird: »Ich weiß nicht, was soll das bedeuten!«

Die Friedenspfeife

um 1940

Lange vor dem Umschein einer verkrümten Nacht, saßen sie zusammen. Wolkenlos ballten sich weiße Nebelschwaden zuhauf. Es kargte an diesem und jenem – So aber ist es. – Wenn der Mensch sich selbst abgibt, dann wird sein Sein betrübt durch seine gewollte Selbstbejahung. – Aber laßt sie alle elendidieren und laßt diese kopflosen alle wieder behaupten. Eines Nachts werden die Hexen nicht zum Ziele kommen, sondern das Ziel kommt zu ihnen.

Und wenn Aafa und Ufa sich zürnend und tobend in die Augenmuscheln schreien, liegt Afuu auf dem satten Rasen und raucht die Friedenspfeife.

Schamgefühl

1943

Eine alte, sehr fromme Bäuerin auf dem Lande klagt seit längerer Zeit über Schmerzen im Unterleib. – Der Bauer meint: »Ja mei, Kathi, da muaßt halt doch amal in d'stadt eini fahr'n zu an Dokta, da werd' nix anders übrig bleib'n« und schweren Herzens, färt die Bäuerin am andern Tag zu einem Doktor. Als sie wieder zuhause ankam frug sie der Bauer. »Na, was hat denn der Dokta g'sagt?« »Ja, mei« sagt d'Bäuerin, »a Salb'n hat er mir verschrieb'n, da sollt i mir s'Handglenk damit einreib'n.« – – »S'Handglenk«? – – sagt der Bauer, – »ja, d'Schmerzen hast doch im Unterleib« »Freili, hab i d'Schmerz'n im Unterleib« sagt d'Bäuerin, »I hab aber g'sagt, zum Dokta, »An der Hand hab' i d'Schmerz'n, denn wenn i g'sagt hätt' am Unterleib, dann hät' i mich sicher vor dem Dokta nackert ausziag'n müass'n.«

Im Jenseits

1944

Ein Problem, das mich sehr interessiert, ist das Jenseits oder besser gesagt, ein Weiterleben nach dem Tode. Gedanken über das Jenseits kann man natürlich nur im Diesseits haben. Im Jenseits über das Diesseits nachzudenken ist schon zweifelhaft – vielleicht ausgeschlossen. Wenn der Mensch gestorben ist, ist er tot, – das ist sicher, also totsicher, wie man so sagt. Scheint es nur so, als wäre er tot, so ist er scheintot und kann in seltenen Fällen wieder lebendig werden und später nochmal sterben. Ist ein Mensch wirklich tot, so ist natürlich nur der Körper gemeint, denn die Seele lebt weiter, – aber diese ist unsichtbar, das ist wissenschaftlich einwandfrei bewiesen, da bei Röntgenaufnahmen, die alle inneren Organe des menschlichen Körpers zeigen, noch nie die Seele sichtbar gewesen ist. Die Seele flieht also unsichtbar aus dem menschlichen Körper. Aber wohin? Das wird die Seele schon selbst wissen. Ins Jenseits – und da entweder in den Himmel oder in die Hölle. Die Seele muß also allein wissen, wo sie hinflieht.

Nehmen wir z. B. an, die Seele des verstorbenen braven Bäckermeister Meier schwirrt ins Jenseits. Dem Herrn Meier ist seine liebe, unvergeßliche Frau vor vielen Jahren im Tode schon vorausgegangen, befindet sich also schon im Jenseits. Im Diesseits heißt es aber wie bekannt: Im Jenseits gibt's ein Wiedersehen. Wie kann nun die im Jenseits angekommene unsichtbare Seele des verstorbenen Herrn Meier die ebenfalls unsichtbare Seele der schon im Jenseits umherfliegenden Frau wiedersehen? Nun, sei es wie es sei. Diese beiden wollten sich ja wiedersehen.

Wie ist es aber mit der Kehrseite? Hat einer eine böse Schwiegermutter, so ein Ehemann getraut sich ja gar nicht zu sterben, aus Angst vor einem Wiedersehen im Jenseits. Sein einziger Trost ist vielleicht der, daß die böse Schwiegermutter nicht in den Himmel kommt, sondern in die Hölle. Überhaupt, wenn man mit all denen, die man im Diesseits schon nicht riechen kann, im Jenseits wieder zusammenkommen sollte, ist das allein schon ein schrecklicher

Gedanke. Man denke an große Persönlichkeiten, so z. B. an Karl den Großen mit Napoleon – die Päpste mit Dr. Martin Luther usw. oder an die Kollegen im Berufsleben. Besonders vom Theater! Droben im Jenseits gibt es keinen Haß und Neid, das hält doch die Seele eines Kollegen nie aus!

Nun machen sich aber viele Menschen wieder ein anderes Bild vom Jenseitshimmel. Die Engel! Wo kommen denn die her? Die sind doch nicht unsichtbar, die haben goldenes Lockenhaar, haben zwei große Flügel und sind nackend, wenigstens die kleineren, die Amoretteln. Die Engel waren aber doch früher auch einmal Menschen, deren Seelen ins Jenseits geflüchtet sind. Dort haben sie Flügel bekommen. Das wird aber nur die weiblichen Wesen betreffen, vom ersten bis dreißigsten Lebensjahr. Ich könnte mir nämlich den oben benannten Herrn Bäckermeister Meier nicht so himmlisch vorstellen, wenn er nackend mit zwei großen Flügeln in den Wolken herumflattert – dann lieber unsichtbar! Die Meinungen gehen also hier sehr auseinander. Nun hat aber dieses angenommene Weiterleben nach dem Tode noch eine andere Seite. Auf Erden lebt der Mensch durchschnittlich 60 bis 70 Jahre. Das Leben ist aber mannigfaltig und bringt durch Arbeit, Freude, Sorgen und Leid usw. Abwechslung in die Bude. Wie ist das nun im Jenseits? Hier besteht keine Altersgrenze, sondern Ewigkeit. Also in Ewigkeit nur im Jenseits umherfliegen und als einzige Beschäftigung, wie uns aus der Bibel bekannt, nur Hosianna singen, das kann die ersten acht Tage ganz unterhaltlich sein, aber, man denke sich das ewig – das muß unbedingt langweilig werden.

Nun steht wieder eine Frage offen: Werden die Seelen oder die Engel im Jenseits auch älter, so wie dies im Diesseits der Fall ist? Wenn ja, dann muß also der erste Mensch, der selige Adam, der 7000 Jahre alt geworden ist, der erste Mensch gewesen sein, der im Paradies bei der Eröffnung des Jenseits Zutritt hatte. Der erste Mensch, der im Jenseits angekommen ist, kann aber der Adam doch nicht gewesen sein, da ihm seinerzeit der heilige Petrus mit dem Himmelsschlüssel die Pforte zum Jenseits geöffnet hat. Demzufolge muß der Petrus schon vor dem Adam im Jenseits gewesen sein. Er war sozusagen der himmlische Hausmeister, der heute noch auf seinem Posten steht und keinen hineinläßt, der im Diesseits böse war. Und doch stimmt das auch nicht! Petrus lebte doch erst lange Zeit nach der Paradiesgeschichte als Apostel auf der Welt, wurde später heiliggesprochen und nach seinem Tode kam er erst ins Jenseits. Der Adam kam also anscheinend ohne Kontrolle ins Jenseits, weil eben der Petrus noch gar nicht da war. Weiter nachgedacht, kann aber Petrus nicht als Seele allein die Welt verlassen haben, denn die unsichtbare Seele kann doch keinen Schlüssel in die Hand nehmen, und wo kommt denn der Schlüssel her? Im Gegensatz zu allen anderen Jenseitsbewohnern, die müßig umherfliegen, wird dem Petrus als einzigem nicht langweilig werden, denn viele Jahrtausende das Himmelstor auf- und zusperren ist ausreichende Beschäftigung.

Wenn Wissenschaftler befragt werden um obige Angelegenheit des Weiterlebens, so ändert sich die Sache wiederum. Diese behaupten nämlich, daß es schon seit vielen Millionen von Jahren Menschen gibt, die inzwischen längst gestorben sind und jetzt das Jenseits bevölkern. Wieviel unzählige Trillionen Seelen im Jenseits schon weiterleben, ist niemals zu bemessen. Dabei geht das immer so weiter in aller Ewigkeit oder wenigstens so lange, als die Welt besteht. Es ist ein ewiges Kommen und Gehen und Seligwerden – also ein Fortleben nach dem Tode. Aber warum sollen wir Menschen uns darüber den Kopf zerbrechen. Wir werden es niemals ergründen. Aber, daß ein Mensch, der bereits das Diesseits verlassen hat, nicht nur im Jenseits, sondern auch im Diesseits und nicht nur seelisch, sondern genau wie er gelebt hat, weiterlebt, habe ich erst im Kino in einem älteren Film gesehen, in welchem ein vor Jahren verstorbener Filmschauspieler seine Rolle heute noch spielt. Es gibt also in unserer Gegenwart zwei Weiterleben nach dem Tode: Eines im Jenseits, und eines im – – Kino.

Die Geldentwertung
1946/1947

Vortrag, gehalten von Herrn Heppertepperneppi, der sich in angeheitertem Zustand befand.

(Handglocke) Die Worte meines Vorredners, ich möchte es unterlassen mich zu Worte zu melden, da ich betrunken sei, ist nicht wichtig. – – Ich bin – das – verneine ich nicht – nicht betrunken – sondern – ich gebe es zu – etwas – angeheitert. Wer kann bestreiten, daß ein heiterer – vielmehr angeheiterter Mensch – nicht auch ernste Angelegenheiten zu debattieren im Stande sein kann – wieviele Redner waren schon nüchtern und haben einen furchtbaren Papp zusammengepapt – vielmehr gepappelt. Zu meinem heitigen Thema über die Geldaufwertung – oder Ab – oder Entwertung – möchte ich die Erklärung konstatieren, daß es sich um eine finanzielle Angelegenheit handelt. – Es ist ein schmieriges – Verzeihung – ein schwieriges Problem, von fantastischer – ah fanatischer Bedeitung. Die Aufwertung hat mit einer Stabilität nichts gemein – gemein wäre das, wenn die Entwertung oder Auswertung einer Aufwertung gleichkäme, dann ist eine Installation unausbleiblich. Eine Auflockerung, vielmehr Auflockerung des Wirtschaftslebens wird nur dann konfisziert, oder besser gesagt kompliziert, wenn das Ausland Kompromißemanzipationen entgegennimmt. Unsere Mark stinkt – ah – sinkt in dem Moment, wenn ... jetzt weiß ich nicht mehr, was ich hätt sagen wollen – – aber es ist so. Was ist heute eine Mark? – Ein Papierfetzen. Außerdem sind es nur zwei Fuchzgerln. Fuchzgerln aus Hartgeld und das ist ein schäbiges Blech, genannt Amilinium. Warum werden heute keine Goldmünzen mehr geprägt? – Sehr einfach, weil wir kein Gold mehr haben. Wir haben keins mehr, weil das ganze Gold zu Goldplomben verarbeitet wurde.

Die Ursache – das Volk hat schlechte Zähne, weil wir vor dem Krieg zu viel Süßigkeiten genossen haben. Alles wollte nur Goldplomben nach dem wahren Sprichwort: Morgenstund hat Gold im Mund. Jetzt ist es zu spät, zu Goldplomben – es ist sogar heute nicht mehr möglich, sich Zementplomben machen zu lassen, weil es auch keinen Zement mehr gibt. Daher wieder Papiergeld. Raus mit den braunen Tausendern, die braune Farbe hat gar nichts zu tun damit, die waren schon braun im 18. Jahrhundert, damals waren wir noch gar nicht verbrannt. – Also, wertet die braunen Tausender wieder auf, man braucht sie nur zu suchen, die sind alle vergraben – raus mit dem Papiergeld – wir brauchen kein Hartgeld – das Geld ist sowieso hart zu verdienen – oder schafft das Geld ganz ab und dann ihr zugleich auch die Kriege ab – denn Geld regiert die Welt, das weiß jedes junge Kind. Geld ist ein Kapitel für sich – Kapital ist die Ursache jedes Krieges – also nieder mit dem Kapital! – Es lebe der Krieg – ah – nieder mit dem Krieg! Nieder mit dem Krieg – es lebe das Kapital. Nieder mit dem Finanzamt – es lebe die Geldentwertung. – Nieder mit dem Hartgeld – es lebe das Weichgeld. – Nieder mit den Lebendigen – es leben die Toten. – Nieder mit den Hohen – es leben die Niedrigen. – Nieder mit den Niedrigen – es leben die ganz Niedrigen. – Nieder mit dem Verstand – es lebe der Blödsinn.

Szenen und Theaterstücke

Schuhplatten Text
Alpensängerterzett
1911

Personen: Vater – Sohn – Tochter. – *Vater spielt Bandoneon, Sohn Zither, Tochter singt.*

CHOR: Grüß Gott, grüß Gott mit hellem Klang,
Heil dem deutschen Lied und Sang.

VATER: Mei Schatzerl hoaßt Nannerl,
hat schneeweiße Zahnerl,
hat kohlschwarze Knia
aber g'sehng hab i s' nia.

CHOR: Hat kohlschwarze Knia, aber g'sehng hat er s' nia. –
Jodler.

VALENTIN: Du kimmst, Vater!

VATER: I woaß scho! *(singt:)*
Zwischen Bergen, die voll Schnee, duljö
duljö, duljö, duljö, hoho,
liegt a himmelblauer See ....

VALENTIN: Der Vater is allaweil no verschleimt!

CHOR: Almarausch, Almarausch, bist a schön's Bläamerl!
Almarausch, Almarausch, blüahst so schö rot!
(Es klopft dreimal).

VALENTIN: Was schlagt denn da drauß auf dem Tannabaum
(Vater u. Tochter singen nach)
was hör i die ganze Nacht schrein *(Kikeriki).*
Was muaß denn dös nur für a Vogerl sei,
dös kann doch koa Nachtigall sei!

VATER u.
KARLST.:   Na na, mei Bua, dös is koa Nachtigall
na na, mei Bua, dös derfst net glaub'n.
A Nachtigall schlagt auf koan Tannabaum,
dö schlagt auf ara Haselnusstaud'n.

KARLST.:   Und der Vater hat neulich der Dirn
a Birn auffi g'worfa auf's Hirn.
Jetzt tuat der Dirn

's Hirn weh von der Birn,
denn a so a Birn
g'spürt ma auf der Stirn,
drum wirft der Vater der Dirn
koa oanzige Birn mehr auf's Hirn.
(Einlage:) Foxtrott.

VALENTIN: I bin a Steirer-Bua .....
VATER: A Hundsbua bist, daß d'as woaßt!
VALENTIN: Wer is a Hundsbua? Glei hau i Dir d'Zither nauf!
VATER: Schamst di net vor dein alten Vatern? Glei spuist weiter!
VALENTIN: Alt bist net, aber schirrli! Oan spiel i no, na mag i nimmer!
Dann konnst dir am Arbeitsamt an neua Sohn suacha!
CHOR: Im schönen Isartal
tönt munt'rer Büchsenknall,
im Tölz da is a Schiassats heut,
dös freut uns allemal.
Drum packt's an Stutz'n o,
wer ziel'n und treffa ko,
mit frischem Mut, an Strauß am Hut,
so liebt's das Schützenblut.
Frisch, flott und stramm im Takt,
die G'schicht gleich angepackt,
d'Musikanten fesch voran,
da blast a jeder was er kann,
alles nur »Juhe« schreit,
vor lauter Lustbarkeit.
Duljö, duljö, duljö, duljö
dös is a wahre Freud!
./. Ja, ja, ja, ja, dös is a Freud ./. *(3 mal)* a Freud, dös is a
Freud .... *(finden keinen Schluß mehr).*
VALENTIN: Als zweites kommt das schöne Lied »'s Edelweiß«, g'sun-
gen von der Berger Vroni – unserer Tochter!
VATER: *Meiner* Tochter!
VALENTIN: De g'hört scho Dir, de nimmt Dir neamand!
VATER: *(zur Tochter)* Stell di doch weiter ans Mikrifan one!
KARLST.: Was?

VALENTIN: Ans Mikrifan sollst di weiter hinstell'n! Möchst net im Rückgebäud' hint singa? – Drah di doch um! Möchst es net uns vorsinga?

Vorspiel:

KARLST.: *(singt zu hoch)* Wer nennt mir jene Blume, die allein . . . .
VALENTIN: Kimmst ja net nauf!
KARLST.: So hoch kann i überhaupts net singa!
VALENTIN: Warum singst'n na so hoch? Sing halt na tiafer! *(Zum Publikum):* 's Edelweiß! Tiefer.
KARLST.: *(singt zu tief)* Wer nennt mir jene . . . .
VATER: *(haut sie auf den Arm – sie weint)* Hörst denn net, daß z'tiaf is?
VALENTIN: Jetzt bläckt's, der Socka! Sing's halt in der Mitt drin! *(zum Publikum):* 's Edelweiß, in der Mitt drin!
KARLST.:   *(singt richtig)* Wer nennt mir jene Blume, die allein
auf steiler Alm erblüht im Sonnenschein!
Die schönste Zierde uns'rer Alpenwelt,
hoch droben einsam wächst vom Schnee erhellt.
(kann nicht mehr weiter, die andern sagen ihr immer ein)
Die schönste Zierde uns'rer Alpenwelt . . . . *(sie singt immer das Gleiche bis zum Schluß.)*
VALENTIN: Als nächstes gelangt zur Aufführung: a Portion boarische Landler. *(Er bläst As-Klarinette, Vater begleitet mit der Guitarre usw. – Es ist ein tolles Gequietsche, aber der Direktor des Rundfunks macht ein Ende, stellt das Mikrophon ab und entschuldigt sich bei den Hörern)*
DIREKTOR: Verzeihen Sie, liebe Hörerinnen und Hörer, wir haben leider mit dieser Darbietung einen kleinen Mißgriff gemacht. Wir unterbrechen jetzt unsere Sendung und in einigen Minuten geht unser Programm wieder weiter.
VATER: Müaß ma aufhör'n?
TOCHTER: Derf ma nimmer einisinga in Mikrifan?
DIREKTOR: Nein – tut mir sehr leid, Ihre Darbietungen sind für den Rundfunk nicht geeignet.
VATER: War scho recht! Mir hamand scho in de feinsten Häuser gastiert.

DIREKTOR: Das ist schon möglich, aber für den Senderaum ist Ihre Leistung unmöglich!

TOCHTER: Mir hamd ja an Kunstgesang.

DIREKTOR: Kunstgesang?! Ein Hundsgesang war das!

VALENTIN: Geh, tua uns fei du net so rosetzen! Du werst no froh sei, wannst a solchene Musi kriagst! Mir war'n scho in der Kunstausstellung z' Deggendorf!

TOCHTER: Na Sepp – in Düsseldorf war'n ma.

VALENTIN: Dös is ja wurscht.

DIREKTOR: Also machen Sie jetzt da im Senderaum keinen Radau!

VALENTIN: Da werd gar koa Raudau g'macht! Mir wissen, was mir leisten, wennst a du dös net vastehst. Du hoist uns scho no amal, de Zeit kimmt!

DIREKTOR: Ja ja, ist schon recht. Halten Sie mich mit Ihrer Gesellschaft nicht länger auf, wir haben gleich die nächste Sendung! – Hier ist der Ausgang, bitte! – *(Alle gehen murmelnd hinaus)*.

VALENTIN: *(schreit vom Stiegenhaus aus noch dem Direktor zu)* Desweg'n lassen mir uns a koane graua Haar wachsen, wenn mir a in' Rundfunk net neipassen!

DIREKTOR: *(leise)* Ja! Ja! Schon gut!

VALENTIN: *(schreit nach)* Sie san auf uns net ang'wies'n, aba mir auf Eahna, des müassn's Eahna mirka!

Schau- & Sturzflüge im Lokal

1915

Auf der Bühne steht der Flugapparat, Vorhang geht auf, Impresario und Flieger kommen auf die Bühne.

IMPRESARIO: Damen und Herren! Sie haben heute das seltene Vergnügen, den Lokalschauflügen des bekannten Meisterfliegers, Herrn Lorenz Fischer beiwohnen zu können. Schauflüge auf freien Plätzen a la Pegoud, Udeth u.s.w. sind heute keine Seltenheit mehr; ganz anders aber verhält es sich bei den Schauflügen

des Herrn Lorenz Fischer. Dieser ist imstande durch die Erfindung seines Elektro-Liliput-Eindeckers nach System »Fokker« im kleinsten Saale Rund- und Sturzflüge zu veranstalten, ohne dem werten Puplikum zu garantieren für etwaige Unfälle. Bei seinen bereits absolvierten Gastspielen in Hannover, Hannau, Halle, Holland, Heilbronn, Hellabrunn u.s.w., wurde Herr Lorenz Fischer mit der Goldenen Medaille prämiert. –

FLIEGER: *(zeigt überall seine Medaillen her)*

IMPRESARIO: Herr Lorenz Fischer wird nun sogleich seinen Apparat in Bewegung setzen und seine Vorführungen beginnen. Die Schauflüge bestehen:

1. Senkrechter Kurvenflug im horizontalen Kreisdreieck.

2. Geometrisch achtwinkelige Sturz-Saltomortale in achtzigprozentig verdrängendem Luftkegel.

Zum Schluß der grauenerregende Adlerflug mit 150 km Geschwindigkeit. –

FLIEGER: *(hat sich an den Propeller gelehnt, rutscht ab, weiß nicht, wo er die Hand hintun soll, steckt sie in den Fäustling)*

IMPRESARIO: Während seinen sämtlichen Flügen wird Herr Lorenz Fischer sich mit der Londoner Oper drahtlos in Verbindung setzen und die Herrschaften haben also heute Abend schon Gelegenheit, die Londoner Opernaufführung mittels Lautsprecher zu hören. Auf dem heutigen Londoner Opernprogramm steht Müller und sein Kind.

Erfahrungsgemäß und laut polizeilicher Verordnung werden die Herrschaften dringend ersucht, während den Flügen ruhig und ohne Angst sitzen zu bleiben und die verehrlichen anwesenden Damen werden gebeten, ihre Hüte abnehmen zu wollen. Herr Lorenz Fischer bezahlt jedem Aviatiker eine Prämie von 100–200 Mark, der imstande ist,

FLIEGER: *(sagt ein)*

IMPRESARIO: .. Bis *drei*hundert Mark sogar, der imstande ist, auf diesem Apparat hier auch nur den geringsten Flug zu unternehmen. Bitte los: –

FLIEGER: *(zieht Fäustlinge an, trinkt aus Maßkrug, der im Flugzeug steht)*

IMPRESARIO: Das ist ja furchtbar. –

FLIEGER: Wo ist denn der Scheinwerfermann?

IMPRESARIO: Beleuchter kommen Sie raus, Sie müssen den Saal dunkel machen und die Lampen höher hängen.

FLIEGER: Ja, und immer vorausleuchten wo ich hinfliegen will – also immer vorher verfolgen mit dem Licht.

BELEUCHTER *(schaltet den Scheinwerfer ein)*

FLIEGER: Schneller, lauter!

IMPRESARIO: Greller, stärker – so ist's recht.

FLIEGER: Jetzt werfn's an – *(es geht nicht) spricht:* Was ist denn los? –

IMPRESARIO: *(treibt Propeller an – es geht nicht – spricht:)* Was ist denn los? –

FLIEGER: Ich weiß auch nicht, vor 8 Jahr ist er so gut gangen.

IMPRESARIO: *(treibt wieder an)*

FLIEGER: Weil er immer im Hausgang drauß' steht, da spiel'n immer die Hundsbuam damit.

IMPRESARIO: *(treibt wieder an).*

FLIEGER: *(pumpt auf)* Er leucht' scho net gscheit' umananda auch.

IMPRESARIO: Warum kümmern Sie sich nicht um Ihren Apparat? Das macht man doch vorher! –

FLIEGER: Vorher hab' ich doch nicht gewußt, daß er net geht. – *(sieht nach)* Wir brauchen halt amal a neue Kommunion – Firmungs – a – Zündkerz'n.

IMPRES: Was ist denn?

FLIEGER: Samstag.

IMPR: *(zum Puplikum):* Einen Moment bitte.

FLIEGER: Mir ist ja selber peinlich – Mein Gott, die Trambahn ist auch schon manchmal net gangen –

IMPR: Ich mach vorher mordsgroße Sprüche und nun gehts nicht –

FLIEGER: Das soll man eben vorher *nie* tun – jetzt treibens nochmal an!

IMPR: *(treibt wieder an)*

FLIEGER: Ah, die große Mutter ist rausgangen *(schreit):* Mutter!

IMPR: Schrein's doch nicht so, wo ist denn unser Werkzeugkasten?

FLIEGER: Wir haben doch keinen Werkzeugkasten!

146

IMPR: Natürlich, der steht doch im Fliegerschuppen!

FLIEGER: Wir haben doch keinen Fliegerschuppen!

IMPR: Ach was, *(treibt wieder an)* Motor läuft. – *(Pfeifensignal)* Alles sitzen bleiben *(winkt zur Abfahrt)*.

DIREKTOR: *(kommt durch den Saal, lärmend und schimpfend)* Halt, nicht fliegen, stellen Sie ab, das geht nicht, abstellen, aufhören!

IMPR: So gehen Sie doch weg, Sie stören ja da!

FLIEGER: Ich kann doch nicht starten –

DIREKTOR: Sie sollen abstellen und aufhören!

IMPR: Ich verstehe kein Wort!

FLIEGER: *(läßt immer wieder den Motor laufen)*.

IMPR: So stellen Sie endlich den Apparat ab, ich weiß doch nicht um was sich's handelt. –

FLIEGER: Ist ja abgestellt, da ist halt noch ein Funken drinn.

DIREKTOR: Dann tun Sie ihn raus, den Funken!

FLIEGER: Freilich, wegen Ihnen werd' ich mir die Pratzen verbrennen.

DIREKTOR: Was fällt Ihnen ein, hier im Theater mit einem Benzinmotor zu fliegen, sind Sie denn von Sinnen?

FLIEGER: Nein, von hier.

DIREKTOR: Ich habe geglaubt, das ist eine ganz ungefährliche Sache, nun kommen Sie da mit diesem Benzinmotor daher.

FLIEGER: Ja, mit'n Kartoffelsalat kann ma net fliegen.

DIREKTOR: Stellen Sie sich vor, wenn da ein Tropfen Benzin heruntertropft; die Damen haben alle elegante Kleider an.

FLIEGER: Ist net so g'fährlich.

DIREKTOR: So, *frech* sind Sie auch noch?

FLIEGER: Ja –

DIREKTOR: Wenn ein Kleid kaput geht, bezahlen Sie den Schaden?

FLIEGER: Nein –

DIREKTOR: Also, dann wird auf keinen Fall geflogen.

IMPR: Es kann nichts passieren, wir haben ja ein Netz da – bringens das Netz heraus. – *(es bringt jemand das Netz)* So, das wird jetzt übers Puplikum gespannt, dann ist das ganze Puplikum überspannt.

FLIEGER: Ja, machens Sie's überall mit Reisnägel an.

DIREKTOR: Was wollen Sie denn mit diesem Netz, da können's Maikäfer fangen damit.

FLIEGER: Im Winter gibt's keine Maikäfer.

IMPR: Also tun Sie's wieder weg, wenn das auch nichts ist. –

DIREKTOR: Das Netz ist doch viel zu dünn, da fallen Sie doch durch.

FLIEGER: No ja, besser ist's doch wie gar nichts.

DIREKTOR: Aber wenn Sie mit Ihrem schweren Apparat durch das Netz stürzen, da sind ja mindestens 10 Personen kaput.

FLIEGER: Übertreibens nicht alles so, 10 Personen? 2 oder 3 kann schon sein vielleicht, wenn alles runter – – –

DIREKTOR: *(zum Impresario):* Schuld sind aber Sie! Sie sind doch der Impresario?

IMPR: Ha?

DIREKTOR: Sie sind doch der Impresario? Sie haben mir die Sache als vollkommen gefahrlos erklärt, wie sind Sie dazu gekommen? Geben Sie mir doch Antwort!

DIREKT. *zu Flieger:* Sie, ist das Ihr Impresario?

FLIEGER: Der da – sehr angenehm.

DIREKTOR: Das ist ja ein Idiot?

FLIEGER: Leider, – den hat einmal der Propeller gestreift, seit der Zeit ist er damisch.

DIREKTOR: Da ist einer blöder wie der andere. Also weg, mit dem Apparat, geflogen wird hier nicht. Verlassen Sie die Bühne! Glauben Sie wir lassen uns unsere sämtlichen Lampen und Lüster zerschlagen, also vorwärts, machen Sie, daß Sie rauskommen, sonst fliegen Sie raus! *(ab)*.

FLIEGER: Wir dürfen ja net fliegen.

IMPR: So, jetzt ham mirs. –

FLIEGER: Jetzt steh'n wir da wie's Kind vorm Flugzeug; ich hab' mirs aber glei denkt wie er reinkommen ist, daß der koppt.

IMPR: Ich kann auch nichts dafür, ich habe auch gemeint, daß vielleicht –

FLIEGER: Ja, gemeint? – Und geflogen ist zweierlei! –

IMPR: Wissen Sie, gar so unrecht hat er nicht g'habt, es ist schon ziemlich klein da herin, zu klein, das wäre direkt kleinlich, wenn man da herin umananda fliegen würde.

FLIEGER: Es ist zu furchtbar klein, angwandelt wärn mir auf jeden Fall.

IMPR: Ich sag, es wär vielleicht doch etwas passiert, wenn wir g'flogn wör'n.

FLIEGER: Weil – Sicher –

IMPR: So etwas gehört auch im Freien vorgeführt und nicht im Theater, sondern draußen auf freiem Felde, auf der Oktoberwiese ...

FLIEGER: Sie können aber nicht verlangen, daß die Leut' jetzt mit uns auf d'Wies'n nausgehen sollen. – Dann entschuldigens Ihnen, sagen Sie, wir hätten fliegen wollen, aber der Direktor ist gekommen.

IMPR: Das brauch' ich doch nicht sagen, das hat doch jeder Mensch gehört.

FLIEGER: Vielleicht ist grad' einer drauß' gewesen. –

IMPR: Hochgeehrte Damen –

FLIEGER: Sagens einfach die Herrschaften

IMPR: Ich weiß doch selbst, was ich zu sagen habe. »Hochgeehrte Damen und Herren –«

FLIEGER: *(Läßt Motor laufen)*

IMPR: *(läuft zur Seite)*

FLIEGER: *(hält den Motor) (zu Impresario:)* Lauft er davon der Aff, wenn ich ihn nicht grad' noch erwisch, dann ist's gefehlt, wenn hinten die Tür auf ist, dann ham man g'sehn!

IMPR: Hochgeehrte Damen und ..

FLIEGER: *(läßt wieder Motor laufen)*

IMPR: Das ist ja ein Leichtsinn sondergleichen, ich steh in der Mitte vorm Apparat, was glauben Sie, was da für ein Unglück passieren könnte. – Ich danke schön!

FLIEGER: Bitte, bitte!

IMPR: *(will reden, schaut um und erschrickt, Flieger hüpft mit ihm weg.)*

IMPR: Also hinter mir muß unbedingt Ruhe herrschen, sonst kann ich nicht sprechen.

FLIEGER: Für die Ruhe hinter Ihnen müssens schon selber sorgen.

IMPR: Ich bin jetzt ganz nervös geworden. Hochgeehrte Damen und Herren! Sie haben unseren guten Willen gesehen, wir wollten

doch absolut fliegen, aber die Direktion hat es uns soeben ausdrücklich verboten; mir tut es natürlich unendlich leid, Ihnen
wird es ebenso leid tun?

FLIEGER: Alle Leut' tuts leid!

IMPR: Aber wie gesagt, meine Wenigkeit kann natürlich da auch
nichts mehr dagegen machen. Ich bitte die verehrten Anwesenden
vielmals um Verzeihung, Sie sehen ja, wir wollten fliegen, aber wir
dürfen nicht.

FLIEGER: Wir dürfen schon – ab Morgen ...

DIREKTOR: *(von hinten):* Nein, Sie dürfen auf keinen Fall, machen
Sie, daß Sie hinauskommen.

IMPR: Da, jetzt kommt er wieder daher, kommen Sie, wir gehen
jetzt.

FLIEGER: Das werden wir schon sehen, vielleicht sind Sie noch einmal froh um solche Schaunummern. Wir wollten schon in ganz
andere Lokale fliegen, da ist's uns auch verboten worden.

IMPR: Kommen Sie, regen Sie sich nicht auf.

FLIEGER: Wir lassen uns das nicht gefallen, Sie sind auf uns nicht
angewiesen, aber wir auf Sie, das müssen Sie sich merken!

Vorhang

Beim Tiefsee-Taucher

1917

Die Komödie spielt in zwei Szenen vor und in der Taucherbude.

1. Szene

*Auf der Bühne steht schräg die Außenkulisse (Außenansicht) einer Tau-
cherschaubude (siehe Zeichnung). Auf kleinen Antritten vor der Bude steht
die Kapelle, bestehend aus drei Blechmusikanten, einem Clown, welcher die
große Trommel schlägt und dem Ausrufer. – Die Musik beginnt. Nach der
zweiten Musikpiece erscheint der Taucher selbst, tropfnaß von der letzten*

Vorstellung. Der Ausrufer hält nun seine Ansprache:

AUSRUFER: Zutritt, Zutritt!, meine Herrschaften! – Soeben beginnt
eine neue Vorstellung! Sie haben heute Gelegenheit, die Tätigkeit
eines Tiefseetauchers zu bewundern. In einigen Minuten ist
Anfang der Vorstellung! *(Erklärung der Ausrüstung)* Sie sehen also
hier einen Tiefseetaucher! Wie ein Packträger auf dem Lande
arbeitet, so hat ein Taucher die Pflicht, unter dem Meere zu arbeiten. Damit dem Taucher das möglich ist, benötigt er einen Tau-
cher-Anzug und die entsprechende Ausrüstung dazu *(zeigend)*.
Dieser besteht aus einem wasserdichten Gummianzug, der an den
Armen und an den Schuhen mit Gummiringen abschließt, um das
Eindringen des Wassers zu verhindern. An dem Taucherhelm
befinden sich runde Fenster, damit der Taucher herausschauen
kann. – Dem Taucher wird jetzt der Taucherhelm wieder auf den
Kopf gesetzt. Vorläufig atmet er noch die irdische Luft ein, sobald
aber dem Taucher die Verschlusschraube eingeschraubt wird, ist
der Taucher von der Athmosphäre abgeschlossen und muß ihm
durch die Taucherpumpe Luft zugeführt werden. Der Taucher
wäre nun tauchfertig ausgerüstet, wäre aber noch nicht imstande,
in die See hinunterzutauchen, weil er noch nicht die nötige
Schwere besitzt. Um dieses zu bewerkstelligen, muß dem Tiefseetaucher das sogenannte Taucherherz umgehängt werden. Dieses Taucherherz hat den Zweck, den Taucher in die Tiefe zu
ziehen. Dieses Taucherherz hat ein Gewicht von 30 Pfund; außerdem hat der Taucher noch an beiden Füßen die sogenannten Tau-
cherschuhe aus Blei im Gewicht von 80 Pfund, welche ebenso
dazu bestimmt sind, die Schwere des Tauchers zu vermehren. –
Das hier ist der Luftschlauch, welcher dem Taucher die Luft aus
der Pumpe zuführt, und das hier ist das Seil, an welchem der
Tiefseetaucher in die grauenhafte Tiefe des Meeresgrundes hin-
abgelassen wird. Außerdem erhält der Taucher die elektrische
Taucherlaterne, die ihm in angezündetem Zustande Licht gibt
und auch unter Wasser brennt. Der Tiefseetaucher ist somit völlig ausgerüstet und die Vorstellung kann beginnen! – Also Zutritt,
Zutritt, – damit Sie sich einen schönen Platz sichern können! Die
Kapelle gibt das letzte Zeichen und die Vorstellung beginnt!

Der Ausrufer geht nun mit dem Taucher und den Musikanten in die Bude hinein. Ihnen folgen verschiedene Personen, die vor der Bude die Rede mit angehört haben. Nach dem Publikum erscheint vor der Bude Karl Valentin und Lisl Karlstadt als komisches Ehepaar. Vor der Bude sitzt nur noch die Kassierin.

KARLST.: Da schaug her, Alter, der Taucher is a wieder auf der Wies'n herauß, – ah fein – da geh'n ma eini, geh weiter!

VALENTIN: A, mir gangst, dös war net vui interessant, da geh i schon liaber zum Riesenmädchen, die hat solchene Hax'n, da sieghst wenigstens was!

KARLST.: I gib dir glei Hax'n! Wennst Hax'n sehg'n willst, dann schaugst de mein' o, dös merkst dir!

VALENTIN: Hab i koa Interesse!

KARLST.: Wennst scho positiv a seltens Frau'nzimmer sehg'n willst, nacha geh'n ma halt zur »Dame ohne Unterleib«.

VALENTIN: Die hat ja koane Hax'n net, geh'n ma halt zum Riesenmädchen!

KARLST.: Stad bist jetzt, jetzt geh'n ma grad extra zum Taucher nei! – Zahl'n tua i – gib 's Geld her!

VALENTIN: Säh – ja Du, hast g'hört, wart ma halt, bis der Taucher wieder außer kimmt, dann schaug'n ma'n uns heraußen o – dös war doch a Blödsinn, wenn ma neigeh' tat'n.

KARLST.: Dumm's Mannsbild, dumm's, herauß taucht er doch net unter.

VALENTIN: Wo nacha?

KARLST.: Ja drinna!

VALENTIN: Wo drinna?

KARLST.: Ja, im Wasser!

VALENTIN: Jaaaaa – is in dera Bud'n lauter Wasser drinna?

KARLST.: Wahrscheinlich!

VALENTIN: Mir gangst! – Na dersauf' ma ja!

KARLST.: Jetzt geh'n ma amal nei, – gib Obacht – da kommen 4 Stufen, daß d' di net derfallst!

VALENTIN: Ja ja, kümmer' di net um mi! *(Fällt auf der Stiege, schlägt sich die Nase auf)*

KARLST.: Hab i's net g'sagt, mit dem Kletzenkopf kannst nirgends

hingeh'n, höchstens ins Kasperltheater!
(Beide zahlen an der Kasse und gehen in die Taucherbude hinein.)

2. Szene

Bude von innen. Die Bude muß auf der Bühne so gestellt sein, daß das Publikum die äußere und die innere Vorstellung ohne weitere Verwandlung vor Augen hat. – Die Vorstellung der Bude nimmt durch Aufziehen eines kleinen Vorhanges ihren Anfang. – Rekommandeur und Taucher (ohne Helm) betreten das Innere der Bude.

REKOMMANDEUR: *(Zum Publikum)* Sehr geehrte Damen und Herren! Sie sehen also einen Original-Tiefseetaucher in voller Ausrüstung. Wie ein Packträger auf dem Lande arbeitet, so arbeitet der Original-Tiefseetaucher auf dem Meeresgrunde. Damit dem Taucher das möglich wird, benötigt er eine Taucherausrüstung. Dieselbe besteht aus einem wasserdichten Gummianzug und zweitens aus dem Taucherhelm ......

VALENTIN: Sie entschuldigen's, kann der anstatt dem Taucherhelm an Wilhelm a braucha?

REKOMMANDEUR: Bitte mich nicht zu unterbrechen! – ..... An dem Taucherhelm befinden sich runde Fenster, damit der Taucher heraus schauen kann ....

VALENTIN: Wer schaut denn nacha nei?

REKOMMANDEUR: Ja, der andere Taucher.

VALENTIN: Ja, is im Meeresgrund noch a anderer Taucher drunt?

REKOMMANDEUR: Nein, aber wenn halt grad einer drunten wär, daß der andere dann hineinschau'n kann, ob da wirklich einer drin ist.

VALENTIN: Ja, was tut nacha der drinnere, wenn der draußere von heraußen hineinschaut?

REKOMMANDEUR: Dann schaut der raus, ob der andere wirklich hineinschaut.

VALENTIN: Wenn aber der net neischaut?

REKOMMANDEUR: Dann schaut der andere net raus.

VALENTIN: Aha – dös is ganz praktisch, – in dem Fall bräuchten dann gar keine Fenster drin sein.

REKOMMANDEUR: ...... Wie Sie sehen, meine Herrschaften, atmet der Taucher jetzt noch die irdische Luft ein, sobald aber dem Taucher die Verschlusscheibe eingeschraubt wird, wie Sie hier sehen, ...

VALENTIN: Na dersticht er!?

REKOMMANDEUR: Reden's doch nicht so saudumm drein, der erstickt eben nicht, der kann nicht ersticken, weil ihm künstliche Luft zugeführt wird aus der komprimierten Luftflasche. *(Zeigt dieselbe)* Der Taucher ist nun tauchfähig und geht ins Wasser. *Imitation Wassergeplätscher*

VALENTIN: Aus Liebesgram?

REKOMMANDEUR: Nein – er steigt in diesen tiefen Wasserbassin hinunter.

VALENTIN: Ja – warum?

KARLSTADT: Warum!, – also du kannst saudumm frag'n! Warum stehst denn du da?

VALENTIN: Daß i an Taucher siehg!

KARLSTADT: Na also!

REKOMMANDEUR: Sie sehen, der Taucher ist jetzt unter Wasser und wird jetzt unter Wasser arbeiten.

KARLSTADT: Arbeitet der am Sonntag a?

REKOMMANDEUR: Aber nein, am Sonntag geht der Taucher in die Kirche wie jeder andere Mensch auch.

VALENTIN: In dem Taucherg'wand?

REKOMMANDEUR: .... Ich gebe nun dem Taucher eine leere Schiefertafel. Der Taucher wird unter dem Wasser etwas auf die Tafel schreiben.

KARLSTADT: Da bin i g'spannt, was der draufschreibt!

REKOMMANDEUR: *(Die nasse Tafel zeigend)* Der Taucher hat auf die Tafel geschrieben: »Ich habe großen Durst!«

VALENTIN: Im Wasser drin hat er Durst!

REKOMMANDEUR: Nun wird sich der Taucher unter Wasser schneuzen, wozu er ein wasser-dichtes Sacktuch benützt. Es wäre natürlich unanständig, wenn ich Ihnen dieses gebrauchte Taschentuch zeigen würde.

VALENTIN: Ja, Sie – Herr Taucherbesitzer, wenn aber der Taucher unterm Wasser hinaus muß?

KARLSTADT: Der muaß doch net naus, drum hat er ja a wasserdicht's G'wand o.

REKOMMANDEUR: Sehen Sie jetzt, meine Herrschaften, genau hinunter in die Tiefe. – Eben hat der Taucher unter Wasser mittels einer Taucherlaterne Licht gemacht.

ALLE: *(lehnen sich stark über das Geländer)* Wir seh'n kein Licht!

REKOMMANDEUR: Bitte die Herrschaften, sich nicht zu weit über das Geländer zu beugen, damit das Geländer nicht bricht!

(Alle Zuschauer fallen in das Wasserbassin und plätschern darin herum).

REKOMMANDEUR: Das war der Schluß unserer kleinen Vorstellung!

Ende

Theater in der Vorstadt
zwischen 1910 und 1918

I. Akt

Dekoration »Bühne auf der Bühne« mit primitivster Ausstattung, Vorhang und Souffleurkasten
Valentin und Musiker treten auf, setzen sich an ihre Plätze, richten ihre Noten her.

MUSIKER: Ist unser Kapellmeister noch nicht da?

VALENTIN: Nein, bis jetzt noch nicht, vielleicht kommt er später?

MUSIKER: Bei uns schimpft er gleich, wenn einer einmal zu spät kommt, aber er darf sichs ja erlauben, der alte Aff.

VALENTIN: Der sitzt höchstens wieder drüben in der Wirtschaft und sauft eine Maß nach der andern, der besoffene Uhu –

MUSIKER: Könna tut er auch nichts, der alte Depp, der kennt ja nicht einmal die Noten, ich kann überhaupt nicht verstehen, wie der da herein in das Theater als Kapellmeister gekommen ist.

VALENTIN: Durch Projektion – sonst haben sie ihn nirgends brauchen können, den alten Grantlhauer, weil er von der Musik ja gar nichts versteht.

KAPELLMEISTER *(tritt unbemerkt auf, hört ruhig zu).*

MUSIKER: Ja, mir wenns amal zu dumm wird, dann kann er etwas erleben, der spinnate Kerl. Der ist ja sowieso schon sechs Jahre narrisch.

VALENTIN: Nein, das reicht nicht mehr, der ist schon sechzig Jahr narrisch.

MUSIKER *(dreht sich um, sieht den Kapellmeister, grüßt leise):* Guten Abend – *(zu Valentin, schnell):* Komm, richt' endlich Deine Noten her und red nicht immer so viel, sonst wenn der Herr Kapellmeister kommt, bist wieder nicht fertig, dann muß er sich gleich wieder ärgern, der Herr Kapellmeister.

VALENTIN: Seit wann sagst Du Herr Kapellmeister?

MUSIKER: Ich habe noch nie anders g'sagt wie Herr Kapellmeister –

VALENTIN: Jetzt schau einen solchen Konditor an, Herr Kapellmeister sagt er auf einmal, und sonst schimpft er die ganze Zeit über ihn.

MUSIKER: Das ist nicht wahr, ich hab noch nie über unsern Herrn Kapellmeister etwas gesagt, Du hast g'rad g'sagt, daß er sechs Jahr narrisch ist.

VALENTIN: Ich hab g'sagt sechzig Jahr –

MUSIKER *(hustet verlegen)*

VALENTIN: Was hast Du denn auf einmal, warum sprichst denn nichts mehr? *(Zu den andern):* Was schaut Ihr denn so blöd? Habt Ihr mir wieder was naufg'hängt? *(Dreht sich um. Sieht den Kapellmeister).*

KAPELLMEISTER: Jetzt horch ich Ihnen bereits fünf Minuten lang zu –

VALENTIN: So lang schon?

KAPELLMEISTER: Wen haben Sie denn da gemeint mit dem alten Aff?

VALENTIN: Meinen Bruder.

KAPELLMEISTER: So, Ihren Bruder – – Sie haben doch einmal zu mir gesagt, Sie haben gar keinen Bruder –

VALENTIN: Nein –

KAPELLMEISTER: Wen haben Sie dann gemeint?

VALENTIN: Meine Schwester.

KAPELLMEISTER: Zuerst Ihren Bruder und dann die Schwester?

VALENTIN: Jawohl –

KAPELLMEISTER: Und ich bin so dumm und glaub' das gleich –

VALENTIN: Jawohl –

KAPELLMEISTER: Nein, absolut nicht – Sie, da wenn ich Ihnen drauf komme, wen Sie da gemeint haben, aber dann spukts.

VALENTIN: Da kommens nicht drauf.

KAPELLMEISTER: Das wird auch gut sein – da hört sich doch alles auf! – Guten Abend, meine Herrn –

ALLE MUSIKER: Guten Abend, Herr Kapellmeister.

KAPELLMEISTER: Es ist ganz gut, wenn man auf eine solche Art und Weise seine Leute richtig kennen lernt, da tut er mir immer so schön ins Gesicht, und wenn ich nicht da bin, dann schimpft er über mich. Der falsche Kerl – –!!!!

VALENTIN: Das kann ich doch nicht wissen, daß Sie hinter mir stehen.

KAPELLMEISTER: Sie habens notwendig, Sie sind der Allerschlechteste unter allen.

VALENTIN: Die andern auch –

KAPELLMEISTER: Sind die Noten schon aufgeschlagen? Der erste Marsch kommt –

VALENTIN: M – – – arsch – – –!

KAPELLMEISTER: Was sagen Sie?

VALENTIN: Wissen Sie einen Reim auf Marsch?

KAPELLMEISTER: Nein.

VALENTIN: WWWWWarsch – – – WWarschau – Abgekürzt –

KAPELLMEISTER: Unterlassen Sie die Witze – sind S' nicht ungezogen – jetzt fangen wir an –

VALENTIN: Pause????

KAPELLMEISTER: Was Pause – Wie kommen denn Sie jetzt auf Pause – Wer hat denn jetzt ein Wort von einer Pause gesagt?

VALENTIN: Haben nicht Sie grad Pause gesagt?

KAPELLMEISTER: Ich – – Ich hab ja gar nicht dran gedacht an eine Pause – Sie haben grad g'sagt Pause –

VALENTIN: Ich hab's g'sagt?

KAPELLMEISTER: Natürlich – grad im Moment haben Sie's g'sagt –

VALENTIN: Drum, ich habs ja ghört!!!

KAPELLMEISTER: Das würde Ihnen so passen, gleich am Anfang eine Pause machen, da wird nichts daraus, jetzt gehts los. *(Klopft ab.)*

VALENTIN: Halt – husten muß ich zuerst noch –

KAPELLMEISTER: Jetzt hätten Sie so lange Zeit gehabt zum Husten, im letzten Moment fällt es ihm ein, also husten Sie noch schnell, dann warte ich – vorwärts – was ist denn?

(Alle warten und sehen ihn an.)

VALENTIN: Jetzt muß ich nicht –

KAPELLMEISTER *(klopft ab)*: Folies-Bergères-Marsch wird gespielt. *(Valentin bläst einmal falsch, deutet auf den anderen Trompeter und bläst zum Schluß einen Takt nach.)*

KAPELLMEISTER: Was blasens denn da noch nach, wir sind doch schon fertig!

VALENTIN: Ich hab ja später angfangt auch.

KAPELLMEISTER: Die Sängerin kommt jetzt dran, die Dame müssen Sie mit Streichmusik begleiten, die Trompete ist zu laut.

VALENTIN *(nimmt die Trompete und Geige in die Hand)*.

KAPELLMEISTER: Streichmusik hab ich gesagt, schaun Sie sich doch an.

VALENTIN *(richtet sein Vorhemd, wischt sich ein Loch von der Hose weg und meint – mit Benzin gehts schon raus – nimmt dann die Trompete und den Geigenbogen – endlich die Geige und den Bogen, denselben aber verkehrt haltend).*

KAPELLMEISTER: Wieder verkehrt, ich glaub Sie sind heut besoffen?

VALENTIN: Jetzt noch nicht.

KAPELLMEISTER: Also fertig, die Sängerin will doch singen.

VALENTIN: Wegen uns brauchts nicht singen.

KAPELLMEISTER: Wegen Ihnen singts auch nicht, wegen dem Publikum.

(Glockenzeichen – einen Tusch – Der Vorhang geht aber nicht auf.)

THEATERMEISTER *(kommt auf die Bühne)*: Herr Kapellmeister, ich bring den Vorhang nicht auf, der ist kaputt.

KAPELLMEISTER: Warum richten Sie dann den Vorhang nicht?

THEATERMEISTER: Ich kann ihn nicht richten.

KAPELLMEISTER: Auf der ganzen Welt wird sich doch einer finden, der den Vorhang richten kann.

VALENTIN: Ein Richter!

KAPELLMEISTER: Da muß man eben einen Tapezierer haben, gehen Sie einmal zum Tapezierer und holen Sie ihn.

THEATERMEISTER: Ich weiß nicht, wo der Tapezierer wohnt.

VALENTIN: Das ist doch gleich, wo der wohnt.

KAPELLMEISTER: Das ist nicht gleich, wo der wohnt, das muß man doch wissen.

VALENTIN: Der Tapezierer wirds doch selber wissen, wo er wohnt. Den braucht er doch nur fragen.

KAPELLMEISTER: Wie kann er denn das, wenn er nicht weiß, wo er ihn finden kann.

VALENTIN: Den wird er schon einmal treffen auf der Straße.

KAPELLMEISTER: Das ist ja ein Unsinn, also wer weiß, wo der Tapezierer wohnt.

VALENTIN: Einen weiß ich schon, der wohnt Ecke Theresienwiese und Kaufingerstraße.

KAPELLMEISTER: Also, da gehen Sie hin. Sagen Sie eine Empfehlung von mir, unser Vorhang hat sich verhängt, wenn er einmal Zeit hat, soll er rüber kommen bei Gelegenheit.

THEATERMEISTER *(geht ab)*.

KAPELLMEISTER *(läßt den Vorhang ein Stück weiter aufziehen)*: Aha die Sängerin ist auch schon da, die hab ich noch gar nicht bemerkt.

SÄNGERIN: Ein Lied: »Das verlorene Glück«.

VALENTIN: Was hats verlorn?

KAPELLMEISTER: Ihr Glück hats verlorn.

VALENTIN: Inserieren lassen.

SÄNGERIN *(singt):*

> So oft der Frühling durch das offne Fenster
> am Sonntagmorgen uns hat angelacht,
> da zogen wir durch Hain und grüne Felder.
> Sag Liebchen hat dein Herz daran gedacht.

VALENTIN *(spielt ganz falsch auf der Geige dazu. Kapellmeister schimpft – Darauf stimmt er die Geige – Kapellmeister schimpft wieder).*

SÄNGERIN *(immer weiter singend)*:
> Wenn abends wir die Schritte heimwärts lenkten,
> dein Händchen ruhte sanft in meinem Arm,
> so oft der Weiden Rauschen dich erschreckte,
> da hielt ich dich so fest, so innig warm.

(Theatermeister und Tapezierer kommen mit Leiter und Werkzeug auf die Bühne durch den Zuschauerraum.)

SÄNGERIN:
> Zu jener Zeit wie liebt ich dich, mein Leben,
> ich hätt' geküßt die Spur von deinem Tritt,
> hätt' gerne alles für dich hingegeben
> und dennoch du – du hast mich nie geliebt.

(Während dieser Zeit hat der Tapezierer mit der Reparatur begonnen. Der Theatermeister zeigt ihm alles – lautes Klopfen.)

SÄNGERIN *(singt unbekümmert weiter)*:
> Stets sorgenlos mit Wenigem zufrieden,
> begabt mit leichtem Mut und frohem Sinn,
> so saßen wir am kalten Winterabend
> und wärmten uns am traulichen Kamin –
> Wir schwärmten nur von Liebeslust und Wonne,
> dein Haupt, es ruhte sanft auf meinem Knie,
> dein Auge über mir war meine Sonne,
> des Feuers Knistern süße Harmonie.
> Zu jener Zeit, wie liebt ich dich, mein Leben,
> Ich hätt' geküßt die Spur von deinem Tritt,
> hätt' gerne alles für dich hingegeben
> und dennoch du – du hast mich nie geliebt.

(Valentin ist während der zweiten Strophe auf die Bühne gestiegen, der Kapellmeister auch. Valentin sieht dem Tapezierer zu, spielt aber immer auf seiner Geige weiter. Fährt zum Schlusse der Sängerin mit dem Geigenbogen in die Haare, reißt ihr den Schopf aus. Dann tritt er dem Souffleur auf die Hand. Der Tapezierer hat seine Arbeit vollendet, die Sängerin zu Ende gesungen, alles geht ab von der Bühne, nur Valentin und Kapellmeister unterhalten sich noch. Aus dem Souffleurkasten kommt ein jämmerliches Geschrei: Au – Au – Au –.)

KAPELLMEISTER: Wer schreit denn da so? *(Bemerkt den Souffleur.)*

Sie, Sie stehen ja dem Souffleur auf der Hand, gehens doch runter.

VALENTIN *(ist ganz erstaunt, hebt seinen Fuß auf und schaut den Soffleur an).*

KAPELLMEISTER: Gehens auf Ihren Platz hinunter. Das kann ich nicht verstehn, steigt er dem Souffleur auf die Hand. Ja, ham denn Sie das nicht g'spürt.

VALENTIN: Er hats g'spürt.

SOUFFLEUR *(schreit immer weiter).*

VALENTIN: Jammert er recht?

KAPELLMEISTER: Natürlich muß er jammern, wenn Sie ihm auf d'Finger hinauf steigen, meinens, das tut so wohl, lassen Sie sich einmal auf die Finger hinauftreten, dann werden Sie 's schon sehen. Wenns an Anstand hätten, würden Sie sich entschuldigen.

VALENTIN: Hab keinen.

KAPELLMEISTER: Aber die Sängerin ist gut, meine Herrn.

VALENTIN: Die hat eine Genie.

KAPELLMEISTER: Man sagt nicht, die hat ein Genie, sondern die Dame ist ein Genie.

VALENTIN: Nein ich mein, die hat ein Genie – eine schenie Stimme.

KAPELLMEISTER: Das ist doch etwas ganz anderes. Übrigens fällt mir grade noch etwas ein. Gell, wenn Sie mich wieder einmal sehn auf der Straße, dann sind Sie auch so freundlich und grüßen Sie mich. Das gehört sich, das erfordert Ihr Anstand.

MUSIKER *(zu Valentin):* Warum, ham Sie ihn wo gsehn?

VALENTIN: Gestern auf der Post, da hat er sich angestellt.

KAPELLMEISTER: Gell, Sie haben mich gesehn, warum haben Sie mich dann nicht gegrüßt?

VALENTIN: Weil Sie so weit hinten gestanden sind – ich kann doch nicht so hinter grüßen! Da warn viel Leut dort – Menschen, Publikum, Passanten, Volk – alles durcheinander –. Sie – der Frau, die vor Ihnen gestanden ist, ist das Handtäscherl gestohlen worden.

KAPELLMEISTER: Ja, wie meinen Sie das? Ha? Sie bringen das ja fast so heraus, als ob ich der Frau das Handtäscherl gestohlen hätte.

VALENTIN: Ja, gewiß weiß ich's nicht.

KAPELLMEISTER: Behaupten sollen Sie's auch noch! Das verbiete ich mir. Das kann schon sein, daß einer Frau eine Handtasche gestohlen worden ist, das war höchstens ein Taschendieb.

VALENTIN: Freilich kein Kellerdieb.

KAPELLMEISTER: Die Frau hätte eben besser Obacht geben müssen auf ihr Täscherl, dann wärs ihr nicht gestohlen worden.

VALENTIN: Da wars aber schon zu spät, weils da schon weg war.

KAPELLMEISTER: Ja, hernach hats freilich keinen Wert mehr, vorher hätte sie Obacht geben sollen.

VALENTIN: Vorher hat sie 's doch nicht gewußt, daß 's ihr gestohlen wird.

KAPELLMEISTER: Wenn sie Obacht gegeben hätte, wärs ihr doch nicht gestohlen worden, wenn sie immer aufs Täscherl geschaut hätte.

VALENTIN: Die Frau kann doch nicht immer auf ihr Täscherl Obacht geben.

KAPELLMEISTER: Ach lassens mir meine Ruhe, was geht denn mich die Frau an, wenn die Frau so dumm ist, daß sie nicht einmal auf ihr Täscherl Obacht geben kann, dann soll sie zuhaus bleiben und nicht hingehn ans Postamt.

VALENTIN: Dann kriegts keine Briefmarken.

KAPELLMEISTER: Ach was – ich mein doch so im allgemeinen, wenn man sich in einem Gedränge befindet, dann muß man eben auf seine Sachen Obacht geben, daß einem nichts wegkommt.

VALENTIN: Ja, mir ists auch einmal so gegangen beim Oktoberfest, da bin ich auch mitten im Gedränge gestanden, direkt bei der »Siebener Bahn«. *(Valentin macht mit der Hand eine Bewegung.)*

KAPELLMEISTER: Was »Siebner Bahn«? Die heißt doch Achterbahn.

VALENTIN: Das weiß ich schon, da wars ja noch nicht ganz fertig. Ja, da wärs mir auch bald so gegangen. Da bin ich an der Kasse ins Gedränge hineingekommen, und da hättens mir beinah meine schöne goldene Uhr gestohlen. Die schöne Uhr mit dem Hupfdeckel.

KAPELLMEISTER: A – A – A – A –! Da werden Sie aber erschrocken sein?

VALENTIN: Ja, das können Sie sich denken, – – – Gut, daß ichs daheim lassen hab an dem Tag.

KAPELLMEISTER: Erzählns mir heut nichts mehr, ich will nichts mehr wissen. Einen Tusch in C!!! *(Vorhang auf.)*

KAPELLMEISTER *(steigt auf die Bühne):* Hochgeschätzter Zuschauerraum! Ich erlaube mir, Ihnen hier den weltberühmten Kunstradfahrer, Herrn Mister Hempftnyuempftn, vorzuführen.

(Kunstradfahrer erscheint auf der Bühne.)

Er ist geboren im Jahre Neunzehnhundert soundsoviel, absolvierte die Volksschule in Chicago und wandte sich, nachdem er zwei Jahre beim hiesigen Straßenbauamte als Teereingießer tätig war, dem Artistentume zu. Durch seine bereits absolvierten Gastspiele in Nordwestindien, Gleißental im Allgäu, Stuttgart, Kempten, Berlin, Ostern, Pfingsten, Meran usw. wird es ihm ein Leichtes sein, sich auch die Gunst des hiesigen Publikums zu erringen. Herr Mister H. teilt seine Radfahrnummer in fünf Abteilungen ein. Und zwar:

1. Eine Kreisfahrt auf seinem Originaldreirad ohne Freilauf und Rücktrittbremse.
2. Eine Kreisfahrt auf demselben Rade mit Glockengeläute.
3. Ausblasen einer brennenden Flamme während der Fahrt.
4. Eine Kreisfahrt auf der Bühne mit verbundenen Augen und zum Schluß die grauenerregende Todesfahrt durch Nacht und Nebel. *(Tusch.)*

KAPELLMEISTER: In seiner ersten Abteilung eine Kreisfahrt auf seinem Original-Dreirad ohne Freilauf und Rücktrittbremse.

(Musik spielt den Donauwellen-Walzer.)

(Radfahrer fährt zweimal im Kreis, dann ab – Tusch.)

KAPELLMEISTER: In seiner zweiten Abteilung Ausblasen einer brennenden Flamme während der Fahrt. *(Radfahrer kann zweimal die Kerze nicht auslöschen, Kapellmeister hält sie ihm ganz nahe an den Mund, dann bläst er sie aus. Tusch.)*

MUSIKER: Was wird denn der Kunstradfahrer Gage haben, wissen Sie es?

VALENTIN: Der hat hundert Mark.

MUSIKER: Im Tag?

VALENTIN: Nein, im Jahr.

MUSIKER: Das ist aber auch nicht viel.

VALENTIN: Einteilen muß er sichs halt.

KAPELLMEISTER: In seiner dritten Abteilung, eine Kreisfahrt auf der Bühne mit Glockengeläute. *(Gibt dem Radfahrer eine Glocke in die Hand, derselbe fährt und läutet dazu.) (Tusch.)*

VALENTIN: Wie alt wird denn der Kunstradfahrer sein?

MUSIKER: Ich denke so 20 Jahre –

VALENTIN: Ohne Rad?

KAPELLMEISTER: In seiner vierten Abteilung eine Fahrt auf der Bühne mit verbundenen Augen. *(Verbindet dem Radfahrer die Augen mit einem ganz schmalen Tuch, sodaß derselbe heraussieht.)*

VALENTIN: Der lurt.

KAPELLMEISTER: Der kann doch nichts sehen – oder sehen Sie was?

RADFAHRER: Nein.

KAPELLMEISTER: Also, er sagts doch selbst, daß er nichts sieht. *(Der Radfahrer fährt und fällt mit dem Rad absichtlich um.)*

VALENTIN UND ALLE MUSIKER *(stellen sich auf die Stühle und schreien):* Jetzt ist er gestürzt.

KAPELLMEISTER: Schreien Sie doch nicht so, kein Mensch hätt's gemerkt, daß er heruntergefallen ist.

VALENTIN: Ist am Rad etwas passiert?

KAPELLMEISTER: Am Rad, das wär das wenigste, die Hauptsache ist, daß ihm nichts passiert ist. Oder haben Sie sich wehe getan?

RADFAHRER: Nein, im Gegenteil.

VALENTIN: Wo, im Hinterteil?

KAPELLMEISTER: Nein, im Gegenteil hat er gesagt.

VALENTIN: Am Gegenteil?

KAPELLMEISTER: Nein, am Hinterteil, ach ich werde selber noch ganz blöd – – –

(Alle Musiker spielen am Stuhl oben weiter.)

KAPELLMEISTER: So gehn Sie doch runter – da bleiben sie jetzt alle am Stuhl oben –, gehns doch herunter.

VALENTIN: Wenn er aber nochmal stürzt?

KAPELLMEISTER: Dann könnens immer wieder naufsteigen. In seiner Schlußabteilung die grauenerregende Todesfahrt durch Nacht und Nebel. *(Er holt eine Stellage, auf der ein Papierstreifen klebt mit der Aufschrift*

»Durch Nacht und Nebel«)

(Musiker machen einen Trommelwirbel – Radfahrer fährt mit Gewalt durch das Papier – Tusch – Theatermeister bringt einen alten verwelkten Lorbeerkranz auf die Bühne, hängt ihn dem Radfahrer um den Hals. Vorhang fällt. Die Musiker machen hierauf einen kräftigen Tusch und wiederholen ihn immer wieder.)

KAPELLMEISTER *(schreit):* Halt, wie oft denn noch?

VALENTIN: Der hats aber auch verdient.

KAPELLMEISTER: Der Kunstradfahrer ist auch gut, das verstehen Sie nicht.

VALENTIN: Der wird erst noch gut, wenn er noch zwanzig bis dreißig Jahre fährt. Das kann man nicht lernen, das ist angeboren, das liegt bei diesen Artisten schon so im Blut, im Artistenblut, in der Familie, im Familienblut, im Artistenfamilienblut. Im artistischen Familienblut.

KAPELLMEISTER: Na ja, das ist eben das Künstlertum, das steckt in diesen Leuten so drin.

VALENTIN: Dem sein Vater war sicher auch so etwas Ähnliches.

KAPELLMEISTER: Das kann schon sein, auch ein Rennfahrer oder ein großer Artist.

VALENTIN: Oder ein roter Radler.

KAPELLMEISTER: So leicht ist das nicht, wie das aussieht – diese artistischen Darbietungen sind immer mit Gefahr verbunden – Sie haben schon gesehn wie er beinahe unterm Fallen gestürzt wäre. Ich behaupte, daß das eine direkte Todesnummer ist.

VALENTIN: Ja, das stimmt auch, weil der nie weiß, ob er nicht vom Publikum einmal erschlagen wird.

KAPELLMEISTER: Jetzt sprechen wir von was anderem. Jetzt machen wir das neue Stück, das ich gestern geschrieben habe – das Ding, wie heißts denn gleich?

VALENTIN: Dös hamm ma aber noch nie gespielt, gleich ohne Probe?

KAPELLMEISTER: Zu so etwas braucht man keine Probe, das muß auch so gehen.

VALENTIN: Wenn aber ein Fehler in den Noten drin ist, dann spieln wir den Fehler auch mit.

KAPELLMEISTER: Da ist kein Fehler drin, die Noten hab ich selbst geschrieben.

VALENTIN: Drum mein ich ja –

KAPELLMEISTER: Sie, erlauben Sie sich nicht so viel.

VALENTIN: Uns ists gleich, wir spieln halt so, wie 's dasteht.

KAPELLMEISTER: Ganz richtig, Sie brauchen nicht weniger spieln und auch nicht mehr.

VALENTIN: Ja, mehr auf keinen Fall.

KAPELLMEISTER (klopft ab. Sämtliche Musiker spielen nun immer die gleichen vier Takte bis zum Wiederholungszeichen. Solange, bis der Kapellmeister wütend abklopft und schreit): Ja was ist denn das, warum wird denn da nicht weiter gespielt.

VALENTIN UND DIE MUSIKER: Geht nicht, ist ja ein Wiederholungszeichen beim vierten Takt.

KAPELLMEISTER: Das ist unmöglich, da gibt es kein Wiederholungszeichen, Sie könnten ja gleich a ganze Stund lang so weiter spielen.

VALENTIN: Jahrelang geht das so fort.

KAPELLMEISTER: Also wo ist da ein Wiederholungszeichen? Zeigns mirs einmal.

VALENTIN (deutet): Da!

KAPELLMEISTER: Gehns mir weg, ich such mirs schon selbst. Wo ist das?

VALENTIN: Mir ists beim drittenmal schon aufgfalln. (Deutet nochmal auf die Noten.)

KAPELLMEISTER: Sie solln nicht immer daher deuten, gehns mir weg. (Schlägt nun mit seinem Taktstock Valentin auf den Fiedelbogen. Valentin schlägt wieder zurück auf den Taktstock und allmählich entspinnt sich ein Duell. Valentin sticht den Kapellmeister in den Bauch. Derselbe ist entrüstet über die Frechheit und schreit): Noch einmal!

(Valentin stößt noch einmal nach dem Bauch des Kapellmeisters wie ihm befohlen, nimmt Kampfesstellung ein, steckt den »Degen« ein und setzt sich nieder.)

KAPELLMEISTER: Da hört sich doch alles auf, schämen Sie sich.

VALENTIN: Ich hab ja gsagt, wir spieln das, was dasteht.

KAPELLMEISTER: Eine solche Blamage vor dem Publikum, was glauben denn Sie, was sich das Publikum denkt.

VALENTIN: Das ist mir wurst.

KAPELLMEISTER: Das ist ja das Traurige, daß Sie keinen Funken Ehrgeiz besitzen.

VALENTIN: Die andern auch nicht.

KAPELLMEISTER: Zu euch sagt auch kein Mensch was, an mir geht es hinaus.

VALENTIN: Gemerkt hats ja niemand.

KAPELLMEISTER: Glaubns die Leut sitzen auf den Ohren?

VALENTIN: Im Gegenteil.

Nach dem Musikstück Pause.

II. Akt

Vorhang auf, Stimmen der Instrumente.

KAPELLMEISTER *(klopft ab):* Die Soubrette kommt dran. *(Valentin bringt den Zug der Posaune nicht hinein.)*

KAPELLMEISTER: Was ist denn, sind Sie schon wieder einmal nicht fertig? *(Hinter der Bühne wird immer wieder ein Glockenzeichen gegeben.)* Beeilen Sie sich doch, es hat schon dreimal geschellt.

VALENTIN: Nein, zweimal war es.

KAPELLMEISTER: Das ist egal, jetzt schaun Sie, daß Sie fertig werden. *(Glockenzeichen.)*

VALENTIN: Jetzt wars 's drittemal. – Wissen Sie, das ist nämlich nicht so einfach, da muß ich mit zwei Zügen zu gleicher Zeit hinein.

KAPELLMEISTER: Vorwärts – – –

VALENTIN: Da gehts mir wie daheim beim Winterfenstereinhängen, wenn man oben drin ist, rutscht man unten wieder heraus.

KAPELLMEISTER: Jetzt fangen wir ohne Sie an. *(Vorspiel.)*

SOUBRETTE *(tritt auf):*

    Potz Blitz und Element, so tönt es rings im Saal
    und lauter Jubel schallt durchs Haus,
    ein jeder ruft, die ist doch wirklich kolossal,
    ja, diese Kleine, die hat 's raus.
    In meinen Adern rollt ganz heiß Theaterblut,
    und schnell und schneller schlägt das Herz.

Ich hab' ja immer frohen, frischen, freien Mut
und schwärme für Gesang und Scherz.
Ein jeder ruft Hipp hipp hurra,
    die fesche Mizzi, sie ist da und Jubel schallt durchs
        ganze Haus,
    ein jeder spendet mir Applaus,
    ein jeder ruft Hipp hipp hurra,
    die fesche Mizzi, sie ist da und Jubel schallt durchs
        ganze Haus,
    ein jeder spendet mir Applaus.

(Während des Refrains marschiert sie über die Bühne.)
(Zwischenspiel.)

SOUBRETTE: Ich liebe ... *(singt nur diese zwei Wörter als Anfang der zweiten Strophe und bleibt stecken).*

KAPELLMEISTER: Singens doch weiter –

SOUBRETTE: Ich kann nicht weiter.

KAPELLMEISTER *(klopft ab. Die Musik hört auf, bis auf Valentin, der allein mit der Posaune die ganze Strophe zu Ende bläst und dann ganz verwundert auf den Kapellmeister schaut).*

KAPELLMEISTER: Haben Sie das gar nicht bemerkt, daß wir schon längst aufgehört haben?

VALENTIN: Ich habe ja noch ein ganzes Stück zu blasen.

KAPELLMEISTER: Da sieht man wieder, wie gedankenlos Sie dahinblasen, vollkommen zerstreut.

VALENTIN: Warum, was ist denn los?

KAPELLMEISTER: Was wird denn sein? Die Soubrette ist stecken geblieben, sie weiß keinen Text mehr. Ja, Fräulein, wie ham mas denn da, warum lernen denn Sie Ihren Text nicht?

SOUBRETTE: Ich hab ihn ja gelernt.

KAPELLMEISTER: Das kann schon sein, dann haben Sie ihn halt wieder vergessen.

SOUBRETTE: Das kann jedem einmal passieren.

KAPELLMEISTER: Haltens Ihr Maul, wenns mit mir sprechen, da schau her, nichts können und frech sein, das ist die Hauptsache heutzutage.

VALENTIN: Die ist mies beinander, die Schuah von der schauns an.

SOUBRETTE: Bitte, das sind meine Bühnenschuhe.

VALENTIN: Da möcht ich erst Ihre Hausschuhe sehn.

KAPELLMEISTER: Ja, Fräulein, und wie sieht denn Ihr Kostüm aus, da hängen Ihnen hint und vorne die Fetzen runter, so geht man doch nicht auf eine Bühne.

SOUBRETTE: Wenn Ihnen mein Kostüm nicht gefällt, können Sie mir ruhig ein neues kaufen.

KAPELLMEISTER: Ich werde mich beherrschen können, da können Sie sich schon einen Dümmeren suchen wie ich bin.

VALENTIN: Noch dümmer? – – – Die kommt mir überhaupt sehr bekannt vor.

SOUBRETTE: Sie werden mich kaum kennen.

VALENTIN: Freilich ists die – der haben wir doch erst vorige Woche Bananen abgekauft.

SOUBRETTE: Ah, so eine Gemeinheit, ich kenne Sie doch gar nicht. *(Besinnt sich.)* Ja richtig, jetzt fällts mit ein, natürlich kennen wir uns von Ding – wie heißts denn gleich –, von Stadelheim (Gefängnis), da haben wir uns doch öfters im Garten gesehen.

KAPELLMEISTER: Ist das wirklich wahr, waren Sie schon in Stadelheim?

VALENTIN: Ich war Wärter dort, aber sie war eingenäht.

SOUBRETTE: Herr Kapellmeister, ich lasse mich nicht von Ihren Musikanten beleidigen.

KAPELLMEISTER: Das sind keine Musikanten meine Herrn, das sind Tonkünstler.

SOUBRETTE: Und ich bin eine erstklassige Soubrette.

VALENTIN: Ja, das sieht man.

SOUBRETTE: Herr Kapellmeister, ich bin jetzt so aufgeregt, mir fällt die zweite Strophe nicht mehr ein, wissen Sie vielleicht den Anfang davon?

KAPELLMEISTER: Ich habe doch gar kein Interesse an Ihrem Text.

VALENTIN: An Text könnten wir nie mitspieln.

SOUBRETTE: Kann ich vielleicht etwas anderes singen?

KAPELLMEISTER: Könnens noch was anderes?

SOUBRETTE: Natürlich, vielleicht gleich das nächste, Nummer 2 in meinem Buch.

KAPELLMEISTER: Sie haben ja nur zwei Sachen – und das ist doch kein Buch – das sind ja Fetzen. Also, meine Herrn, Nummer 2 – – – Aber wenn Sie mir da wieder stecken bleiben, dann schmeiß ich Sie hinaus.

(Vorspiel.)

SOUBRETTE *(singt):*

    Ich kenne einen schönen Mann,
    den ich nicht mehr vergessen kann;
    doch hat er, ach Herjemine,
    von mir noch gar keine Idee.
    Und darum will ichs nicht verhehln
    und Ihnen alles klar erzähln:
    Er ist dahier in unsrer Mitt –
    für den mein Herz erglüht.
    Ach du lieber – süßer – guter – braver Mann
    Hast mir solche Liebesschmerzen angetan.
    Schenk mir Liebe – Treue – und noch einen Kuß,
    Weil ich sonst vor lauter Sehnsucht sterben muß.

(Umarmt dabei den Kapellmeister)

FRAU KAPELLMEISTER *(kommt in den Saal und schreit auf die Bühne):* So, hab ich Dich jetzt endlich einmal erwischt, du scheinheiliger Tropf. Daheim tut er immer, als wenn er nicht bis Fünfe zähln könnt und hier poussiert er mit die Soubretten umeinander.

KAPELLMEISTER: Ruhe im Zuschauerraum, was ist das für ein Lärm?

VALENTIN: Ihre Frau ist da – Grüß Gott, Frau Kapellmeister.

KAPELLMEISTER: Was, meine Frau – ja tatsächlich – Grüß Dich Gott.

SOUBRETTE: Ja, Herr Kapellmeister, haben denn Sie eine Frau?

KAPELLMEISTER: Nein, meine Zimmerfrau –

FRAU: Dir geb ich dann gleich eine Zimmerfrau.

SOUBRETTE: Das hab ich ja gar nicht gewußt, daß Sie verheiratet sind; gestern wie Sie mich nach Grünwald hinauf geführt haben, da haben Sie zu mir gesagt, Sie sind noch ledig.

FRAU: So, in Grünwald warst Du gestern, zu mir hast Du gesagt, Du hast Probe.

KAPELLMEISTER: Ja, da haben wir Probe gehabt, der Wirt hat in seinem Nebenzimmer ein Klavier drin stehn, und da hab ich dem

Fräulein etwas einstudiert, nicht wahr, Fräulein?

SOUBRETTE: Natürlich haben wir Probe gehabt – Gott sei Dank!!!!!

FRAU: Sind Sie ruhig, Sie freches Frauenzimmer, schämen Sie sich, mit an alten verheirateten Mann poussieren, finden Sie denn keinen andern mehr, Sie Flitscherl, Sie?

SOUBRETTE: Sie, ich lasse mich nicht von Ihnen beleidigen, ich werde mich bei der Direktion beschweren, Sie alte Schachtel, Sie.

FRAU: Ja, was glauben denn Sie eigentlich, schaun Sie sich doch an wie Sie ausschaun, Sie angemalnes Theaterflitscherl, Sie, gute Lust hab ich und geh nauf und hol Sie runter – und Du – Du alter Hanswurst – Du kommst jetzt sofort heraus, ich hab Dir etwas zu sagen. Das kann ich Dir vor den Leuten hier nicht sagen – aber sofort.

VALENTIN: Aber sind Sie doch vernünftig, Frau Rohrnudel, oder wie heißts?

FRAU: Mit Ihnen spreche ich nicht, Sie ausgehungerter Musikant.

VALENTIN: Sie, das wenn ich gehört hätte.

FRAU: Mischen Sie sich nicht darein, ich spreche mit meinem Mann. Und Du machst jetzt sofort, daß Du herauskommst.

KAPELLMEISTER: Ja – ja – ich komme schon. Lauft die da herein, das verstehe ich nicht – aber Sie sind schuld – hättens einen andern angesungen und mir meine Ruhe gelassen.

FRAU: Wirds jetzt bald *(schreit immer zur Ausgangstüre herein).*

KAPELLMEISTER: Ja, ich komme schon – was meinen denn Sie, meine Herrn, soll ich rausgehn?

VALENTIN: Ratsam ist 's nicht.

FRAU: Jetzt wart ich aber nicht mehr lange.

KAPELLMEISTER: Ja, ich komme schon – jetzt geh' ich aber 'naus – was ich sagen will: Vielleicht sind die Herrn so liebenswürdig und kommen a kleins bisserl mit raus – gehns mit?

VALENTIN: Wir haben kein Interesse daran.

FRAU: Jetzt wirds mir aber zu dumm – meinst, ich warte noch lange, jetzt hol ich Dich – Du kommst mir grade recht.

KAPELLMEISTER: Ich komm doch schon, bleib nur grad draußen, da bin ich ja. Jetzt geh' ich aber 'naus – die glaubt vielleicht, ich fürchte mich vor ihr – der werde ich einmal meine Meinung sagen. Also, was ist los, was willst denn von mir, jetzt bin ich da. *(Geht hinaus – im selben Moment hört man von draußen Radau, Streiten und Ohrfeigen.)*

VALENTIN: Also, bei uns gehts zua –

KAPELLMEISTER *(kommt weinend herein, die Wange mit dem Taschentuch haltend, spricht triumphierend zu den Musikern):* Der hab ich aber jetzt ein paar hineingehaut.

VALENTIN: Dann haltens aber das verkehrte Gesicht.

KAPELLMEISTER: Lassens mir mei Ruh – singens zu! *(Musik).*

SOUBRETTE:

> Ach, du lieber – süßer – guter – braver Mann
> hast mir solche Liebesschmerzen angetan.
> Schenk mir Liebe – Treue und noch einen Kuß,
> weil ich sonst vor lauter Sehnsucht sterben muß.

(Geht ab – Vorhang zu.)

KAPELLMEISTER *(fühlt seine Zähne – die wackeln – wütend):* Mit der Musik bin ich gar nicht mehr zufrieden, meine Herrn, von euch spielt jeder dahin wie er grad will.

VALENTIN: Auweh, jetzt müssens wir büßen –

KAPELLMEISTER: Keiner paßt auf, keiner richtet sich nach mir, für was bin denn ich überhaupt da?

VALENTIN: Das haben wir uns auch schon oft gedacht.

KAPELLMEISTER: Wenn auch ein Marsch nicht mehr recht modern ist, das macht gar nichts, man kann in die ältesten Noten etwas hineinmachen – etwas hineinlegen. Man muß halt einen gewissen Ding hineinbringen, wie heißt er denn gleich – der Rhythmus gehört hinein, das ist die Hauptsache, der fehlt euch.

VALENTIN: Den kennen wir nicht, der war noch nie bei uns.

KAPELLMEISTER: Ich spreche doch vom Rhythmus.

VALENTIN: Kennst Du an Rhythmus, Anderl? – Nein, der kennt ihn auch nicht. Seinen Bruder kenn' ich schon.

KAPELLMEISTER: So ists recht, der kennt an Rhythmus sein Bruder. – Wie sieht denn der aus, den möchte ich auch kennen lernen.

VALENTIN: So ein kleiner Dicker mit einem Spitzbart.

KAPELLMEISTER: Der Rhythmus ?????

VALENTIN: Nein, Reisberger heißt er – jetzt fällts mir ein.

KAPELLMEISTER: Da haben Sie sich wieder einmal richtig blamiert, nicht einmal die einfachsten musikalischen Ausdrücke wissen Sie. – Woher kommt das? Weil Sie nicht auf der Musikschule waren, Sie sind ja bloß in die Suppenschule gegangen.

VALENTIN: Da hab ich auch blasen müssen. – – – Sie 's Krawattl ist Ihnen heruntergerutscht –

KAPELLMEISTER: Wo ist ein Krawattl heruntergerutscht?

VALENTIN: Ihnen.

KAPELLMEISTER: Wo innen?

VALENTIN: Ihnnnen – außen – da.

KAPELLMEISTER: Ach so, außen – da sagt er innen, der Depp – ich weiß schon, das ist mir heut schon ein paarmal herunter gerutscht, weil mir das Kragenknöpferl abgebrochen ist, die ganze Mechanik ist kaputt, deshalb stehts immer auf.

VALENTIN: In der Früah?

KAPELLMEISTER: Ach was – ich bräuchte bloß ein anderes Kragenknöpferl, dann wär gleich a Ruh – hat niemand von den Herrn ein Kragenknöpferl da, bitte, schauns amal nach!

(Alle Musiker schauen nach.)

VALENTIN: Der Sedlmeier hat eins, der hat immer eins dabei.

KAPELLMEISTER: Sedlmeier, bitte schön – wo ist denn der?

VALENTIN: Der ist heut nicht da!

KAPELLMEISTER: Dann nützt es mich doch nichts.

VALENTIN: Aber er tät eins haben.

KAPELLMEISTER: Das hat doch für mich keinen Wert, wenn er nicht da ist.

VALENTIN: Ja, ich hätte schon eins, wenn Ihnen das genügt?

KAPELLMEISTER: Sie haben eins? Dann leihn Sie mirs bitte, Sie kriegens hernach.

VALENTIN: Ach, wegen dem Kriegen – aber wenn ich das raustu, dann rutscht halt mir der Kragen raus.

KAPELLMEISTER: Das verlangt doch kein Mensch von Ihnen, ich hab gemeint, ob nicht einer ein Reserveknöpferl hat.

VALENTIN: Ja, woher denn –

KAPELLMEISTER: Na ja, es wird so auch gehen, jetzt hält es schon.

VALENTIN: Ist schon wieder herausgegangen.

KAPELLMEISTER: Ich weiß es schon, hörns nur einmal auf, ich kann mich doch nicht aufhängen deshalb.

VALENTIN: Warum nicht?

KAPELLMEISTER: Das tät Ihnen so passen. – Also, jetzt fangen wir an – ich erkläre Ihnen nochmal, der Marsch muß jetzt so gespielt werden, wie ich dirigiere.

VALENTIN: So können wir nicht spielen wie Sie dirigieren, da kriegen wir fünf Jahr wegen groben Unfug.

KAPELLMEISTER: Das werden wir schon sehen, der Marsch muß genau so gespielt werden, wie ich es haben will – jetzt fangen wir einmal an, und wenns nichts ist, dann hören wir wieder auf.

VALENTIN: Hörn wir gleich auf.

KAPELLMEISTER: Hier sind Ihre Noten. *(Legt ihm die Noten waagrecht auf das Pult.)*

VALENTIN: Also, jetzt blasen wir genau so, wie er dirigiert, das gibt a Gaudi.

KAPELLMEISTER *(klopft ab – Wien bleibt Wien – Marsch wird gespielt).*

VALENTIN: *Liegt schief am Stuhl –*

KAPELLMEISTER *(unterbricht):* Was ist denn das für eine Stellage da – wollen Sie sich gleich anständig hinsetzen wie die andern Herrn!

VALENTIN: Ja, Sie haben meine Noten so hergelegt.

KAPELLMEISTER: *(Fängt wieder mit Marsch an – Valentin pfeift –.)*

KAPELLMEISTER: Wie können Sie denn da unterbrechen – was fällt Ihnen ein?

VALENTIN: Pst – Pst –

KAPELLMEISTER: Was ist denn los?

VALENTIN: Sinds doch einen Moment still *(horcht)*. Naa, hab mich getäuscht.

KAPELLMEISTER: Schrecklich ist das *(fängt wieder mit dem Marsch an).*

VALENTIN: *(Pfeift und winkt wieder ab.)*

KAPELLMEISTER: Was ist denn los?

VALENTIN: Gell, daß ich mich nicht getäuscht hab – der Hosenträger ist mir abgrissen.

KAPELLMEISTER: Wegen sei'm alten Hosenträger unterbricht er

schon zweimal das Konzert – da hört sich doch alles auf. *(Musik fängt an – Zuerst trommelt einer nach.)*

VALENTIN: So was Leichtsinniges hab ich noch net gsehn.

KAPELLMEISTER: Das geht Sie gar nichts an –, passen nur Sie auf, daß Sie nicht hineinpatzen, das kann Ihnen auch passieren.

VALENTIN: Ihnen auch – aber bei Ihnen hört man nichts. *(Weiter.)* So was Narrisches hab ich noch nie gesehn. *(Musik spielt weiter. Bei der nächsten Pause murmelt Valentin in die Trompete unverständliche Worte hinein.)*

KAPELLMEISTER: Was wollen Sie – ich verstehe Sie nicht – *(Valentin murmelt.)* Ich verstehe kein Wort *(Valentin murmelt)*. Tuns doch das Ding da weg –

VALENTIN: 's Krawattl ist Ihnen wieder herunter gerutscht.

KAPELLMEISTER: Das ist doch gleich *(weiter)*.

VALENTIN *(schreit):* Auuuuuu!!!!

KAPELLMEISTER: Was ist denn schon wieder?

VALENTIN: Angstoßen hab ich mich ans Trompetenmundstück, weils immer so reißen.

KAPELLMEISTER: Dann gebens Obacht *(dirigiert weiter)*.

VALENTIN *(bläst einen Ton dazwischen – schreit):* Der ist mir ausgekommen.

(Marsch ist zu Ende – Valentin bläst verschiedene Töne nach.)

KAPELLMEISTER: Wo steht denn das, was Sie da nachgeblasen haben? Zeigns mirs einmal –

VALENTIN: Die hab ich zuerst ausgelassen.

KAPELLMEISTER *(wirft ihm das Notenblatt ins Gesicht):* Ich mag mich gar nicht mehr ärgern mit Ihnen. Zum Schluß kommt jetzt die Ouvertüre dran – »Dichter und Bauer« –.

VALENTIN: Die können wir heut nicht machen, weil der Trommler nicht da ist.

KAPELLMEISTER: Das seh ich auch, daß der nicht da ist.

VALENTIN: Nein, der ist nicht da.

KAPELLMEISTER: Das seh ich doch selbst, daß er nicht da ist.

VALENTIN: Wie kann man denn einen sehn, wenn er nicht da ist.

KAPELLMEISTER: Wer sieht ihn denn?

VALENTIN: Sie!!!

KAPELLMEISTER: Nein, ich hab gsagt, ich seh, daß er nicht da ist. Ich kann ihn doch nicht sehn, wenn er nicht da ist.

VALENTIN: No ja, das mein ich ja.

KAPELLMEISTER: No also – – Oder sehn ihn Sie?

VALENTIN: Ahhhh –

KAPELLMEISTER: Der kommt auch heute nicht, der hat heute Ausgang, drum müssen Sie jetzt trommeln.

VALENTIN: Ich kann ja nicht, weil ich die Trompete in der Hand habe.

KAPELLMEISTER: Dann legen Sie s' weg. Jetzt weiß er nicht, wo ers hinlegen soll – solls ich Ihnen vielleicht halten?

VALENTIN: Ja, da –

KAPELLMEISTER: Das können Sie sich denken – jetzt marsch – holen Sie sich rasch die Pauke herüber –

VALENTIN: Die kann ich aber nicht allein tragen.

KAPELLMEISTER: Lassen Sie sich helfen, ersuchen Sie einen Kollegen, da hilft Ihnen schon einer.

VALENTIN: Anderl, helfen!

KAPELLMEISTER: Nur recht ungebildet sein – Anderl, Sie müssen helfen.

ANDERL *(geht zu ihm):* Um was handelt sichs denn?

VALENTIN: Der Zuber soll da hinüber kommen.

ANDERL: Wann denn?

VALENTIN: Der Anderl läßt fragen, wann?

KAPELLMEISTER: Augenblicklich –

VALENTIN: Oder magst lieber da tragen? *(wechseln Platz).*

ANDERL: Lieber wärs mir aber schon dort gewesen, weil ich da besser tragen könnte, weil ich links bin.

VALENTIN: Du bist links? – Machst du alles links – Essen – Trinken – Schlafen – Husten –?

ANDERL *(sagt zu allem ja).*

KAPELLMEISTER: Was ist denn das für eine Privatunterhaltung?

VALENTIN: Der Anderl erzählt mir grad, daß er links ist, der macht alles links.

KAPELLMEISTER: Ach der – der spinnt ja.

VALENTIN: Auch links?

KAPELLMEISTER: Das interessiert doch keinen Menschen, was der für Untugenden hat.

VALENTIN: Nein, mir hat ers eben erzählt und ich war ganz überrascht davon.

KAPELLMEISTER: Das ist ja zu interessant.

VALENTIN: Also, dann gehst hinüber *(wechseln Platz)*.

KAPELLMEISTER: Ja, hört jetzt die Rumtanzerei noch nicht bald auf?

VALENTIN: Ja, der Anderl möcht eben lieber drenten tragen.

KAPELLMEISTER: Das ist doch gleich, wo man hier tragt – die Pauke ist doch rund.

VALENTIN: Es ist eben sein sehnlichster Wunsch.

KAPELLMEISTER: Dann soll er machen, daß er nüber kommt.

VALENTIN: Er will aber drenten tragen.

KAPELLMEISTER: Ist ja recht – kommen Sie rüber auf diese Seite und er soll hinüber gehen. Vorwärts – keine Widerrede mehr. *(Beide wechseln unwillig und zögernd Platz.)*

VALENTIN: Jetzt haben Sie uns doch mistverstanden – er will nämlich drenten tragen.

KAPELLMEISTER: Da war er ja grad – warum ist er denn dann hinüber gelaufen.

VALENTIN: Weil Sie ihn nübergeschickt haben.

KAPELLMEISTER: Sie haben gesagt, er will drenten tragen – und drenten ist meiner Ansicht nach drüben auf der andern Seite.

VALENTIN: Ja, von Ihnen aus ist drenten drüben – aber vom Anderl aus ist drenten herüben, außer er steht herenten, dann ist es umgekehrt.

KAPELLMEISTER: Das kann kein Mensch verstehen, drenten und herenten – sprechen Sie deutsch, daß man sich auskennt.

VALENTIN: Das ist ganz einfach – Sagen wir zum Beispiel – –

KAPELLMEISTER: Ich will gar nichts mehr wissen von Ihnen.

BEIDE *(heben die Pauke langsam vom Boden)*.

KAPELLMEISTER: Ich werd Euch jetzt gleich helfen.

BEIDE *(stellen die Pauke wieder hin)*.

KAPELLMEISTER: Was ist denn jetzt wieder?

VALENTIN: Weil Sie sagen, Sie wollen helfen.

KAPELLMEISTER: Ich helfe Euch dann hernach, wenn wir fertig sind.

Vorwärts – schneller –!

VALENTIN: Der Anderl sieht nicht, wo er hingeht.

KAPELLMEISTER: Der soll seine Augen aufmachen, dann sieht er schon.

VALENTIN: Hint hat er doch keine Augen –. Geh nur zu, Anderl, ich sag Dirs schon, wenn D' wo anstoßt *(stoßen an)*, jetzt – *(beide gehen wieder ein Stück zurück – Valentin dreht sich um und sagt):* Jetzt laß sie nunter – halt – jetzt bist mir in den Schuh neikommen – *(stellen die Pauke auf den Boden).*

VALENTIN *leise:* Jetzt ham mirs wieder.

KAPELLMEISTER: Ich verstehe Sie nicht – sprechens lauter.

VALENTIN: Ich sag, jetzt ham mas wieder.

KAPELLMEISTER: Anderl, Sie sind fertig – gehns doch auf Ihren Platz – der schläft mir direkt im Stehen ein.

VALENTIN: Das ist ein langweiliger Tropf.

KAPELLMEISTER: Ist nur gut, daß Sie so flink sind – sonst wärs überhaupt nichts. So, jetzt rasch die Pauke stimmen – halt was hat denn die für einen Ton???

VALENTIN: Einen gräußlichen –

KAPELLMEISTER: Wie kommt denn das?

VALENTIN: Vielleicht machts das aus, weil die Tschinelle drauf liegt?

KAPELLMEISTER: Ja, natürlich, das ist doch ganz klar.

VALENTIN *(stimmt jetzt und horcht am Schlegel).*

KAPELLMEISTER *(muß auch horchen und sagt):* Jetzt ists besser – So da sind Ihre Noten, zählen Sie gut mit und haun Sie ja nicht zu früh hinein, am Anfang haben Sie acht Takt Pause.

VALENTIN: Acht Tag???

KAPELLMEISTER: Acht Takt hab ich gesagt – der möchte gleich acht Tag Pause machen. Übrigens, was seh ich denn da, Sie haben ja gar keine Gläser in Ihre Augengläser drin.

VALENTIN: Seit fünf Jahren schon nimmer – die sind mir einmal zerbrochen, weil ich draufgetreten bin – und seit der Zeit hab ichs nicht mehr, weil ichs da ganz heraus geschlagen hab.

KAPELLMEISTER: Was setzen Sie dann das leere Gestell auf, das hat doch gar keinen Zweck?

VALENTIN: Besser ist's doch wie gar nichts.

KAPELLMEISTER: Sie haben immer eine gute Ausrede –. So, jetzt fangen wir an.

VALENTIN: Hats Ihnen der Anderl schon erzählt?

KAPELLMEISTER: Warum, was will er denn noch?

VALENTIN: Nein, wir zwei haben gestern einen Zufall erlebt. Ich und er sind gestern in der Kaufingerstraße gegangen und haben von einem Radfahrer gesprochen und im selben Moment, wo wir von dem Radfahrer gesprochen haben, ist einer dahergekommen, Zufall –.

KAPELLMEISTER: Was war das alles – das hab ich jetzt nicht verstanden.

VALENTIN: Wir sind in der Kaufingerstraße gegangen und haben von einem Radfahrer gesprochen und im selben Moment ist einer dahergekommen.

KAPELLMEISTER: Ja, weiter, was war dann mit dem Radfahrer – was hat denn der getan?

VALENTIN: Nichts weiter, gefahren ist er – ich sag doch nur vom Zufall.

KAPELLMEISTER: Aber das ist doch kein Zufall, wenn der sonst nichts getan hat – in der Kaufingerstraße ist das wirklich kein Zufall, wenn da ein Radfahrer kommt, da fahren doch im Tag ein paar tausend Radfahrer umeinander.

VALENTIN: Ach, tausend – – einer ist daher gekommen.

KAPELLMEISTER: Auf einmal kommen freilich keine tausend Radfahrer daher, die kommen so nach und nach – alle Meter – alle Sekunden – jeden Moment kommt wieder ein anderer.

VALENTIN: Ja, aber nicht, wenn man davon redt – das ist der Zufall.

KAPELLMEISTER: Das ist ganz egal, ob man da spricht oder nicht – in der Kaufingerstraße kommt immer wieder ein Radfahrer – das ist kein Zufall.

VALENTIN: Sie haben halt eigene Weltanschauungen.

KAPELLMEISTER: Da hätten Sie schon von ganz etwas anderem reden müssen, wenn das ein Zufall sein soll. Von was Seltenerem, von was Interessanterem. Ja, wenn Sie statt von diesem Radfahrer von einem Flieger gesprochen hätten, das wär' was anderes.

VALENTIN: Ham wir nicht, wir haben nur von einem Radfahrer gesprochen.

KAPELLMEISTER: Das weiß ich schon, ich meine, *wenn* Sie von einem Flieger gesprochen hätten, und im selben Moment wär' da oben einer dahergekommen, dann wärs eher ein Zufall gewesen.

VALENTIN: Naufgeschaut ham doch wir nicht, wir sind bloß so dahingangen.

KAPELLMEISTER: Aber ich mein doch nur so zum Beispiel –, wenn Sie statt von einem Radfahrer von einem Flieger gesprochen hätten!

VALENTIN: Wieso????? Wie kann ich von einem Flieger sprechen, wenn ich von einem Radfahrer spreche?

KAPELLMEISTER: Ich mein doch nur – genau so gut, wie Sie von diesem Radfahrer gesprochen haben, genau so gut hätten Sie doch auch von einem Flieger sprechen können.

VALENTIN: Ausgeschlossen?!

KAPELLMEISTER: Ja, haben Sie noch nie in Ihrem Leben von einem Flieger gesprochen?

VALENTIN: Schon oft, aber da nicht, da ham wir nur von einem Radfahrer gredt.

KAPELLMEISTER: Ach, meinetwegen reden Sie, von was Sie wolln – erzählns mir nichts mehr, dann brauch' ich mich nicht mehr zu ärgern.

VALENTIN: Also morgen gehn wir wieder spazieren, dann reden wir von einem Flieger. Aber – wehe –, wenn dann ein Radfahrer daher kommt.

Ouvertüre wird gespielt – beim letzten Paukenschlag »Vorhang«.

Das Clownduett
oder die verrückten Notenständer
1919

Valentin und Karlstadt treten auf, von beiden Seiten der Bühne, kommen
zusammen, und sagen »Ah da sind sie ja« *und schütteln sich die Hän-*
de – sagen zugleich: Wie gehts Ihna denn immer? *(zugleich)* Danke
gut.

KARLSTADT Da hams recht – da kann man nichts machen.

VALENTIN Was sagns?

KARLST Nein ich hab blos gsagt, da kann man nichts machen.

VALENT So so, das hab ich auch schon amal ghabt.

Beide schauen sich schweigend an.

KARLSTADT Sie – könnt ich sie einen Moment sprechen?

VALENTIN Um was handelt sichs denn?

KARLST Ist nur eine Kleinigkeit, ist fast gar nicht wert, daß man
davon red.

VALENTIN Privat oder geschäftlich?

KARLST Nein – beides nicht – sagen sie, sind sie beleidigt, wenn ich
sie auf etwas aufmerksam mache?

VALENT Nein, absolut nicht.

KARLST Ich möcht sie nur ersuchen, ob sie meine Hand nicht wieder auslassen möchten, die ham sie noch vom Grüßgott sagen, in
der Hand.

VALENT *(Läßt aus)* Da hab ich ganz vergessen drauf. Entschuldigens
bitte.

KARLST Macht nichts.

Beide legen ihre Notenbücher auf den Tisch, gehen mit den Trompeten vor.

VALENT Anläßlich des Einzuges Kaiser Ludwig des Bayern zum Isartor im Jahre 1312 gestatten wir uns nachträglich noch ein Duett
zu blasen, auf zwei Trompeten, ein sogenanntes halbes Quartett,
wir beginnen mit dem Anfang. *(Beide blasen die erste Stimme.)*

VALENT Halt, jetzt ham wir alle zwei die erste Stimme geblasen, bei
einem Duett muß doch einer die erste und der andere die zweite
Stimme blasen.

KARLST Das ist doch klar – das hättens aber vorher schon wissen können.

Beide blasen die zweite Stimme. hören wieder auf. Jeder sagt: Jetzt blast er auch die zweite.

VALENT Ich hab doch ausdrücklich gesagt, einer die erste und der andere die zweite.

KARLST Ja ist ja recht, und da hab ich den einen gmacht.

VALENT Den einen hab ich gmacht, sie hätten den andern machen solln. Mir ists gleich, ich kann die erste und die zweite blasen.

KARLST Ja – dann kann ja ich heimgehn, dann brauchens mich überhaupt nicht.

VALENT Nein ich mein so, ich kann die erste und kann aber auch die zweite blasen.

KARLST Das ist eben bei mir leider auch der Fall.

VALENT Sinds doch froh.

KARLST Ja also was wollns denn jetzt für eine blasen?

VALENT Ah wissens was, blas ma gar nicht. Oder blasen die erste und ich die zweite – oder umgekehrt?

KARLST Oder mach mas so, wie sie wolln.

VALENT Ja so gehts auch – ja – wie willn sie?

Beide streiten noch lange – herum, dann sagt Karlstadt, wissen sie was, Sie blasen jetzt die zweite, dann brauche ich nur mehr die erste blasen.

VALENT Ja, so mach mas.

KARLST Können sie sichs merken?

VALENT Nein, merken kann ich mir gar nichts – da kann ich eher noch blasen.

KARLST Da brauchen sie sich auch gar nichts merken, sie blasen einfach die zweite Stimme, und das was ich tu, das geht sie gar nichts an.

VALENT So, dann geht sie das auch nichts an, was ich tu, merken sie sichs.

Beide blasen, aber gleich falsche Töne.

KAPELLM Hörns doch auf, das ist ja ganz falsch.

VALENT Das hörn wir schon selber, mischens Ihna nicht in andre Leut nein, mischens sie sich lieber in sich selbst nein – sie sind der allerjüngste, schämen sie sich, daß no so jung sind.

KAPELLM Ham sie denn keine Noten?

VALENT Freilich, aber nach Noten können wir doch nicht auswendig blasen.

KAPELLM Das braucht es auch gar nicht, nehmen sie doch Noten.

Beide nehmen ihre Noten. Valentin das kleine – Karlstadt das große Buch.

KARLST *(kann das große Buch nicht halten, Valentin hilft halten, beide blasen. Valentin bläst aber nur immer den gleichen Ton.)*

KARLST Sie blasen ja immer den gleichen Ton!

VALENT Ich kann ja nicht nicht mehr blasen, weil ich nicht auf die Klapperl hindrücken kann.

KARLST Warum könnens da auf einmal nicht mehr hindrücken?

VALENT Weil ichs Buch in der Hand habe, *(laßt es aus.)* Ich hab eine andere Idee schauns her, ich häng Ihnen mein Buch da hinten nauf, und sie hängen Ihr Buch ihm nauf – mir.

KARLST Ah, sie meine wahrscheinlich so, daß einer dem andern hint neinschaun kann.

Beide wollen blasen – Valentin sagt: Da müssen sie vor mir stehen.

KARLST *stellt sich vor ihm auf* – jaaa – jetzt ists falsch, sie müssen vor mir stehn, sonst kann ja ich nicht dahinten neinschaun.

VALENT Jaso – da war ich jetzt im Irrtum . . . . . ja jetzt ists wieder nichts wie kommt jetzt das. – das ging schon, aber das geht nicht.

THEATERM Jetzt möcht ich blos wissen, wie lange sie den Blödsinn noch machen wollen, glauben sie, das Publikum schaut Ihnen noch lang zu?

VALENT Fünftens ist das kein Blödsinn – wir wolten da was machen, wir haben zwei Trompeten, zwei Notenbücher, wir sind zu zweit, und keiner kann dem andern hintneinschaun, wie kommt das?

THEATERM Wissen sie, was sie brauchen? Notenständer.

VALENT Wir haben aber keine.

THEATERM Aber ich hab welche.

VALENTIN Ja, gebns uns a paar.

THEATERM Sie können dann gleich a paar haben, von mir.

KARLST Dann teilen wirs zusammen. Jetzt können sie das Buch wieder runter tun, wenn der Notenständer bringt, das hat sie so nicht gut gekleidet, da hams ausgschaut, wie a Segelflugzeug.

THEATERM *bringt einen ganz großen und einen ganz kleinen Notenstän-*
der herein. So – da ham sie einen, und da sie.

VALENT *nimmt den großen Ständer, sein kleines Buch fällt immer durch.*

KARLST *nimmt den kleinen Ständer, aber das große Buch hat nicht Platz.*

MEIST So geht das freilich nicht – sie müssen doch die beiden Ständer tauschen.

(Beide tauschen die Notenständer, aber blos betreffs Platz, jeder hat wieder
seinen gleichen Notenständer. Alles fällt wieder durch, wie vorher)

MEIST Jetzt gehts ja wieder nicht – sie müssen doch tauschen.

KARLST Das haben wir doch getan.

MEIST *(zu Karlst)* Sie haben das große Notenbuch, sie nehmen den
großen Notenständer. *zu Valent:* Sie haben das kleine Notenbuch,
sie nehmen den kleinen Notenständer.

VALENT Das ist doch klar, da wärn wir aber selber auch drauf kommen, da hätt sie nicht braucht dazu.

KARLST *(Kann das schwere Buch nicht auf den Ständer hinaufbringen)*

VALENT Da werdens Ihna aber schwer tun mit dem Buch.

KARLST Natürlich, wenn nur wenigstens einer da wäre, der mir helfen könnte.

VALENT Es ist schon niemand da auch –

KARLST *Hebt das Buch hinauf, sagt* Danke.

VALENT Bitte bitte.

Beide wollen blasen .... *Valentin fällt der Hut immer nach vorn hin-*
unter. Karlstadt fällt der Hut nach hinten nunter.

VALENT Sie das geht nicht, der Notenständer ist für mich zu nieder,
wenn ich da blas, fällt mir immer der Hut vorn hinunter.

KARLST Bei mir ists grad das Gegenteil, wenn ich da hinauf schaue,
dann fällt mir der Hut immer hinten nunter, und bei mir ists noch
dazu, furchtbar unapettitlich, mir lauft der Saft von der Trompete
immer so runter ..... Möchten nicht sie daher gehen tauschen
mit dem Platz. *Karlst: setzt sich zum kleinen Notenständer auf den*
Boden ...... *Valent. sieht das setzt sich auch auf den Boden zum großen*
Notenständer.

MEISTE *(holt die beiden Ständer und schimpft)*

Beide schauen ihm nach. Jetzt ham ma gar nichts mehr, der hats uns
nur leihweise geliehen. *Beide stehen auf* ....

184

MEIST *(bringt hupfenden Notenständer)* So, da hams jetzt an andern.

KARLST Der ist für sie zu klein, den kann man höher machen, da brauchens nur das Ding da raustun *(hupft hinauf)* Sie da ist was passiert.

VALENT Der ist hinauf gfalln.

THEATER So – ganz von selbst?

KARLST Ja, wir ham nur naufgschaut, dann ist er schon davon ghupft.

MEISTER Sie müssen doch alles kaput machen – da hams an andern *(bringt den kleinen wackligen)*

BEIDE Sie, den kann man nicht brauchen, der ist zu weich.

MEIST *(bringt elektrischen) Beide blasen.*

KARLST Blasens doch nicht immer daher, da ziehts ja.

VALENT Jetzt hab ichs gsehn, mitn Fuß hams hingstoßen. *Beide versuchen immer wieder zu blasen, aber Ständer dreht sich immer, beide laufen um den Ständer herum* . . . . . Sie der fliegt davon.

MEIST Ach Unsinn – da hams an andern *(bringt den doppelten Ständer) Beide blasen, Ständer wird immer länger – Beide holen sich einen Stuhl, steigen hinauf, blasen weiter, Orchester spielt auch weiter.*

VALENT *Schreit* so hörns doch auf, sehns denn nicht, daß er wachst.

BEIDE z. *Publikum* Haben sie das gesehen, wir haben jetzt da geblasen jetzt ist der Notenständer immer länger geworden, wenn wir jetzt keinen Stuhl hätten, könnten wir gar nicht mehr auf unsere Noten schauen. *(Währenddessen ist der Notenständer wieder klein geworden. Beide steigen wieder vom Stuhl herab, und sagen »Jetzt weil wir am Stuhl droben gstanden sind, jetzt ist der Notenständer wieder ganz herunte, jetzt brauch ma kein Stuhl mehr . . . . « Während dessen ist der Ständer wieder groß geworden . . . .*

Beide schauen ganz erstaunt –

KARLST Sie da herin spuckts.

VALENT *(spuckt aus).*

KARLST *sieht die Schnur* . . . . Ahhhhhh jetzt hab ichs gsehn, gehns her, ich sag Ihnen was, können sie sich das denken, wie das geht mit dem Notenständer?

VALENT Ja der hat vielleicht an Kunstdünger hingschmiert, und dadurch wachst der Ständer.

KARLST Nein, ein Schnürl hat er hinghängt, und da zieht er immer an, dadurch wird der Notenständer immer länger und kürzer.

VALENT Dem schneiden wir das Schnürl ab – *(Während der Zeit hat Theaterm. den Ständer geholt, und eine andern dafür hingestellt, beide haben nichts bemerkt, weil sie auf der Seite gestanden sind, ...*

KARLST Passens auf, da muß ein Schnürl liegen, obacht tretens nicht drauf, so ein kleines längliches Schnürl ists.

VALENT *(sieht das Schnürl am Notenständer – zieht an, Ständer schießt und fällt herunter).*

Beide schreien auweh *und laufen ab.*

2.

VALENT Als nächstes erlauben wir uns ein Duett vorzutragen auf zwei den verschieden artigsten Instrumenten der Welt – hier – die kleinste Mundharmonika – und hier die größte Trommel der Welt.

KARLST *(bringt Trommel)*

VALENT Die kleine Mundharmonika hat 60 Pfennig gekostet – die haben wir bar bezahlt – die große Trommel kostete 600.– Mark, auf diese sind wir noch einige Mäuse schuldig.

KARLST Raten ....

VALENT Zum Vortrag gelangt »Fridericus Rex Marsch«. Wir ersuchen bei diesem Vortrag um die größtmöglichste Ruhe, daß man die Trommel gut hört.

Beide blasen »Fridericus Rex Marsch« ohne Orchester und zwar 3 Takte Vorspiel mit Mundharmonika, dann setzt große Trommel ein, spieln 18 Takte Marsch Verbeugen sich ...

VALENTIN Wir erlauben uns noch einen Vortrag vorzutragen, betitelt Da capo.

KARLST *(stellt Notenständer so hin, daß er baumelt und wackelt)*

Beide schauen zu – lachen.

VALENT Variationen über das bekannte Volkslied Lang lang ists her, für Klarinette und Pomperton. *(setzt sich auf Stuhl, rutscht mit Bombardon über Stuhl nach vorwärts)*

KARLST *(hilft – er fällt nach links – dann nach rechts – Dann hustet er in den Bombardon hinein – schaut zum Mundstück hinein – steckt Taschentuch wie ein Geiger in den Kragen .....)*

186

Beide blasen C dur Akkord.
VALENT *hält tiefen Ton aus – imitiert das Brummen des Zeppelins – sagt:*
  Zeppelin.
Beide blasen: »Lang lang ists her« bis zum vorletzten Ton . . . .
VALENTIN *blättert um – Beide blasen . . . . . . den letzten Ton.*

Raubritter vor München
1924

Dauer: Beide Akte mit einer Minute Zwischenpause I Stunde

PERSONEN:
Joseph Kratzer, Hauptmann der Bürgerwehr und Malermeister,
ungefähr 50 Jahre alt, gemütlich.
Georg Bergmeister, Korporal der Bürgerwehr und Schustermeister,
gemütlich, dumm.
Aktuar Hinterberger . . . . feiner Beamter, mittlerer Jahre.
Bene, der Wachtposten, Bader und Trompeter der Bürgerwehr, un-
beholfener Mensch, Karl Valentin.
Michl, der Trommelbua . . . . 16 Jahre alt, listig, frech,
                                       Lisl Karlstadt.
Nachtwächter. . . . . ganz alt, mit Baßstimme.
Polizeidiener . . . . mittel, grantig.
Metzger . . . . 20–30 Jahre alt.
Fuhrmann . . . . alt, Bauer.
Soldaten und Musiker der Bürgerwehr.
Spielt in der guten alten Zeit.
Ort: Alt = München, hinter der Stadtmauer beim Isartor.

I. AKT
*(Bühne halbdunkel, Laterne brennt – Glockengeläute sämtlicher Kir-
chenglocken (Lautsprecher) – während des Läutens geht Vorhang langsam*

187

hoch, wenn er oben ist, bricht Glockenläuten ab und es schlägt 6 Uhr – dar-
auf Auftrittsgesang des Nachtwächters.

I. Scene

»Hört Ihr Leut und laßt's Euch sag'n, die Glocken vom Turm hat
6 Uhr g'schlag'n, stets's auf, geht's in d'Arbat, 's is 6 Uhr vorbei, denn
Morgenstund hat Gold im Mai, hat Gold im Mai!« *(Kommt zur*
brennenden Laterne) Spricht:
Da hab'ns wieder a Latern brennen lass'n, die muß i gleich auslöschen. *(bläst zweimal hin, beim drittenmal zum Licht hinspucken, wel-*
ches sofort verlöscht – singend ab!)

II. Scene

(Wache, bestehend aus Korporal, Trommelbua und 2 Soldaten treten auf)
KORPORAL: Wache halt, Ablösung vor! *(geht zum Schilderhaus)*
MICHL: *(trommelt)*
KORPORAL: *(sieht ins Schilderhaus hinein)* Ja, i glaub glei gar, der Bene
    schlaft. Wieviel Uhr is denn eigentlich?
MICHL: Jetzt is 6 Uhr.
KORPORAL: Der Bene wird doch erst um 7 Uhr abgelöst.
MICHL: Freilich wird er erst um 7 Uhr abgelöst, das hab ich schon
    g'wußt, daß ma um a Stund z'früh rausgsaust san!
KORPORAL: Warum hast denn dann nichts g'sagt?
MICHL: Ja ich hab glaubt, du wirst scho selber draufkommen.
KORPORAL: Dummer Bua, gel das laßt aber fei 's nächstemal bleib'n,
    sonst nimm ich dich bei deine Löffel, sprengt uns der a Stund
    z'früh raus!
(Wache schimpfend ab)

III. Scene

MICHL: *(schaut ins Schilderhaus)* Ja der schlaft wirklich der Bene. Du
    Bene, – Bene – he – ja gibts denn dös a – *(klopft ans Häusl)*
BENE: Herein!
MICHL: Was herein, was willst denn, hast Du allein kein Platz in der
    Hundshüttn. Mach geh raus *(zieht ihn heraus)*
BENE: *(im Stehen weiter schlafend)* Wer da?

MICHL: Ja i bin da – 6 Uhr is!

BENE: Was – 6 Uhr is – i werd ja erst um 7 Uhr abglöst *(will wieder ins Schilderhaus)*

MICHL: Ja bleib nur da, sei froh daß ich Dich aufgweckt hab.

BENE: Ja, ich hab jetzt grad einen Traum g'habt, einen ganz exotischen Traum. Mir hat nämlich träumt, i bin a Ent'n g'wes'n und bin in an Weiher umeinand g'schwommen und wie ich so umeinandschwimm, seh ich am Rand draußen einen ganz langen, gelben Wurm, der war mindestens so gelb, i bin glei auf ihn hing'schwommen und grad wie i an Schnabel aufreiß'n will und will den Wurm fress'n, im selben Moment hast Du mich aufg'weckt.

MICHL: Das ist aber schad. Wenn ich da eine Ahnung g'habt hätt, dann hätt ich Dir den Wurm zuerst fressen lassen, aber das kann ich doch net schmecken, daß Du um 6 Uhr noch träumst.

BENE: Ja und ich kann doch net zu Dir sag'n, weck mi net auf, weil i träum!

MICHL: Nun ja, es ist ja gleich, ein schöner Traum war's doch net.

BENE: Ja für a Ent'n scho –

MICHL: Ja für a Ent'n, aber Du bist ja koa Ent'n!

BENE: Ja, aber im Traum war ich eine Ent'n; überhaupt für solche Träume bist Du noch z'jung.

MICHL: Du darfst mir ja dankbar sein, daß ich Dich aufgeweckt hab, denn wenn ich Dir den Wurm fress'n hätt lassen, dann wär Dir jetzt höchstens recht schlecht.

BENE: Einer Ent'n wird doch net schlecht von einem Wurm, verstehst Du denn das nicht. Das weiß überhaupt kein Mensch, ob eine Ent'n wirklich träumt, das weiß niemand, das wäre eine zoologische Berechnung und wann's einer Ent'n wirklich träumt, dann kann sie's nicht sagen, weil's net reden kann! Bei einem Papagei wär das was anders, weil der reden kann.

MICHL: Du mußt Dir doch denken, das war doch nur ein Traum und Träume sind Schäume.

BENE: Das war kein Schaum, das war ein Wurm und jetzt holst an Kaffee, da hast 15 Kreuzer, Pfennig hats seinerzeit noch keine geb'n, also oan Kaffee, oan für mi und oan für Di – und oan für uns zwoa – im ganzen 5 Kaffee.

MICHL: Ja soll i da mei Trommel mitnehmen oder soll ich's da lassen?

BENE: Entweder Du nimmst es mit, oder Du laßt es da, keinen goldenen Mittelweg gibts da net.

MICHL: Soll ich's na mitnehmen?

BENE: Ja –

MICHL: oder soll ich's da lassen?

BENE: Dös is doch wurscht, jetzt nimmst as z'erst mit und dann laßt as da.

MICHL: Aaa, dann laß ichs schon lieber glei da, dann brauch ich's überhaupt nicht mitnehmen. *(ab)*

IV. Scene

GIRGL: *(Metzgerbursche kommt pfeifend und trägt auf der Schulter eine Fleischmulde mit Würsten, einige sichtbar herunterhängend. Sieht Bene nicht, geht sofort zum Fliederstrauch und riecht daran)* Spricht: Ah, der schöne Holler, da werd i mir oan runterreißen.

BENE: Dir werd ich dann glei ein runterreißen, weißt denn Du net, daß ma in der Früh net stehlen darf? *(zieht dem Girgl die Würste von der Fleischmulde runter und versteckt sie hinter seinem Rücken).*

GIRGL: So, dann pfeif i Dir drauf, wennst mir keinen schenkst, dann reiß i halt von da drentn ein runter. Unser Herrgott hat ja Gott sei Dank noch mehr Hollerbäum wachsen lassen.

BENE: Gut, dann reißt Du ihn vom Herrgott sein Baum runter und den mein laßt stehn.

GIRGL: Du kannst mi gern hab'n, Du Neidhammel Du neidiga. *(stößt im Abgehen mit dem auftretenden Michl zusammen, der eben mit 2 Milchhaferln und Broten kommt).*

V. Scene

MICHL: No Aff, kannst net obacht geb'n?

GIRGL: Schau halt auf, dumma Bua! *(Girgl ab)*

MICHL: Tua ja net frech werd'n, sonst hau i Dir a paar runter!

BENE: Geh laß ihn doch stehn, reg Dich net auf.

MICHL: So jetzt bin ich wieder da. Kaffee gibts heut noch keinen, weil d'Wirtin später aufg'stand'n is. Jetzt hab ich einfach a Milch g'nommen. Das macht doch nichts, das ist doch wurscht.

BENE: Wieso Wurscht? Hast Du g'sehgn, daß i a Wurscht gstohln hab?

MICHL: Hast Du Würscht g'stohln?

BENE: Da Metzger war grod da und hätt mir an Flieder runterreißen wolln und da hab ich ihm dann aus Dankbarkeit die Würst g'stohln.

MICHL: Wieviel hast'n gstohln?

BENE: Ja eine hätt i stehln wolln und da san die andern dann alle dran hängen blieb'n.

MICHL: Wo hast Du sie denn hingetan? Hast es schon gessen? Nein?

BENE: Ja! So was hebt man doch net auf.

MICHL: Ich glaub, Du lügst mich an! Tu mal Deine Hand vor! Die andere auch! Jetzt alle zwei, jetzt hebst alle 2 Füß in d'Höh!

BENE: Ja freilich! Daß ich am Arsch hinfalle. *(Hat die Würste zwischen den Beinen eingeklemmt)*.

MICHL: So dumm bin ich net, jetzt dreh Dich amal um, dann werden wir's gleich sehen. *(packt Bene, dreht ihn um und sieht hinten die herunterhängenden Würste). Schreit:* Ah, die vielen Würscht *(nimmt sie zu sich)* Die essen wir jetzt! Wenn Du mir die Hälfte davon schenkst, dann sag i niemand was, daß Du's g'stohlen hast.

BENE: Ja die Hälfte kannst haben. *(nimmt den Säbel und will von einer Wurst die Hälfte weg schneiden)*

MICHL: Na, na, net von einer Wurst, sondern die Hälfte von alle Würst!

BENE: Also gut, teilen wir! *(von ferne Pferdegetrappel und Peitschenknallen)* Jetzt kommt einer!

MICHL: Versteck schnell die Würst! *(will die Würste an allen möglichen Plätzen verstecken und schiebt zum Schluß die Würste in das Kanonenrohr hinein. Beide nehmen schnell ihre Milchhaferln und fangen zu essen an.)*

VI. Scene

Vorige – Fuhrmann.

FUHRMANN: Ja, ich kann Euch gar nicht verstehen, Ihr trinkt da in aller Gemütsruhe an Kaffee und eine Stunde außerhalb München ist alles in größter Aufregung. D'Raubritter stehn vor der Stadt in Berg am Laim.

BENE: Und?!

FUHRMANN: Was – und?

BENE: Ja – und?

FUHRMANN: Und woll'n heut no die Stadt überfall'n!

BENE: Was für a Stadt?

MICHL: Ja unser Stadt halt!

BENE: Die g'hört ja gar net uns!

MICHL: Dir allein freili net!

FUHRMANN: Ja redts doch net gar so saudumm daher. Ich mein, Du als Posten mußt jetzt sofort die nötigen Maßregeln ergreifen. Ihr habts ja gar keine Ahnung, wie's da draußen in Berg am Laim aus-schaut.

BENE: Ja, wir warn auch net draußen.

FUHRMANN: Also Leut', ich sag Euch, zugehn tuts da draußen, net zum Beschreiben. Wie ich heut in der Früh um 1/2 4 Uhr in Ramersdorf meine Roß einspann, seh ich schon, daß alle Häuser brennen und d'Felder und d'Wälder in Flammen steh'n. Men-schen sind umeinander g'laufen und schreien mir zu: – »in Berg am Laim sind Raubritter, die stehlen, morden, rauben, plündern, bringen alle Leut um und wie ich in Berg am Laim neinfahre, hab ich die Raubritter selber g'sehn. Das sind ganz unheimliche G'sell'n, alle haben so blecherne G'wander und an blechern Hut auf und so große Bärt hams und d'Augen stehen ihnen so weit raus, also direkt zum Fürchten. Ja und das Vieh lauft frei uma-nand, das kennt sich gar nimmer aus.

BENE: Aah – – – – – – –

FUHRMANN: Und an Bürgermeister von Berg am Laim soll'ns scho' aufghängt ham.

BENE: Aah – – – – – – –

FUHRMANN: Also, ich sag Euch, Ihr dürft mir glauben, ich bin halt grad noch mit'n nackaten Leben davon kommen.

MICHL: Ja, warst Du nackat in Berg am Laim?

FUHRMANN: Nein, aber erwischt hättens mich bald. Wie mich d'Raubritter g'sehgn hab'n, da wärn's auf meine Roß zua, ich hab

aber sofort meine Peitsch'n g'nomma, hab auszog'n, hab nei-
g'haut .... *(läßt die Peitsche knallen, trifft den Michel;*
Michl stößt den Bene so daß Bene seine Milch verschüttet)
FUHRMANN: Also Posten *(haut ihm mit der Hand auf das Haferl)*
MICHL: Der war schuld.
FUHRMANN: In der Aufregung kommt sowas schon vor. Also Posten,
tu gleich Alarm blasen, trommel die ganzen Soldaten heraus,
sperr die Stadttore zu; kümmer Dich um Alles, g'sagt hab ich's
Dir!
BENE: Ja, dös is alles ganz recht, aber ich darf in der Angelegenheit
gar nichts unternehmen.
FUHRMANN: Wieso!
MICHL: Der Bene meint, ohne daß der Hauptmann etwas anschafft,
darf er nichts unternehmen.
FUHRMANN: Das ist ja ein Schmarrn, wer soll' denn sonst zusperrn,
Du hast doch den Schlüssel als Posten!
MICHL: Ja zusperrn tut scho der Bene, aber erst um 9 Uhr abends.
FUHRMANN: Ja, da ist es aber schon zu spät, bis dahin sind ja die
Raubritter schon da!
MICHL: Dö soll'n halt langsamer gehn.
FUHRMANN: Ja, seid's Ihr denn narrisch!
BENE: Das wissen wir nicht!
FUHRMANN: Für was stehst denn Du auf Wachtposten?
BENE: Ich geh halt mit mein Säbel auf und ab, wenns regnet gehe ich
ins Schilderhäusl nein und auf d'Nacht um 9 Uhr sperr i zua – und
was muaß ich noch toa?
MICHL: Und wenns schön ist, geht er wieder raus aus'm Häusl!
FUHRMANN: *(zu Michl)* Was tust denn nachher Du?
MICHL: Ja ich muß dem Bene das Sach holn! Und manchmal muaß
ich auch trommeln, wanns brennt!
BENE: Wenns brennt, dös sieht der Turmwächter, der schreits uns
runter mit'n Sprachrohr, dann trommelt der Michl, dann komma
d'Leut und frag'n wo's brennt und dann sag'ns eahna wir und
dann löschens – – wenns no brennt!
MICHL: Ja und ich muaß aber no was toa, i muaß immer schauen,
wenn eine Hofequipage kommt oder ein General vorbeigeht,

dann muß ich es dem Bene sag'n, damit der Bene die Wach raus-läutet, weil er meistens schlaft.

BENE: Ja, das ist das einzige, was in meiner Macht steht, die Wach rausläuten, das kann ich Dir zeigen. *(geht zur Glocke und zieht an. a tempo kommt die Wache heraus mit der Musik.)*

KORPORAL: *(kommandiert)* »Stillgestanden Präsentiert das Gewehr!« *(Musik spielt dann Präsentiermarsch)*

KORPORAL: *(kommandiert):* Gewehr bei Fuß. – Ab Tritt! *1. mal.* *(Wache zieht wieder ab)*

FUHRMANN: Ja, das ist ja ganz recht und schön. Du mußt doch eine militärische Aktion treffen. Das hat doch gar keinen Wert wenn da die Musik rauskommt und spielt da Täterätätä.

MICHL: Ah! D'Musik, hast Du d'Soldaten gar net g'sehgn? Geh, zieh nochmal an! *(Bene zieht an! Wache zieht zum 2. Mal auf. – Bei Wache trommelt Michl jedesmal mit und einer kommt mit Fahne heraus.)*

FUHRMANN: Ja, was nützt denn dös, wenn de da rauslaufen, da muß doch jetzt was unternommen werden.

MICHL: Ja, das hat der Bene nur g'macht, weil Du g'meint hast der Bene hat sonst koa Macht. An der Glocken darf nur der Bene anziehn.

BENE: Natürlich, da kann ich läuten so oft ich will, die Wach muß raus und wenn ich hundertmal anziehe. Paß auf!
(zieht an der Glocke. Wache kommt zum 3. mal heraus wie oben.)

FUHRMANN: Ihr seid doch die 2 größten Rindviecher, die ich g'sehn hab. Von mir aus fressen Euch die Raubritter mit Haut und Haar. Ich hab meine Pflicht getan, jetzt gehts mich nichts mehr an.

BENE: Und ich hab auch mein Möglichstes getan und mehr wie da anziehn kann ich net. *(zieht wieder an. Wache kommt zum 4. Male. Korporal stößt Fuhrmann beiseite. Fuhrmann schimpfend ab. Peit-schengeknall und Pferdegetrappel. – Wache geht ebenso schimpfend ab; Korporal bleibt da)*

KORPORAL: Was ist denn dös für a damische Läuterei, da is ja gschei-der, mir bleib'n glei heraus? Wer war denn da?

BENE: Der Milchmann war da!

KORPORAL: So – und wegen dem läutst uns Du raus, da hört sich doch alles auf. Noch einmal wenn mir das vorkommt.

BENE: Ich kann anziehn so oft ich mag und wenn ich anziehe, dann müßt ihr rauskommen.

KORPORAL: Ja, aber nur wenn eine Obrigkeit kommt, sonst nicht. So eine Frechheit, wenn's wieder vorkommt, sag ich's dem Hauptmann. So a Lauferei in aller Früh, in nüchtern Mag'n nei, is a so so ungesund. *(Verärgert ab).*

VII. Scene

Bene und Michl (setzen sich auf die Bank)

MICHL: Du Bene, glaubst Du das, was jetzt der Fuhrmann g'sagt hat von die Raubritter?

BENE: Ah woher, der möcht uns blos Angst machen. Raubritter gibts ja gar keine mehr. Keine Raubritter gibts, kein Osterhasen, kein Christkindl und kein Storch.

MICHL: Ja, dös weiß ich auch!

BENE: Na, Raubritter gibts net und noch dazu solche wie der Fuhrmann g'sagt hat, mit an eisern G'wand und solche Bärt schon glei gar net. Ja, im Nationalmuseum gibts solche, aber die san innen hohl! Ja, böse Menschen gibt's, die wo andere überfall'n, dös san d'Raubritter.

MICHL: Ja, dann gibts ja Raubritter.

BENE: Freilich gibt's Raubritter, aber keine solchen wie der Fuhrmann g'sagt hat.

MICHL: Aber bestimmt kann mans doch net sagen, vielleicht sind no a paar übrig bliebn, von früher her.

BENE: No ja, gwiß weiß mans net.

MICHL: Bene sag amal, wenn solchene Raubritter geben tät, tatst Du dich dann fürchten?

BENE: Ich – fürchten? Ich net – ausgeschlossen! Außerdem sie täten kommen, dann schon!

MICHL: Ja, da tät ich mich auch fürchten, wenns kommen täten, da tät ich einfach davonlaufen, mi tätens auch net erwischen, weil i gleich so sausen kann ... aber unsern Korporal gings schlecht, der kann net laufen, wegen sein dicken Bauch.

BENE: Heut hat er sich scho' g'ärgert, weil er scho' 4 mal rauslaufen hat müssen, jetzt ziehg i extra nochmal an, daß er sich recht ärgert.

BENE: *(läutet) (Wache kommt, zieht schimpfend ab!)*
(Korporal bleibt da)

KORPORAL: Wer war denn schon wieder da?

MICHL: Der Milchmann!

KORPORAL: Der war doch vorher schon da?!

MICHL: Ja, das ist ihm jetzt nochmal eing'fall'n.

KORPORAL: Jetzt wird's mir aber zu dumm, so eine Gemeinheit, uns andauernd umsonst rausz'läutn.

BENE: *(greift zur Glocke)*.

KORPORAL: Bene, ich warn Dich, tu die Finger weg! So a Frechheit, so jetzt sag ich's dem Hauptmann. Einmal nei, einmal raus, da werd ma ja narrisch. Sapprament! Sapprament! *(wütend ab)*

MICHL UND BENE *(lachen)*

MICHL: Ah ... jetzt stinkt er ihm! Gestern hab ich ihn auch g'ärgert, weißt da hab ich ihm bei uns daheim in der Schusterwerkstatt auf's Butterbrot einen Schusterpapp naufg'schmiert und dann hab ich ihm d'Augengläser versteckt, daß er's net gsehen hat. Und wie er da ins Butterbrot neibissen hat, ist ihm das Maul zusammenpappt.

BENE: *(lacht)* Weißt Michl, Du mußt ihm einmal auf den Schusterstuhl an Schusterpapp hinschmiern. *(Während dieses Gesprächs ist von beiden unbemerkt der Aktuar aufgetreten. Der Michl bemerkt beim letzten Satz plötzlich denselben und stößt Bene an, bis ihn auch Bene bemerkt, aufsteht, seinen Säbel zieht und auf- und abpatroulliert.)*

VIII. Scene

Vorige – Aktuar.

AKTUAR: Schönen guten Morgen, meine Lieben.

BEIDE: Guten Morgen, Herr Aktuar!

AKTUAR: Ei der Teufel, was ist denn heute in der Frühe schon los? Trommel Musik, Radau? Was hat denn das zu bedeuten?

MICHL: Uih ...... Ja wissen Sie denn noch gar nix, Herr Aktuar? Der Fuhrmann war grad da und hat uns erzählt, daß d'Raubritter d'Stadt überfall'n wolln.

BENE: Die Raubritter sind draußen in Berg am Laim und bringen alles um.

AKTUAR: Das ist ja furchtbar, erzählt mir gleich!

MICHL: Also der Fuhrmann fahrt alle Tag in der Früh nach Berg am Laim und wie er heut nauskommen ist, hat er g'sehn, daß alles ganz schwarz war in Berg am Laim.

BENE: Ja und der Sturmwind hat g'heult vor lauter Schmerzen hat er g'sagt und das Feuer hat gebrunst und der Himmel war blutgrün und der König Herodes war draußen mit den sieben Geißlein.

MICHL: Wie der Fuhrmann das g'sehn hat, dann hat er Angst kriegt und wollt davon, aber d'Räuber sind ihm dann nachgelaufen und ham eahm sei G'wand auszogn und auf einmal war er ganz nackig.

AKTUAR: Weiter! Weiter!

MICHL: Dann hab'n ihm die Raubritter seine ganze Milch austrunkn und hätten ihn umbringen wollen, aber er hat sich dann hinter einen Baum versteckt und da is er dann eing'schlafn und auf einmal hat ihn träumt, daß er eine Ente war und daß er einen so langen Wurm g'fressen hat.

BENE: Das von der Ent'n und dem Wurm hat ja mir träumt.

MICHL: Ach ja, bin ich dumm, das hab ich jetzt verwechselt, *der* hat an Wurm g'fressn.

AKTUAR: Aber was hat denn der Wurm mit den Raubrittern zu tun?

BENE: Ah, nichts. Das ist ja eine ganz andere Abteilung.

AKTUAR: Also, erzähl weiter.

MICHL: Ja also, wie der Fuhrmann nochmal umg'schaut hat, hat er g'sehn daß scho alle Häuser brennt hab'n und die ganzen Ochsen und Rindviecher von Berg am Laim laufen im Freien umeinander und kennen sich gar nicht mehr aus!

AKTUAR: Schrecklich, weiter!

MICHL: Und Niemand traut sich mehr auf die Straßen naus, weils schon alle tot sind.

AKTUAR: Genug, genug, das ist ja furchtbar. Sperrt nur gleich alle Stadttore zu, alarmiert die Bürgerwehr und geht sofort an Eure Arbeit!

BENE: Ja, Herr Aktuar, in dem Fall dürfen wir eigentlich gar nichts unternehmen, das haben wir dem Fuhrmann schon erklärt.

AKTUAR: Aber Er kann doch zum Hauptmann gehen und kann ihm die Sache unterbreiten.

BENE: Ja, ich darf doch nicht weggehen von meinem Posten. Da kann um mich vorkommen was will, ich darf meinen Posten nicht verlassen, net amal bei an Hochwasser, außer es schwoabt mi weg.

AKTUAR: Dann schick Er doch den Kleinen zum Hauptmann.

BENE: Der muß mir doch 's Sach hol'n.

AKTUAR: Wann kommt denn der Hauptmann?

BENE: Da kann's 1/2 11 oder 11 Uhr werden bis der kommt.

AKTUAR: Bis dahin kann es aber zu spät werden.

BENE: Es kommt halt drauf an, wer z'erst kommt, die Raubritter oder der Hauptmann.

AKTUAR: Aber das hat doch gar keinen Wert, da muß doch etwas unternommen werden, die Raubritter können ja in einer Stunde schon da sein!

BENE: Leicht!

AKTUAR: Ja, aber wenn unserer Vaterstadt eine solche Gefahr droht! Die Raubritter können jeden Augenblick kommen!

MICHL: Ja, die kommen sicher, weil sie's dem Fuhrmann versprochen haben.

BENE: Ja, das einzige was wir tun können, das ist die Wach rausläuten, das haben wir dem Fuhrmann schon zeigt. *(läutet)*

(Wache zieht auf und geht wieder ab)

(Alle wollen schimpfen, sehen Aktuar und gehen still ab)

AKTUAR: Ihr seid doch die 2 größten Rindviecher, daß Ihr's wißt.

MICHL: Das hat der Fuhrmann auch g'sagt zu uns.

AKTUAR: Stellt Euch doch einmal vor ...

MICHL UND BENE: *(machen zwei Schritte vorwärts)*

AKTUAR: Ihr sollt Euch vorstellen ....

MICHL UND BENE *treten wieder vor.*

AKTUAR: Im Geiste sollt Ihr Euch vorstellen ....

BENE UND MICHL: haben wir keinen!

AKTUAR: Wenn die Raubritter kommen, die werden rauben, plündern, stehlen!

BENE: Ja uns is ja selber unangenehm!

AKTUAR: Folglich muß doch was unternommen werden, die Raubritter nehmen keine Rücksicht, die schrecken vor gar nichts zurück, die nehmen sogar Weib und Kind mit.

BENE: Ah, das wär das wenigste!

AKTUAR: Wo is denn zur Zeit der Hauptmann?

BENE: Im Faberbräu drüben, da muß er an Hausgang ausweißen.

AKTUAR: Wißt Ihr was, dann gehe ich persönlich zum Hauptmann und melde ihm die Sache *(Aktuar ab)*

(Man hört von ferne Volksgemurmel / Lautsprecher / und die Handglocke des Polizeidieners.)

IX. Scene

(Polizeidiener, Volk und Wache tritt auf. Gemurmel »Was ist denn los« etc.)

POLIZEIDIENER: Das werd's jetzt gleich hörn! *(läutet)*

Bekanntmachung

Der hochlöbliche Magistrat gibt kund und zu wissen, daß eine Raubritterbande von Ramersdorf her im Anzuge ist. Dessenthalben gibt der Stadtrat, der wie immer um das leibliche Wohl seiner Mitbürger besorgt ist, folgende Maßregeln kund:

(läutet): I. Gemäß Pharagraph 333 1/3 des herzoglichen Bürgerschutzgesetzes sind von heute ab die Stadttore um den Glockenschlag 1/2 9 Uhr auf der Nacht zu schließen. *(läutet)*

II. Ein jeder Bürger soll, was er an Wehr und Waffen hat für alle Fälle bereit halten. *(läutet)*

III. Bürger, die wo Posten stehen, sollen fest nach dem Feinde auslugen.

Eigenhändig vorgelesen und pupliziert, Josef Winterhuber, Polizeidiener im Namen des hochlöbl. Magistrats München.

(Volk und Wache geht links und rechts mit Gemurmel ab)

POLIZEIDIENER: Trommelbua, Du gehst jetzt gleich mit mir zum Sendlingertor und tust trommeln.

BENE: Der bleibt da, den brauch ich!

POLIZEIDIENER: Nein, den muß ich haben, der geht mit mir!

Beide ab.

Bene und Korporal allein.

BENE: Glaubst das jetzt, Korporal, daß das wahr ist mit die Raubritter? Was da Polizeidiener einmal amtlich vorliest, das ist kein Spaß, das ist Ernst!

(es erfolgt ein Kanonenschlag hinter der Scene)

(Beide erschrecken)

KORPORAL: Was war jetzt das?

BENE: Ein Kanonenschuß. So, jetzt war seit dem 30jährigen Krieg a Ruh und jetzt müssens wieder anfangen, jetzt, weil ich jung verheirat bin und an Kramerlad'n gründt hab.

(der Hintergrund wird rot beleuchtet)

KORPORAL: Ja und i kann Dir a net helfen, weil i jetzt hoam muaß zum Stiefeldoppeln.

MICHL: *(tritt auf)* Uih, i woaß was, schaugts amal um!

KORPORAL UND BENE: Was ist denn los? Sind's schon da?

MICHL: Ja schaugts doch amal um, da hint is alles ganz feuerrot, i glaub da brennts schon.

(Korporal und Bene schauen um)

BENE: Auweh, auweh, das Morgenrot! Weißt Du, was das Morgenrot für uns Soldaten bedeutet?

KORPORAL: Nein!

BENE: Du bist a trauriger Soldat. Morgenrot bedeutet: »heute tot, morgen rot.«

KORPORAL: Ich muß jetzt geh, i muß Abschied nehmen von meiner Familie. Bene, pfüat di Gott, bleib g'sund, wann Dir was passiert.

(Korporal schluchzend ab)

(Bene und Michl allein; Bene nimmt Zugharmonika aus dem Schilderhaus und Beide setzen sich auf die Bank.)

MICHL: So, jetzt mag ich mei Milch auch nimmer.

BENE: Morgenrot, pfüat di Gott.

(Bene fängt mit der Ziehharmonika zu spielen an, beginnt mit einigen Akkorden bis ein Schuß fällt). (Beide erschrecken)

Dann folgt der Gesang:

> Morgenrot, Morgenrot
> leuchtest mir zum frühen Tod

Bald wird die Trompete blasen,
dann muß ich mein Leben lassen
ich und mancher Kamerad.

II.

Ach wie bald, ach wie bald
schwindet Schönheit und Gestalt
heute noch auf stolzen Rossen
morgen durch die Brust geschossen
übermorgen in das kühle . . . .　　　Grab.
(Vorhang)

1 Minute Zwischenpause, dann 2. Akt.

II. AKT
1. Scene

Musik besteht aus:
1. Klarinette
2. Trompete
3. Posaune
4. Bombardon
5. Schlagzeug.
*Bühne ganz hell!! Bene steht vor dem Schilderhaus. Mit dem Einsetzen
der Musik öffnet sich der Vorhang rasch. Unter den Klängen des Hohen-
friedberger Marsches zieht die ganze Truppe auf, voran der Hauptmann,
dann der Trommelbub, hinter demselben die Musik, dann Korporal und
hinten nach Fahnenträger und die übrige Wachmannschaft. Alle ziehen
an Bene vorbei, der dem Hauptmann beim Vorbeigehen desselben die Hand
reicht und marschieren einmal um die Bühne herum. Bis zum Kommando
des Korporals:*
KORPORAL: Das Ganze halt! Gewehr bei Fuß! Rührt Euch!
*Die Truppe steht jetzt folgendermaßen: Längs der Mauer in der Bühnen-
mitte steht die Musikabteilung mit Trommelbub. Links der Bühne beim
Wacheingang seitlich steht die Wache mit Fahnenträger. Hauptmann in
der Bühnenmitte. (siehe Situationsplan)*
Korporal geht auf den Hauptmann zu.

KORPORAL: Grüß Dich Gott, Hauptmann. Wie gehts Dir denn immer?

HAUPTMANN: Grüß Dich Gott, Korporal, No ja, es muß schon tun. A bissl viel Arbeit gibts halt. Zuhaus ist auch immer was los. Mei Alte hat sich gestern an Zahn reißen lassen, jetzt ist sie heut saugrantig.

KORPORAL: Übrigens Hauptmann, was sagst denn zu meine Leut, schaug Dir's einmal an!

HAUPTMANN: Bravo, bravo, stramm sans beinander, das laßt sich hören. Das ist ja a wahre Freid, wenn mans so anschaut. Wie gehts Euch denn Leut?

SOLDATEN: Gut, Herr Hauptmann!

HAUPTMANN: *(geht zu einem Soldaten – Kollmannsberger)* Nun Meier, meine Gratulation zum freudigen Familienereignis, habs scho g'hört. Was is denn? A Madl oder ein Bub?

SOLDAT MEIER: Ein Bub, Herr Hauptmann!

HAUPTMANN: Das läßt sich hören. Der 5. Bub, gell Meier?

SOLDAT MEIER: Der 9. Herr Hauptmann!

HAUPTMANN: Bravo! Das läßt sich hören, ja ich sags ja, der Meier laßt nicht aus. – Was ich sagen will, wer steht denn heut auf Posten.

KORPORAL: Der Bene.

(Bene und Michl haben sich die ganze Zeit unterhalten und hören nicht auf den Korporal.)

KORPORAL: *(lauter)* Der Bene!! *(schreit)* Der Bene!!!

BENE: *(bemerkt schließlich, daß es sich um ihn handelt und geht schnell am Schilderhaus auf und ab mit grotesker Komik)*

HAUPTMANN: *(nachdem er eine Zeitlang zugesehen)* No, hör nur mal wieder auf. Rennst denn Du den ganzen Tag so auf und ab?

BENE: Nein, nur wenn Du kommst!

HAUPTMANN: Hör nur amal wieder auf! Grüß Dich Gott! *(gibt ihm die Hand)*

BENE: Grüß Gott, Hauptmann! *(streckt ihm statt der Hand den Säbel hin)*

HAUPTMANN: Au, au, da schneidt man sich ja, paß doch auf! Hast mir sonst was zum sagen?

BENE: Ja, wegen einem kleinen Öferl hätt ich Dich amal fragen wollen. Weißt, weils im Schildwachhäusl immer so kalt ist, wenn schlecht Wetter ist und da hätt ich halt fragen wolln obst net a so a kleins Öferl ins Häusel reinmachen lassen möchst, weißt so ein kleins Öferl.

HAUPTMANN: Ja, ja, ich versteht Dich schon, a kleins Öferl meinst halt. Muß man halt schaugen, daß man eins kriegt.

KORPORAL: Ich hab eins am Speicher drobn, das kann man ihm reinmachen.

HAUPTMANN: Ja Korporal, schau einmal nach. Ah, was ich sagen will, wie macht sich denn eigentlich der Kleine, der Trommelbub?

BENE: Recht frech ist er immer.

MICHL: Ja heut in der Früh um 6 Uhr hab i an Bene aufg'weckt, weil er g'schlafn hat.

BENE: *(stößt den Michel, während der Korporal auffallend laut zu lachen beginnt.)*

HAUPTMANN: No, was habts denn narrisch, was ist denn eigentlich?

BENE: Nein, ich mein, a ganz kloans Öferl wenns war!

HAUPTMANN: Jetzt hör mir einmal auf mit Deinem Öferl, das wird einem ja ganz fad! Der redt andauernd vom Öferl und d'Raubritter san in der Nähe. Das erste ist jetzt gleich, daß einer auf den Turm naufsteigt und nach dem Feind ausschaugt.

(Alle wechseln Platz – Trompeter geht ab)

KORPORAL: Bene, geh Du gleich nauf am Turm!

BENE: Dös kannst Dir denken! Der Vinzenz soll naufgehen.

HAUPTMANN: Also Vinzenz, nachher gehst Du nauf und wennst was Verdächtiges siehst, dann gibst gleich ein Signal!

VINZENZ: Ja, ist schon recht, wenn i aber nichts siech?

BENE: Dös siegst dann scho, ob'sd nichts siehgst.

VINZENZ: Am Turm oben brauch i aber koa G'wehr. *(lehnt es an Bene hin und geht beim Turm in der Türe ab)*

BENE: *(lehnt es an den Korporal an)*

KORPORAL: *(lehnt es an den Hauptmann an)*

HAUPTMANN: *(lehnt es an den Korporal zurück)*

KORPORAL: *(lehnt es wieder zu Bene)*

BENE: *(lehnt es an den Hauptmann)*

HAUPTMANN: Was lehnst denn das Gewehr alleweil an mich hin? *(lehnt es wieder an Bene)*

BENE: Ja, ich kanns doch net in d'Luft hinlehnen, da fällts ja um. *(stellt das Gewehr frei hin, welches umfällt)*

HAUPTMANN: Tragt jetzt einmal einer das Gwehr naus!

KORPORAL: Geh, trags do glei selber naus.

HAUPTMANN: *(hebt das Gewehr auf und trägt es weg)* Dös is zum Kotzen mit dene Brüda. So jetzt kümmerts Euch um Eure Kanonen, daß net wieder alle eingroßt sind und schauts, daß auch sonst Alles ordentlich imstand ist.

VINZENZ: *(Ist währenddessen oben auf dem Turm sichtbar geworden, hat ausgesehen und gibt ein Signal auf der Trompete)*

ALLE: *(hinaufschauend)* Was ist denn los?

VINZENZ: Ganz draußen am Gasteigberg seh ich sie schon daherkommen. Es ist ein ganz großer schwarzer Haufen, ich glaub, das sind d'Raubritter!

MICHL: Gelt, dann gibts doch Raubritter, weil der Bene g'sagt hat, es gibt keine Raubritter mehr, dann gibts auch einen Osterhasen und a Christkindl und alles.

HAUPTMANN: Jetzt fangt der dumme Bub mit dem Osterhasen an, wenn d'Raubritter kommen. Also, alle Männer an die Schießscharten und Kanonen auswischen.

BENE: Ja, die können wir nicht auswischen, weil wir keinen Wischer haben; der Korporal hat ihn dem Kaminkehrer g'liehn.

MICHL: Ja, ich hab alleweil g'sagt, den darf man nicht herleihn, aber er, der alte Aff hat ihn hergeb'n.

HAUPTMANN: Ah, das ist eine Schlamperei. Aber es sind doch soviel ich weiß 2 Wischer da. Wo ist denn der Zweite?

BENE: Ja, der steckt in der Kanone drin, da wird Dir keiner nübersteig'n, wo die schon herbledern.

HAUPTMANN: Da wird sich doch einer finden der nübersteigt?! Korporal, zeig Du die Leut, daß Du a Schneid hast, steig Du nüber.

KORPORAL: Gel, jetzt darf ich wieder einen Deppen machen. *(schickt sich an, auf die Bank zu steigen, kehrt dann nach einer kleinen Pause wieder um)* Hauptmann, geh schick doch lieber einen andern nüber, i mein dös is besser.

BENE: Ah, jetzt hat er keine Schneid.

MICHL: Ah, jetzt traut er sich net nübersteig'n, der Hosenscheißer, jetzt hat er schon Angst.

HAUPTMANN: Korporal, jetzt geb ich Dir einen dienstlichen Befehl, Du steigst jetzt nüber.

KORPORAL: Ausgerechnet ich muß da nübersteig'n. *(steigt auf die Bank von Bene und Michl unterstützt. In dem Moment da sein Kopf auf der Mauerkante sichtbar ist, fällt ein Schuß. Korporal schreit)* Au, au! *(steigt wieder runter und läßt eine schwere eiserne Kanonenkugel auf den Boden fallen)*

MICHL: Ah, direkt aufs Hirn nauf, da mußt jetzt ganz damisch sein!

KORPORAL: Das war ich vorher schon.

BENE: Du, das ist eine Raubritterkugel. Die is no ganz warm.

MICHL: Die heben wir uns auf, die tun wir in eine Schachtel nein. Die geben wir nimmer her.

BENE: Nein, damit gründen wir einen Kegelklub. *(schiebt die Kugel hinaus)* Juchhe! Alle Neune!!!

HAUPTMANN: Ich geb Dir gleich alle Neune! Was ist's jetzt eigentlich mit dem Kanonenwischer?

BENE: Ich hab eine Idee, wir ziehen einfach die Kanone aus dem Loch raus, dann haben wir den Wischer.

MICHL: Ja, das machen wir.

(Beide ziehen die Kanone umständlich aus der Mauer. Bene kommt mit dem Fuß unter die Räder. schimpft den Michl recht und Beide stellen dann die Kanone in Richtung Puplikum auf die Bühne).

HAUPTMANN: So .... laßt Euch nur recht Zeit. Also, Du Korporal, stellst Dich jetzt vor das Loch hin wo die Kanone drin war, damit bei dem Mauerloch kein Wind rein kann.

KORPORAL: So jetzt kann keiner mehr rein. *(in diesem Moment fällt wieder ein Schuß)* Au! au! *(läßt aus seinen nach hinten gehaltenen Händen eine schwere, eiserne Kugel fallen)* Au! au! *(weint und schreit jämmerlich – setzt sich auf die Bank und schreit:)* Jetzt kann ich mich nicht mehr hinsetzen auch. *(jammert weiter)*

MICHL: Tuat dös so weh?

KORPORAL: Nein, wohl tut's, dummer Bub!

BENE: Ah, der ist schon recht wehleidig auch.

HAUPTMANN: Also, was ist's jetzt mit dem Kanonenloch auswischen? Michl, geh weiter, schick Dich a bisserl!

MICHL: *(wischt umständlich und langsam das Kanonenloch aus)*

HAUPTMANN: Was is? – Schick Di besser – Michl!

MICHL: Ja, i kann mi a net darenna weg'n de damischen Ritter!

II. Scene

(Girgl tritt auf mit Polizeidiener)

GIRGL: Da ist er ja, der Bene.

POLIZEIDIENER: Du Bene, der Girgl da behauptet, Du hättest ihm heute in der Früh einen ganzen Haufen Knackwürst g'stohln, beruht jetzt das auf Wahrheit oder beruht das auf keiner Wahrheit?

BENE: Ja.

POLIZEIDIENER: Was ja?

BENE: Das beruht auf keiner Wahrheit.

POLIZEIDIENER: Wenn aber der Girgl behaupt, Du hast die Würst g'stohln, dann hast es entweder g'stohln oder der Girgl lügt.

BENE: Ja der lügt und wer lügt, der stiehlt.

GIRGL: Was, ich kann doch nicht meine eigenen Würst stehlen. Du hast es g'stohln! *(will auf Bene losgehen, Polizeidiener hält den Girgl zurück)*.

BENE: *(zieht den Kanonenwischer raus und will sich damit gegen Girgl verteidigen, trifft aber dabei den hinter ihm stehenden Korporal auf den Kopf)* Laßts mir jetzt meine Ruhe! *(fährt mit dem Kanonenwischer ins Kanonenloch und stößt die darin befindlichen Würste heraus)*

GIRGL: *(stürzt auf die Würste hin und nimmt sie zu sich, sie dem Polizeidiener zeigend):* Da schau her, Polizeidiener, da sind ja die Würst!

POLIZEIDIENER: *(zu Bene, der verblüfft dasteht)* Du Bene, wie können denn da vorne Würst rauskommen?

BENE: Wenn man hinten neinfahrt.

POLIZEIDIENER: Nein, ich möcht wissen, wie die Würst da hinten reinkommen können?

GIRGL: Wie's neinkommen sind, das kann ich Dir sagen: wie ich heut in der Früh da vorbei gangen bin, da hab ich den Holler ang'schaut . . .

BENE: Ang'schaut ... stehln hättst Du ihn wollen, weißt Polizeidiener, das war so: heut in der Früh ist doch ein starker Westwind gangen und wie da der Girgl mit seiner Mulden so vorbeigeht, hat der Wind auf einmal die Würst runterg'weht und da war grad der Schuber von der Kanon auf und da hat der Wind die Würst pfeilgrad da neing'weht. Der Michl hats g'sehn, der war dabei, gel Michl!

MICHL: Ja, so wars, ganz genau so, weil ichs selber g'sehn hab und weil er noch g'sagt hat auch, wenn ich nichts sag, krieg ich auch die Hälfte.

POLIZEIDIENER: Von was kriegst die Hälfte?

BENE: Vom Wind.

POLIZEIDIENER: Da müßt ich ja auf die Weise an Wind verhaften.

BENE: Den wirst aber Du net erwischen.

VINZENZ: (bläst Signal, alle schauen hinauf)

ALLE: Was ist denn los?

VINZENZ: Die Raubritter kommen immer näher und näher und einen ganzen Haufen Kanonen hams dabei.

POLIZEIDIENER: Was, d'Raubritter kommen? Da muß ich aber gleich schauen, daß ich heimkomm'. (läuft mit langen Schritten über die Bühne ab)

GIRGL: Und ich geh auch, sonst fressen mir die Raubritter meine Würst' z'amm. (läuft auch ab)

MICHL UND KORPORAL: schieben Kanone in das Mauerloch hinein.

III. Scene

Vorige.

HAUPTMANN: Also Kinder, seids tapfer, der Feind naht. Jetzt schießen wir unsere Kanonen ein, damit beim Überfall der Raubritter alles richtig funktioniert.

Gesang

I.

Ach es ist doch wirklich schwer
bei der Münchner Bürgerwehr.
Unser Dienst ist nicht beliebt,

weils da keine Würstl'n gibt.
B'sonders bei der Artillerie
's ist die größte Ironie.
Weg'n der g'ringsten Kleinigkeit
sind wir schon salutbereit.

Refrain: Tararara *bum* halloh
die Artillerie ist da
Tararara bum halloh
die Artillerie ist da!

(Michl ladet die Kanone und schießt bei jedem Refrain. – Bei jedem 1. Bum des Refrains folgt ein starker Kanonenschuß mit aufsteigenden Rauchwolken, durch elektrische Pulverentzündung in einer Eisenpfanne)

II.

Ist wo eine Fahnenweih'
ist d'Kanone auch dabei,
sogar beim Oktoberfest
san ma jed's Jahr draußen g'west.
Ist das Pferderennen g'wen,
taten wir am Berg drob'n steh'n,
Wie d'Kanonen bum ham to
Ging das Pferderennats o:

Refrain: Tararara *bum* hallo etc.

III.

Wenn der König kriegt ein Kind
schießen wir Salut geschwind.
Auch bei jeder Prozession
schießen wir mit der Kanon.
Kurz bei jeder Viecherei
ist d'Kanone auch dabei.
Dö Kanone ist famos,
blos im Krieg, da gehts net los.

Refrain: Tararara *bum* hallo etc.

(Nach Schluß der 3. Strophe ertönt ein Signal vom Vinzenz)
ALLE: Was ist denn das?

BENE: Das Echo.

VINZENZ: Nein, das ist kein Echo, das war schon ich. Höchste Gefahr ist! D'Raubritter kommen immer näher und näher und immer mehr Kanonen hams dabei. Allerhöchste Gefahr!

(Alles läuft aufgeregt umeinander, Musik ab)

MICHL: *(nimmt Trommel und Wiesenteppich und schreit:)* I hab scho alles!

BENE: Du hast ja d'Wiesen mitg'nommen!

MICHL: Dö hab i in der Angst ausgriss'n.

HAUPTMANN: Seid doch nicht gar so aufgeregt, Leut, nur den Kopf nicht verlieren, immer die Ruhe bewahren. Du Korporal übernimmst die I. Batterie, Du Michl die II. Du Bene übernimmst den Sanitäterdienst, im Fall daß grad einem schlecht wird und ihr tut's bei der Schiesschart'n nausfeuern was nur grad 's Zeug halt.

(Michl bedient die beiden Kanonen, schiebt Kugeln ein und zieht bei jedem Kommando 1. oder 2. Batterie bum) (Bei Bum erfolgt jedesmal ein Kanonenschlag mit aufsteigenden Rauchwolken – man hört nun auch von ferne Lärm und Abschüsse, noch etwas schwach)

KORPORAL: *(gibt nun mit Michl abwechslungsweise Kommando zum Abschuß, bald bei der einen, dann bei der anderen Kanone bis zum Schluß. Unterbrechen nur bei jeweiligen Sprechdialogen zwischen Bene und Hauptmann. Dem Michl fallen aus der 2. Kanone alle Kugeln wieder nach vorne heraus.)*

BENE: *(sieht einen verwundeten Soldaten am Laternenpfahl lehnen, nimmt aus seiner Sanitätstasche die er sich mittlerweile umgehängt hat eine breite Binde und verbindet den Kopf des Soldaten, so, daß auch der Laternenpfahl mit umwickelt wird, sowie Helm und Gewehr.)*

HAUPTMANN: *(Schießt abwechslungsweise aus seiner Pistole über die Mauer, gibt dazwischen hinein Kommandos.)*

Die übrigen Soldaten schießen durch die Schiesscharten, der Riese schießt über die Mauer, das Gewehr auf derselben aufgelegt.

EIN 2. SOLDAT: *(fällt um, von einer Kanonenkugel getroffen, die in seinem Uniformrock steckt. Bene und Michl holen eine Tragbahre mit Decke ohne Boden und beginnen den am Boden liegenden Soldaten auf die Bahre zu legen. Michl nimmt die Kanonenkugel aus dem Rock desselben. Heben die Bahre auf und gehen mit der leeren Bahre ab, da der*

Soldat zwischen durchgerutscht und am Boden liegen geblieben ist.)

BENE U. MICHL: *(kommen wieder auf die Scene).*

HAUPTMANN: *(bemerkt den noch auf dem Boden liegenden Soldaten, zu Bene):* Was ist's denn eigentlich mit dem Mann da, wollt Ihr jetzt den gleich hinaustragen!

BENE: Den haben wir grad naustragen.

HAUPTMANN: Das gibts ja gar nicht, der liegt ja noch da!

BENE: Recht eigensinnig ist er. *(holt eine andere Bahre, diesmal eine richtige herein und legen den Soldaten hinauf. Es ergeben sich große Umständlichkeiten, indem bald Bene, bald Michl verkehrt an der Bahre stehen, dann wieder rutscht der Soldat bald seitlich, bald vorn, bald hinten von der Bahre. Bis es Bene zu dumm wird und den Soldaten so auf die Bahre legt, daß er zwischen Bene und Tragbahre zu Fuß aus der Scene geht. Der Lärm wird nun immer größer, die Schüsse stärker. Der Zuschauerraum wird plötzlich hell. Es fliegen nun Stoffballons als friedliche Kanonenkugeln über die Mauer ins Puplikum und die Raubritter erscheinen auf der Mauer mit starkem Lärmen und Schreien. Ein Raubritter in Rüstung erscheint auf der Bühne und bohrt dem dicken Korporal seinen Spieß, der verschiebbar ist, in den Bauch, sodaß am Rücken die Spitze herausschaut.*

BENE: *(kommt mit weißem Fähnlein aus dem Schilderhaus)*

MICHL: *(Wirft Kanonenkugeln in das Publikum)*

Ende

Bahnhofszene

1925

(Nach der Abfahrt des Zuges).
Portier steht allein auf der Bühne und putzt sich die Brille.

FRAU *(kommt schwitzend, atemlos mit vielen Koffern gelaufen):* Bitt schön, sagens mir schnell, ich hab höchste Zeit, wo muß ich einsteign nach Italien?

PORTIER: Grad is er weggfahrn.

FRAU: Jeß Marand Josef!!!!!

PORTIER: Wärns drei Minuten früher komma, hättens ihn noch erwischt.

FRAU: So, dann geh ich nochmal heim und komm drei Minuten früher.

PORTIER: Dann kommas ja noch später.

FRAU: Naa, sagns, warum ist denn der Zug grad ausgerechnet heut drei Minuten früher weggfahrn?

PORTIER: Naa, der Zug ist net drei Minuten früher weggfahrn, Sie san drei Minuten z'spät komma.

FRAU: Das kommt eben daher, wenn man nicht genau weiß, wenn der Zug abfährt.

PORTIER: Hättens ins Kursbuch neigschaut, dann hätten Sie 's g'wußt.

FRAU: Da hab ich ja neigschaut, aber da stehts nicht drin.

PORTIER: Freilich stehts drin.

FRAU: Ja, wissens, ich hab eben kein Kursbuch daheim, jetzt hab ich in mein Kochbuch neigschaut. Und da stehts nicht drin.

PORTIER: Ja, im Kochbuch steht freilich kein italienischer Zug, höchstens der italienische Salat.

FRAU: Drum hab ich ihn auch nicht g'funden, ja nicht einmal im Telephonbuch ist er drin gstanden.

PORTIER: Sie kunnten ja glei im Katechismus nachschaun.

FRAU: Meinas?

PORTIER: Nein, ich mein nur.

FRAU: Ja, ich mein auch nur. Aber ich kanns nicht glauben, daß der Zug schon weggfahrn ist.

PORTIER: Freilich ist er weggfahrn.

FRAU: Ist der einfach weggfahrn und hat die Reisenden alle da gelassen?

PORTIER: Nein, die sind alle mitgfahrn.

FRAU: Ja, warum ham denn die den Zug nicht versäumt?

PORTIER: Weil die nicht zu spät komma sind.

FRAU: Wenn aber die auch zu spät kommen wärn, wär dann der Zug auch weggfahrn?

PORTIER: Ja, aber rentiert hätte er sich dann nicht.

FRAU: Was hätten dann die Reisenden alle gemacht, wenn sie alle den Zug versäumt hätten?

PORTIER: Auch so dumm dreigschaut hättens wie Sie.

FRAU: Kann ich jetzt gar nichts machen?

PORTIER: Das müssen Sie wissen.

FRAU: Ich mein, was ich jetzt tun soll? Denn wenn ich noch a Zeitlang wart, dann versäum ich ihn immer noch mehr.

PORTIER: Fahrns halt mit dem nächsten Zug.

FRAU: Wann geht denn der?

PORTIER: Morgen früh.

FRAU: Ja, das nutzt mich nichts – morgen um die Zeit bin ich ja gar nimmer hier, da bin ich ja schon lange in Italien.

PORTIER: Ja, wie könnens denn da morgen in Italien sein, wenns heut den Zug versäumt haben?

FRAU: Ja, da fahr ich ihm halt nach mit der Trambahn.

PORTIER: Da geht keine Trambahn hin.

FRAU: Dann lauf ich ihm zu Fuß nach, das geht auch, das hab ich schon einmal in einem Kino gsehn.

PORTIER: So schnell wie der Zug fahrt, glaub ich, können Sie nicht laufen, außerdem Sie schicken sich recht.

FRAU: Ja, ich muß nach Italien, ich freu mich schon darauf, warn Sie schon in Italien? Da muß es doch wunderschön sein. Sie, da ist doch der große Vatikan, der immer so speibt?

PORTIER: Verschonens mich mit Ihrer Lava. – Sie sind da im Irrtum, der Vatikan kann doch unmöglich speibn, das ist ja ein Gebäude, und ein Gebäude kann doch nicht speibn.

FRAU: Nein, das ist bestimmt der Vatikan, denn mit V geht er an und dann hab ich ihn schon auf Ansichtskarten gesehn, der ist so groß und oben geht der Dampf naus.

PORTIER: Dann meinen Sie wahrscheinlich den Vesuv.

FRAU *(geht der Koffer auf und fällt ihr alles Unmögliche heraus):* Jessas, jessas, so ein Pech wie ich heut habe, zuerst versäum ich den Zug und jetzt fallen mir meine ganzen Reiseutensilien heraus, wenn das jemand sieht, Sie glauben gar net wie ich mich geniere.

PORTIER: Ja, mit *dem* Zeug derfens Ihna freili genieren.

FRAU (*alles einpackend*): Ich reise nämlich so selten, Sie glauben gar nicht, wie unbeholfen ich bin.

PORTIER: Dös seh ich schon, jetzt schauns, daß mit dera Brockensammlung bald zum Teufel komma.

FRAU: Mein Gott, der Wecker ist, glaub ich, auch kaputt. Horchens amal.

PORTIER: *Horcht (wirft ihn dann am Boden).*

FRAU: Ja, wenn Sie's so machen, dann muß er ja hin werden (*wirft ihn auch hin*).

PORTIER: Ja, mei Frau, je öfters daß'n nunter werfen, desto hiher wird er.

FRAU: Ach Gott, wenn man keinen Menschen hat, ich reis' nämlich ganz allein.

PORTIER: Sie ham doch vier Koffern dabei.

FRAU: Nein, ich mein, wenn eine Frau allein reist, ist es überhaupt nichts, wissens ich bin eine Witwe, ich stehe jetzt 30 Jahre ganz allein am Bahnhof – – ah auf der Welt wollt ich sagen.

PORTIER: Mir waars ja gnua, wenn Sie 30 Jahre am Bahnhof stehen würden, mir glanga schon die 3 Minuten.

FRAU: Wissens, ich war auch verheiratet, aber mein Mann ist als Bub mit 14 Jahren nach Südamerika ausgewandert und ist seit der Zeit nie mehr zurückgekommen. Ich hab ihn nie wieder gesehn – – – Verschollen, aber nicht vergessen.

PORTIER: So fangas ma 's weina auch noch an, tröstens Ihna nur, schauns ich war auch 30 Jahre in Südamerika, bin auch wieder zurückgekommen, der kommt schon wieder, wenns a G'scheidter ist.

FRAU: Oh, das war ein braver Mann, aber ein böser Mann – – aber kommen tut er nicht mehr mein Xaver.

PORTIER: So, Xaver hat er g'hoaßen, ich heiß auch Xaver.

FRAU: So – ja, mein Xaver hat immer zu mir g'sagt: Wally ich komm wieder, aber gekommen ist er nicht mehr.

PORTIER: Was, Sie heißen Wally?

FRAU: Ja, Wally Rembremerdeng –

PORTIER: Und ich heiß Xaver Rembremerdeng.

FRAU: Nein, ich heiß Rembremerdeng.

PORTIER: Und ich auch und in Südamerika war ich auch.

FRAU: Ja, bist *Du* der Xaver? Nein?

PORTIER: Und *Du* d'Wally?

FRAU: Ja, Xaver!!! *(Umarmt ihn und wirft ihm den Koffer auf den Fuß.)*

PORTIER: Ja, Rindviech!!!!

FRAU: 30 Jahre ham wir uns nicht mehr gsehn, hast mich denn nimmer kennt?

PORTIER: Drum ist mir Dein Hut glei so bekannt vorkomma.

Die zwei Elektrotechniker
oder »Der reparierte Scheinwerfer«
1925

Es kommt eine orientalische Tänzerin mit feenhafter Scheinwerferbeleuchtung – einige Takte Musik – dann kommt Direktor aufgeregt auf die Bühne und schreit hinter die Bühne: »Was ist denn hier los? Warum tritt die Tänzerin nicht auf?«

STIMME: *(Hinter der Bühne)* Der gelbe Scheinwerfer links an der Bühne brennt nicht mehr.

DIREKTOR: So eine Schlamperei – wissen Sie das jetzt erst – der muß sofort gerichtet werden, wo sind denn die Elektrotechniker? *(Sucht sie und nimmt sie mit auf die Bühne)* Kommen Sie mal mit auf die Bühne – der Scheinwerfer brennt nicht – schauns mal nach was da los ist.

VALENTIN: Was is'n?

DIREKTOR: Der Scheinwerfer brennt nicht.

VALENTIN: Brennt er net?

DIREKTOR: Nein der brennt nicht!

VALENTIN: Der wird halt net eing'schalt sein – *(ruft hinter)* schalten's amal ein dahint.

STIMME: *(von hinten)* Es ist ja eingeschaltet.

VALENTIN: Was, eing'schalt is – na muaß er ja brenna.

DIREKTOR: Er brennt aber nicht.

VALENTIN: Ja, na könna mir a nix macha.

SIMMERL: Ja wieso, warum brennt er denn net?

DIREKTOR: Frag doch net so dumm, blöder Bua!

VALENTIN: Was blöder Bua – der ist schon bei der Fachschaft.

DIREKTOR: Schließlich und endlich sind doch sie der Fachmann.

VALENTIN: Ja ich schon – aber der net – der is Fachknabe.

DIREKTOR: Ist ja wurscht was er ist, das ist halt ihr Lehrbua.

VALENTIN: Ja ja.

DIREKTOR: Also wollen Sie so gut sein, schaun's halt amal an.

VALENTIN: Ja anschaun könn ma'n schon.

SIMMERL: Ob er aber vom anschaun alloa brennt, dös glaub i kaum.

DIREKTOR: Das glaub ich auch nicht.

SIMMERL: Brennt er überhaupt nimmer?

DIREKTOR: Nein der brennt nicht.

VALENTIN: Red doch koa Suppen, dös sagt er ja der Mo.

SIMMERL: Ach wirft er keine Scheine mehr?

DIREKTOR: Nein, er wirft keine Scheine.

VALENTIN: Geh hör doch auf!

SIMMERL: Vielleicht is er kaputt?

DIREKTOR: Wahrscheinlich ist er kaputt.

SIMMERL: Wahrscheinlich – der is scho' sicher hi'.

DIREKTOR: Verstehn Sie denn überhaupt etwas von Scheinwerfern?

VALENTIN: Natürlich, ich hab doch bei Siemens und Schuckert g'arbat, aber mehr auf Marinescheinwerfer, dös san ja solchene Kübeln – Gschläusen! Da is ja dös a Katze dagegen.

DIREKTOR: Marinescheinwerfer, meiner Ansicht nach ist doch einer wie der andere.

VALENTIN: Hams noch oan?

DIREKTOR: Freilich, noch mehrere.

VALENTIN: Die brenna ja.

DIREKTOR: Die brauchen sie ja auch nicht richten.

VALENTIN: Des hätt ja auch gar koan Sinn wenn ma's richten tat, wenns a so brenna.

DIREKTOR: Freilich hat das keinen Sinn.

VALENTIN: Warum hams uns denn des gestern net g'sagt, daß er net brennt?

DIREKTOR: Weil er gestern brennt hat.

VALENTIN: Ah, gestern hat er no brennt, na hätt's gestern a koan Sinn g'habt wenn man repariert hätten, weil mehr als brenna kann er ja net.

DIREKTOR: Jetzt redens net so viel – in 5 Minuten hat der Scheinwerfer zu brennen.

SIMMERL: Ah – 5 Minuten braucht ja der schon bis er'n oschaugt.

VALENTIN: 5 Minuten brauch i ja bis ich ihn begucks. Da kann sei wenn a Leitung hin ist müssen wir a neue Kabel leg'n, müssen d'Bühne und den ganzen Hof aufreißen, ham sie a Ahnung, zu so einer Reparatur brauchen wir mindestens *(z. Simmerl)* wie lang wern ma da braucha?

DIREKTOR: So is recht, der fragt sein Lehrbub'n wie lang er braucht.

SIMMERL: Da brauch ma ziemlich lang.

VALENTIN: Da braucha mir mindestens 2–8 Tage.

DIREKTOR: So jetzt geb ich ihnen 10 Minuten Zeit, in 10 Minuten komm ich, dann muß er brennen, sie brauchen ihn ja nur provisorisch richten.

VALENTIN: Ja nur provisorisch.

DIREKTOR: Also in 10 Minuten komm ich.

VALENTIN: Ja kemma könnas scho – –

DIREKTOR: *(geht ab)*

VALENTIN: Müss ma halt nachschaun *(horcht an der Wand)* Ja da is a kurzer Schluß da *(mißt mit dem Meterstab)*

SIMMERL: *(bohrt in der Nase)*

VALENTIN: Drecksau junge, vor de Leut tut ma doch net Nasenmandeln fanga. Geh amal in d'Werkstatt nüber und hol den andern Meterstab.

SIMMERL: Was für oan?

VALENTIN: Den mit de Patentfedern. Mit dem kann ma nur in Keller abimessen – am Speicher nauf klappt er z'samm.

SIMMERL: Und in d' Werkstatt kann ma net nei, de is zug'sperrt.

VALENTIN: Wo is denn der Schlüssel?

SIMMERL: Der liegt drinn in der Werkstatt.

VALENTIN: Was für a Rindviech hat denn da zug'sperrt?

SIMMERL: I!!!

VALENTIN: Und der Schlüssel liegt drin, ja wie bist denn du da raus komma?

SIMMERL: Ja zuerst bevor ich drinn zug'sperrt hab, bin i no' schnell rausg'saust.

VALENTIN: da müss ma an neua Kabel holn, da dürf ma glei' anfanga *(schreibt ins Notizbuch die Zeit wenn er anfängt)*

SIMMERL: Ja fang ma gleich an – na hol ich glei' Brotzeit.

VALENTIN: Da hast a Geld, holst zwei Regensburger, oane warm –

SIMMERL: Und de ander kalt.

VALENTIN: Neinnn – de ander auch warm, oder nimmst glei' alle zwoa warm.

SIMMERL: Und für mi vielleicht an Schlagrahm, weil i'n so gern mag.

VALENTIN: Brauchst blos an Rahm bringa, an Schlag kriagst dann von mir.

SIMMERL: Ja, a Maß Bier und zwoa warme Würst –

VALENTIN: Kalt wärn's mir eigentlich lieber.

SIMMERL: Dann hol ich zwei kalte – oder i verlang zwoa ganz hoaße und geh langsam, dann wern's a so eiskalt bis i rüberkomm.

VALENTIN: Ja des geht a und soll'ns zu eiskalt sein, dann könnas ma imma wieder warm macha. Also geh zua!!!

SIMMERL: Nach Harlaching nauf, wenn ma da arbeit'n. Na i moan, ob is da rein trag'n soll, oder ob sie's liaber draußen im Kammerl fressen woll'n?

VALENTIN: Schwing di', schau daß'd weiter kommst – – – – – – – darenn die fei net!

SIMMERL: Na, i gib scho obacht! *(ab)*

VALENTIN: *(mißt das Rohr ab, schaut ins Publikum hinein zur Frau im Parkett)*

SIMMERL: *(kommt mit heißen Würsten)* Ah Blumendraht, san de hoaß, i hab mir mei ganze Pratzn verbrennt.

VALENTIN: *(nimmt die Würste)*

DIREKTOR: So seid ihr nun fertig? *(Beide verstecken die Brotzeit, Valentin hat die heißen Würste in der Tasche, brennt sich)*

DIREKTOR: Na was ist denn los, haben sie Bauchweh?

VALENTIN: Jaaaaa Bauchweh – – – –

DIREKTOR: Da müssens halt heiße Umschläge machen.

VALENTIN: San ja so so heiß *(wirft die Würste weg)*

DIREKTOR: Also, was ist's jetzt mit dem Scheinwerfer, ist er jetzt fertig?

SIMMERL: Na mir können net anfangen, weil mir koa Werkzeug hab'n.

DIREKTOR: Dann holen Sie sich doch ihr Werkzeug.

SIMMERL: Des ham ma scho', aber Material brauchen mir auch, des liegt im Lager.

DIREKTOR: Wo ist denn ihr Lager?

VALENTIN: In Haidhausen!!!

DIREKTOR: Da brauchen sie doch mindestens eine Stunde bis sie zurück sind. So lange können wir nicht warten, nehmens halt von uns was, wir haben doch auch alles da.

VALENTIN: Wir krieg'n scho' herin a Lager, aber erst im Frühjahr.

DIREKTOR: Das nützt mich doch nichts – also was brauchen sie, wir haben doch Werkzeug genug da.

SIMMERL: A lange Leiter

DIREKTOR: Ham ma –

VALENTIN: Litzen und Dräht'

DIREKTOR: Ham ma –

SIMMERL: An Gips

DIREKTOR: Ham ma –

VALENTIN: An Hamma

DIREKTOR: Ham ma –

SIMMERL: An Arbeitsgeist!!

DIREKTOR: Also marsch vorwärts, sie können alles von uns nehmen.

VALENTIN: Ja das geht auch, denn wenn ma an Scheinwerfer macht, muaß er gleich richtig g'macht werd'n, Wissen's mit am Scheinwerfer is genau so als wie mit was anderm. Des muaß glei richtig in d'Hand g'nomma werd'n.

DIREKTOR: Also beeilen sie sich *(Beide ab)*

SIMMERL *(Nachdem beide ab sind, schaut Simmerl schüchtern umher, spielt mit Bretze und sagt):* Daweil werd ich an kloana Imbiß zu mir nehma *(zum Souffleur)* Hans? – Ob i erst ogfangt hab? Na na, i bin scho üba a Jahr in der Firma. Koa Freud hab i eigentlich gar net dazua, des is ja a Dreckarbeit. So was geht ja, des is ja a leichte Arbeit des is ja a alter Huat. Aber wenn ma oft Kabel leg'n müass'n, wie neulich in der Großmarkthalle, da hab ich im Keller drunt durch mindestens 20 Ztr. dafaulte Birn durchkrabbeln müss'n. – – Da hab I's früher schöner g'habt, da war i in der Lehr bei einem Waffelbäcker, da ham ma de Waffeln g'macht, de wo ma ins G'frorns einetaucht. Aber der Moaster hat mich nach 4 Wochen schon nausg'schmiss'n weil i sämtliche Waffeln die er bacha hat glei g'fressen hab, der hat gar nix mehr zum Verkaffa g'habt. Oh, da is mei Vatta aufganga. Na hat er mi zu am Schweinmetzger in d'Lehr do, da hab i mi nacha glei so in Leberkäs eineg'hängt, daß der Welt ungleich war. Na hams mi wieder nausg'schäufelt. – – – Na hat mi mei Vatta in a Elektro=Technisches G'schäft to, weil er g'sagt hat, Glühlamp'n wer' i doch net gleich verschlinga. Jetzt bin i scho über a Jahr dabei – ha – ob des mei Moaster is? – a woher – unser Moaster der gang ja da gar net her, des is a feiner Hund – des is unser Vorarbeiter, des is ja a g'scheerte Nuß. – Verstehn tuat er a net viel, denn wenn a komplizierte Arbeit z'machen is dann muaß er ja mi' frag'n, weil's i schon viel besser herauße hab wie er. – Blos hunzen tuat er mi den ganzen Tag, aber wenn i amal ausg'lernt hab, dann wer' i eahm am letzten – Tag no s' Werkzeugkistl nauffall'n lass'n, zum Abschied.

VALENTIN: *(kommt mit Stangen herein, hat ihm zugehorcht, stößt ihn)* Wem laßt du 's Werkzeugkistl nauffall'n? Schlawinerbua!!

SIMMERL: I hab ja net g'wußt, daß sie hinter mir stehn. Und der hat mich um was g'fragt g'habt.

VALENTIN: Was brauchst denn du mit dem Stefften da red'n. Arbeit liaber, hast doch g'hört in fünf Minuten soll'n ma da fertig sein, hat der wampat Aff g'sagt. *(Simmerl ab)*

DIREKTOR: *(hat zugehört, stößt ihn)* Ich helf ihnen gleich, also sind sie fertig?

VALENTIN: Na, jetzt fang ma an.

DIREKTOR: Wo nur der mit der Leiter bleibt? *(ab)*

SIMMERL: *(kommt mit Leiter und Werkzeugkistl, stößt den Direktor mit der Leiter an den Kopf)*

DIREKTOR: Idiot – kannst du deine Augen nicht aufmachen, du Trottel *(ab)*

VALENTIN: *(läßt die Stangen auf einen Gast fallen, die Leiter steht auf der Litze, beide ziehen hin und her)* Ja mit Gewalt geht's gar nicht. Da brauch ma ja blos die Leiter wieder aufheb'n *(tut es und zieht die Litze unnötigerweise wieder durch die Leiter)* Sooooo!!!

SIMMERL: *(Stellt die Leiter auf)*

VALENTIN: Net dahin am Vorhang, Depp!

SIMMERL: Wohin?

VALENTIN: Da stellst as her.

SIMMERL: *(steigt hinauf)* Ah, hab's schon g'sehn – da müss ma nüber – da kann i aber net nüberlanga.

VALENTIN: Warum steigst nacha nauf, Hanswurscht? Geh aba!

SIMMERL: Ja!

VALENTIN: *(steigt hinauf)* Da kann i a net nüberlanga, da bräuchten mir a runde Leiter um den Turm herum.

SIMMERL: Das ging scho' wenn die Leiter höher wär, oder wenn das weiter herunt' wär –

VALENTIN: Da müßten wir höchstens a klein's G'rüst machen, das ma da a Brett nüberleg'n.

SIMMERL: Ja wie lang soll des Brett sei? Dann hol i oans.

VALENTIN: Wart i mess ab *(Sein Meterstab klappt immer um – er merkt sich mit dem Finger die Stellen, der Meterstab kommt ihm immer aus – er macht mit dem Bleistift einen Strich in die Luft – währenddessen sagt er zum Simmerl)*: Was schaust denn so blöd?

SIMMERL: I muaß doch obacht geb'n, daß i was lern.

VALENTIN: Da brauchst net obacht geb'n, des konn i selber net. Also ein Meter 85 muaß des Brett lang sei' geh zua.

SIMMERL: Ja dann laß i des Sach daweil da *(läßt die Leiter auf einer Seite zuklappen, zwickt dem andern die Finger ein)*

VALENTIN: Depperter Depp, depperter, siegst denn net, daß i meine Finger drinn hab?

SIMMERL: Da kann i nix dafür, für was müassen sie ihre Pratz'n überall 'neitoa, müassens halt eahnere Batzlaug'n aufmacha.

VALENTIN: Schau amal, ob ma da an Anschluß hab'n?

SIMMERL: I kann gar nix sehn, weil i z'weit weg bin, da müass ma z'erst 's Brett rüberleg'n, vielleicht gengas schnell naus und hol'n 's Brett, dann wart i daweil da herob'n.

VALENTIN: Dir geh i dann glei naus, geh runter, sonst wirf i di runter!

SIMMERL: *(geht herunter, steigt ihm auf die Hand nauf)*

VALENTIN: Auuu, so geh doch runter, du stehst ja drob'n!

SIMMERL: Wooo? Auf der Leiter?

VALENTIN: Na auf der Ding – – –

SIMMERL: Auf der Sprossen?

VALENTIN: Na auf der – – – Mir fallt ja der Nama net ein – – – auf meiner Hand! *(haut den Lehrbuben)* daschlag'n tua i di no amal, sieg'st denn net?

SIMMERL: Mit de Schuhsohl'n kann i doch net sehn, überhaupts werd' i amal windi wer'n, dann hau i eahna 's Werkzeugkistl nauf, dann könnas a Liad singa – o Haupt voll Blut und Wunden –

VALENTIN: Na g'freu di nur, heut nach Feierabend. Hama denn überhaupt an Strom, da probier amal die Lamp'n aus, ob's brennt!

SIMMERL: *(zündet mit einem Streichholz die Lampe an)* Na die brennt net.

VALENTIN: Was tuast denn wieder? *(reißt ihm die Lampe aus der Hand, verbrennt sich daran)* Herrgott Saprament, geh amal die Leiter nauf, damit i di nimmer siech.

SIMMERL: *(geht hinauf)*

VALENTIN: *(pfeift)* Bist schon drob'n?

SIMMERL: *(pfeift auch)* Bin scho da.

VALENTIN: Da herinn pfeift ma doch net du g'scherter Lump – obacht jetzt wirf i dir an Draht nauf *(wirft ihn ganz hinauf)* halt, i brauch ja a End.

SIMMERL: I trag's nunter.

VALENTIN: Na wirf's runter. – Wart – *(steigt in eine Schüssel Schlagrahm hinein)*

SIMMERL: Obacht auf den Schaumkuchen, uuuh, jetzt sans in den ganzen Batz neitret'n *(wirft die Litze einer Dame an den Kopf)*

VALENTIN: *(erwischt den Hut der Dame mit der Litze, reißt Federn aus)*

GAST: Ja was fällt ihnen denn ein, können sie nicht besser obacht geben.

VALENTIN: Das ist mir gleich, i muaß arbeiten *(wirft den Draht wieder hinauf)* So jetzt ziag o!

SIMMERL: *(zieht den ganzen Draht hinauf)*

VALENTIN: Jetzt hat er'n wieder drob'n, paß doch auf! *(steigt wieder auf den Tisch)*

GAST: Was fällt ihnen denn ein, sie sehen doch, daß wir essen.

VALENTIN: Um de Zeit frißt ma a net. – So Simmerl, jetzt wirfst mir den ganzen Draht runter, du brauchst blos a End halten.

SIMMERL: *(schneidet mit der Schere ein Ende vom Draht ab, wirft den Draht hinunter wieder auf den Kopf der Dame)*

GAST: Alles was recht ist, Herr Ober einen anderen Platz!

VALENTIN: Sie haben auch den ungünstigsten Platz da herin. – Ja jetzt hat er mir wieder den Draht runter g'worf'n, i hab doch g'sagt 's End sollst droben b'halt'n.

SIMMERL: Des hab i ja, i hab's doch extra wegg'schnitt'n.

VALENTIN: Hundskrüppl mistiger, wo hast denn dein Saukopf?

SIMMERL: Da.

VALENTIN: *(wirft ihm eine Windnudel ins Gesicht)*

GAST: *(schimpft)*

SIMMERL: *(hängt Litze ein)*

VALENTIN: *(zieht sie über den Tisch)* Dann macha sie an Scheinwerfer, wenns eahna net paßt. So jetzt wirf mir a Messingschräuferl runter.

SIMMERL: Obacht! Schräuferl! *(es fällt der Dame in den Busen rein)*

DAME: *(schreit)* Ah, jetzt ist mir da was 'rein'gfalln.

VALENTIN: Wo is denn hing'falln?

GAST: Da hinein.

VALENTIN: *(will es herausholen, schaut aber zuerst hinein)*

GAST: Das geht doch nicht, hier vor allen Leuten! Unterstehen sie sich noch einmal!

VALENTIN: Des is mir gleich, i brauch mei' Schräuferl *(langt wieder hinein)*

GAST: *(schimpft)*

SIMMERL: Sie – Sie – die Dame soll halt aufsteh'n, dann fallt's unten raus.

DAME: *(steht auf, schüttelt sich, das Schräufchen fällt auf die Erde)*

GAST: *(gibt ihm das Schräuferl)* Komm wir gehen, wir wollen uns bei der Direktion beschweren! *(ab)*

VALENTIN: Ah, des is ja no ganz warm – so Bua, jetzt klemmst die Litz'n in Scheinwerfer 'nei' und dann schalt i ein.

SIMMERL: Ja is schon recht *(kommt runter)* – also jetzt mach i finster und dann schalt i ein. So jetzt brennt er.

VALENTIN: Der brennt net, warum lügst denn scho' wieder? *(haut ihm eine runter)*

SIMMERL: Ja der brennt scho, der Andere, auf der andern Seiten.

VALENTIN: Ja gibt's denn so was a, den hamm ma g'richt und der Andere brennt!

DIREKTOR: So sind sie jetzt so weit, brennt er jetzt?

VALENTIN: Ja der brennt, der auf der andern Seit'n.

DIREKTOR: Der nützt mich nichts, den muß ich haben.

VALENTIN: Ja den ham ma ja g'richt, aber der hat brennt.

DIREKTOR: Das ist ja zum Haare ausreißen! *(reißt sich Haare aus)* Der nützt mich nichts, den muß ich haben, der muß brennen!

VALENTIN: Ja na müass ma halt *den* richt'n, nacha brennt der !

(Beide ab)

Das Brilliantfeuerwerk
Rosenau
1926

1. Akt

Freie Anlage mit einer Bank und einem Wegweiser: Zur Rosenau.

PERSONEN: *Soldat Karl (Bayerischer Schwerer Reiter) das Kindermädchen Liesl.*

KARL: *(geht stumm über die Bühne von links nach rechts – bleibt zehn Sekunden hinter der Bühne stehen und kommt wieder denselben Weg zurück. Wartet wieder kurze Zeit und geht dann am Horizont entlang, wieder nach rechts, kommt vor, geht auf den Hintergrund zu, kehrt wieder um und geht schnurgerade auf den Souffleurkasten zu, frägt den Souffleur):* Wo gehts denn da zur Rosenau? – *(Kehrt wieder um und sieht den Wegweiser, geht auf denselben zu, betrachtet ihn kopfschüttelnd und geht weiter rechts ab. Fragt hinten):* Wo gehts da zur Rosenau?

PASSANT: Da müssen S' da 'nüber, immer gradaus.

KARL: Da komm ich ja her.

PASSANT: Ja, da müssen S' nüber.

KARL: So –! *(Geht wieder über die Bühne, bleibt in der Mitte beim Wegweiser stehen und sagt:)* Da ghört aa so a Hand her! *(Geht links ab, kommt aber sofort wieder zurück, schreit zurück:)* Da ist ja a Bach, da kann man nicht nüber.

PASSANT *(von drüben):* Ja über den Bach geht doch a Brücken, und über dö müssen S' nüber gehn.

KARL: So! – *(Dreht sich um und geht wieder links ab, frägt hinten.)* Sie, Fräulein, wo gehts denn da in d'Rosenau?

LIESL: Da müssen S' da nüber gehn in d'Rosenau.

KARL: Da hat mich aber einer da rüber gschickt in d'Rosenau.

LIESL *(tritt auf, zieht Kinderwagen herein):* Da müssen S' nüber gehn, immer grad aus, dann kommen S' direkt hin.

KARL: Ja, aber der hat gsagt, ich soll über den Bach nübergehn, der da herüben ist.

LIESL: Ja, das stimmt schon, der Bach ist da herüben auf der Seite.

KARL: Ja, und die Brücke?

LIESL: Die ist drüben auf der andern Seite.

KARL: Das gibts doch net, daß der Bach da ist und die Brücken da drüben.

LIESL: Ja, das kommt mir auch a bißl dumm vor.

KARL: Das ist schon saudumm.

LIESL: Ja, wissen S', es ist schon da drüben auch a Bach.

KARL: Das waarn ja dann zwoa Bach.

LIESL: Ja, ich glaub, daß des da drüben der gleiche Bach ist, wie der da herüben.

KARL: Wie gibts denn dös, der kann doch net zu gleicher Zeit da drüben und da herüben sein.

LIESL: Dös woaß i aa net, vielleicht schlangelt er sich so umanander.

KARL: Ja des teans gern die Bach.

LIESL: Da ham S' recht, – aber Sie wolln doch in d'Rosenau.

KARL: Jawohl –

LIESL: Ja, da gehts schon da nüber, denn wenn Sie da nunter genga, komma Sie nia in d'Rosenau, da kommen's immer weiter weg davon.

KARL: Das stimmt.

LIESL: Sehng S', da ist aa so a Taferl.

KARL: Da kennt ma sich aber net aus.

LIESL: Ja, ja wissen muaß ma halt an Weg – Sie wollen wahrscheinlich heut zu dem Brilliantfeuerwerk, das soll ja wunderbar werden.

KARL: Ich habs no net gsehn.

LIESL: Ja, da müssen S' da nunter gehn, das ist leicht zum finden.

KARL: Für mich net.

LIESL: Ja, weil S' no nia dort warn, – ich wüßt ja an Weg guat, weil i schon a paarmal drunt war, aber heut kann i net, weil i 's Kind dabei hab. – Aber da finden S' schon hin, den Weg kann Ihna ja jeder kloane Bua sagn.

KARL: Wenn aber koaner kommt?

LIESL: Dann kommt vielleicht a großer – jetzt genga S' amal immer gradaus bis zu dem Bach, dann nüber über die Brücken – dann kommt der Baum mit de vielen Äst und dann genga S' links nei in dös Gaßl –

KARL: Merse, danke! *(Macht die Honneurs.)*

LIESL: Immer gradaus, dann links, dann über die Wiesen, wo die Blumen san, da, – wo vorigen Sonntag der Schmetterling g'flogn ist.

KARL: Dann find ichs schon. *(Geht ab.)*

LIESL: Und nach der Wiesen sehn S' so gleich das große Schild »Zur Rosenau«, und wenn S' Ihna nicht mehr auskenna, dann fragn S' noch amal, und wenn niemand kommt, dann kehrn S' nochmal um und fragns mich nochmal – jetzt hört er mich doch nimmer. *(Geht zur Bank, zum Kind.)* So Butzerl, jetzt hast as g'hört, der Soldat geht jetzt in d'Rosenau nunter zum Brilliantfeuerwerk – Brilliantfeuerwerk – das hoaßt auf lateinisch Pyrotechnisches Experiment. – Siegst, jetzt wenn du auch schon groß waarst und waarst auch a Soldat, dann kannten wir zwei auch zum Feuerwerk gehn, aber du bist ja koa Soldat, du bist ja bloß a Drecksau, weilst schon wieder alles naß gmacht hast. Das is a Kreuz mit dir, *(Haut das Kind mit dem Kopf an.)* O Verzeihung, ist ja wahr auch, nichts wie ärgern muß ma sich mit dir. Hast's net gsehn, was das für ein strammer Soldat war, der hätt mich sicher mitgnomma, aber mit dir kommt man ja nirgends hin. Wieviel Soldaten hätt ich schon kenna glernt, wenn du net wärst. Du hast mir noch jeden Sonntag verpatzt – du bist das einzige Hindernis auf meinem Liebespfade – so jetz schlaf und laß mir mei Ruah, – *(Setzt sich auf die Bank und strickt.)* – Der wird wohl nunterfinden in d'Rosenau – ja ich denk schon, der is net so dumm – ich habs eahm ja ganz deutlich erklärt – das war ein netter Kerl – ganz mei G'schmackerl – und noch dazua a Schwerer Reiter – dö Schweren Reiter san von alle dö feschesten Soldaten, die man sich denken kann – jetzt d'Artilleristen gfalln ma zwar aa ganz guat, und d'Jäger san schneidig, da hab i amal oan kennt – d'Schwaolischö – die san schö – aber treu bleibn tut oan halt koaner – da genga s' oamal oder zwoamal mit oan fort und dann lassen s' oan wieder laufa. Und ich möcht halt so gern verheirat sein – so eine Schwere Reiterehe muaß was Herrlichs sein. Ach ja – wia hoaßt das Lied – Schatz, mein Schatz reise nicht so weit von hier – im Rosengarten sollst meiner warten, im grünen Klee, juhee, im weißen Schnee.... Weißer Schnee ist a Schmarrn, als obs an schwarzen Schnee auch gebn tat.

(Karl tritt auf.)

LIESL: Ja, wer kommt denn da? Sann Sie schon wieder da von der Rosenau?

KARL: Sie ham mich schön angschwindelt mit dem Schmetterling, d'Augn hätt ich mir bald rausgschaut – ich hab koan fliagn sehngn.

LIESL: Ja Sie san guat, mit Eahna kunnt i glei so viel lacha, *vorigen* Sonntag hab' ich den Schmetterling gsehn, moana S', daß der wega Eahna acht Tag auf oan Platz umanander fliagt. Ja, ham S' denn gar nicht hingfunden?

KARL: Naa, überhaupts net.

LIESL: Sie wollen doch zu dem Feuerwerk, ham S' gsagt – no ja, da hams ja noch Zeit – das ist ja erst auf d'Nacht – beim Tag ist ja nia a Feuerwerk, da braucha S' Ihna net so darenna – da sann S' ja in

10 Minuten drunt, da könnten S' leicht no a bisserl bei mir da bleibn. Setzen S' Ihna her da –

KARL: Wenn S' gestatten! *(Setzt sich.)*

LIESL: Da brauch ich doch nichts gestatten, ich bin ja froh, wenn ich a bißl a Unterhaltung hab.

KARL: Das Kinderwagl ist aa net billig gwesen?

LIESL: Naaa – gell Sie san a Schwerer Reiter?

KARL: Ja, aber mehra Reiter wia schwer.

LIESL: Sie sann guat, mit Eahna kunnt ich so viel lacha – Sie san fei a strammer Soldat.

KARL: Passiert schon – lieb Vaterland magst ruhig sein, wenigstens so lang als ich dabei bin.

LIESL: Sann S' scho lang beim Militär?

KARL: Zwoa Jahr – jetzt bin ich ja bei einem Major als Bedienter. Das ist aber a Schmarrn, denn wenn ich ihn bediena muaß, ist eigentlich er der Bediente.

LIESL: Hat der a Frau aa der Major?

KARL: Freili, dö Gnädige.

LIESL: Wia ist denn dö?

KARL: Windi –

LIESL: Wie schaut s' denn aus?

KARL: Grimmi –

LIESL: Naa, i moan, ob s' a Alte oder a Junge ist?

KARL: A kloane – dicke – a recht a langs G'stemm. Kenna Sie s' net?

LIESL: Naa, Gott sei Dank – no ja, vielleicht siech ich s' amal.

KARL: Da sehns scho no was aa. *(Das Kind schreit.)*

LIESL: Jetzt fangt der aa wieder an. Glei, Butzerl, ich komm schon. Sehn S', so gehts mir allaweil. Ja, ich hab mirs ja denkt, jetzt hat er mir wieder s' ganze Wagl voll gmacht.

KARL: Da geht noch mehra nei.

LIESL *(nimmt das Kind und die Betten heraus):* Geh, möchten S' net a bißl halten, nehma S' 'n da um d'Mitten, aber lassen S' 'n ja net fallen.

KARL: Der ist ja net stad, ich leg'n daweil da nein. Wo ist er denn – Kuckuck dadadada. *(Hat Kind am Boden hingelegt und sticht ihm mit Säbel in den Bauch hinein.)*

LIESL: Ja, um Gotteswillen was treiben S' denn – Ja, Butzerl – *(nimmt das Kind wieder.)*

KARL: Der ist aber wehleidig.

LIESL: Das könna S' mit dem net machen, das ist ein empfindlicher Kerl, den wenn ma a bißl mitn Säbel in Bauch neisticht, dann fangt er glei zum Bläcken an. So jetzt schlaf wieder.

KARL: A Fliagn sitzt auf seiner Nasen. *(Schlägt mit der Mütze auf das Kind.)*

LIESL: Ja, was fallt denn Ihnen ein, der haut ihn glei mitn Kappe ins Gesicht nei.

KARL: Ist gut, daß ich heut an Helm net aufghabt hab.

LIESL: Sie waarn a saubere Kindsmagd, Ihna kannt ma net braucha dazua, das hab ich schon gspannt.

KARL *(faßt ihr den Busen an):* Da san S' staubig, das muaß ma wegwischen.

LIESL: Sie, tean S' fei ja net frech werden, das mag ich net. – Ja, ja, das ist net so leicht, gel, Butzerl, das woaßt du am besten, ja jetzt lacht er ja schon wieder – gelln S' das ist doch a netter Bua.

KARL: Und jung ist er.

LIESL: Und dö roten Backerln, die er hat. Jetzt ist er auch wieder gsund. Aber vor vier Wochen hätten S' 'n sehn solln, da hat er schlecht ausgschaut, da hätten S' 'n gar nimmer kennt.

KARL: Ja, was ist dös?

LIESL: Da war er schwer krank, da hat er die ersten Zähn kriegt.

KARL: Mei Gnädige hats vor 14 Tag kriegt.

LIESL: Ach Sie, dö werd erst dö ersten Zähn kriagt ham.

KARL: Die dritten hats schon kriagt, weils ich selber gholt hab.

LIESL: Das ist ja ganz was anders, – aber was moana S', was der Bua ausg'standen hat, Tag und Nacht hat er g'schrien.

KARL: Warum?

LIESL: Wega de Zähn!

KARL: Hat er Angst ghabt, daß er koa kriegt?

LIESL: Naa, so weh hats eahm to, der hat ja gleich soviel Fieber ghabt.

KARL: Ja, was ist des?

LIESL: Er hat mich selber so viel erbarmt. Zum Doktor hab ich ihn auch fahren müssen, weil er net amal mehr a Mehlmus vertragn hat könna.

KARL: Aber dös hätt er scho beißen könna.

LIESL: Bloß mehr an Haferschleim ham ma ihm gebn dürfen.

KARL: Den mag mei Schimmel auch, das heißt an Schleim weniger, aber an Hafer.

LIESL: Ja, und dann hat er d'Fraisen noch dazuakriegt, da ist er ganz blau worn, und umanandaghaut hat er dabei mit de Händ und mit de Füß.

KARL: Ja, das macht mein Schimmel auch, erst kurz hat er wieder d'Kehl ghabt, – da war er vor 8 Tag da hinten ganz offen.

LIESL: Und er vor 4 Wochen.

KARL: Ja, Kinder kriegens meistens früher. Da hat ma gar net hinkommen dürfen, – so ist er im Stall drinn gstanden – so ghört er nei, aber so war er drinn gstanden, und wia man angrührt hat, hat er ausghaut mit de Haxen. *(Schlägt mit dem Fuß den Wagen um.)*

LIESL: Jessas Maria, mein Kind – ja Butzerl – wo ist er denn – sei nur grad stad, ich tu dir ja alles – hast dir weh weh to – Butzi, Butzi – geh red halt, moana S', daß er sterbn muaß?

KARL: Das sehn S' schon, ob er alt werd.

LIESL: Mein Gott, bin ich jetzt derschrocken, wenns die Gnädige wissen tat, ich trauet mir nimmer hoam. Glei derfst wieder in das Betterl nei! *(Will den Kinderwagen aufheben, kanns nicht.)*

(Karl schaut zu.)

LIESL: Geh, helfen S' halt a bisserl mit. *(Legt das Kind in den Wagen.) Karl hilft – verwickelt sich mit dem Säbel ins Strickzeug – schneidet die Wolle ab – sticht mit Säbel in den Wagen – haut sich den Ellbogen an.*

LIESL: Mein Gott, san Sie a Mannsbild, Sie arbeiten ja rum wie a Narrischer. Das geht doch net. Auf so a kloans Kind muaß ma doch Rücksicht nehmen.

KARL *(schleicht auf den Zehen am Wagen vorbei):* Malheur ghabt.

LIESL: Ja – jetzt werd ich schön langsam wieder heimfahren.

KARL: Und ich werd mich schleunigst verduften.

LIESL: Sie san ja fein heraus – Sie dürfen jetzt bei dem schönen Wetter in d'Rosenau nuntergehn.

KARL: Ja – hoffentlich find ich nunter. Also dann adje –

LIESL: Schad daß S' schon genga – jetzt waars eigentli erst schön worn.

KARL: Jawohl!

LIESL: Dann wünsch ich Ihnen halt recht viel Vergnügen.

KARL: O bitte.

LIESL: Treffen Sie jemand?

KARL: Nein – leider – höchstens meine Kompagniespezeln, und da hat jeder a Gschöpf dabei.

LIESL: Und Sie san ganz alloa?

KARL: Ja mei.

LIESL: Bräuchten S' halt aa a bißl a Ansprach. – Wissen S', ich möcht ja furchtbar gern zum Feuerwerk gehn, weil ich noch nia oans gsehn hab.

KARL: So, so .....

LIESL: Natürlich hängt das von Ihnen ab, – aufdrängen will ich mich nicht.

VALENTIN: Ja, ich auch nicht.

LIESL: Mitganga waar i ganz gern.

KARL: Das moan ja ich. Genga S' halt mit.

LIESL: Ist's wahr, mögn S'? Dös geht leider net, weil i 's Kind dabei hab.

KARL: Dös können S' doch da stehn lassn.

LIESL: Was fallt denn Ihna ein, naa, naa, den fahr ich jetzt hoam, und Sie warten ma da auf der Bank.

KARL: Mir wars gnua, dös kenn i scho, mi versetzen, dös is mir scho z'oft passiert.

LIESL: Naa, i versetz Eahna net, in 10 Minuten bin i wieder da, mein Ehrenwort.

KARL: Naa, auf dös laß i mi net ei' – da geh i scho lieber mit.

LIESL: Sie könna doch net als Soldat mit'n Kinderwagl mitlaufen, da müssen S' Eahna ja schama.

KARL: Lieber schämen, als wie daß i da 10 Minuten wart.

LIESL: Also, na genga S' mit.

KARL: Wo wohnt denn Eahna Herrschaft?

LIESL: Glei da vorn in der Ludwigstraße.

KARL: In der Ludwigstraße? Das ist guat.

LIESL: Warum?

KARL: Ich hab an Freund – der hoaßt auch Ludwig.

LIESL: Also genga S' mit und warten mir unten a paar Minuten, nur derfen S' Ihna net direkt vors Haustor hinstelln, sonst sieht uns wer. Vielleicht vis a vis in a Eckerl nei.

KARL: Versteh schon – raffiniert halt.

LIESL: Dann, wann ich runterkomm, gehn wir gleich miteinander die Theresienstraße nunter, dann sann ma so glei in der Schleißheimerstraß.

KARL: Mir könna aa an kloan Umweg machen, durch den Englischen Garten, daweil wirds schön langsam dunkel, und zum Feuerwerk komma ma noch früah gnua.

(Er nimmt sie um die Mitte und beide gehen ab.)

(Ende des 1. Aktes.)

2. Akt

Alter Biergarten zur Rosenau – im Hintergrund wird das Feuerwerk aufgestellt – im Vordergrund werden Lampions aufgehängt – lange Tische und Bänke – Schenke – wunderbarer Sommernachmittag

Wirt – Hausl – Wally – Hausierer – Feuerwerker – später Soldaten, Karl und Liesl.

WIRT: Also los, schickts euch, Lampions aufhängen. *(Spricht so lange, bis Hausierer kommt.)* An blauen, an roten, an grünen, – habts denn gar koan G'schmack? Italienische Nacht – das Wort alloa sagt schon, daß ma net lauter gleiche an oan Draht hinhängt.

HAUSIERER *(tritt auf):* Zigarrn, Zigaretten, Virginia, Feuerzeig, Zigarren, Zigaretten gefällig! *(Geht an alle leeren Tische und dann monoton sprechend wieder ab.)*

WIRT: Anzapfen, viere ists bald, habts d'Kerzen schon neigsteckt? Die Tische müssen besser abgeputzt werden. *(Man hört anzapfen.)*

1. SOLDAT *(mit Mädchen):* Kellnerin, a Maß! *(Ißt aus einem Paket.)*

KELLNERIN: Prost.

WIRT: Ah, Grüaß Gott beinand, wia gehts, wia stehts, bleim ma heut auch da beim Brilliantfeuerwerk? Sehn S', das ist der Herr Feuerwerker, der richt grad alles her, und steckt alles auf, fürs Brilliantfeuerwerk mit bengalischer Beleuchtung – a wunderbares Wetterl ham ma heut dada.

1. SOLDAT: Aber nimmer lang, heut halts net aus.

WIRT: Waar net übel – heut ist doch ein herrlicher Tag.

1. SOLDAT: Aber regnen tuts heut noch, das woaß i gwiß, denn wi ich heut mein Herrn sein Hund spaziern gführt hab, da hat er a Gras gfressen, und wenn a Hund a Gras frißt, das ist das sicherste Zeichen, daß auf d'Nacht noch regnt.

WIRT: Waar net übel, das waar so a Schlag für mich, das Feuerwerk kostet mich 300 Mark. Da taat ichs na scho glei lieber nächsten Sonntag abhalten. Sie, Herr Feuerwerker, was moana denn Sie? Grad sagt mir der Herr Soldat, daß heut 's Wetter wahrscheinlich net aushalten tuat.

FEUERWERKER: Aaa – Papperlapapp – heute bei dem klaren blauen Himmel, kann es doch nicht regnen, wie kommen Sie denn auf so einen Unsinn?

WIRT: Ja, also der Soldat hat nämlich einen Herrn, und der Herr hat heut a Gras gfressen – nein – der Hund hat an Herrn gfressen – nein – der Soldat hat an Hund gfressen – nein – an Hund hat er spaziern gführt, und da hat der Hund a Gras gfressen, und er sagt, wenn a Hund a Gras frißt, dann regnts auf d'Nacht.

FEUERWERKER: Das glaube ich kaum. Ich halte es für ausgeschlossen, daß es heute regnet. – Das heißt, gehört hab ich das allerdings auch schon oft, daß, wenn ein Hund ein Stück Gras frißt, daß es dann bestimmt regnet.

WIRT: Gel, Sie hams auch schon ghört?

FEUERWERKER: Das wäre natürlich furchtbar unangenehm, wenn im letzten Moment ein Regenwetter käme – ja, ich mache Ihnen den Vorschlag – Wir verschieben das Feuerwerk auf nächsten Sonntag – ich bin allerdings mit meiner Arbeit schon fast fertig, aber wenn Sie wollen, dann nehme ich das ganze Feuerwerk wieder herunter.

WIRT: Runter ....

FEUERWERKER: Packt Ihnen alles ein!

WIRT: ein ....

FEUERWERKER: Sie heben die Kiste gut auf!

Wirt: auf . . . .

Feuerwerker: Und wir brennen das Feuerwerk nächsten Sonntag ab!

Wirt: ab – . . .

Feuerwerker: Ich will Ihnen natürlich nichts dreinreden, aber es wäre ewig schade, wenn's alles verregnen würde. Ihre schönen Ballone werden naß, – das packen wir alles ein, und Sie heben die Kiste gut auf.

Wirt: Ja, dö stelln ma dann in d'Küch nei.

Feuerwerker: Um Gotteswillen nur nicht in die Küche, zum Ofen – das sind alles Explosivkörper – die Kiste stellen Sie am besten in den Eiskasten.

Wirt: Naa, naa, dö Raketen schaun so ähnlich aus wie d'Würst, und mei Alte, das Rindvieh verwechselts und legts in d'Pfanna nei und Bumm –

Feuerwerker: Na, so dumm wird Ihre Frau Gemahlin doch nicht sein.

Wirt: Wally, teats die Ballon wieder runter, ich trau dem Wetter nicht recht, wir halten das Feuerwerk nächsten Sonntag ab. (Alles wird abgenommen und eingepackt.)

Feuerwerker: Ich packe gerne alles ein, wegen der Arbeit ist es mir nicht, denn nächsten Sonntag haben wir dann die Garantie, daß es schön Wetter wird.

(Wirt läuft immer an der Kiste herum.)

Feuerwerker: Sie mit Ihrer brennenden Zigarre, kommen Sie mir ja nicht so nahe an die Kiste.

2. Soldat setzt sich, bestellt sich Bier.

Wirt: Grüß Gott beinand, wia gehts, wia stehts, heut hätt ma a wunderbares Brilliantfeuerwerk ghabt, auf d'Nacht, aber ich trau mir leider nicht, weils Wetter net aushalt dada.

2. Soldat: Wer sagt denn das?

Wirt: Der Ding sagts – den sein Hund hat a Gras gfressen, und da sagt er, regnts auf d'Nacht bestimmt noch.

2. Soldat: Ah, Schmarrn, heut halts aus, schaun S', wir ham an Laubfrosch dahoam, und der sitzt schon seit acht Tagen ganz z'höchst oben auf der Leiter drobn, und das ist das sicherste Zeichen, daß schön Wetter bleibt.

WIRT: Ja, ghört hab ich das schon oft, Sapprament –

FEUERWERKER: So, Herr Wirt, jetzt bin ich fertig – also nächsten Sonntag komm ich wieder – vielleicht so um dieselbe Zeit wie heute, und da brennen wir unser Feuerwerk ab. Auf Wiedersehen. *(Will abgehen.)*

WIRT: Jaaaaaa – Herr Feuerwerker, könnt ich Sie noch einen Moment sprechen.

FEUERWERKER: Gewiß, haben Sie mir noch was zu sagen, haben Sie noch einen Wunsch?

WIRT: Jetzt sagt mir grad der Soldat, eben im Moment, daß heut auf d'Nacht doch schön Wetter bleibt.

FEUERWERKER: Ja, was ist das?

WIRT: Er sagt, er hat einen Laubfrosch und der sitzt in an Glasl drin, ganz hoch auf der Leiter drobn, und das, sagt er, ist das sicherste Zeichen, daß schön Wetter bleibt.

FEUERWERKER: Lassen Sie sich doch nicht beeinflussen, Herr Wirt!

WIRT: Ja, das ist eben ein Fehler von mir.

FEUERWERKER: Ich meine, das ist doch ein Ding der Unmöglichkeit, daß an ein und demselben Tag ein Hund ein Gras frißt und ein Laubfrosch oben auf der Leiter sitzt.

WIRT: Ja – das ist mir auch das Auffällige.

FEUERWERKER: Kein Mensch kanns vorher sagen, wie das Wetter wird.

WIRT: Ja, weils eben kein Mensch sagen kann, drum braucht man eben diese Viecher.

FEUERWERKER: Ja, gehört hab ich das auch schon, daß der Laubfrosch der sicherste Wetterprophet sein soll – das lernt man doch schon in der Schule. Ich glaube selbst schon bald, daß der Laubfrosch recht hat – denn ich will Ihnen was sagen – warum hat der Hund a Gras gfressen?

WIRT: Das woaß i net.

FEUERWERKER: Ganz einfach – weil er Hunger gehabt hat. Hätte der Soldat seinem Hund eine Wurst gegeben, dann hätte derselbe nie Gras gefressen.

WIRT: Natürlich – ja – wenn a Hund a Wurst frißt, dann wirds ja net schlecht Wetter.

FEUERWERKER: Wissen Sie was – wir brennen das Feuerwerk doch heute ab – ich packe Ihnen wieder alles aus und Sie hängen Ihre Lampions wieder auf.

WIRT: Wally – Hausl – hängts d' Lampions wieder nauf, das Feuerwerk findet heute statt. *(Beide hängen Lampions auf.)*

FEUERWERKER: Es ist wirklich besser, wenn wir das Feuerwerk heute abbrennen, wer weiß, wie nächsten Sonntag das Wetter wird – da kann es vielleicht noch viel mehr regnen wie heute.

WIRT: Ja, regnts denn heut?

FEUERWERKER: Das weiß ich nicht – aber gehn Sie mir bitte mit Ihrer brennenden Zigarre weg! *(Packt wieder alles aus.)*

3. SOLDAT: Ich möcht drei Quartl und an saubern Teller. *(Schneidet einen mitgebrachten Rettich auf.)*

WIRT: Aaa, san ma heut auch komma zum Brilliantfeuerwerk?

3. SOLDAT: Was ist heut? A Brilliantfeuerwerk? Wann?

WIRT: Wenns finster ist, weil man's beim Tag net siecht – sehn S', jetzt richtets der Feuerwerker schon her – das wird kein gewöhnliches Feuerwerk, sondern ein Brilliantfeuerwerk, mit Raketen und Speibteufeln. Wenn dö da naufsausen!

3. SOLDAT: Das wirds Eahna schön dawaschen, denn daß heut auf d'Nacht noch regnt, da wett ich meinen Kopf.

WIRT: Waar net übi, heut ist doch ein herrlicher Tag.

3. SOLDAT: Aber regna tuats heut no, denn wia ich heut in der Fruah meine Roß putzt hab, sann d'Fliagn so am Stallfenster umananda gsummt, und wenn d'Fliagn so am Stallfenster umanandersummen, SSSSS, das ist das sicherste Zeichen, daß auf d'Nacht regnt.

WIRT: Jetzt kenn i mi gar nimmer aus. *(Geht weg, für sich.)* Der Hund frißt a Gras, der Laubfrosch sitzt am Stangl drobn, und d'Fliagn sann bös – ja was ist dös. Sie, Herr Feuerwerker, genga S' amal her.

FEUERWERKER: Und was ist los, Herr Wirt?

WIRT: Jetzt sagt mir der Schwere Reiter grad, daß wenn d'Fliagn am Fenster umanander summa, daß da bestimmt an dem Tag auf d'Nacht no regnt.

FEUERWERKER: Das ist doch schrecklich mit Ihnen, jetzt hätte alles schön geklappt, jetzt lassen Sie sich wieder beeinflussen. Ich kann

Sie gar nicht verstehen – von jedem Deppen lassen Sie sich was erzählen.

3. Soldat: Was Depp – ich gib Eahna na glei an Deppen ...

Feuerwerker: Beruhigen Sie sich doch – Sie sind doch gar nicht gemeint damit, ich meine doch Sie, Herr Wirt.

Wirt: Mich hat er doch gemeint.

Feuerwerker: Auch mit Recht, weil Sie nie wissen, was Sie wollen. Denn wegen dem seine drei oder vier Fliegen, die da am Fenster ...

Wirt: Ah – drei oder vier – wieviel warns?

3. Soldat: A ganzer Haufen, a paar Hundert.

Wirt: Na also – a paar Hundert Fliagn sann mir doch maßgebender als wia dem sein einzelner saudummer Laubfrosch.

Feuerwerker: Ja, gehört hab ich das allerdings auch schon. Es wäre natürlich sehr unangenehm, wenns im letzten Moment alles verregnen würde. Ich will Ihnen aber in keiner Weise dreinreden – aber wie gesagt, wenn Sie sich nicht traun, dann ist es besser, wir verschieben das Feuerwerk. Denn stellen Sie sich vor, wenn im letzten Moment ein Wetter kommt. – Alle Gäste laufen Ihnen weg, alles wird naß ...

Wirt: Ja, mein Bier. –

Feuerwerker: Ach, das Bier kann ja naß werden.

Wirt: Nein, überbleiben tut es mir.

Feuerwerker: No ja, das wäre nicht so schlimm, Sie können Ihr übrig gebliebenes Bier selber trinken, aber ich kann mein Feuerwerk nicht fressen. Ich pack Ihnen wieder alles ein –

Wirt: Wally – Hausl – das Feuerwerk findet heute nicht statt, ich trau mir net; jetzt wieder alles einpacken – warten S', ich hilf a bisserl.

Feuerwerker: Jetzt sind Sie schon wieder da mit der Zigarre, wie oft muß ichs denn noch sagen?

Wirt (läßt die Zigarre fallen): Sie, Herr Feuerwerker, mei brennende Zigarre ist in die Kiste gefallen.

Feuerwerker: Wo, hier – um Gotteswillen! (Macht den Deckel zu, Explosion!)

Wirt steht zitternd oben am Tisch.

FEUERWERKER: Jetzt hat man die Bescherung! Das war ja ein Leicht-sinn, sondergleichen, – dreimal habe ich Sie gewarnt.

WIRT: Und einmal ist's bloß explodiert.

FEUERWERKER: Das ist noch gut abgelaufen, die Kiste hätte in die Luft fliegen können, – da schauen Sie her, was Sie angestellt haben. Jetzt gehen Sie mir aber nicht mehr her. Jetzt ham ma den Salat.

4. SOLDAT: Herrgott, ham ma heut a schöns Wetter. Grad a Freud is, weil Sonntag is! *(Setzt sich.)*

WIRT: Ist's erlaubt? Grüß Gott.

FEUERWERKER: Halt! Machen Sie, daß Sie wegkommen, Sie reden ja doch bloß wieder vom Wetter, was anderes wissen Sie nicht, sonst geht's wieder an! *(Zieht den Wirt weg.)*

4. SOLDAT: Herrgott, ham ma heut a schöns Wetter, grad a Freud ist's – jetzt bleibt's aa mindestens 14 Tag so schön. – Da g'freut einem der Ausgang nochmal so, wenn's gar so schön Wetter ist, so sollen alle Sonntag sein, und d' Schwalberln fliagn ganz hoch droben und zwitschern – und der Rauch steigt kerzengrad in 'd Höh – da kanns überhaupt net regna, dann muaß ja schö Wetter bleibn.

WIRT *(hat aufmerksam zugehört und schreit)*: Herr Feuerwerker …

FEUERWERKER: Weiß schon, weiß schon, Ballon aufhängen, Feuer-werk auspacken, das ist ja zum verrückt werden. Jetzt wird es mir zu dumm, einmal heißt es auspacken, dann wieder einpacken, ich mache nicht mehr mit. Zum letzten Mal pack ich's Ihnen jetzt wieder aus, aber dabei muß es nun bleiben.

WIRT: Da wird nichts mehr g'redt – Herr bin i! Das Feuerwerk fin-det heute unter allen Umständen statt.

FEUERWERKER: Ich glaub' Ihnen nicht mehr, braucht bloß jemand wieder sagen, es regnet, dann sprechen Sie wieder anders.

WIRT: Was? – Oana soll mir heut noch kommen und bloß das Wort Regen sagen, den hau ich mit mein Bratschlegl nieder wie an Stier … *(Haut mit Holzschlegel auf den Tisch.)*

Karl kommt mit Liesl herein.

4. SOLDAT: Grüß Gott, Fräulein.

LIESL: Grüß Gott.

KARL: Servus, Kamerad! *(Beide setzen sich zum 4. Soldat.)*
KELLNERIN: Was is?
KARL: Sonntag is.
KELLNERIN: Naa, was kriagen ma –, a Maß oder a Halbe?
KARL: Was magst denn?
LIESL: Entweder a Maß, oder a Halbe, das ist ja gleich.
KARL: Das ist gleich.
KELLNERIN: Ja, was soll ich na bringen?
KARL: Bringen S' 2 Halbe in oan Maßkrug!
KELLNERIN: Das ist ja a Maß – also na bring i a Maß.
KARL: Ja.
LIESL: Naa – dös is ja zvui, i mag überhaupt koa Bier, i mag höchstens a Schlückerl.
KARL: Also na bringen S' a Maß und a Schlückerl. *(Kellnerin ab.)*
KARL *(bricht eine Breze auseinander):* Der Bäcker lebt a nimmer, der wo die Brezn gebacken hat.
KELLNERIN *(bringt eine Maß und eine Halbe):* Gsundheit!
LIESL: Jetzt hat's do zvui bracht, so viel Geld hättst net ausgeben braucha.
KARL: Für di is mir nix zvui. Trink nur.
LIESL: Bittschön! *(Trinkt eine ganze Halbe aus.)*
KARL *(gibt das Glas der Kellnerin):* No a Schlückerl – da, trink derweil da, bis das andere kummt.
LIESL: Naa, dank schön – also i hab jetzt Durst ghabt.
KARL: Des ham ma scho gsehng.
(Kellnerin bringt Bier.)
KARL: S'nächst mal bringen S' mir aber an Deckelkrug.
KELLNERIN: Warum jetzt an Deckelkrug.
KARL: Weil da allweil der Dreck so neifallt.
KELLNERIN: In der Rosenau gibts koan Deckel.
KARL: Aber an Dreck.
LIESL: Mir brauchan doch koan Deckel, i mag sogar die Gläser ohne Deckel viel lieber. Da braucht ma net lang an Deckel aufmacha, da kann ma schneller trinka.
KARL: Ja ja ...
LIESL: Ja, und dö Arbeit mit der Putzerei, so an Deckel muaßt mit

Zinnkraut putzen, da kannst glei zehn Minuten hinfummeln, bis er sauber is.

KARL: Du brauchst'n do net putzen!

LIESL: Ja, du aa net!

KARL: Arbeitn möchts nichts, faule Luder seids, denk an das Sprichwort, des ma scho in der Schule gelernt ham, »Sich segen bringt Regen« ...

WIRT: Regen? Dir gib i glei an Regen! *(Haut ihm den Schlegel nauf. Allgemeiner Aufruhr. Alle halten den Wirt zurück und schimpfen.)*

4. SOLDAT: Da braucht ma oan do net glei an Schlegel auf's Dach naufhaun.

WIRT: Dir hab ich'n net naufghaut, also bist staad. Da woaß ma ja gar nimmer, wo man die Nerven hernehmen soll. *(Zu Karl.)* Herr Nachbar, werden S' schon entschuldigen, i hab nimmer g'wußt, was i tua, sann S' ma halt net bös, wenn i Eahna den Schlegel naufg'haut hab.

KARL: Was haben S'?

WIRT: An Schlegel hab i Eahna naufg'haut?

KARL: Wem?

WIRT: Ihnen.

KARL: Wann? Heut?

WIRT: Jetzt grad im Moment.

KARL: Mir?

WIRT: Freilich Ihnen doch, oder soll i mir 'n selbst naufg'haut haben?

LIESL: Ja, was hast denn du für an Kopf? Hast du des net g'spürt?

KARL: Naa, ich hab ja a Kappe aufg'habt.

WIRT: Dös müssen S' halt s' nächst mal aba tun, bei solcher Gelegenheit, sonst spürn Sie ewig nix, oder net so saudumm daherreden, und sagen vom Regen, wo i a schöns Wetter brauch, weil i heut a Feuerwerk abbrenna will.

LIESL: Ja, Sie, wann ist denn das Feuerwerk?

WIRT: Jetzt na, wenns finster wird.

LIESL: Jetzt is aber no lang net finster.

WIRT: Drum wird's aa jetzt no net abbrennt.

KARL: Wenn's aber heut net finster wird?

WIRT: Dös is mir wurscht, ob's finster wird oder net, abbrennt wird's auf alle Fälle.

KARL: Na kannst 's aa jetzt abbrenna, jetzt is ja no net finster.

WIRT: Jetzt is do no hell, dunkler muaß auf alle Fäll werden.

LIESL: Ja Sie, was taten S' denn da, wenn's heut ausnahmsweis net finster werden tat?

WIRT: Geh', reden S' do net so dumm daher, finster werd's do alle Tag auf d'Nacht!

KARL: Wenn's alle Tag finster werd, dann kannt' ma ja alle Tag a Feuerwerk abbrennen.

WIRT: Freili kannt' ma das, aber wenn ma alle Tag a Feuerwerk abbrennt, dann ist ja a Feuerwerk was ganz alltägliches, das hätt ja gar kein Sinn.

KARL: Na hätt ja des aa kein Sinn, wenn's alle Tag dunkel werd'.

WIRT: Das hat eben schon an Sinn, denn wenn's auf der Welt gar niemals mehr dunkel werden tat, dann könnt ma gar nia a Feuerwerk abbrenna.

KARL: Warum net – es hoaßt doch »Alles kann ma, wenn ma will!«

WIRT: Natürli kann ma ... jetzt woaß i nimmer, was i sagen soll ...

LIESL: Ja, Sie, wenn's aber dunkel is, und Sie zünden Ihr Feuerwerk net an, dann kann ma's ja auch net sehn?

WIRT: Das ist doch klar, daß ma im Finstern net sieht.

KARL: A Feuerwerk aa net?

WIRT: Jo, grad a Feuerwerk sieht ma im Finstern besser.

LIESL: Auch wenn's net ozunden is?

WIRT: Jessas, Jessas, die bringa mich direkt zur Verzweiflung. Jetzt laßt's mir mei Ruah und wartet's halt, bis finster is.

KARL: Ja, wir können do net bis morgen in der Früah da warten, bis des Feuerwerk angeht.

WIRT: Bis morgen in der Früah? Da is ja scho z'spät, da wird's ja scho wieder hell.

LIESL: Ja Sie, aber wenn ...

WIRT: Jetzt laßt's ma mei Ruah, steigt's ma an Buckel nauf.

KARL: Ja, des is a guate Idee, von Eahnam Buckel aus, seh ich's Feuerwerk besser.

LIESL: Sag nichts mehr zu eahm, jetzt stinkt er ihm.

4. SOLDAT: Geh weiter, Musi, sing ma oans, bis 's Feuerwerk angeht.
(Kellnerin bringt Ziehharmonika.)
Karl spielt, alle Soldaten singen:

Des Morgens um a halbe viere ertönet der Trompetenschall,
Da heißt es, auf, ihr Kürassiere, und marsch hinunter in den Stall!
Und putzt das Rößlein sauber ab, und putzt das Rößlein sauber ab,
Woran ich meine, woran ich meine, woran ich meine Freude hab.
Am Sonntag gehn wir promenieren, hinunter in die Rosenau,
Da kann ma sich gut amüsieren, da gibt es oft an Mordsradau.
Da haust halt oan a paar herab ... woran ich meine ...

KARL: Ja, was ist jetzt mit dem Feuerwerk?
FEUERWERKER: So, meine Herrschaften, jetzt kann's losgehen, jetzt
bin ich so weit! *(Alles geht nach hinten zum Zaun, Karl und Liesl
nach vorne an die Rampe.)*
LIESL: Jetzt wird's glei scheppern, da hinten.
WIRT: Was ist denn mit euch zwoa, was stellt's euch denn daher?
KARL: Ja, 's Feuerwerk möchten mir anschaun.
WIRT: Dös is doch dahinten, sehgt's denn net, wo die andern Leut
stehgn?
BEIDE: Aso! *(Gehen nach hinten.)*
LIESL: Is scho anganga?
ALLE: Naa, wir warten a scho drauf.
FEUERWERKER: Einen Moment, Herr Wirt, jetzt kann ich's nicht
abbrenna, ich kann nicht anfangen, weil ich kein Zündholz hab.
WIRT: Jessas, Jessas, jetzt hat er wieder koa Zündholz, des is doch
blöd, des is grad so dumm, als wenn a Kaminkehrer koan Kamin
dabei hat.
FEUERWERKER: Das kann doch einmal vorkommen.
WIRT: Das derfat net vorkommen, Sie sann a trauriger Feuerwerker,
hat denn niemand a Feuer?
KARL: Ja, in der Kuchel, da is Feuer gnua, brennt's es halt in der
Kuchel ab.
FEUERWERKER: In der Kuchel kann ma do kein Feuerwerk abbrenna.
WIRT: Red's koan Schmarrn und gebt's ihm Streichhölzer.
3. SOLDAT: Da!

Feuerwerker ab.

ALLE: Wann geht's denn amal an? Wann werd's denn abbrennt?

FEUERWERKER *(kommt wieder, alles fragt, er bahnt sich den Weg durch die Leute)*: Herr Wirt, tut mir leid, aber ich kann das Feuerwerk no net abbrenna.

WIRT: Warum denn? Was ist denn scho wieder?

FEUERWERKER: Es ist noch viel zu hell –

WIRT: Jetzt machen S' mi aber bald narrisch, jetzt haben S' a schöns Wetter, haben S' Streichhölzer. Jetzt ist's Eahna auf einmal wieder zu hell, tean S' nur mir net traun.

ALLES *(lacht oder schimpft durcheinander)*: Das ist ja a Schwindel, so a Bamberlfeuerwerk, der alte Tritschler usw. *(Setzen sich alle.)*

FEUERWERKER: Ich verbitte mir das, ich als Fachmann muß doch wissen, wann ich ein Feuerwerk abbrennen kann. Jetzt is doch noch hellichter Tag, und ich brauche eine tiefdunkle Nacht.

KARL: Brennen's Sie's doch im Keller drunt ab, da ist's dunkel.

FEUERWERKER: Im Keller, Unsinn. Haben Sie schon amal im Keller drunt a Feuerwerk gsehn.

KARL: Ich schon. Im Augustinerkeller war schon oft a Feuerwerk.

FEUERWERKER: Ja, im Augustinerkeller, aber net im Augustinerkeller-Keller, drum ich brauch eine stockdunkle, rabenschwarze Nacht.

KARL: Jetzt ist's aber schon ziemlich dunkel. *(Trinkt vom Bier.)*

FEUERWERKER: Das nutzt mir gar nichts. Ich kann mein Feuerwerk nicht ziemlich abbrennen, ich muß es ganz abbrenna.

LIESL: Jetzt braucht ma halt an Barometer, daß ma wissn taten, wie dunkel es ist.

(Karl spuckt Bier aus und lacht.)

LIESL: Da brauchst gar net so gschwolln lachen, wenn i was sag.

KARL: Du Rindvieh – du moanst ja an Thermometer.

LIESL: Du kannst ja gleich sagen an Kilometer.

WIRT: Oder gleich an Manometer, zum Dummheit messen.

FEUERWERKER: Das nützt mich alles nichts, ich brauch eine totale rabenschwarze Nacht.

WIRT: Ich weiß schon, eine rapide Finsternis.

KARL: Zu was Fensterkiß?

LIESL: A Finsternis hat er gsagt, a Dunkelnis. *(Es wird schnell dunkel.)*

FEUERWERKER: So, jetzt können wir anfangen.

LIESL: Im Dunkeln tut's Feuerwerk funkeln! *(Man hört im Dunkeln die Paare sich küssen, es folgt ein Schuß und wird einige Sekunden hell. Der Wirt sieht die küssenden Paare.)* Ah, is dös das Feuerwerk?

Das Feuerwerk beginnt mit Feuerrad, Christbaumkugeln, sekundenlanges Aufblitzen der Scheinwerfer, rot und grünes bengalisches Zündholz, Rauchkerzen, Schuß. Alles hat während der Szene »AAAA« gerufen, zum Schluß klatschen alle »Bravo! Bravo!« – Bühne wird langsam hell, alle verlassen die Bühne.

KARL UND LIESL *(schauen in die Richtung zum Feuerwerk):* Gute Nacht, schön war's.

WIRT: Halloh! Was ist denn mit Euch zwoa? Auf was wartet's denn noch?

KARL: Wann is denn das Feuerwerk aus?

WIRT: Jessas, Jessas, des sehgt's doch, daß schon aus is, sonst tat's doch noch was sehgn?

LIESL: Aber schön war des Feuerwerk!

KARL: Und kracht hat's oft!

LIESL: Aber stinken tut so ein Feuerwerk!

KARL: Ja, es riecht nicht alles gut, was kracht.

WIRT: Gute Nacht, macht's, daß weiter kommt's.

KARL: Hoffentlich finden ma hoam, weil's so finster is.

WIRT: Da habt's an Ballon, den schenk ich Euch!

(Beide raufen um den Ballon, zerreißen ihn.)

LIESL: Jetzt hast'n zerrissen, schade.

KARL: *Will ihn einsteckn.*

LIESL: Da brennst di ja.

WIRT: Der brennt net vor Dummheit. Gute Nacht!

LIESL: Sie, wann haben S' denn wieder amal so a schön's Feuerwerk?

WIRT: Nächsten Sonntag.

KARL: Da gehn ma wieder runter, *den* Sonntag, der jetzt kommt?

WIRT: Jawohl.

KARL: Ja, wenn's aber nächsten Sonntag regnet?

WIRT: Jetzt leckt's mi am A . . . .

Vorhang

Eine fidele Münchner Stadtratssitzung
anno dazumal
1926

STADTRAT OBERBERGER: Ich eröffne die heutige Sitzung und heiße Sie alle herzlich willkommen. Es liegen heute ausgerechnet 13 Punkte vor, die ihrer Erledigung harren. Und diese 13 Punkte will ich Ihnen, meine Herren, zwecks Begutachtung bezw. Genehmigung bei der heutigen Sitzung vorlegen. Ich beginne mit meinen Ausführungen:

Punkt 1. Neupflasterung des Speiselokals unseres Herrn Bürgermeisters.

Punkt 2. Erneuerung des unkündbaren Vertrages des Uhrmachers am Karlstor.

Punkt 3. Impfung sämtlicher Eisenfiguren unserer Denkmäler gegen Verrostung.

Punkt 4. Erhöhung der Hundesteuern von dreißig Mark auf zwanzig Mark.

Punkt 5. Antrag auf Erteilung einer Konzession zur Abhaltung von Jugendspielen, wie – »Schneider leih mir dei Scher« – »Fürchtet ihr den schwarzen Mann?«

Punkt 6. Neubau einer historischen Schweißtropfensammlung mit Erfrischungsraum – der Dienstmann-Institute Münchens.

Punkt 7. Neubau einer Entlausungsanstalt der Münchener Lausbuben.

Punkt 8. Das Ersetzen der Petersturmmusik durch Grammophon oder Lautsprecher.

Punkt 9. Entfernen der Straßenbahnschienen in den verkehrsreichen Straßen der Stadt.

Punkt 10. Verlegung der Auer Dult in den Hofgarten.

Punkt 11. Erlassung eines Verbotes »Kinder unter acht Jahren dürfen nicht als Mitglieder im Veteranenverein aufgenommen werden.«

Punkt 12. Fällt aus.

Punkt 13. Vorlage zur Genehmigung eines Männergesangvereinerholungsheimes im Zentrum der Stadt.
Nun bin ich mit meinen Ausführungen dieser Ausführungen zu
Ende und bitte Sie, zur freien Diskussion übergehen zu wollen. Kol-
lege Stadtrat Huber hat das Wort.
STADTRAT HUBER: Meine Herren! Ich sehe in den dreizehn Punkten
eine riesige Aufgabe, deren wir in einer einzigen Sitzung nicht
gewachsen zu sein scheinen. Ich denke, wir nehmen zuerst den
Punkt 13 in die Hände, damit wir wenigstens die Unglückszahl 13
umgangen haben. Mit den anderen 12 Punkten werden wir dann
schon ins Klare kommen. Meine Herrn! Punkt 13. Vorlage zur Genehmigung eines Männergesangvereinerholungsheimes im Zentrum der Stadt.

Meine hohen Herren! Es war vorauszusehen, daß eine konjunk-
tive Resignation aller gegenwärtigen Handelsabkommenschaften
mit beschränkter Anzahl eintreten sollte. Obwohl die Ferienkolonie
mit Grundbesitzungen allerorts, aus dem Terrain und Trust –
Emanzipationen mit Disziplinarstrafen und Verkehrsanstalten in
gegenseitigen Meinungsaustäuschen sich kreuzten.

Es konnte nur seitens der Neuregelung in Packträgerkreisen und
Roten Radlerinstituten keine Einigung erzielt werden. Es sei denn,
daß die wirtschaftlichen ökonomischen Bedingungen das einzige
Hindernis in der Hemdknöpflindustrie den geplanten Weg sperren
würden, so würden sich dennoch mit vereinten Kräften Mittel und
Wege finden, die Überproduktion im Zacherlinhandel im Keime zu
ersticken, und auf dem 45 000 Quadratmeter großen Grundstück
des Realitätenbesitzers N. N. ein Männergesangvereinerholungs-
heim erstehen zu lassen. – Als Amerika im Jahre 1855 die Ausfuhr
von gestöckelter Milli auf ein Minimum beschränkte, da war es
König Barbarossa der 66., welcher damals dem Erfinder des Zweirä-
derkarrens den Auermühlbachorden überreichte. Ja, gerade er war
es, welcher hinsichtlich der verkürzten Geschäftsinteressen die prin-
zipielle Entscheidung in den Abgrund stellte. Großmütig drückte
damals der Zitherklub »Gut Klang« seine Meinung gegen alle diese
verzweifelten Ansichten aus, und als wahre Wohltat entstanden
damals die vielen Bedürfnisanstalten, um die sich die Stadtverwal-

tung Lorbeeren und herzliche Anerkennungen aus allen Kreisen der Bevölkerung errungen hat. Mit aller Energie griff die Presse um sich und schleuderte seitenlange Artikel gegen das ekelerregende Orangenschalenwerfen auf den Straßen aus und im Nu war der Christbaumhandel in den Sommermonaten aufgehoben. Der chinesische Armenpflegschaftsrat Tschin Tschin setzte sich mit der Nürnberger Lebkuchenindustrie in Verbindung und bezweckte damit, daß im Prozesse der Römischen Briefmarkensammlungsgesellschaft mit elektrischem Kraftbetrieb gegen die schwedische Turteltaubenzüchterei eine einigermaßen zustande gekommene Einigung erzielt werden konnte.

Die Beiseitelegung des Handelsvertrages mit der sizilianischen Straßenreinigungsaktiengesellschaft, welche mit 120% des Grund- und Hausbesitzervereins im Kegelklub Alt-Heidelberg eine abermalige Verzinsung der Reichskassakontosteuer zu Allach (Bezirksamt Berlin) in Anrechnung brachte, konnte kraft seines 300jährigen Bestehens des afrikanischen Perlacher Knabenhortes zur nochmaligen Submission herangezogen werden.

Nach meiner Ansicht steht also der Erbauung eines Männergesangvereinerholungsheimes nicht mehr das geringste im Wege und gebe hiermit das Wort Herrn Stadtrat Westermeier.

STADTRAT WESTERMEIER: Meine Herrn! Die Worte meines Vorredners waren Mist! *(Pfuirufe)*. Niemals soll diese Schundansicht zur Durchführung kommen *(Pfeifen, allgemeines Gemurmel.)* Das Übereinkommen der chinesischen Schaukelbudenbesitzers mit der Nürnbergerlebkuchenfabrikationsgesellschaft ist erbärmliche Lüge!!! *(Hört, hört.)* Das Kleinhesseloherseegeschwader war ja von dem Großhesseloher Kirchweihfest gar nicht eingeweiht. *(Lüge – Schiebung.)* Das sind ja elende Lausbubengerüchte!!! *(Bravo Bravo – Ha ha ha ha – anhaltendes Hohngelächter.)*

Wie konnte seine Exzellenz der Großkaufmann Plieventans seine Grundbesitzungen zur Erbauung eines Männergesangvereinerholungsheimes reserviert halten – er mußte doch wissen, daß der Grund- und Hausbesitzerverein beim Magistrat, Abteilung für Schmetterlingsammlung III. Stock Zimmer Nr. 00, noch gar nicht vorstellig geworden war. *(Empörung.)*

Wie konnte die Münzenzeltgießerei den Antrag zur Erbauung eines Männergesangvereinerholungsheimes stellen, ohne – nicht den geringsten Einblick in den Laubsägeholzlagerplatz zu haben. Das sind ja direkte Erpressungen *(Ausrufe – Das ist Mumpitz – das ist Humbug)*.

Die Anisloabi- und Mohnweckerlkommission hat mit Recht sämtliche Zweiräderkarren des Dienstmanninstitutes konfiszieren lassen, denn gerade durch das Schifferlfahren am Starnberger Bahnhof waren die Geleise derart stark beschädigt, daß das betrügerische Einschänken in und außerhalb der heißen Jahreszeiten im Hofbräuhaus nicht zu-, sondern abnimmt. *(Pfui – Gemeinheit – Schluß!!!!! Hinaus mit dem Kerl!!! – Furchtbarer Tumult.)*

Glockenzeichen BBBBBrrrrrr!!!!!!!!!

Meine Herren! Meiner Ansicht nach steht also der Erbauung eines Männergesangvereinerholungsheimes nichts mehr im Wege, ich schließe die heutige Sitzung mit der Bitte an alle anwesenden Herren Stadträte . . . .

Auf in den Ratskeller!!!!!!!!

Im Photoatelier

1927

Die Bühne ist ein kleines unmodernes Photoatelier mit Einrichtung. Verschiebbare Wolken – Bühnenhintergrund mit Türe und Oberlichtfenster seitliche Türe zur Dunkelkammer – Photographischer Hintergrund – 2 Tische
Fauteaul – Photoapparat. Requisiten.

PERSONEN

DER MEISTER 50 *Jahre alt – mit Spitzbart, echter Photographentyp – Streng*

PHOTOGEHILFE HEINRICH . . . . Karl Valentin

PHOTOLEHRLING ALFONS . . . . Liesl Karlstadt

FRAU *mit Kind, ältere dicke unmoderne Frau mit altmodischer Unter-*
wäsche
SCHARFRICHTER, *großer starker, furchtbar energischer Mann mit lauter*
Stimme.
BRAUT *(Zwerg) sehr kleine häßliche Frau oder Mann*
BRÄUTIGAM *(Riese) Größe über 2,10 mt. (Schauspieler)*
1 *Helfer hinter der Bühne für Kindergeschrei, Ohrfeige, Balkenkrachen*

Vorhang auf – MEISTER *steht allein auf der Bühne und betrachtet eine*
Photoplatte – ruft: Heinrich komm heraus, was ist mit dieser Platte
wieder los?
HEINRICH *(kommt – nimmt Platte – betrachtet sie)* Die is nicht ganz
entwickelt, die hat der Fonse ausgewickelt – a entwickelt.
MEISTER Fonse, da komm raus!
ALFONS Ha, was is denn?
MEISTER Was ist mit dieser Platte?
ALFONS Des geht ja mich nix an – des is ja net mei Arbeit *(z. Heinr.)*
des hast ja du g'macht.
MEISTER Na, einer von Euch zwei muß sie doch gemacht haben.
HEINRICH Naa, oaner von uns drei hat's g'macht.
ALFONS Ah, des is ja de – de ham ma ja mitanander entwickelt. Da
wars ganz schön, aber der spielt immer mit der Platten so *(wirft*
sie) na is heut mittag in Kartoffelsalat neig'fall'n.
MEISTER Also nicht lange reden, die Platte muß nochmal gemacht
werden.
HEINRICH Ja ob uns der halt nochmal hergeht, des glaub i kaum.
ALFONS Des glaub i a net, der war bei der Aufnahme schon so ekel-
haft.
HEINRICH Ah, des is ja der Herr Ding, der braucht nimma kemma,
den fotografier i auswendig.
MEISTER Da muß eben hingeschrieben werden, dann kommt er
schon. Also und daß ihr wißt, ich fahre nun auf zwei Tage weg,
habe eine geschäftliche Angelegenheit zu erledigen und in zwei
Tagen bin ich wieder zurück.
HEINRICH Auf Wiedersehen!
MEISTER Daß ihr mir gut aufpaßt, wenn ich nicht da bin, ich hoffe,

daß ich mich auf euch verlassen kann. Das Material wißt ihr ja es ist alles draußen in der Dunkelkammer und seid vorsichtig mit dem Sublimat.

ALFONS Ja, des hat der scho amal g'suffa statt Limonad.

HEINRICH Hat mir aber gar nix g'macht.

MEISTER Ja Unkraut verdirbt nicht.

HEINRICH Oder soll'n wir die zwei Tage nicht lieber zusperrn?

MEISTER Das tät euch so passen, für was seid ihr denn da?

ALFONS Da san mir ja nimma da, wenn ma zusperrn.

MEISTER Wenn jemand kommt, dann habt ihr die Aufnahme zu machen.

HEINRICH Mir könna ja gar koane Aufnahmen machen, sie hab'n uns ja nia was machen lassen, mir ham ja bloß allweil mit dem Schachterl da entwickeln könna.

MEISTER Aber gesehn habt ihr's doch von mir, ihr seid ja lange genug da, ihr habt doch immer zugeschaut!

ALFONS Ja da ham mir aber nia obacht geb'n.

HEINRICH Ja wenn aber recht viel Leut komma zum Photographieren?

ALFONS Zu uns kommt doch niemand.

MEISTER Warum soll da niemand kommen?

ALFONS Das müßt a Zufall sein.

HEINRICH Wenn aber a ganzer Gesangverein kommt, soll'n ma den a aufnehmen?

MEISTER Natürlich!

ALFONS Na, er moant ja, wenn gleich recht viel kommen – a paar tausend gleich –

MEISTER Ach, ein paar Tausend kommen nie.

HEINRICH Na – er meint ja nur, wenns komma taten.

MEISTER Na wir haben doch schon oft Gruppenbilder gemacht, ihr müßt einfach die Kundschaft anständig bedienen, schöne Posen stellen, damit es auch schöne Aufnahmen werden. Und dann noch was, daß ihr mir ja nicht raucht. Also, ich gehe jetzt, in zwei Tagen bin ich wieder zurück.

HEINRICH Auf Wiedersehen!

MEISTER Pressiert's Ihnen so?

ALFONS Der is manchmal gelungen.

MEISTER Ja, dir fehlt schon auch nichts. Also, daß mir alles klappt. Auf Wiedersehen.

ALFONS Ich mach schon zu, bitte.

MEISTER *(Ab)*

ALFONS Jetzt hörn mir aber glei s'arbeiten auf – was tean ma jetzt?

HEINRICH Nix mehr – deck ma glei d'Arbeit zua, daß mas nimmer sehn. Jetzt mach ma zwoa Tag Urlaub. Anrührn tean ma nix mehr, *(zündet sich eine Zigarette an und setzt sich auf den Stuhl)* So aufmachn tean ma von jetzt an überhaupt nimmer, bis er kommt, d'Hausmoasterin war heut scho da und sonst kommt ja neamand. Der Briefträger wirft sei Sach ins Briefkastel nei. Und du gehst nunter und laßt dir an Gramaphon leihen und Lampions häng ma auf, dann mach ma a italienische Nacht. Und i telefonier meiner Henna!

ALFONS Und wenn sich wer Photografieren lassen will, de solln einfach zu an andern Photografen geh'n.

läutet

ALFONS Soll i aufmachen?

HEINRICH Net aufmacha! *(läutet)* Wer wird's denn sein? SSSSSS!

(Es klopft)

HEINRICH Also ausg'schamte Leut gibt's!

MEISTER *(von außen)* Heinrich – Alfons – warum macht ihr nicht auf?

ALFONS Ui der Alt *(macht schnell auf)*

MEISTER Ja was ist denn das? Warum macht ihr nicht auf – habt ihr denn das Läuten nicht gehört?

HEINRICH Wann – heut?

MEISTER Ja, jetzt im Moment.

ALFONS Na – mir habn nix g'hört, gar nix.

MEISTER So – und ich hab sechsmal hintereinander geläutet.

ALFONS Na – dreimal wars blos.

MEISTER Ah, da kommt ihr wieder auf.

HEINRICH *(winkt wegen dem Tischtuch)*

MEISTER Was soll denn das bedeuten?

ALFONS Zudeckt hab ich's, weil wie sie nausgangen sind, ist auf amal so a Wind gangen, hätt bald alles nunterg'weht.

MEISTER So auf einmal geht da herin ein Wind.

ALFONS Ja wir warn selber ganz baff. *(Schneidet dem Heinrich die Zigarette ab – der Stummel fällt auf den Boden und raucht weiter)*

MEISTER Was ist denn das?

ALFONS Ui, was is denn des?

HEINRICH A Glühwürmchen.

MEISTER Das raucht ja!

ALFONS Dann is a Rauchwürmchen.

MEISTER Wie kommt die Zigarette daher?

ALFONS Die Buben tuns immer zum Fenster reinwerfen, Schneeball'n, Stoana u.s.w.

MEISTER Wo ist da ein Fenster?

ALFONS Wer hat denn des Fenster zug'mauert?

HEINRICH Aber in unserem früheren Atelier war a Fenster.

MEISTER Das kann ja recht nett werden, die zwei Tage!

ALFONS Na, wenn wir g'wußt hätten, daß sie wärn, hätten mir glei aufg'macht.

HEINRICH *(gibt ihm einen Wurf)*

MEISTER So und wenn es eine Kundschaft gewesen wäre?

HEINRICH 's war ja koa Kundschaft, warn ja sie.

MEISTER Wenn's aber eine gewesen wäre?

HEINRICH es war doch koane.

MEISTER Na es ist gut daß ich's weiß, zufälligerweise mußte ich noch einmal zurück, weil ich meine Brieftasche vergessen habe.

HEINRICH In der Dunkelkammer liegt's drin.

ALFONS Ja 7 Mark fünfzig Pfennig san drin.

MEISTER So, habt ihr da auch schon wieder hineingeschaut?

HEINRICH Ich weniger oft, aber er.

ALFONS Ja weil ich g'meint hab, daß mei Brieftasch'n is, aber er hat mir erst hernach g'sagt, daß i gar koane hab.

MEISTER Da ist einer wie der Andere *(geht zur Dunkelkammer – schaut plötzlich um)*

HEINRICH *(Heinrich macht ihm ein Gesicht nach)*

MEISTER Was war denn das jetzt?

HEINRICH Ich kann mich nicht mehr erinnern.

MEISTER *(geht in die Dunkelkammer)*

ALFONS *(leise)* Sei Brieftasch'n hat er vergess'n.

MEISTER Also, jetzt geh ich, ich sage euch, daß ihr mir sofort aufmacht, wenn es läutet, das Geringste wenn ich hören muß wenn ich zurückkomme, dann könnt ihr was erleben.

ALFONS Kommen sie jetzt dann nochmal z'rück?

MEISTER Frag nicht so frech, sonst hau ich dir eine runter *(wirft ihm seine Koffer nach, dann ab.)*

HEINRICH So jetzt san mir richtig nei'tanzt.

ALFONS Du warst so g'scheidt, du hast g'sagt, mir solln net aufmachen, is er glei mit oaner italienischen Nacht daherkommen, i dank schö.

HEINRICH Am Läuten kennt mas doch net, wer's is, für eahm sollt halt a Extraglocken da sein – jetzt hat er's gspannt, daß mir nicht aufmachen.

ALFONS Ja, jetzt is scho z'spät, jetzt denk i mir nix mehr und jetzt brauchst a nimmer aufmachen, jetzt kommt er nimmer.

(es läutet)

ALFONS Scho wieder!

(es läutet)

HEINRICH *(achselzuckend)* Jetzt soll mas halt wissen.

Es klopft fest – –

MEISTER *(von außen)* Heinrich – Alfons – was ist denn das?

ALFONS Ui – des is er wieder *(Macht auf)*

MEISTER Ja zum Donnerwetter, was ist denn das? Warum wird denn da wieder nicht aufgemacht?

ALFONS Ich war jetzt grad net da, ich war jetzt draußen in der Dunkelkammer.

HEINRICH Ich war draußen in der Dunkelkammer.

ALFONS I war drauß, lüag net a so *(wollen sich gegenseitig stoßen und treffen den Meister)*

HEINRICH Ich werd wohl wissen, wo ich grad war.

ALFONS Na g'wiß war ich drauß, es kann ja möglich sein, daß er auch draußen war, da hab ihn halt net gsehn, weils so finster is.

MEISTER So und g'hört habt ihr auch nichts?

HEINRICH Wenns so finster is draußen.

MEISTER Wie stellt ihr euch denn das vor, wenn das nun eine Kundschaft gewesen wäre?

HEINRICH 's war ja keine, warn ja wieder sie.

MEISTER Wenns aber eine gewesen wäre?

HEINRICH Niemals!!!

MEISTER Was heißt niemals – das kann ja nett werden, es ist nur schade daß ich unbedingt fort muß, sonst würde ich euch auf der Stelle hinauswerfen, aber am Ersten fliegt ihr alle beide.

ALFONS *(schleicht sich leise hinaus)*

MEISTER Ja schleich dich nur hinaus, scheinheiliger Tropf.

HEINRICH Auf Wiedersehen!

MEISTER Bande! *(ab)*

HEINRICH *(schüttet ihm Fixierwasser nach)* Kommt der Zigeuner no amal daher!

ALFONS Mir san ja glei so dumm alle zwoa, des hätt ma uns doch denka könna, daß der no amal kommt. Der is ja so raffiniert, werst sehn, der kommt schon noch a paarmal.

HEINRICH Das kann scho sein, aber da garantier i dir, daß uns der nimmer drankriegt, weil in dem Moment wo es jetzt läut, ist die Tür auf, lieber mach i's scho vorher auf.

ALFONS Ja ich stell mich jetzt daher bis morg'n auf d'Nacht und wart bis er kommt und wenn's läut, reiß ich auf.

(Es läutet)

ALFONS *(reißt mit Wucht die Tür auf, Heinrich steht mit Wanne daneben Türe haut ihn fest auf den Kopf, er läßt die Wanne fallen – hinter der Bühne Ohrfeigenimitation)*

FRAU *mit Kind kommt herein* ....

Alfons und Heinrich lachen

FRAU Bin ich da recht beim Photografen?

HEINRICH Der is net da – warum – was wollns denn?

FRAU Mei Enkelkinderl möcht i Photografieren lassen.

HEINRICH Hams sie's dabei?

FRAU Daaa.

HEINRICH Des is noch z'jung zum photografieren.

FRAU Ja also wolln's des Kind photografieren?

HEINRICH Der Photograf is net da momentan.

FRAU No ja, dann wart i halt, bis er kommt *(setzt sich nieder)*

BEIDE *(schauen entrüstet)*

FRAU Kommt er bald der Photograf?

HEINRICH Ja, übermorgen in der Früh.

FRAU Was übermorgen – i kann doch net bis übermorgen da warten!

HEINRICH Warum hams ihnen dann hing'setzt?

FRAU Ja also, wolln's jetzt das Kind photografieren oder net?

HEINRICH Gengas doch zu an andern Photografen – der Ding in der N.N. Straß der macht wunderbare Bilder.

ALFONS Der is auch viel billiger als wie wir.

FRAU Da will ich aber nicht hingeh'n, denn ihr Geschäft ist mir gerade empfohlen worden.

HEINRICH Von wem denn?

FRAU Von an guten Bekannten.

HEINRICH Der soll sei Maul halten, s'Nächste mal.

ALFONS Des derfst doch net sag'n, de Frau sagt's unserm Alten, dann schmeißt er uns no amal naus.

FRAU Ja also was is jetzt?

HEINRICH Ja machs doch du, wennst so g'scheidt bist.

ALFONS Da is doch nix dabei, des photografiern mir jetzt, des gibt a Gaudi . . . .

HEINRICH So, de jungen Kinder san viel schwerer zum photografiern, wie de Alten.

ALFONS Du bist a so a Schuaster – des geht scho – wo soll i's denn hinsetzen, des Kind – am Stuhl oder am Boden?

HEINRICH Na in's Fell legt er's immer Nackert nei.

ALFONS Jessasja – stimmt – Also Frau bitte ausziehen.

FRAU Ausziehn???

ALFONS Ja, nackert. –

HEINRICH Da tua a Platten einleg'n 13 × 17!

ALFONS *(ab)*

FRAU *(zieht sich aus)*

Alfons und Heinrich schauen ihr zu

HEINRICH Wia ham mas denn da? Was teans denn da?

FRAU Ausziagn hams g'sagt.

HEINRICH 's Kind solln's ausziegn.

FRAU Jaso – 's Kind *(zieht das Kind aus)*

HEINRICH Auf eahna san ma net scharf.

ALFONS *(richtet das Kind hin) Kind schreit – (Imitation hinter der Scene)*

HEINRICH Geh hör auf mit der Sirene!

ALFONS *(zerrt Kind am Fuß)*

HEINRICH *(richtet Kind mit Popo zum Puplikum)*

ALFONS (*» » » » » Objektiv)*

HEINRICH *(deckt Objektiv zu – geht zu Kind – haut es mit der Zeitung –)* Hör doch amal dei Plärrn auf, du wirst doch bloß photografiert das tut dir doch net weh, sei doch net so kindisch . . . . *(richtet mit der Stange die Wolken, haut zum Schluß der Frau den Hut herunter und knipst dann)*

ALFONS *(richtet Apparat und sagt eben beim Knipsen zur Frau):* So Frau sie müssen jetzt weggehn, sonst kommens auch drauf.

FRAU *(geht weg)*

HEINRICH Ja solln sie net drauf kommen?

FRAU Ja woher?

HEINRICH Ich hab aber schon geknipst, i hab g'moant sie san d'Muatter.

FRAU Ah woher, das soll doch a Überraschung wern, i bin ja d'Großmuatter.

HEINRICH Des ist ja wurscht, wenn sie auch größer san, deswegn hättens halt weggehn solln.

FRAU Des kann doch i net wissen.

ALFONS Ja, jetzt sans scho drauf.

FRAU Na müassens halt noch amal a Aufnahme machen.

HEINRICH Des kennas ihna denken, daß wir wegen dem Schratzen nochmal a Platten anpatzen.

ALFONS Mir habn ihna gleich gsagt, sie solln zu an richtigen Photografen gehn. Da hams ihna Kind wieder, machens daß weiter kommen.

FRAU Des is amal a saubers G'schäft, des wer ich mir aber merken, so eine Bruchbude, da hört sich doch alles auf, eine solche Unverschämtheit ist mir auch noch net passiert, no ja, euer G'schäft kann ma ja empfehl'n. *(ab)*

HEINRICH Mir ham koa Eierg'schäft – sie brauchn uns net empfehl'n, mir san froh, wenn niemand kommt.

ALFONS *(stellt sich vor die Tür hin)*

HEINRICH De war ja guat, de Frau.

SCHARFRICHTER *(reißt die Türe auf, stürzt herein – gibt Alfons einen Stoß)* Guten Tag – ein Bild will ich haben –

HEINRICH Wer hat denn den da reing'schmissen?

ALFONS Was wolln sie?

SCHARFR. Ein Bild.

ALFONS Ein Knie- oder Brustbild?

SCHARFR. Das ist egal, schnell ein Bild.

HEINRICH *(mischt die Bilder wie Karten und zeigt sie ihm)*

SCHARFR. *(haut sie ihm aus der Hand)* Gehn sie weg mit ihrem Blödsinn – ein Bild muß ich haben – sie wissen scheinbar gar nicht, wer ich bin. – Mein Name ist Meier – Scharfrichter.

BEIDE Uuuuuuuuuuu

ALFONS Da derfst scharf einstellen, bei dem.

HEINRICH *(fährt ihm mit dem Apparat in den Bauch)*

SCHARFR. Was erlauben sie sich?

ALFONS Tu ihn amal a bisserl hinrichten.

HEINRICH *(rührt ihn an)* Ich möcht sie hinrichten.

SCHARFR. Hinrichten tu ich, ich bin der Scharfrichter.

HEINRICH *(spuckt in die Hände und richtet den Bart)*

SCHARFR. Unapetittlicher Kerl, spuckt in die Hände und greift nach meinem Bart!

ALFONS Schau daß d'fertig wirst, daß man nausbringen.

HEINRICH Bitte darf ich sie freundlich ersuchen, recht freundlich zu Schauen?

ALFONS Ja, etwas lebhafter bitte!

SCHARFR. Das kann ich nicht.

HEINRICH A bisserl lächeln!

SCHARFR. Ich kann nicht und will nicht.

HEINRICH Ja das paßt auch net zu sei'm Beruf – aber so könna mas net machen.

ALFONS So gehts net, so schauns aus wi a alter Seehund.

SCHARFR. Frecher Kerl!

ALFONS Jetzt lacht er gleich – 1 – 2 –3 – Jetzt kommt s'Vogerl raus!

SCHARFR. Weg mit dem Unsinn!

HEINRICH Der reagiert net auf solchene Sachen *(nimmt Schepperl)* Lalalala – *(knipst)*

ALFONS Jetzt hat er g'lacht – danke – fertig.

SCHARFR. Bis wann kann ich die Bilder haben?

HEINRICH Bis in acht Tagen.

SCHARFR. Das ist mir zu spät.

HEINRICH In sieben Tagen.

SCHARFR. Noch zu spät – in zwei Tagen.

HEINRICH In einem Tag.

SCHARFR. Und daß mir die Bilder gut werden, daß sie sich Mühe geben.

HEINRICH Ja ja, bei ihnen b'sonders, weil wir net wissen, ob wir ihna net amal brauchen könna.

SCHARFR. Guten Tag *(ab)*

HEINRICH *(zur Tür hinaus)* An schöna Gruß an die Köpften!

ALFONS Geh, laß ihn doch stehn, sei froh, daß er draußen ist – des war fei der Scharfrichter – daß des net kennt hast?

HEINRICH Ja mei – g'schäftlich hab ich mit eahm no nia was z'tun g'habt.

ALFONS Aber gell, heut geht a G'schäft, weil der Alt net da is?

läutet draußen – vor der Tür steht ein Brautpaar – vom Bräutigam ist der Kopf nicht zu sehn.

HEINRICH Ah, der hat wahrscheinlich was vergessen *(macht die Tür auf – erschrickt – haut sie gleich wieder zu)* Jess Maria!

ALFONS Was is denn?

HEINRICH A Köpfter steht draußen!

ALFONS Wia lass'n sehn – *(schaut hinaus Ahhh! – haut wieder zu)*

HEINRICH Gel weil wir g'frevelt habn, da steht oaner ohne Kopf draußen.

ALFONS Wia, schaun ma nomal hinaus *(schaut)* freili hat er an Kopf, aber ganz da drob'n *(macht die Türe auf)* Bitte gehn's rein.

BRÄUTIGAM Das geht ja nicht, die Türe ist zu klein.

ALFONS Ui, der kann net rein, weil er so lang ist.

HEINRICH Häng die Oberlichten aus *(hängt sie aus)*

BRÄUTIGAM Das geht ja noch nicht.

HEINRICH Halt, i hol d'Säg, na schneiden wir an Türstock durch.

(holt die Säge – sägt die Querlatte an der Tür ab)

BRAUTPAAR *(kommt herein)*

HEINRICH Sie wünschen bitte?

BRÄUTIGAM Wir möchten Brautbilder haben.

ALFONS *(zur Braut)* Sie auch?

HEINRICH Wieviel?

BRÄUTIGAM Ein halbes Dutzend bitte.

HEINRICH So viel wern ma gar net ham *(nimmt Bilder und zeigt sie her)*

BRÄUTIGAM Von uns wollen wir doch Bilder haben, das sind wir ja gar nicht.

HEINRICH A so, von eahna wollns welche ham, ja de müßten aber extra angefertigt werden.

BRÄUTIGAM Natürlich, das wollen wir ja.

HEINRICH ja ja, aber de hättens halt billiger kriegt, weil die san net abg'holt worn, die flacka scho jahrelang bei uns umanander.

ALFONS Bitt schön, möchtens ihna aus dem Album was raussuchen?

HEINRICH Diese Firmlingsbilder wern sehr gern gekauft – oder soll's was in Uniform sein?

ALFONS *(zeigt das Album her)* das wären mehr so Massenaufnahmen.

BRÄUTIGAM Das ist nichts für mich, wir beide wollen uns doch bloß photografieren lassen.

ALFONS Na müßtens halt noch a paar Bekannte holen schließlich.

HEINRICH Sehn's, das ist ein direktes Brautbild –

BRÄUTIGAM Ja – das möchten wir haben.

HEINRICH Werden ihnen de net z'teuer sein?

BRÄUTIGAM Warum, was kosten denn die?

HEINRICH Das weiß ich nicht – der Alt is net da und der hat uns in die Preis net eing'weiht.

ALFONS Des steht doch hinten drauf –

HEINRICH De kosteten 40.

BRÄUTIGAM Was 40?

HEINRICH Ja des wiss ma eb'n net – entweder 40 Stück oder 40 Mark.

ALFONS Ich glaub 40 Stück eine Mark – nein das stimmt auch nicht.

HEINRICH *(legt das Bild halb zusammen)* Oder mach ma vielleicht die Hälfte?

BRÄUTIGAM Ja so – aber die andere Hälfte.

HEINRICH Jetzt wissens was, wir machen jetzt amal die Aufnahme und an Preis könnens dann mit unsern Meister ausmachen wenn er kommt.

ALFONS Na mach ma lieber die Kleinern, weil wenns dann nix wern, is net so viel Geld hin. Bitte stellen sie sich amal daher.

HEINRICH *(richtet den Apparat)* weiter zurück, bitte –

BRÄUTIGAM Aber schöne moderne Bilder solln's werden.

ALFONS Da könnens ihnen verlassen, des werden Prunkbilder *(zieht den Arm der Braut heraus, hängt Zylinder drauf – dann tut er Zylinder wieder weg und läßt die Braut mit dem Zeigefinger zum Bräutigam deuten)*

HEINRICH *(geht mit dem Apparat über die Bühne hinunter in den Zuschauerraum, schreit)* den bring i net auf d'Platten nauf.

BRÄUTIGAM Was ist denn los?

ALFONS Er bringt sie net auf d'Platten drauf. sie san z'lang sagt er, wir haben keine so langen Platten.

HEINRICH *(kommt mit dem Apparat)* muß der Kopf unbedingt drauf sein?

BRÄUTIGAM Was ist das für eine Frage? Natürlich muß der drauf sein.

ALFONS Machst'n halt bis daher und dann an Kopf extra, den papp ma dann unten hin.

BRÄUTIGAM Ich glaube, sie können überhaupt nicht photografieren.

HEINRICH Ich kann sie schon photografieren, aber da müßten sie sich niederknien – niederkniegeln.

BRÄUTIGAM Was niederknien – das habe ich aber noch nicht gesehen!

HEINRICH Mir ham so an langhaxeten a no net g'sehn.

BRÄUTIGAM *(kniet sich nieder)*

HEINRICH Jetzt ist aber sie zu groß, das ist nichts *(zur Braut)* knien sie sich auch nieder!

BRAUT *(kniet sich nieder)*

HEINRICH G'fällt mir nicht.

BRÄUTIGAM Mir auch nicht.

HEINRICH Warum hams 's denn g'heirat?

BRÄUTIGAM Die Stellung gefällt mir nicht.

HEINRICH *(zum Bräutigam)* setzen sie sich lieber nieder *(setzt sich am Boden) zur Braut:* setz dich auch hin Herzerl. *(setzt sich)* So ist's gut. – einen Moment bitte *(knipst)* danke schön.

BEIDE *(stehen wieder auf)*

HEINRICH Das ist eine seltene Aufnahme geworden.

ALFONS Die ist wirklich gut geworden *(schaut in die Kasette)* Du Heinrich, mir ham kei Platte drin g'habt *(nimmt die Platte vom Tisch)*

BRÄUTIGAM Was ist denn los?

HEINRICH Nichts, wir habn nur eine Kleinigkeit vergessen. Nochmal bitte schön.

ALFONS *(bringt Schaukelpferd)* Setzen sie sich einmal da drauf, das wird eine Sportaufnahme.

HEINRICH *(will Fuß vom Bräutigam in den Steigbügel stecken) Setzt ihn dann aufs Pferd, hängt ihm die Braut um die Schultern und sagt:* So sie hängen ihnen hint drauf, wie bei einem Motorradl. Hier wird auch Kunstlicht verwendet. *(knipst)* Danke!

ALFONS So, das ist sicher etwas geworden, die werd ich gleich entwickeln dann können's ihnen gleich anschaun *(geht in die Dunkelkammer) Pause ...... (läßt Platte fallen – Geräusch.) Kommt ganz kleinlaut heraus.*

HEINRICH Depperter Depp, jetzt läßt er wieder die Platte fallen.

BRÄUTIGAM Jetzt wirds mir aber bald zu dumm – sie können scheints wirklich nicht photografieren, jetzt machen sie noch rasch ein Kniebild von meiner Braut und dann gehen wir. *(Braut setzt sich auf den Stuhl)*

HEINRICH Ein Kniebild – ist recht. *(hebt den Rock der Braut auf)*

BRÄUTIGAM *(haut ihm mit Zylinder auf den Kopf – hinten Imitation)* Was fällt ihnen ein, den Rock meiner Frau aufzuheben, das erlaub ich nicht.

HEINRICH Wie kann ich denn ein Kniebild machen, wenn der Rock drüber ist.

BRÄUTIGAM Das ist eine Gemeinheit von ihnen.

ALFONS Wenn er so ekelhaft ist, dann machst einfach a Brustbild von ihr.

HEINRICH Wie kann ich denn a Brustbild machen, wenns koa Brust hat.

BRÄUTIGAM *(schlägt ihm wieder mit Hut auf den Kopf)* Sie unverschämter Kerl.

HEINRICH Was glaubn denn sie eigentlich – mit ihnen tu i jetzt nicht lang rum, stellns ihnen mal da rüber, sie wackeln auch die ganze Zeit. *(gibt ihm Ständer) derselbe rutscht runter* – auweh, da is wieder die Schraubn kaput – geh halt'n sie selber das Stangl *(gibt ihm Stangl in die Hand)*

ALFONS Die Braut gehört doch auf die rechte Seit'n nüber, stellen's ihna nüber *(legt Bräutigam noch Hand am Kopf)* – grad als ob's sagen täten, Herrgott bin i a Rindviech, daß i heut g'heirat hab. *(Nimmt Bukett, legt es Braut zu Füßen, steckt's dann Braut in das Kleid, dann in den Mund)* So ists gut – einen Moment ... *Alfons hat während dieser Zeit den richtigen Zylinderhut des Bräutigams vor das Objektiv gehängt. (knipsen)* Jessas jetzt hängt der Hut wieder da – jetzt is wieder nix.

BRÄUTIGAM Ihr seid ja zwei Idioten – da hört sich doch alles auf komm wir gehen jetzt.

HEINRICH Sie sind einfach zu lang zum photografieren, wegen ihnen braucht ma a Photoatelier wia de Kegelbahn.

BRÄUTIGAM Ach Unsinn, sie können beide nichts.

ALFONS Da können doch mir nichts dafür, daß sie so lang san, außer wir machen eine Queraufnahme, wissens was, leg'ns ihnen mal hin.

BRÄUTIGAM Was legen? *(legt sich hin)*

HEINRICH *(legt Photoapparat auch am Boden, legt sich dazu)*

ALFONS Das wird eine Queraufnahme – *(stellt Fuß von Brett auf Bräutigams Bauch hält ihre Hand in die Höhe mit Strauß, andere Hand aufs Herz.)* Einen Moment bitte ...

MEISTER *(reißt Türe auf – fällt in Ohnmacht)* Allmächtiger Gott!

Vorhang

An Bord

1930

Eine gewöhnliche Bierwirtschaft, in die sich zwei bessere Herrn verirrten.

PERSONEN:

1. Gast . . . . Georg Rückert
2. Gast . . . . Gehwald
Ein betrunkener Gast, Anton Kammerloher. . . . Karl Valentin
Resi, die Kellnerin . . . . Liesl Karlstadt
1. Sanitäter . . . . Rankl
2. Sanitäter . . . . Reinsfelder

Vorspiel bei geschlossenem Vorhang, mit Lautsprecher »Mich rief es an Bord, es wehte ein kalter Wind«. Bei den letzten Tönen des Liedes, geht Vorhang auf, während Rückert schon spricht.

Und so zog ich durch die ganze Welt, denn ein Weltreisender muß überall gewesen sein. So gings über Rußland nach Sibirien, China durch die Wüste Gobi, nach Tibet, über Korea, Formosa nach Japan, von dort über die Philippinen nach Australien. Ich besuchte sämtliche Inseln wie Ceylon, Sumatra, Java, Celebes. Dann gings nach Indochina, Siam, Nepal, Hinterindien, Vorderindien, Turkestan, Afghanistan, Aserbeidschan, Arabien, von da aus nach Afrika, Egypten, durch die Wüste Sahara bin ich schon 10 mal kreuz und quer gezogen, war in Senegambien, Abbessinnien, war auf Madagaskar, im Sudan, und im Kongo, in Natal, kurz überall.

Vom Kap der guten Hoffnung gings nach Südamerika, Chile, Argentinien, Peru, Brasilien, Mexiko, Ecuador. Dann nach Uruquai, Paraquai, und dann nach den vereinigten Staaten von Nordamerika, später über Alaska, Kanada, Lappland und Finnland. In Europa war ich in Schweden, Norwegen, Dänemark, Polen, sämtliche Balkanstaaten, auch Griechenland und die Türkei sowie Österreich und Italien, die Schweiz, war in England, Holland, Belgien Frankreich und Spanien.

2. GAST Was? In Spanien warn sie auch? Erlauben sie, da müssen sie aber viel Zitronen gesehn haben?

1. GAST Natürlich das ist ja die Heimat der Zitronen. Überhaupt Spanien! ein sehr schönes, wunderbares Land! Ich war 5 Jahre dort.

2. GAST Was – 5 Jahre? Da müssen sie aber perfekt spanisch sprechen können?

1. GAST Logisch! Ich spreche fließend spanisch – ich spreche überhaupt 8 Sprachen.

2. GAST 8 Sprachen? Donnerwetter! Perfekt?

1. GAST Spanisch natürlich am besten. Spanisch ist sozusagen meine zweite Muttersprache.

2. GAST Ach so – ihre Schwiegermuttersprache.

RESI No was sagns da Herr Nachbar, gellns da könna mir zwoa net hi, dös san gscheide Leut – aber mir zwoa könna blos oa Sprach und dö net gscheid, und der kann glei 8 Sprachen und spanisch kann er no extra.

KAMMERL Gsagt hat ers, der und spanisch, ewig net.

RESI Freili kann er spanisch – er hats doch selber gsagt.

KAMMERL Ah gsagt – glaubst du des?

RESI Ja warum soll i des net glaubn, der ander Herr glaubts eahm do a.

KAMMERL Na is halt der grad so dappe wia du.

RESI Sie ham halt net obacht gebn, wo der scho überall war, der is scho in der ganzen Welt rumkomma, des is a Weltreisender.

KAMMERL A Weltreisender, a Sprüchmacher is er – in Spanien war er, so schaut er aus. Merk dir des Resi, oaner der wo sagt, er war überall, der war no gar nirgends. – i war in Spanien, i war Matros.

RESI Sie warn scho in Spanien? Ja des woaß ja i gar net.

KAMMERL Drum sag i dirs ja, i war in Spanien, Matros, 3 Jahr war ich bei der vierten Marinedivision, da schau her *(zeigt seine Tätowierung)*

RESI Des is guat – des hams eahna neistecha lassen, gell.

KAMMERL Na, a Abziehbildl hab i mir naufpappt.

RESI So a Matros warn sie, da müssens aber schneidi ausgschaut ham was i sagn will, ham sie unser neue Grammophonplatten scho ghört?

KAMMERL Na, laß's Rauschen.

RESI Dös war a Platten für eahna, des is a Matrosenlied, a wunderschön.

KAMMERL Matrosenlieder kenn i alle. Seemannslos – *(singt)* Stürmisch die Nacht und die See geht hoch .... tapfer noch kämpft das Schiff –

RESI Ja, des is Seemannslos.

KAMMERL Was sagst?

RESI I sag, des is Seemannslos.

KAMMERL *(singt)* Warum die Glocke so greußlich klingt, dort zeigt sich ein Riff.

RESI Ja wia gsagt, des is das Seemannslos, aber unser Matrosenplatte is noch schöner. Aber i woaß nia, wias hoaßt, de hat so an damischen Nama ... der fallt mir nia ein. Des geht halt so *(singt Dara dararararara raraaarara)* Dös is wunderschön, dös Lied.

KAMMERL Dös is La Paloma, die weiße Taube.

RESI Siegst as er woaß.

KAMMERL Des hab i scho 1000 mal gsunga.

RESI Des kannt i a tausend mal hörn, des Liad.

KAMMERL *(singt)* Mich rief es an Bord, es wehte ein kalter Wind ....

RESI Ja, des is. Des is großartig, des Liad.

KAMMERL Schon der Anfang ist so schön – mich rief es an Bord ... paß auf Resi, den wern ma glei fanga jetzt, fragn amal wie an Bord auf spanisch hoaßt. Fragn amal.

RESI Feilich, i laß mi von dem recht zammschimpfen, des könnas eahna denken.

KAMMERL Wenn er so lang in Spanien war, dann muaß er doch wissen, wie an Bord auf spanisch hoaßt, fragn halt!

RESI Der tat mir höchstens an rechten Krach macha, den müssens scho selber fragn. Überhaupt an Bord, des woaß i a net, wia des auf spanisch hoaßt.

KAMMERL Du brauchst es a net wissen, der solls wissen, der Fettnbene. Sie Herr Nachbar, wenn sie schon in Spanien warn, wia hoaßt denn nacha zum Beispiel an Bord auf spanisch? Aha –

hatn scho derbissen, da hastn scho, den spanischen Sprüchmacher.

RESI Lassens den Herrn geh.

KAMMERL *(Steht auf, geht hin)* Passens auf Herr Nachbar, i will nichts
unrechts von eahna, aber wenn sie schon so lang in Spanien warn,
dann müssen sie doch wissen, wie an Bord auf spanisch hoaßt,
wenns ma des sagn könna, hab i Respekt vor eahna, außerdem san
sie a Sprüchmacher. Also – wia hoaßt an Bord auf spanisch? Wia
hoaßt's denn? Sag halt was, – warum sagst' denn nichts?

1. GAST Fräulein, wo bleibt mein Schinkenbrot?

RESI Jessas, des hab i ganz vergessen, glei bring is eahna. *(holt es)*

2. GAST *(lächelt)*

KAMMERL Was lachst denn da, Chines, Du mit dein Schnauzlgsicht
warst ja no net amal in der Menterschwoagn drobn, viel weniger
in Spanien, dir hau i glei a paar am Backa one. *(geht auf seinen
Platz)*

RESI *(mit Schinkenbrot)* Setzens eahna nieder, is gscheiter ......
Guten Appetitt! Geh teans den Herrn net so belästigen, der belästigt ja eahna a net.

KAMMERL Der belästigt mi eben schon – der soll koane solchen
Nägel runterhaun. Der soll jetzt sagn, wia an Bord auf spanisch
heißt.

RESI Mei, der mags halt net sagn.

KAMMERL Der möcht scho, wenn er kannt, könna tut er net. Also wia
hoaßt's denn?

1. GAST Lassen sie mich bitte in Ruhe.

RESI Lassen 's n doch geh, der dastickt ja.

KAMMERL Wia hoaßt's na auf spanisch?

1. GAST Ich will mein Brot in Ruhe essen.

KAMMERL Friß danach ....

1. GAST So ein ungebildeter Mensch – da hört sich doch alles auf,
wer weiß, ob er in Spanien war.

KAMMERL Wer – ich? I war in Spanien, Gott sei Dank – *(steht auf)* i
kanns ja beweisen. Wo hab i denn meine Papiere? Da is mei Brieftaschen, da schau her Mo ... *(fällt ihm alles nunter)*

1. GAST Ich glaubs ihnen schon.

KAMMERL Resi, heb mir meine Papiere auf.

RESI Ja, i habs scho gsehn, da tanzt er immer umanander, bleibns halt hocka auf eahnan Platz.

KAMMERL Tu mas fei net in Unordnung bringa.

RESI Is des eahna Brieftaschen? de schaut ja sauber aus.

KAMMERL Da hat amal der Blitz neigschlagn – woaßt, mir leids ja koan Leitzordner. Da lies vor – da stehts schwarz auf weiß.

RESI Oha – des is scho mehra schwarz auf drecke ...

KAMMERL *(packt sie beim Kopf)* Resi, Rese, sei koa böse ... leß eahm vor dem wamperten Klaubauf, woaßt meine Augnäpfel san heut scho voll Alkohol, da, wo der Schiffsstempel drauf ist.

RESI Da versteh i recht viel davon ... is des da, wos hoaßt Anton K. Da ... Anton Kammerloher, geboren den 25. August 1892 zu München, Freibadstr. 14/0 war vom 1. Februar 1929

KAMMERL Februar?

RESI Ja – 1. Februar 1929 bis 2. Juni 1929 in der hiesigen Strafanstalt Stadelheim untergebracht, und wurde heute den 2. Juni entlassen. *Gäste lachen* Eahna les i glei nochmal was vor, da hab i mich richtig blamiert, des hab ja i net gwußt, sie warn ja scho in Stadelheim?

KAMMERL Dös is ja wurscht – d' Hauptsach ist, daß i wo war. aber der war ja no gar nirgends, der war ja no net amal richtig bei eahm selber.

RESI Oder is des das richtige? Da hoaßt's Kammerloher, 5. Marinedivision, Handelsdampfer Antwerpen.

KAMMERL Des is des richtige.

RESI Des hättens ma halt glei gebn solln, des kann ja i net wissen.

KAMMERL Also – war ich in Spanien oder net *(steckt dem 2. Gast die Nase hinein)* da ham mas, i war dort, i war in Spanien, aber du net *(haut ihn auf den Kopf)*

RESI Jetzt sowas – *(geht zu Gast)* Is eahna was passiert?

1. GAST Nehmens amal dem Mann den Hammer ab!

RESI Der hat doch koan Hammer.

1. GAST Freilich – ich habs doch gspürt.

RESI Ah – der hat blos solche Pratzen. aber entschuldigens bitte, i kann ja nichts dafür.

1. GAST Sagt ja auch niemand, aber sagen sie Fräulein, kommt der öfter da rein.

RESI Ja, des is der Kammerloher, der kommt alle Tage rein zu uns, dös is sonst ein sehr netter Mensch.

1. GAST Sonst – da ham ma ja Glück gehabt, daß wir ausgerechnet heute da sind, wo er nicht so nett ist.

RESI Heut hatt er a bißl zvui trunken, jetzt ist er bsoffen.

1. GAST Sehns amal zu, daß sie ihn nausbringen.

RESI Der wird a so nimmer lang da sein, der geht a so glei. Aber entschuldigen sie bitte, mir ist die Sache sehr peinlich.

1. GAST Schon gut.

RESI *(geht zu Kammerl)* Die zwei Herren ham sich jetzt grad beschwert über eahna, de möchten eahna Ruah ham, jetzt trinkas aus und na gengas hoam.

KAMMERL Resi, jetzt bringst mir no an Schapfa. A Bier bringst ma no.

RESI Wega eahna kann i mi net darenna.

KAMMERL A Bier will i ham, sag i.

RESI Ich hab koans mehr heut.

KAMMERL Sei stad, gschnappige Amsel, a Bier fahrst jetzt her, sonst sag i dir was anders.

RESI Sie ham ja heut so scho so viel trunka, i bring eahna einfach koans mehr, i woaß überhaupt net, was sie heut ham, sie san heut direkt streitsüchtig.

KAMMERL Ich bin doch net streitsüchtig – i will ja gar nichts von eahm.

RESI Also – na haltens eahna Mäu –

KAMMERL i möcht ja nur ham, daß mir der sagt, wia an Bord auf spanisch hoaßt.

RESI Des is doch gleich, wia des hoaßt.

KAMMERL Des is net gleich. *(steht auf)* Des muaß i jetzt wissen. *(nimmt seinen Stuhl, setzt sich zu ihm)* Paß auf Kamerad, alter Freund – i will ja nichts unrechts von dir. i möcht jetzt von dir nur wissen, wie an Bord auf spanisch hoaßt. Also, raus damit.

1. GAST Lassen sie mich doch zufrieden.

KAMMERL *(geht weg von ihm)* Du bist ja bei mir ausradiert, auf ewig.

RESI Jetzt tean ma zahln, des is des gscheidste. Was hams 'n ghabt. 6 Halbe – Eine Mark 80. 10 Zigaretten, macht 2 Mark zehne.

KAMMERL Wia hoaßt's na auf spanisch?

RESI Zwoa Mark zehne.

KAMMERL *(zahlt)* Schama tat i mi, da herin sitzen und net spanisch könna.

RESI Ja wia ham mas denn da – da fehln ja noch 65 Pfenning.

KAMMERL I hab net mehr drauf, Resi, morgn kriagst as na scho.

RESI So schaugn sie aus – morgn ham sie genau wieder so wenig Geld, wia heut, eahna mag i – na tat i halt net so viel saufa, wenn scho s' Geld net glangt.

KAMMERL Dafür hab i a nichts gessen. *(singt)* Stürmisch die Nacht ...

RESI Also gell, net vergessen, 65 Pfenning kriag i no.

KAMMERL Mei Orgel.

RESI Ja, nur recht gschert sei, ...

KAMMERL A Halbe möcht i jetzt noch.

RESI Hab koans mehr.

KAMMERL Na bringst ma a Flaschl.

RESI Hab i a net.

KAMMERL Na nimmst an Schlüssel, und sperrst dei Wirtschaft zua.

RESI Des kann i macha, wia i mag.

KAMMERL Bring ma halt no a halbe ...

RESI I hab wirklich koans mehr, mitn besten Willn konnt i eahna koans mehr bringa. Des hat a gar koan Wert mehr heut, sans gscheid Herr Kammerloher – gengas hoam – eahna Frau werd ja so scho so Angst ham.

KAMMERL Da hab i scho mehra Angst auf d' Frau, wenn i mitn Strudl hoam kimm.

RESI Gengas zua, sans gscheid – schauns, hams den weiten Weg no zum macha mitn Radl, bei dem schlechten Wetter, schließlich passiert eahna no was, gengas hoam zu eahnane Kinder ... *(zieht ihn auf)* jetzt legns eahna nieder, und schlafa eahnan Rausch aus, und morgn kommas na wieder. Da gibts na wieder a frischs Bier. Jetzt gengas nur zua – s'Radl bring i naus.

KAMMERL Na, halt mein Brennabor.

Resi Den bring i scho naus. So – jetzt wern man glei draus ham – jetzt fahr i eahm no sein Karrn naus, und na ham ma unser Ruh. Ja gengas nur hoam.

Kammerl Hoam – na hoam geh i net – jetzt bleib i erst recht da – und so lang bleib i da sitzen, bis der Hanswurscht mit mir spanisch redt. *(hat sich gesetzt)*

Resi Des wern ma na scho sehn – sie genga jetzt hoam und gar ists – was war denn net dös – da herin werd gar net spanisch gredt, des sag i eahna im Guaten – jetzt is amal Schluß mit dem spanischen Schmarrn – moanas i laß mir von eahna meine Gäst vertreibn, des könnas eahna denken. Bei der heutigen Zeit derf ma froh sei, wenn a paar herin sitzen, und der tat mirs nauseckeln – sie macha jetzt, daß nauskemma, und wenn sie mir net folgn, na sag i s an Wirt.

Kammerl Auf den is ghust, des war der oanzige, den i fürchten tat.

Resi Also Schluß jetzt, machas daß weiter kemma. *(dreht ihn naus)* So Herr Kammerloher *(dreht ihn zur Türe)*

Kammerl Schaugst du mich für an Traller o?

Resi I moans eahna ja blos guat, jetzt gengas hoam (so Gott sei Dank) Bleims draus, bleims draus.....

Kammerl Ja jetzt spann ichs erst, nausgschmissen werd i da, und warum wer i nausgschmissen? Weil der Sauhund net spanisch redt. Jetzt will ichs wissen, wia hoaßts, raus damit, wia hoaßts *(haut in den Tisch)*

Resi Jetzt regns eahna net so auf, des hat gar koan Wert, der Herr hat eahna doch gar nichts to.

Kammerl I laß mir scho nichts toa .... Wia hoaßts .. raus damit ... Dreckkerl dreckiger .....

Resi *(gibt ihm Wurf)* Jetzt langts aber, jetzt werds aber Zeit, so a ausgschamter Kerl, da hört sich doch alles auf.

1. Gast Was, will der in dem Zustand noch radfahren? Der bricht ja den Hals.

Resi A woher, Unkraut verdirbt net.

Kammerl *(fällt mit Rad um)*

Alles *(schreit)*

Resi Jess Maria, da ham mas jetzt.

1. GAST Saufen bis zur Bewußtlosigkeit, und dann liegns da.

2. GAST *(schiebt Rad hinaus)*

RESI Sie, der bluat ja, was tean ma denn da – und der Wirt is a net da.

1. GAST Der Wirt könnte da auch nicht helfen, da muß ein Arzt her.

RESI Moanas daß er sterbn muaß?

1. GAST Möglich ....

RESI Ja mir wars ja gnua – i kriag no 65 Pfenning von eahm.

2. GAST So rufens doch die Sanitäter an.

RESI I woaß ja an Nummerer net.

1. GAST Dann fragen sie bei die Sanitäter zuerst an, was sie für eine Nummer haben.

2. GAST Rufens doch die Auskunft an!

1. GAST Auskunft ist seit Erfindung des Telephons dauernd belegt.

RESI Bis ma da lang reden, dawei ham mas ja im Buch .... *(sucht bei Z)*

1. GAST Ja Fräulein, was suchens denn da unter Z.

RESI Is ja recht, ma sagt doch – Zanitäter kemma.

1. GAST Blödsinn, das wird doch mit S geschrieben.

RESI Wenn nur der Wirt da war, sonst telefoniert halt der immer. *(blättert ganz aufgeregt)* Jetzt hab ichs, Sanitätskolonne siehe Seite Nr. 1 – da muaß i vorn schaun – jetzt gehts da bei 12 an, auweh, de hams ma rausgrissen.

2. GAST Wenn ma nur die Nummer wißten.

RESI Ja, wenn ma nur die Nummer wissen taten.

KAMMERL *(am Boden)* 24 8 00.

1. GAST Der weiß die Nummer.

RESI I will eahna was sagn, des kann scho stimmen, den hams scho öfters gholt. *(wählt)* Grüß Gott – Bitt schön bei uns herübn, in der goldna Enten, in der Ismaningerstr. da liegt oaner, sans so guat – ja – der Wirt ist nämlich net da, und oaner hat net spanisch könna, – ja i bin d' Kellnerin – ja und der rührt sich nimmer, jetzt woaß i net, was i toa soll, soll i eahm an Kamillntee kocha, oder sollt er glei selber nüber geh zu eahna?

1. GAST Aber Fräulein, der kann doch nicht gehn, sie solln ihn holn Fräulein.

RESI Holn sollns 'n Fräulein.

1. GAST Das sind doch keine Fräulein. Die Sanitäter sollen sofort kommen, und sollen einen Verletzten holen.

RESI Also, sie brauchen ihn erst am letzten holen.

1. GAST Nein, einen Verwundeten solln sie holen.

RESI Sie bitt schön, einen Verwunderten ...

2. GAST Verwundeten deten, deten, deten.

RESI Ja, den sollns dann deten ... der hats gsagt.

1. GAST Sagen sie, ein Unglück ist passiert.

RESI Ja es ist was passiert, ha na Eglfing is net da bei uns ... i bins s' Radl is oan aufigfalln, jetzt ist der Kopf kaput, und S'Radl bluat. Ja bitt schön parterr liegt er – am Boden – ja dank schön *(hängt ein)*

2. GAST Was haben sie gesagt?

RESI An schöna Gruaß hams gsagt und sie kemma gleich. So und jetzt hol i a Wasser –

1. GAST Der hat ja so schon so viel gsoffen.

RESI Wenn nur der Wirt da war. Grad heut ist er in a Versammlung ganga.

1. GAST Jetzt hörns doch amal auf, mit dem Wirt, das ist ja furchtbar.

RESI Wie ist denn des eigentlich zuganga?

1. GAST Das ist ganz einfach – ich war dagesessen, und der Herr da dann habe ich von Spanien gesprochen, darauf hat er mich belästigt, hat mich auf die Schulter geschlagen, und hat du zu mir gesagt.

RESI Da brauchas ihna gar nix denken, des sagt er zu mir a allaweil.

1. GAST Dann wollte er in der aufdringlichsten Weise von mir wissen, wie an Bord auf spanisch heißt.

RESI Da muaß i aber jetzt dumm fragen, warum hams sie's denn eahm net gsagt, sie könna doch spanisch?

1. GAST Freilich kann ich spanisch.

RESI Na also ...

1. GAST Ich spreche perfekt spanisch. Aber der Zufall. Gerade das eine Wort an Bord ist mir unbekannt.

RESI So was dappigs. Hättens halt irgend was anders gsagt.

1. GAST Das wollte er ja nicht wissen, und überhaupt mit einem derartigen Menschen spreche ich nicht.

RESI Derartig ist er ja nicht, er ist ja blos bsuffa.

2. GAST Das ist ja das traurige.

RESI Mir war nur das eine unangenehm, wie eahm sei Brieftaschen nuntergfalln ist, wo eahm des ganze Glump rausgfalln ist, und i Depp les no des vor a von Stadelheim. Ich hab mi net viel gschamt.

(von außen) Hupenzeichen.

RESI Jetzt hab i was ghört. *(läuft ab) (Kommt wieder)* Kemma scho, jetzt müss ma gleich Platz machen.

2 Sanitäter kommen mit Tragbahre herein und stellen sie auf den Boden.

RESI Des is guat, daß 's jetzt da san, wissens i hab glei telefoniert.

SANITÄTER Wir solln hier jemand abholen, wo ist er denn?

RESI Da liegt er, am Boden.

SANIT Ist gerauft worden?

1. GAST Nein, nur eine Meinungsverschiedenheit hats gegeben.

SANIT Das kennt man schon.

Resi und die Herren reden zugleich auf den Sanitäter ein, daß man nichts mehr versteht.

1. GAST Also reden kann nur einer. Sonst versteht man ja nichts.

RESI Ja, die Sache war so

1. GAST Sind sie doch ruhig. Die Sache war also so.

RESI Der Herr war in Spanien ...

1. GAST Nein das war so. Ich bin da gesessen, der Herr da, und er da.

RESI Ja – und der Wirt war net da ...

1. GAST Lassen sie mich reden. Ich habe mich mit diesem Herrn unterhalten, ich habe erzählt, daß ich Weltreisender bin, habe gesagt, daß ich in der ganzen Welt herum gekommen bin, in Indien, Sumatra, Borneo, in Holland, Nordamerika, Südamerika, Australien, England, Frankreich, Schweiz, Italien, Türkei, Afrika, Dalmatien, Mexiko und in Spanien war ich auch.

RESI Ja und wie er in Spanien war, is's anganga.

1. GAST Ja also, ich habe von Spanien gesprochen, da ist er auf mich zu gekommen, und wollte von mir in der zudringlichsten Weise wissen, wie an Bord auf spanisch heißt.

RESI Ja, des hat eahm aber der Herr leider net sagn könna, weil ers selber net woaß.

1. GAST Ja also wie gesagt, er ist auf einmal frech geworden und dann hat er bezahlt.

RESI Aber mir ist er noch 65 Pfenning schuldig.

1. GAST Das ist doch Nebensache Fräulein.

RESI Ich dank schön, das ist ja bei mir d' Hauptsach.

SANIT Das geht mich alles nichts an. Ich bin im Dienst, man hat uns gerufen.

RESI Ja, aber d'Nummer ham ma solang net g'funden.

1. GAST Sind sie doch still, der Mann verblutet ja.

SANIT Also los! Da kennt sich der Teufel aus. *(Beide Sanitäter heben Kammerloher auf, er kommt zu sich, schreit laut)*

KAMMERL Nur net olanga – was willst denn? Da wer i windi!

(Schleudert den 1. Sanitäter zurück, derselbe fällt in das Buffet, es fällt um, Sanitäter bricht mit blutendem Kopf zusammen.) 2. Gast und 2. Sanitäter *bemühen sich um den 1. San. und legen ihn auf die Tragbahre.*

RESI Mir is ganz schlecht.

1. GAST Sie Raufbold, was haben sie denn da angestellt, sie sollen sich schämen, sich in einer Wirtschaft, in einem öffentlichen Lokal sich so aufzuführen. Sie sind ja ein unmöglicher Mensch. Da schaun sie her, jetzt ist nur mehr ein Sanitäter da, der andere liegt selbst auf der Bahre, wer soll jetzt da hinaus tragen helfen?

RESI Ja, wer hilft jetzt da tragn?

KAMMERL Dös wern ma glei ham – da geh her, Kamerad *(packt kräftig die Bahre und trägt mit Hilfe des einen Sanitäters den auf der Bahre liegenden hinaus)*

ALLE *(schauen verduzt nach.)*

(Vorhang)

»Der Wilddieb« oder
Die blutige Begegnung in der
Höllenschlucht

1933

Mutter sitzt allein in der Stube, draußen zieht ein furchtbares Gewitter vorbei. Es blitzt und donnert unaufhörlich.

MUTTER: *(schaut zum Fenster hinaus und spricht)* Jessas Maria und Josef steh mir bei, a so a stark's G'witter und mei Sohn da Hias is no net z'haus. Er werd wohl net grad in dös G'witter neikomma sei, er hat's G'wehr mitgnomma, dös hat nix Guats zu bedeut'n. I moan allaweil, i moan allaweil er is wieder auf die schmale Wand nauf zum Wildern, weil er gar so stad aussi is zum Häusl. Gar net konn er's lass'n 's wildern und dös is no amal sei Unglück denn der Oberförster hat glaub i, scho a bisserl an Verdacht auf eahm und daß *er* an Oberförster auf der Latt'n hat, dös woaß scho' 's ganze Dorf. Was hör i? Jessas, da kummt er scho', ja grüaß di Gott, mei Bua.

HIAS: Grüaß di Gott Mutter! Da schau her was i heut g'schoss'n hab, an Adler, weil mir heut nix anders vor d'Büchs'n kumma is. *(Hat Adler samt Brett in der Hand)*

MUTTER: Mei Bua, i hab scho so vui Angst g'habt um di ....

HIAS: Um mi brauchst koa Angst hab'n, i wißt net warum.

MUTTER: Hias, i hab scho a bisserl Angst g'habt, weil, weil ....

HIAS: Was weil ......

MUTTER: Weilst heut wieder mit'm G'wehr furtganga bist.

HIAS: Mit'm G'wehr furtganga, ja mit'm Schmetterlingsnetz oder mit a Mausfall'n kann i koane Reh fanga.

MUTTER: Du woaßt doch, daß s'ganze Dorf scho munkelt, der Mooshammer Hias is a Wilderer.

HIAS: A Wilderer, ja a Wilderer bin i a – weil is net begreifa konn daß unser Herrgott die Gams und die Reh nur für die Jaga und Förster erschaffen hat, de derfas schiass'n und mir arme Teufi könna Kartoffe fress'n ...

MUTTER: Aber Hias, denk doch ans Zuchthaus ...

HIAS: Ja 's Zuchthaus hab'ns für uns Arme, dös stimmt, aber blos für de, de wo's dawischt hab'n.

MUTTER: Hias, Bua, schau mi o, du redst so g'spassi daher, daß i diam glei moana kunnt, du hättst was ogstellt.

HIAS: *(geht auffallend auf und ab)*

MUTTER: *(erkennt daraus daß da etwas nicht richtig ist und schreit ihn an, indem sie ihn umklammert)* Hias, du hast mit'm Oberförster was g'habt, i kenn dir's an ... dein Todfeind .... du hast'n .... um Gotteswill'n ......

HIAS: Ja i hab'n ....

MUTTER: Daschoss'n?

HIAS: Daschoss'n – der kummt nimmer!

MUTTER: *(sitzt weinend am Tisch)*

HIAS: Mutter horch auf, i erzähl dir, wias kemma is. Wia i heut in der Fruah aussi bin, hab i mi mit'm G'wehr durch's Gebüsch durch schlich'n und bin über'n Jägersteig auffi. I geh kaum 100 Meter wer steht vor meiner – mei Todfeind, der Försterlenz. I nimm an Stutz'n, leg o – a Schuß – a Krach – und da Förster stürzt blutüberströmt zusammen.

MUTTER: Hast'n troffa?

HIAS: I? Dös woaß i net g'wiß, denn im selben Moment wo i an Stutz'n oleg und schiaß, fahrt a Blitzstrahl vom Himmel runter und jetzt woaß i net, hab i an Förster troffa oder da Blitz? Oahna von uns zwoa hat'n troffa.

MUTTER: No ja, dös werd sich bei der Verhandlung scho rausstell'n.

HIAS: Aber Muatta, i hab jetzt höchste Zeit daß i verschwind. Da Grenzschandarm is ma auf da Spur und wenn der mi da herin dawischt, dann is aus mit mir, dös kost mi an Kopf.

MUTTER: Bua bleib bei mir, bei deiner Muatta. I woas an Ausweg – ziag di o als dei Schwester in de da Schandarm so verliabt is. Tua dir dein Bart schnell wegrasiern und wenn da Schandarm kimmt tuast bitten um dein Bruadan sei Leb'n und gibst ihm dei Hand und alles is wieder guat.

HIAS: Ja Muatter, i dank dir für dein guat'n Rat *(rasiert sich und zieht der Vroni ihr G'wand an)*

MUTTER: *(zur Vroni)* Du schaust aus wie die Greta Garbo, denselben Blick.

Es klopft.

BEIDE: Herein!

SCHANDARM: *(kommt herein)* Wißt ihr schon das Neueste?

BEIDE: Na – was is denn passiert?

SCHANDARM: Vor oaner Stund hat ma an Förster von einer Wilderkugel durchbohrt im Jägergrab'n g'fund'n und mei Pflicht is jetzt dös als Schandarm daß i den Mörder ausfindi mach der unserm Förster an Graus g'macht hat und i glaub in dera Hütt'n herin bin i von dem Mordg'selln net weit weg – moan i wenigstens. Na Vroni – wo is denn heit dei Bruada?

VRONI: Da Hias?

SCHANDARM: Ja da Hias – der heut so schnell mit'm G'wehr auf sei Hütt'n zuglaffa is, dems heut scho so pressiert hat.

VRONI: Um Gotteswill'n Schandarm, du werst wohl auf mein Bruadern koan Verdacht hab'n, daß er ....

SCHANDARM: – – der Mörder is – Ja – Verdacht glaub i is da überflüssig wenn ma an der Mordstelle 2 Corpus delicti g'fund'n hat – und zwar a Bleikugel die i dem Förster aus der Brust raus hab und de wo *(nimmt Gewehr welches unter dem Tisch liegt und steckt die Kugel in den Lauf)* – de paßt aber genau – is dös a Zufall? Und noch ein Corpus delicti – der oane wenn 600 Meter runterstürzt von an Berg bricht sich d'Füaß der andere vielleicht d'Händ – aber dös is no koa Beweis denn d'Füaß und d'Händ schaun alle gleich aus von de Menschen – aber de Bärt net und dös is an Förster sei Vollbart, da gibt's koan Zweifel. – Aber wenn du mir dein Herz schenkst auf dös i scho seit Jahren hoff'n tua, dann tat i halt wegen dem Mordverdacht den i auf dein Bruadan hab a Aug zuadrucka – wennst aber na sagst – dann werd halt dei Bruada Hias binnen sechs Wochen um einen Kopf kürzer sein.

VRONI: *(fällt ihm um den Hals)* Ja i will dei Weib werd'n ums Leben von mei'm Bruader.

MUTTER: Meinen Segen hab'ts dazua.

Beide knieen sich nieder und die Mutter gibt ihren Segen (Bengalisches Licht rot)

BEIDE: *(singen im Duett – Melodie: Waldeslust.)*
    Wir beide sind vereint
    so lang die Sonne scheint
    und nach dem Traualtar
    wird alles klar.

            Vorhang

Um das braune Band
1938

WERNER UND TRAINER: *(laufen aufgeregt über die Bühne)*

WERNER: Unglaublich – ja gibt's denn dös a – in der letzten Minute sagt ma der ab –

TRAINER: Um Gotteswillen was ist denn los Herr Werner – –

WERNER: So was is mir no net passiert in meiner ganzen Laufbahn, in meiner ganzen Rennbahn – in meiner ganzen Rennlaufbahn.

TRAINER: Ja was ist es denn – hat denn die oberste Stelle das Rennen verboten?

WERNER: Was verboten – die oberste Stelle bin ich da heraußen, mir kann neamands was verbieten. Da lesen's – *(gibt ihm Telegramm)* Da ham ma den Salat.

TRAINER: Ich kann mir gar nicht denken was Sie so in Aufregung versetzt.

WERNER: Redens net lang – lesen's!

TRAINER: *(Liest)* Hochwohlgeborener Herr Rennstallbesitzer Werner! – Leider bin ich gezwungen, das heutige Rennen wegen Krankheit absagen zu müssen. Ein Furunkel, welches gerade an einer kritischen Stelle sitzt, macht mir das Reiten unmöglich. Hoffentlich findet sich zur Not ein Ersatz, der die Northruth reitet.

WERNER: Ersatz – Ersatz – wo soll ich in 10 Minuten vor dem Rennen an Ersatz kriag'n, das ist ja unmöglich. Wegen so einem kleinen Wimmerl so ein großes Rennen absagen.

TRAINER: Verzeihung Herr Werner – es ist nicht wegen der Größe des Furunkels, sondern wegen der Stelle an dem es sich befindet.

WERNER: Was für a Stelle?

TRAINER: Wegen dem Platz meine ich.

WERNER: Was für an Platz?

TRAINER: No das können Sie sich ja denken.

WERNER: Na, dös kann i mir net denken – ich hab noch nie a Furunkel g'habt.

TRAINER: Ich mein so, Herr Werner – als Vergleich, wenn ein Trompeter an den Lippen ein Furunkel hat, dann kann er doch nicht blasen.

WERNER: Was genga denn mich dem Trompeter seine wehen Lippen an?

TRAINER: *(sagt ihm leise was ins Ohr)*

WERNER: Ah so, ausgerechnet da! *(schaut auf die Uhr)* 5 Minuten hats noch und wir ham noch kein Jockey – so mag ich's.

TRAINER: Herr Werner, da schaun's hin, der bringt jetzt die Northruth.

WERNER: Ah ah, und so in Form is das Pferd – aber was nützt mich das schöne Pferd wenn ich koan Jockey dazu hab *(schreit hinaus)* Wo führst as denn hin? *(pfeift)* Gscherta Lump, da geh rei!

JOCKEY: *(Valentin) (kommt herein)*

WERNER: Ja sag amal, wo warst denn jetzt hinganga mit dem Gaul?

JOCKEY: Am Sattelplatz ummi, weil's Rennen glei angeht.

WERNER: In Stall, kannst 'n wieder neiführn, weil ma koan Jockey ham. Alles is verlorn, die 100.000 Mark kann i mir am Nabel naufschreiben. Jessas jetzt fallt ma was ein – du kannst ma aushelfa *(zum Trainer)* heb amal den Gaul *(zieht Jockey weg)* Du muaßt ma aushelfa.

JOCKEY: I, Eahna aushelfa? *(macht mit Finger Bewegung)* dann bin i falsch unterrichtet – ich hab g'hört daß Sie 10facher – – –

WERNER: Ah, i moan ja net mit'n Zwuns – Zwuns hab i gnua – 's Rennen muaßt reiten –

JOCKEY: I – – warum i?

WERNER: Weil der – – – – – – – krank ist.

JOCKEY: Was fehlt ihm denn?

WERNER: Ein Furunkel!

JOCKEY: Fehlt ihm?

WERNER: Na fehl'n tuats eahm net, aber ham tuat er oans.

JOCKEY: Wo?

WERNER: Dös woaß i a net.

TRAINER: *(liest aus Telegramm den beiden vor)* Ein Furunkel, welches gerade an einer kritischen Stelle sitzt, macht mir das Reiten unmöglich.

JOCKEY: I versteh dös net, daß ma wegen einem Furunkel ein Rennen absagt.

WERNER: Wegen dem Furunkel hat er ja net abg'sagt.

JOCKEY: Aber zu mir haben Sie g'sagt wegen dem Furunkel.

WERNER: Ja schon wegen dem Furunkel, aber es kommt doch schließlich drauf o, wo er dös Furunkel hat.

JOCKEY: Ja meistens sitzts hinten am Gnack.

WERNER: Am Gnack hat er's net.

JOCKEY: Auf der Nas'n?

WERNER: Na – a net!

JOCKEY: Auf'n Hirn?

WERNER: Na, erst recht net, am Hirn werd no koana a Furunkel g'habt ham.

JOCKEY: Am Hirn? Dös glab i, a Freund von mir der hot do drunter oans g'habt a so a Trumm, daß eahm 8 Tag der Huat nimmer paßt hat.

WERNER: Also Schluß jetzt mit dem Furunkel, Du reitest mir jetzt dös Rennats!

JOCKEY: Ja i bin ja no net oft g'ritten.

WERNER: Du brauchst doch net vui reiten, der Gaul lauft ja ganz alloa.

JOCKEY: Alloa? Ja wenn er alloa lauft, dann brauch ja i net mitreiten.

WERNER: Geh red doch net so saudumm daher – na, na – – – muaß der ausgerechnet an Furunkel ham!

JOCKEY: Ja wo hat er denn eigentlich, des Furunkel?

Klingelinggeling! (Vom Startplatz herüber ertönt die Glocke, das Rennen hat begonnen – Werner – Valentin und Trainer horchen erstaunt, alle 3 schreien zusammen) 's Rennen is oganga.

WERNER: Jessas, jessas, jessas, jetzt haben wir wegen dem saudummen Furunkel 's Rennen versäumt.

JOCKEY: Weil Sie mir dös net g'sagt ham, wo der dös Furunkel hat.

WERNER: *(wütend)* Am Arsch hint hat as!

JOCKEY: A, so – –! Ja da kann er freili net reit'n – – *(Besinnt sich)* Ja! – grad da hätt er reiten soll'n – dann wärs aufganga!

Die Ahnfrau

1939

Die Uhr schlägt 12 Uhr Mitternacht – im Saal wird es finster, durch den Lautsprecher fängt der Sturm an zu heulen – dazwischen mischt sich Krähengeschrei und Katzenkonzert etc.

Schlag 12 Uhr erscheint die Ahnfrau in weißer Schleierumhüllung, die Körperform ist durch den Schleier zu erkennen. Mit einer brennenden Kerze und mit blaßgeschminktem Antlitz, schwarzen Augenhöhlen betritt sie, (auf weichen Gummisohlen gehend) das Podium. Zu der ganzen Scene spielt ein Harmonium »Morgenstimmung« aus Peer Gynt, oder irgend eine schauerliche Musik, gemischt mit Sturmwind. – – – –

(DIALOG DER AHNFRAU:) Gestatten Sie, daß ich mich vorstelle: Mein Name ist Walburga Wrdlbrmpft, geborene Rembremerdeng. Ich war früher ein Mensch und jetzt bin ich ein Geist. Ich spucke seit Jahrhunderten hier in diesem Keller herum; aber ich spucke nicht auf den Boden denn ich bin keine Sau, sondern wie gesagt: ein Geist. Allnächtlich zur Mitternachtsstunde steige ich aus meinen Gemächern und wandle hier herum. Die ersten hundert Jahr' hat mir dös ganz gut g'fall'n; aber jetzt werd's schö stad fad. Mir Geister ham nur das eine Schöne, daß wir keine leibliche Nahrung zu uns nehmen. Wir sind ja nur Erscheinungen; deshalb brauchen wir Gespenster auch keine Nahrung mehr. Wir Geister und Gespenster essen und trinken nichts, drum müssen wir auch nie hinaus – wir sind vollständig stubenrein. Wir Geister gehören eigentlich zum lichtscheuen Gesindel und treiben uns nur in der Nacht im Finstern herum, deshalb passen wir auch so gut in die Jetztzeit. Mein Mann selig war halbedler Ritter, aber trotzdem ein großer Sauhund. – Ich habe viel mitgemacht mit ihm – er mit mir auch, das muß ich schon sagen; – Hier im Färbergraben 33 an demselben Platz, gleich nach der Gründung Münchens im 11. Jahrhundert, da stand eine Burg – dieselbe war nicht sturmfrei, denn sie stand ganz einsam da, als eines der ersten Häuser in München im Färbergraben. Nur die Burg Herzog Josef des Wamperten stand am Ufer der Isar, da wo sich heute das Müller'sche Volksbad befindet. In dieser Burg, des Herzog Josef des Wamperten war mein Mann Hausmeister und ich war Zugeherin. In der Burg des Herzogs gab es viel Arbeit – der Herzog war ein lieber Mann, ich hatte ihn sehr gerne, gerner vielleicht, als ihn seine Frau hatte, aber sie wußte nichts davon, aber ich wußte es; daß die Frau Herzogin meinen Mann auch gern hatte. Dieser gemeine Hund hatte ein Möchteltöchtel mit der Frau Herzogin. Den beiderseitigen schmutzigen Verhältnissen zwischen der Herzogin, meinem Mann und dem Herzog und mir entsprossen eine Menge unehelicher Sprossen, was ich erst nach dem Tode meines geliebten Mannes, dieses Schlawinera erfahren habe. Dem Herzog kam das zu Ohren, denn er hatte solche und ließ meinen Mann wegen fortgesetzter Nebenbuhlerei in den Hungerturm werfen, was er auch verdient hatte und später ließ er ihn sogar aufhängen. Und zwar am Freitag den 16. Mai im Jahre elfhundertelfundsechzig. Meine Hinrichtung, ebenfalls wegen Nebenbuhlerei, fand 4 Wochen später auf demselben Galgen statt. Wir hauchten unsere Seelen aus und verwandelten uns in Geister. Seit dem 11. Jahrhundert spucken wir nun jeden Tag zur nächtlichen Zeit hier herum, aber nur ich allein. Wo der Sauhund spuckt weiß ich nicht, ich habe ihn in diesen 800 Jahren noch nicht einmal gesehen und hätt' ihm soviel zu sagen, dem Bazi, dem schlechten. *(Schaut auf die Uhr)* Schon so spät? Nun muß ich wieder verschwinden, ich ziehe mich wieder in meine Gemächer zurück. Also Servus! Auf Wiedersehen!

Schluß!

In der Schreinerwerkstätte

um 1940

Schreinermeister arbeitet an der Hobelmaschine (Lautsprecher Lärm)
Jemand kommt herein, geht auf den Meister zu und erzählt im was – er
hört es nicht, arbeitet immer weiter – stellt Maschine ab – er erzählt es
ihm nochmal.

MEISTER: Ja da müssen Sie zu einem Bauschreiner gehen, ich hab ja
   a Möbelschreinerei.

MANN: *(geht ab)*

LEHRBUB: *(nagelt während dieser Zeit ein Kistl)*

MEISTER: Wie lang brauchst denn jetzt noch zu dem Kistl, der
   Nagel is ja no net ganz drinn, da hau nauf auf den Nagel!

LEHRBUB: *(haut auf den Fingernagel des Meisters)*

MEISTER: Ja Rindviech siechst denn nimmer, haut er mich auf den
   Nagel nauf!

LEHRBUB: Sie ham ja g'sagt auf'n Nagel.

MEISTER: Ah Depp, doch net auf'n Fingernagel.

FRAU: *(kommt mit 2 Kaffee, stellt ihn neben den Leimtopf)* Da habts
   euern Kaffee *(legt Brot dazu)*

LEHRBUB: *(nimmt gleich seinen Kaffee weg)*

FRAU: *(geht ab)*

LEHRBUB: Heut schaut's wieder drein wie a Lämmergeier.

MEISTER: Heut? Jeden Tag schaut die so drei' *(bricht Semmel ausein-*
   ander, taucht statt in Kaffee in den Leimhafen hinein und schmiert sich
   alles in den Mund) Pfui Teufel, jetzt hab ich mei Semmel in Leim
   neitaucht, wer hat ma denn wieder den Leim direkt neben Kaffee
   hing'stellt?

LEHRBUB: I net, dös war d'Moasterin.

MEISTER: Dös alte Rindviech!

FRAU: *(kommt herein)* Kaspar – –

MEISTER: Ah Roserl, hast du mir den Kaffee neben den Leimhafen
   hing'stellt?

FRAU: Ja, warum?

MEISTER: Weil ichs verwechselt hab und hab in Leimhafen neitaucht.

FRAU: Alt gnua warst, daß'd an Leim vom Kaffee auseinander kennst.

MEISTER: Ja schau Roserl – – –

FRAU: I gib dir glei a Sauroserl – der Herr Baron hat rüberg'schickt – du sollst heut noch nüber kommen und sollst im Speisesalon an Parkettboden ausspandeln.

MEISTER: Heut no – heut kann i net zum Baron nübergehn – der soll sein Parkettboden rüberschicken.

FRAU: An Parkettboden kann er doch net rüberschicken, a so a saudumms G'red – – – *(ab)*

LEHRBUB: Sie Moaster, jetzt hätt i bald vergessen, der Herr Sekretär Weber hat ma ang'schafft, ich soll eahna sag'n, daß sie die Tür net macha braucha, er hat sich's anders überlegt und laßt sich jetzt im Schlafzimmer statt der Tür vom Tapezierer an Vorhang hin machen.

MEISTER: So is recht, jetzt weil i's zug'schnitten hab – jetzt werd's abbstellt, des geht mich gar nichts an – i hab's Holz scho' zug'schnitten, zapft is schon – geht mi nix o – dös muaß zahlt werd'n – i bin doch koa Hanswurscht, ja was war denn nöt dös?

LEHRBUB: Ja der Herr Sekretär Weber hat ja g'sagt, wenn sie schon ang'fangt ham, na zahlt er halt dös, was scho' g'macht ham.

MEISTER: Dös werd a guat sein – dö ganze Tür kostat 35.– Mark und dös was i bis jetzt gmacht hab, dös macht mindestens 10.– Mark, tua a Formular her, i schreib glei a Rechnung. Wie schreibt man denn da?

LEHRBUB: An Herrn Sekretär Weber – –

MEISTER: Wie soll jetzt i da schreib'n, dös is saudumm –

LEHRBUB: Schreibens – auf Wunsch eine neue Türe og'fangt und mittendrinn aufg'hört –

MEISTER: A so kann i net schreibe'n, ah was, i schreib – eine neue Türe nicht gemacht 12.– Mark. So – und nach Feierabend tragst as gleich nüber.

LEHRBUB: Aber z'erst mach i mei Kisterl fertig *(holt Nägel, hämmert und haut sich Vexiernagel in den Zeigefinger)* schreit: Au!

MEISTER: Was ist denn? Jess' Marand Joseph! Haut sich der an Nagel in Finger nei – und grad von dene, wo ma so wenig ham *(zieht ihm Nagel heraus und verbindet ihn)*

LEHRBUB: Jetzt ziagts aba.

MEISTER: Dös glaub i schon, weil a Loch drinn is im Finger.

DIENSTMÄDCHEN: Grüß Gott Herr Schreinermeister, mir is was passiert.

MEISTER: No, so, werd net so g'fährlich sein.

DIENSTM: D'Herrschaft is verreist, i staub heut im Salon alles ab, rutscht mir von dem altdeutschen Schrank der kleine holzgeschnitzte Engel aus der Hand und direkt am Boden – –

MEISTER: Auweh, san d'Flügerl abbrochen?

DIENSTM: Na, d'Flügerl net –

MEISTER: Was nacha, d'Fuaßerln?

DIENSTM: A net ...

MEISTER: Da Kopf?

DIENSTM: A net ...

MEISTER: *(besinnt sich)* Da Arm?

DIENSTM: Na, der a net.

MEISTER: An Bauch kann er sich doch net brechen der kleine Engel.

DIENSTM: Ich habs ja in dem Papierl da drin *(gibt dem Meister das Papier) (Dem Meister fällt aber das Ding heraus und unter die Hobelspäne)*

MEISTER: Da is ja nix drinn?

DIENSTM: Na is wahrscheinlich rausg'falln.

MEISTER: So und in d'Hobelschoaten nei – was wars denn eigentlich? *(sucht)*

LEHRBUB: Suchas was, was is eahna denn nunterg'falln?

MEISTER: Ah so a kleins – – – ach da liegts ja *(Lehrbub hebt es auf und gibt es dem Meister mit 2 Fingern in die Hand)*

MEISTER: *(betrachtet es)* Ah 's Naserl is abbrochen, dös wern ma gleich wieder hingleimt ham *(will es hinleimen)* Ja der hat ja sei Naserl. dös is ja gar net wegbrochen – – –

DIENSTM: *(deutet stumm verlegen auf die untere Stelle)*

MEISTER: Ach so!!! *(leimt es an)* So jetzt gebn's halt recht obacht – und langas ma net hin, weils frisch g'leimt is –

DIENSTM: Ja i gib schon obacht – und was bin ich schuldig Herr Schreinermeister?

MEISTER: Ah wegen der Kleinigkeit! Gengas zua!

DIENSTM: Besten Dank! Pfüat Gott Herr Schreinermeister.

LEHRBUB: Pfüat Gott Fräulein! – Aber nimmer hinlangen!

MEISTER: Halts Mäu *(gibt ihm eine Ohrfeige)* Wo hast ma denn überhaupt dös andere Brett hinto?

LEHRBUB: In Holzschuppen naus, i hab g'moant dös is scho abg'hobelt, soll ich's schnell holen?

MEISTER: Ja schnell, da könnt i wieder lang warten – i hol mir's selber *(geht ab)*

LEHRBUB: Ah da liegt sei Pfeifa – jetzt tua i eahm wieder wie neulings Zündhölzlköpf untern Tabak nei und wenn ers anzündt, na schnalzt's wieder *(legt Tabak darauf)* So da leg ich's her, daß er's gleich siecht.

MEISTER: *(kommt mit Brett)* Alisi!

LEHRBUB: Ja?

MEISTER: Geh naus, sperr an Schupfa zua, den hab i offen lassen.

LEHRBUB: *(ab)*

MEISTER: *(zündet seine Pfeife an – bum)* O heilige Zweifaltigkeit, was war denn jetzt dös? – I woaß scho, dös war wieder der Bua, dös hat er mir scho amal to, der Krippi, na wart nur – dir wirf i jetzt a Handvoll Sägleim ins G'waff eini, Saubua mistiger *(ruft)* Alisi, da geh amal schnell rei' zu mir!

LEHRBUB: Ja i komm scho'.

FRAU: *(reißt Türe auf)* – *(Meister wirft ihr Sägleim ins Gesicht)* Ah ah ah Herrgott ja was is denn dös, da hört sich ja alles auf, wirft ma der an Haufen Dreck ins G'sicht, was is denn dös für a Lausbüberei?

MEISTER: Du kommst a allaweil daher, wenn ma di gar net brauchen kann – i hab eben g'moant der Alisi is.

FRAU: Du hast gar nix z'moana *(macht Geldbörse auf)* was willst denn heut zum Nachtessen ham, ha?

MEISTER: A Fünftel Leoni.

FRAU: Und?

MEISTER: Und a $^1\!/_2$ Pfund Caviar.

LEHRBUB: *(kommt mit Schachterlteufel herein)* Moaster – –

MEISTER: Jetzt kimmt er daher, wo warst denn du so lang?

LEHRBUB: Warum?

MEISTER: Weil i da Moasterin a Hand voll Sägleim ins G'sicht nei'-
gschmiss'n hab, dö wo i dir neischmeißen hätt woll'n.

LEHRBUB: Ah, na bin i froh daß d'Moasterin z'erst reikomma is.

FRAU: Halt dei freche Papp'n, sonst fangst oane, daß'd an Leimofen
für a neus Postgebäude anschaust. Sag liaber wos'd so lang warst –
wos'd die wieder rumtrieben hast.

LEHRBUB: D'Frau Heilmeier hat mir g'schrien und hat g'sagt, da
Moasta soll de Schachtel leima und a paar Nägel neihaun, weil da
Boden wegga geht.

FRAU: Lauter so G'lump bringas allaweil daher, wo nichts verdient
is.

MEISTER: Was is'n dös für a Schachtel *(drückt hin – Schlange hüpft
raus)*

FRAU: *(läßt Geld fallen, macht Schrei, fällt in Ohnmacht)*

MEISTER: O du lieber Gott!

LEHRBUB: Uh, da Schachterlteufi. Moaster, da schaug'ns her, unser
Moasterin is vor lauter Schrecken in d'Ohnmacht g'fall'n.

MEISTER: 's Geld heb auf, s'ganze Geld liegt am Boden.

LEHRBUB: d'Moasterin is ohnmächtig, helfas ihr.

MEISTER: 's Geld sollst aufklaub'n.

LEHRBUB: d'Moasterin liegt aber am Stuhl.

MEISTER: Und 's Geld liegt am Boden.

LEHRBUB: *(spritzt Meisterin mit Wasser an, gibt ihr Schnupftabak, macht
Wind mit Brettl, haut sie am Kopf hinauf und sagt):* Ich mach Wiederbelebungsversuche.

MEISTER: Dös wärn saubere Wiederbelebungsversuche, Du machst
as no ganz hi.

FRAU: *(erwacht)*

MEISTER: Auweh! Gott sei Dank, jetzt gehts wieder besser.

FRAU: Was war denn jetzt los? So bin ich in mei'm ganzen Leben
noch nicht erschrocken – guate Lust hab i und geh nie mehr in
d'Werkstatt rei.

LEHRBUB: Ja Moasterin, dös teans, dös kann i ihnen ganz heiß empfehlen.

FRAU: Du bist a frechs Bürscherl mei Liaber – aber statt daß der Alt
g'scheiter war, tuat er auch noch mit. Weil ich eben allaweil z'guat

bin, aber euch werd ich noch helfen, Kreuzteufi nei nochamal *(haut wütend die Türe zu – ab)*

MEISTER: *(arbeitet an Hobelmaschine)*

LEHRBUB: *(hämmert am Kistl)*

KUNDE: *(kommt herein und sagt)* Grüß Gott Herr Schreinermeister, ich hätt da einen Sitz zum reparieren.

MEISTER: Grüß Gott, was möchtens denn?

KUNDE: Ich hätt da einen Klosettsitz zum reparieren.

MEISTER: Reparieren? Der is ja so ganz gut.

KUNDE: Ja i bin der Hausmeister von Nr. 27 und da schickt mich der Hausherr rüber, sie soll'n den Sitz da größer machen, weil – –

MEISTER: Größer machen? Ja warum denn?

KUNDE: Ja weil – weil – da is de Tag a neue Partei bei uns einzog'n und

MEISTER: Was und?

KUNDE: Ja und da is die Frau – – des is a direkte Bavaria, so korpulent und da wenn sich die Frau – – –

LEHRBUB: *(klopft immer dazwischen)*

MEISTER: Um wieviel soll er denn breiter werd'n?

KUNDE: Ja mei dös woaß i a net, i denk halt ungefähr a so a Stück.

MEISTER: Ja ungefähr nützt mich gar nichts, i muaß 's genaue Maß haben.

KUNDE: Ja mei, sie könna schließlich net von mir verlanga, daß i von dera Frau ihrn Ding 's Maß nimm.

MEISTER: Dann geh i halt mit Ihnen gleich zu der dicken Frau nüber und nimm von der Frau ihr'm Rückgebäude gleich s'Maß.

LEHRBUB: Moaster, darf ich mitgehn? Bitt schön, Moaster, bittschön, bitt schön!

MEISTER: Brauchst net bitten, kriagst as a so *(haut ihn)* So dir helf i! *(Im selben Moment hört man von draußen Scherbengeräusche)* Was war jetzt dös, jetzt hams uns a Fenster ei'ghaut *(beide schauen hinaus zur Türe)* Was is'n los da heraus?

2. KUNDE: Die lange Stange soll zu eahna nei *(Scherben)* *(große Arbeit mit Stange, zuerst wird Werkstattfenster eingeschlagen, dann Oberlichte, alles hilft mit, endlich liegt Stange auf der Hobelbank)* *(Kunde schwitzt)* Herrschaft dös war jetzt so a Viecharbeit!

MEISTER: No dös hat lang dauert bis ma dö reibracht ham.

LEHRBUB: d'Hauptsach is, daß mas reibracht ham, mit vereinten Kräften geht alles.

MEISTER: Also was soll dann an dera Stanga g'macht werd'n?

2. KUNDE: I kumm jetzt mit der Stange bis von der Bayerstraße, der Herr Hamberger schickt mich her, die Stange soll so weiß und blau g'stricha werd'n, aber mit einer guten Ölfarb, daß lang halt.

MEISTER: Was? Ang'strichen soll's werd'n? Ja da müssens doch zu an Maler geh, aber net zu mir, i bin doch a Schreinermoaster.

2. KUNDE: San Sie net der Malermeister?

MEISTER: Ja woher!

2. KUNDE: Aber Sie san doch der Herr Bertenbreiter?

MEISTER: Der Bertenbreiter is im andern Hof, dös is der Maler und ich hoaß Huber.

2. KUNDE: Na hab ich dö zwei Namen verwechselt.

MEISTER: Ja dö werd'n oft verwechselt.

2. KUNDE: So Sie san der Huber, also na könnas sie net streicha?

MEISTER: Na! Schaug'ns daß nauskomma mit dera Stanga, aber so schnell als möglich!

2. KUNDE: So schnell als möglich werd dös net geh, denn Sie wissen doch wie lang ma braucht ham, bis mas reibracht ham.

Vorhang zu.

Die Mutter

1940

(Sohn kommt von der Arbeit heim, geht in das Zimmer seiner alten gebrechlichen Mutter, die in einem Lehnsessel sitzt; sie ist schon 80 Jahre alt; sie weint bitterlich).

SOHN: Grüß Gott, Muatter! – – – – – – – No, – – – – – – bin i koan Gruß mehr wert?

(Die Mutter schaut ihn nicht an und weint immer weiter. Das einzige, was man vernimmt, ist das Ticken der Wanduhr und das Schluchzen der Mutter).

SOHN: *(Ganz erstaunt, hebt ihr den Kopf und schaut ihr ins Gesicht; erschrocken:)* Ja Muatter, Du weinst ja! – – – Ja, was ist denn los? – – – Bist denn krank? – – – – – *(Rüttelt die Mutter)* Muatter – – – – – Du – – – – – red', was ist g'schehn? – – – – – – Hat's Verdruß geb'n im Haus? – – – – – – Sag mir's, hat Dich wer beleidigt? – – – An dem vergreif i mi! – – – – – – – Muatterl geh, bist krank, soll i an Doktor hol'n? – – – – – – Schau mir in d' Aug'n, Muatterl! – Wia i fortgangen bin, warst doch noch ganz guat beinand! – – – – – Du hast an seelischen Schmerz! I kenn Dir's an! Is mit der Schwester was los? – – – – – Wo is d' Fanny? – – – – – Fanny! – – – Fanny! – – – – *(Läuft in die Küche)* Fanny! Wo bist denn? – – – – – – Fanny! Was is denn los? – – – Was is mit der Muatter g'schehn? – – – Warum woant d' Muatter?

FANNY: I woaß net, sie sagt nix, sie sitzt nur da und woant.

SOHN: Da muaß doch was vorg'falln sein; hast mit der Muatter an Streit g'habt?

FANNY: Na Hans, i woaß net, was d' Muatter hat!

SOHN: Da is was vorg'falln, i laß mir's net nehma! – Muatter red, hast Du mit der Fanny an Verdruß g'habt? Red Muatter!

FANNY: Hast Du was g'habt mit der Muatter, Hans?

SOHN: I komm grad von der Arbeit hoam, i woaß von gar nix; i seh halt, daß d'Muatter da sitzt und woant.

FANNY: Seit Mittag sitzt s' so da, i kenn mi net aus mit ihr.

SOHN: Da stimmt was net, hast Du vielleicht d' Muatter beleidigt?

FANNY: Na Hans, i tat dir's ja sag'n!

SOHN: I muaß wiss'n, was da los is! Muatter, i bitt Di um alls in der Welt, sag mir's! Mir kannst alles anvertrau'n!

MUTTER: Lieber Bua, Du kannst mir doch nimmer helfen!

SOHN: Warum net, Muatter?

MUTTER: *(Mit zahnloser Stimme)* Mei lieber Bua, mir is heut mei letzter Zahn rausbrochen.

FANNY: Was is der Muatter passiert?

SOHN: *(aufs Höchste überrascht)* Aber Muatter! – – – – – Jetzt hätt i bald was g'sagt! – – – – – – – Weg'n Deinem alten Zahn machst a solchas Theater! – – – I moan wunder was passiert is! – – – – – – – – Solche kindische Witz kannst Dir mit einem Stiefkind erlaub'n, aber net mit dem eigenen Sohn! – – – – – Heuer wirst 80 Jahr' alt ......

FANNY: Ja Muatter, 80 Jahr wirst heuer alt!

SOHN: .... Jetzt moan i derfst bald aufhör'n mit Deiner verfluchten »Eitelkeit«!

Wie heißt der Notenwart?

1941

Musiker stimmen ihre Instrumente (4 Mann Blechmusik). Ort: ein Wirtschaftsgarten. – Bombardonist: Karl Valentin. C-Trompeter: Herr Rot. Klarinettist: Frl. Karlstadt. Posaunist: Herr ....

VALENTIN: Also, spiel ma wieder oan, aaß d'Zeit vergeht!

KARLST.: Habt Ihr die Noten schon ausgeteilt?

ROT: Freilich!

VALENTIN: Also los! Laßt die Klänge klingen!

(Jeder von den 4 Musikanten bläst nun ein anderes Stück – der eine einen Mazurka, der andere einen Walzer, der dritte ein Lied und der vierte einen Galopp. – Nach einigen Takten hören alle wieder auf und Valentin sagt:)

VALENTIN: Ja, was is denn dös für ein Verhau! – Da spielt ja jeder was anders, dös is ja 's reinste vielharmonische Orchester! I sag's ja, seit wir keinen Notenwart mehr hab'n, klappt's bei uns nimmer; schad, daß er nicht mehr bei uns is, der .... no – wia hat denn unser Notenwart g'hoaßen .... no, der .... jetzt fallt mir sein Name nicht mehr ein!

KARLST.: Der Gallinger Schorschl!

VALENTIN: Gallinger hat er nicht g'hoaßen – der Gallinger war ja so ein Großer – der Dings war ja nicht groß – – –

KARLST.: Wer?

VALENTIN: No ja, den wo ich meine . . . .

KARLST.: Ich *weiß* ja nicht, wen Du meinst . . . .

VALENTIN: Um das handelt es sich doch, weil wir nicht wissen, wie der heißt.

KARLST.: Ja *ich* weiß doch nicht, wie der heißt!

VALENTIN: Ja, dös weiß ich schon, daß Du das nicht weißt; wir wissen's ja auch net.

KARLST.: Ja, wie könnt ma jetzt dös wissen, wie der heißt!

VALENTIN: Am sichersten wird's er selbst wissen, wie er heißt. – Wißt Ihr was? Wir schreiben ihm eine Postkarte!

ALLE: Ja, dös tun wir!

VALENTIN: Ja aber – – – wenn wir nicht wissen, wie er heißt, können wir ihm doch net schreiben!

ROT: *(besinnt sich – Pause)* Hat er net Ott g'heißen?

VALENTIN: Na na, Ott hat er nicht g'heißen; so viel ich mich erinnere, war es ein ganz kurzer Name!

KARLST.: Ott *ist* doch ein kurzer Name!

VALENTIN: Ott ist *zu* kurz; unser Notenwart hat so ähnlich g'heißen wie unser früherer Posaunist, der . . . . , jetzt weiß ich dem sein' Namen auch nicht mehr!

KARLST.: Eisele.

VALENTIN: Na na, so hat unser Posaunist nicht g'heißen; das war kein so metalliger Name wie Eisele, im Gegenteil, so ein hölzerner Name!

ALLE: *Holzinger!* – Gott sei Dank, daß wir wenigstens dem sein' Namen wissen! – Aber – wie der Notenwart g'heißen hat, ob uns dös noch einfallt!?

WIRT: *(schreit von hinten aufs Musikpodium hinauf:)* Macht doch eine Musik, ich zahl Euch doch net fürs saudumme Daherreden!

VALENTIN: *(schreit zum Wirt hin:)* Es handelt sich um den Namen von unserem früheren Notenwart! – Der Name fällt uns nicht mehr ein – net ums Verrecka!

WIRT: Das ist doch wurscht, wie der g'heißen hat!

VALENTIN: Ja *Ihnen* schon, aber *uns* ist's nicht wurscht! Ihnen is' schließlich auch net wurscht, ob Sie Magdalena oder Blasius heißen!

WIRT: Das Publikum will nicht Euer Geschnatter hören, sondern ein Konzert.

VALENTIN: Also, fang ma an! *(Doppel-Adler-Marsch wird geblasen) – (Mitten unter dem Marsch hört Valentin plötzlich auf und schreit:)*

VALENTIN: Aufhören! – Jetzt is mir's eing'fallen, wie unser Notenwart g'heißen hat! *Pfaffinger* hat er g'heißen!!!

ALLE: *Stimmt!* – Ja, Pfaffinger hat er g'heißen! *(Alle blasen wieder weiter)*

WIRT: Weiter spielen!

VALENTIN: *(als der Marsch zu Ende ist, besinnt er sich einige Sekunden und sagt:)* Nein! – Nein! Da hab ich mich getäuscht! – Pfaffinger hat er *auch* net g'heißen!

ALLE: Jawohl, *Pfaffinger* hat er g'heißen, das wissen wir *ganz* bestimmt!

VALENTIN: – – – Sein *Bruder* hat Pfaffinger g'heißen!

KARLST.: *(alle lachen)* Rindviech, wenn sein Bruder Pfaffinger g'heißen hat, dann heißt doch er *auch* Pfaffinger!

VALENTIN: Na!!! – Dös war ja sein *Stief*bruder!!!

Valentin fährt Straßenbahn

1941

SCHAFFNER I: Hat alles Fahrscheine?

VALENTIN: Nein, ich will mir erst einen kaufen.

SCHAFFNER I: Was heißt kaufen, ob S' einen Fahrschein wollen?

VALENTIN: Freilich will ich einen, sonst wär ich ja net in d' Trambahn eing'stieg'n, wenn ich keinen Fahrschein wollte; dann steig ich in ein Autotaxi, da braucht man Gott sei Dank noch keinen Fahrschein, das wird schon auch noch kommen!

SCHAFFNER I: Ja, wo wollen S' denn hinfahrn?

VALENTIN: Wo fahren Sie denn überall hin?

SCHAFFNER I: Wir fahren am Bahnhof.

VALENTIN: Am Bahnhof? Auf was für einen Bahnhof? Es gibt ja mehrere Bahnhöfe in unserer Stadt.

SCHAFFNER I: Ja, wir fahren mit unserer Linie am Bahnhof vorbei.

VALENTIN: Vorbei? Ja, ich will ja nicht vorbeifahren, ich will ja *zum* Bahnhof fahren.

SCHAFFNER I: Dann müssen S' halt am Bahnhof aussteigen!

VALENTIN: Wann?

SCHAFFNER I: Na ja, wenn ma halt draußen sind.

VALENTIN: Wo?

SCHAFFNER I: Am Bahnhof. Und jetzt sag'n S' mir endlich, auf was für einen Bahnhof Sie eigentlich wollen?

VALENTIN: Ja, was für einen Bahnhof könnten Sie mir denn empfehlen?

SCHAFFNER I: Ich hab Ihnen doch g'sagt, mir fahr'n am Ostbahnhof.

VALENTIN: Dann geb'n Sie mir lieber ein Billett in Zirkus!

SCHAFFNER I: In Zirkus? – Da müssen S' ja entgegengesetzt fahren mit der 19er-Linie.

VALENTIN: Wann muß ich da aussteigen?

SCHAFFNER I: Sofort! – In die Linie 19.

VALENTIN: Danke! *(Steigt aus und in die Linie 19 um).*

SCHAFFNER II: *(Läutet ab).* Der Wagen ist besetzt; im hintern ist noch genügend Platz.

VALENTIN: Bitte drücken Sie sich nicht so zweideutig aus. Sie können genau so gut sagen: im hintern *Wagen* ist noch genügend Platz, dann gibt es kein Mißverständnis.

SCHAFFNER II: Wohin?

VALENTIN: Ein Billett in Zirkus!

SCHAFFNER II: Ich hab keine Zirkusbilletten – nur Straßenbahn-Billetten!

VALENTIN: Ein Billett *zum* Zirkus!

SCHAFFNER II: Das hätten S' doch gleich sagen können! – Im übrigen ist das Rauchen hier im vorderen Wagen verboten, deshalb habe ich ja zu Ihnen g'sagt, im hintern Wagen ist noch Platz, da können S' auch rauchen!

VALENTIN: Nein! Sie haben im Hintern allein g'sagt!

SCHAFFNER II: Mit 'm Hintern hab ich doch den Wagen g'meint!

VALENTIN: Ob ich in den hintern hineinsteige oder in den vorderen, das kann Ihnen gleich bleiben!

SCHAFFNER II: Wenn S' nicht rauchen, können S' von mir aus im vordern Wagen sein oder im hintern, und jetzt lassen S' mir amal mei' Ruah mit Ihrem Hintern!

DAME: Der Herr hat ganz recht, wenn er sich über Ihre kurze Zurechtweisung aufregt, denn es ist doch keine große Zeitvergeudung, wenn Sie sagen: im hintern Wagen!

SCHAFFNER II: Jessas Maria, jetzt fangt sie aa no o mit 'm Hintern! Mei' Ruah möcht i jetzt bald! – Hat alles Fahrscheine?

2. DAME: Bahnhof!

SCHAFFNER II: Der Schein is ja schon abg'rissen!

2. FRAU: Ja, i bin zuerst im hintern g'sessen!

SCHAFFNER II: Wo san S' g'sessen? Am Hintern?

2. FRAU: Nein! Im Hintern!

SCHAFFNER II: Im hintern *Wagen* meinen Sie, sonst könnt i ja meinen, am Hintern sind S' g'sessen!

2. FRAU: Na, i bin im hintern g'sessen und mei' Tochter im vordern, drum bin i vom hintern raus und in vordern nei.

VALENTIN: Sehn S', Herr Schaffner, jetzt sehn S' doch selber ein, daß man *nie* vom Hintern allein reden soll!

Im Uhrmacherladen

1941

UHRMACHER: Jessas, is des jetzt a schlechte Zeit für uns Uhrmacher; jetzt wird's scho bald ein Jahr, daß ich die letzte Uhr verkauft hab. Ich will ja net unbedingt etwas verkaufen, wenn nur wenigstens einer käme und frag'n tät, ob ich was zu verkaufen hab! Was ist schuld an meinem schlechten Geschäftsgang? Nur die vielen

Turmuhren in der Stadt; da braucht ja kein Mensch eine Taschenuhr mehr. Mir geht's ja selber so: wenn ich in der Früh auf'n
Kirchturm schau, dann weiß ich, wieviel Uhr es ist und brauch gar
keine Taschenuhr.

(Ladenglocke)

VATER (UND PEPPERL) Grüß Gott, Herr Uhrmacher, hab'n Sie
Uhren zu verkaufen? Mein Pepperl gibt koa Ruah mehr, bis er a
Uhr hat. Direkt zum Laden hat er mi reizog'n; er will unbedingt
eine ham, weil er heut g'firmt wird; der Herr Firmpat' hat uns
aufsitzen lassen.

UHRMACHER: So, der wird heuer g'firmt? Mei Bua wird heuer auch
g'firmt!

VATER: Da tun Sie sich leichter wia i, Sie brauchen wenigstens koa
Uhr kaufen als Uhrmacher!

UHRMACHER: Ja glaub'n Sie, i kriag's g'schenkt?

VATER: Was kost denn eine Firmungsuhr?

UHRMACHER: Das kommt ganz drauf an, was Sie ausgeb'n wollen!

VATER: Ja mei, der Bua is ja erst 14 Jahr alt, der braucht no koa so
große Uhr wie ein Erwachsener!

UHRMACHER: Halbe Uhren hab i allerdings nicht auf Lager.

VATER: Können S' ihm vielleicht eine anmessen?

PEPPERL: *(greift alles im Laden an)* Vater, i möcht eine mit recht viel
Zeiger!

UHRMACHER: Jede Uhr hat zwei Zeiger und ein' Sekundenzeiger.

VATER: Sei nur stad, i kauf dir extra eine Schachtel Zeiger dazua.

PEPPERL: Vater, a Armbanduhr möcht i mit an Reama!

VATER: Dös hab i dir scho g'sagt, überspannte Sachen kriagst net.

PEPPERL: Dann mag i gar koane, außer so oane, wo da Deckel in d'
Höh hupft.

UHRMACHER: Die Uhren mit Sprungdeckel sind aber bedeutend teu-
rer.

VATER: Na na, nix Sprungdeckel! A solchene kannst dir amal selber
kaufen, wennst älter bist!

PEPPERL: I bi ja scho älter – Vater, kaf ma oane mit an Sprungdeckel,
juh Vater!

VATER: Was kost eine gewöhnliche Uhr?

UHRMACHER: Ohne Kette kost die Uhr RM.25.–.

PEPPERL: Na Vater, ohne Kett'n mag i koa Uhr net!

VATER: Ohne Kette 25.– Mk.

PEPPERL: *(plärrt)* Na Vater, i möcht a Uhr mit da Kett'n, bitt schön Vater, mit der Kett'n!

VATER: Ja sei nur grad stad, du kriagst ja oane mit der Kett'n; der Uhrmacher moant ja nur, mit der Kett'n kost de Uhr 30.– MK. und ohne Kett'n 25.– Mk.

PEPPERL: Na Vater, ohne Kett'n mag i's net!

VATER: Sei doch net so blöd', blöder Bua! Der Uhrmacher hat doch blos g'sagt, ohne Kett'n kost's 25.– Mk.

PEPPERL: *(plärrt was er kann)* Na Vater, ohne Kett'n ziag i de Uhr net o, na mag i koa Uhr a net!

VATER: Ja Hundsbankert mistiger, glei geh'n ma wieder hoam, wennst net sofort dei Plärr'n aufhörst! – Glei kriagst a rechts Trumm Watsch'n statt a Uhr!

PEPPERL: Vater, a solchene möcht i, a so a große mit zwoa so Glocken!

VATER: Deppata Bua, des is ja a Wecker!

UHRMACHER: Das wäre gelungen, wenn der Bubbb mit'm Wecker zur Firmung ginge!

VATER: Der hängat so an Regulator a auf'n Buckel nauf; dös is a wild's G'wachs, mei Pepperl!

UHRMACHER: Ja also, Spaß beiseite: zu was für einer Uhr wollen Sie sich denn entschließen?

VATER: Ja mei, nacha nimm i halt de zu 30.– Mk. mit der Kett'n!

PEPPERL: O fein, Vater, a fein!

VATER: Aber dös sag i dir glei – 30.– Mk. kost de Uhr, aber – den Fuaßball kriagst dann erst 's nächste Jahr!

PEPPERL: Na Vater, an Fuaßball möcht i glei! I mag koa Uhr, gehn ma Vater!

VATER: Na na, die Uhr ....

PEPPERL: Na na na, i mag koa Uhr mehr, gehn ma Vater, gehn ma!

VATER: Entschuldigen's Herr Uhrmacher, zuerst hat er mi in Lad'n einazog'n und jetzt ziagt er mi wieder aussa!

Bum! (Türe schlägt zu).

Der Zirkuskauf

1941

Entschuldigen Sie, meine Herrn und Damen die kleine Störung.
Herr Valentin will den Zirkus besichtigen, da derselbe in Bälde
verkauft werden soll. – Das Programm geht gleich wieder weiter.
(Fritz Fischer und Karl Valentin betreten zusammen die Manège)
Fr. Fischer: Wie sie wissen besitze ich die Vollmacht von Herrn
Karl Krone über den Verkauf dieses Zirkuses, nicht wahr! An
Hand dieses Kaufvertrages kann ich Ihnen die Details des Zirku-
ses leichter erklären.

Kaufvertrag
Der Zirkus Krone ist mit allem Comfort der Neuzeit und der Tech-
nik eingerichtet.
Stallungen für 120 Pferde und für wilde Tiere befinden sich an der
Rückseite des Zirkuses.
Eine Restauration mit Erfrischungsraum und die Garderoben der
Künstler sind im Vorraum neben den beiden Haupteingängen.
*(Fr. Fischer steigt über den Zirkusrand und bittet Valentin auch hinüber
zu steigen. Valentin scheint aber der Rand zu hoch; er zieht den Meterstab
aus der Tasche und mißt die Höhe des Zirkusrandes ab, dann auch seine
Beine und steigt dann erst hinüber.)*
20 Scheinwerfer – eine Lautsprecheranlage – Artistengeräte in der
Zirkuskuppel, ist alles in dem Verkaufspreis des Zirkuses mit inbe-
griffen.

(Valentin verliert immer seine Gummigalosche)
Valentin: Aber in dem Kaufvertrag ist mir vieles nicht klar!
Fischer: Wieso?
Valentin: Da heißt's z. B. »Der Zirkus hat eine Höhe von 25
Meter«.
Fischer: Na ja! Das stimmt doch!
Valentin: Ach, das sind doch höchstens .... so-und-soviel Meter!
*(zieht den Meterstab aus der Tasche u. will die Höhe abmessen – Spiel
mit dem Meterstab und dem Bleistift.)*

Na ja, kann sein! – – – Dann fehlt auch im Kaufvertrag mit was der Zirkus gepflastert ist!

FISCHER: In einem Zirkus gibt's kein Pflaster, da gibts nur Sägespäne. *(hebt eine Hand vol Sägespäne auf und gibt sie Valentin. Valentin mißt die Sägespäne mit dem Meterstab und gibt sie wieder an Fischer zurück – dieser wirft sie weg!)*

(ZWISCHENSPIEL: *Fischer schreit (wie üblich auf den Proben) das Zirkuspersonal mit den Worten an:*

»Ruhe! Dahinten! Während ich mit dem Herrn spreche und den Kaufvertrag erkläre! Sie haben ruhig zu sein, merken sie sich das! Sonst schmeiß ich sie hinaus!)«

(VALENTIN: *Während Fischer so schreit, mißt Valentin ihm mit dem Meterstab die Breite seines Mundes ab)*

VALENTIN: Außerdem fehlt im Kaufvertrag wieviel Personen daß der Zirkus faßt!

FISCHER: Da stehts doch! . . . . . Der Zirkus faßt fast 4000 Personen.

VALENTIN: Und wieviel Toiletten sind da?

FISCHER: 10 Stück! Fünf Herrn und fünf Damentoiletten.

VALENTIN: 10 Toiletten! Für 4000 Personen! Das ist aber wenig!! Wenn die 4000 Personen alle auf einmal hinausmüßten ... das wäre nicht auszudenken! – – – – Übrigens steht im Kaufvertrag auch nicht drin, wie lang der Zirkus ...

FISCHER: Das brauchts auch gar nicht! Ein Zirkus ist niemals lang, ein Zirkus ist immer rund.

VALENTIN: Nein, wie lang daß der Zirkus . . . .

FISCHER: Ich sag Ihnen doch gerade, ein Zirkus kann nicht lang sein, ein Zirkus ist immer rund.

VALENTIN: Sie verstehn mich nicht! Ich mein wie lang der Zirkus schon auf diesem Platz steht?

FISCHER: Ach so! – Ich glaub seit 1919.

VALENTIN: Dann steht auch nichts drin, daß der Zirkus versichert ist!

FISCHER: Freilich! Da stehts doch! »Der Zirkus ist gegen Diebstahl versichert.« – – – Aber ich hab jetzt keine Zeit mehr, wir müssen mit dem Programm weitermachen. Über den Preis sind wir uns ja schon einig! Der Zirkus kostet mit allem Drum und Dran eine Million.

VALENTIN: Besetzt!?

FISCHER: Was meinen Sie da?

VALENTIN: Mit Publikum meine ich!

FISCHER: Was heißt mit Publikum? Ich kann Ihnen doch das Publikum nicht mitverkaufen!

VALENTIN: Ja ohne Publikum kauf ich doch keinen Zirkus! Was tät ich dann mit einem Zirkus ohne Publikum? Ich will ja geldverdienen!

FISCHER: Sie sind ja verrückt! Einen vollen Zirkus kauft doch niemand!

VALENTIN: Also ein leerer Zirkus kommt gar nicht in Frage. *(geht kopfschüttelnd und schimpfend ab. – Kopfschüttelnd geht auch Fischer ab.)*

Luftballonkatastrophe

1946

BALLONVERKÄUFERIN: Wer bekommt noch an Ballon an schöna Luftballon – nur 50 Pfennig das Stück.

SIE: Du Benedikt! Da nehmen mir für unsrer Milifrau ihrn Fritzl oan mit!

ER: Wer tragt'n denn dann? – Mir ham so soviel Glückshafaglump dabei.

SIE: Den Luftballon brauchst doch net trag'n – der fliagt doch – den brauchst doch nur mit'n Schnürl an Dein West'nknopf ohänga. – Da geh her – i häng dann hi – so.

ER: Dös schaut aber kindisch aus! – Und dös Schnürl kitzelt mi oiwei an d'Nasn.

SIE: No ja, na laß halt kitzeln.

ER: *(schreit)* Halt – der Ballon! – Is scho fort. – Steigt schon himmelwärts.

SIE: Depp, saudummer! – Im Moment ham man kauft und er laßt schon wieder aus.

ER: I hab'n do net auslass'n.

SIE: Wer denn sunst?

ER: Er selber, is auskemma! – s'Schnürl is' an mei brennate Zigarrn hikemma und is obrennt und dadurch is da Ballon entflogen und aus dem Fesselballon wurde ein Freiballon. – Jetzt is a frei! – Wie beneide ich diesen kleinen Luftballon – Viele Ehemänner gleichen so einem kleinen Fesselballon – das Schnürl ist die Ehe!

Couplets und Lieder

Rezept zum russischen Salat

1902

Melodie: Jahrmarktsrummel von Paul Linke

I.

Drei Pfund Rindfleisch hackt man klein,
Tut das in ein' Hafen h'nein,
Etwas Pfeffer, etwas Salz,
Dazu einen Löffel Schmalz.
Drei Zitronen, ohne Kern' –
Den Geschmack, den hat man gern –
Kalte Soß vom Rehragout
Schüttet man dem Ganzen zu.
– Auch Leberkäs' und Honig,
Sardinen und Spinat,
Gefärbte Eierschalen
Mit Mandelschokolad'.
Auch Paprika und Erdbeer',
Zwei Liter Lebertran,
Drei Pfund gesott'ne Erbsen
Vermischt mit Marzipan.
– Schweizerpill'n und Sauerkraut,
Zungenwurst mitsamt der Haut,
Naphthalin und Wagenschmier',
Feingeschnitt'nes Glaspapier,
Ananas und Karfiol,
Bismarckhering und Odol,
Essiggurken, Fliegenleim,
Das kommt alles mit hinein.
Und dazu noch Blutorangen und Zibeb'n
Müssen obendrein noch das Aroma heb'n.
Makkaroni, g'schnitt'ne Nudeln, kalten Brat'n,
Lüneburger, Kokusnüss' und Schwartenmag'n.

II.

Ist nun alles das dabei,
Fehlt es noch an mancherlei.
Lorbeerblätter und Zwieback,
Die erhöhen den Geschmack;
Kletzenbrot und Glyzerin,
Zwetschgenmus und Terpentin,
Kandiszucker und Forell'n
Dürfen auch dabei nicht fehl'n.
– Auch Malzkaffee und Rollmops,
Zichorie und Zement'
A Messerspitz' voll Streusand,
Gewiß nicht schaden könnt'.
Bananen, Aprikosen
Nebst Himbeerlimonad',
Dazu 'nen kleinen Löffel
Voll Messerputzpomad.
– Schnupftabak und Stachelbeer'
Gelbe Rüben, Kirschlikör,
Eierkognak, Nelken, Zimt
Man auch zu der Sache nimmt.
Kaviar und Cervelat,
Birn- und Pflaumenmarmelad',
Noch dazu zwei Flaschen Sekt'
Das erfordert das Rezept.
Heu und Stroh, auch Hafnerlehm und Bügelkohl'n
Und ein Paar ganz fein geschnitt'ne Hausschuhsohl'n,
Harte Semmelbrocken, eingeweicht in Teer,
Das ist noch nicht alles, 's kommt schon noch viel mehr.

III.

Hetschebetsch und Parmesan,
Bauerng'selcht's und saurer Rahm,
G'sundheitskuchen, Petersiel,
'ner zerhackter Besenstiel,
Zwiebelzelt'ln, Kreosot,

Zigarrenstumpen und Kompott,
Ziegelsteine, pulv'risiert,
Werden mit hineingerührt;
Rebhühner und Fasanen,
Auch Fensterkitt und Gips,
Zwei ganze Faschingskrapfen,
Garniert mit Stiefelwichs,
Leoniwurst und Bleiweiß,
Parkettbod'nwachs und Reis
Ölfarb' und Anguilotti,
Zwei junge, weiße Mäus',
Sauerkraut und Sellerie,
Rettich und Fromage de Brie,
Knoblauch, Spargel und Stearin,
Weichselsaft und Zacherlin,
Kaisertinte, Schusterpapp,
Apfelmus und Salmiak,
Auch Briketts und Anthrazit,
Platzpatronen, Dynamit.
Ist dann alles drinn, was ich soeb'n diktiert,
Wird das Ganze mit dem Löffel umgerührt,
Glauben Sie sicher, es schmeckt wirklich delikat.
Sehn Sie, so entsteht der *russische Salat*.

Trommelverse von der roten Feder!
1907

Erlaub'n sie daß ich jetzt was sing
| : Bum Bum Bum : |
Und über jeden etwas bring
Bum Bum Bum Bum Bum
Natürlich muß ich wissen g'wiß
daß keiner dann beleidigt is.

Zerst fang ich beim Herrn Riedl an
  | : Bum Bum Bum : |
der lebt in einem großen Wahn
Bum Bum Bum Bum Bum
er sagt a Zigarr'n is nur gut
wenn man sie halbert fress'n tut.

Dann kommt sein Sohn der Franzl dran
  | : Bum Bum Bum : |
der auch so gut Klavierspiel'n kann
Bum Bum Bum Bum Bum
er spielt die Opern gar so gern
wenn d'Stammgäst oft a damisch wer'n.

Herr Salzer dieser schlaue Mann
  | : Bum Bum Bum : |
schaffte einen Gramophon sich an
Bum Bum Bum Bum Bum
er kauft sich nur den Apparat
weil er die Platt'n selber hat.

Ein großes Wunder ist gescheh'n
  | : Bum Bum Bum : |
ich hab den Preiter Seppl g'seh'n
Bum Bum Bum Bum Bum
er is an einem Tisch dort g'sess'n
und hat's politisiern vergess'n.

Herr Mangold hat ein Näselein
  | : Bum Bum Bum : |
da muß ihm einer nauftret'n sein
Bum Bum Bum Bum Bum
doch kleidet sie ihn wirklich gut
er ist halt ein verkehrter Jud.

Die Köchin drunt im Stubenvoll
  | : Bum Bum Bum : |
die hat auf ihren Schatz an Groll
Bum Bum Bum Bum Bum
sie sagt, er hat es fertig bracht
und hat mir d'Stub'n voll gemacht.

Herr Charley Fey ist sonst ganz gesund
  | : Bum Bum Bum : |
Blos s'Asthma plagt'n manche Stund
Bum Bum Bum Bum Bum
Mußt dich vor ihm auf d'Seit'n bieg'n
wenn dir nicht willst an Schiefer einziehen.

Woll'n Sie mal wissen ganz gewiß
  | : Bum Bum Bum : |
was eine leb'nde Blume is
Bum Bum Bum Bum Bum
An Biller Heini müssen's fragen
der wirds Ihnen ganz deutli sag'n.

Fortsetzung der Trommelverse v. d. roten Feder

Da Lemuth Hans ich sag es kühn
der hat sei Votz'n überall drin
das Rauf'n tut ihn bluati gfreun
drum tuns ihm d'Letsch'n oft dakrein.

Zur Gretl sagt ein Stammgast hier
bringen sie a saure Leber mir
die Gretl denkt a des wird gut
wenn der an Lemuth fress'n tut.

Da Pfeiffer is soweit ganz g'sund
sei Nas'n dö hat blos zwei Pfund
fährt Eisenbahn er das ist nett
gibt d' Nas'n auf er als Gepäck.

Da Vogl Sepp dös wiss ma gwiß
daß der vom Fach a Obstler is
Sein Kopf verrät ja seinen Stand
Er trägt an Kürbis umanand.

Der Ortner dieser kleine Mann
er ist so klein man glaubt es kaum
woher das kommt das weiß ich g'wiß
weil er nicht länger g'wachs'n is.

Tut einer über'n Fritsch mich frag'n
so kann ich ihm ganz offen sagen
er ist ein ganz solider Mann
sauft niemals einen Rausch sich an.

Ich ging am Stubenvoll vorbei
da war grad drin a Lärmerei
da dacht ich mir in meinem Sinn
da is ganz g'wiß da Martin drinn.

Der Riedl Wastl a dös haut
ging mit der Wally meiner Braut (Fey)
i glaub dös wird a nette G'schicht
wir müssen nauf auf's Amtsgericht.

Da Wißmann Fritz dös freut uns sehr
der is nicht blos Mechaniker
er dichtete jüngst ein Gedicht
doch reimen tat's Gedicht sich nicht.

Herr Seiler jun. sagt zu mir (Fey)
ihr Trommeln macht mir viel Pläsier
Ein' Fehler hab'ns, sie dürfen's glaub'n
sie tun zu wenig eini haun.

Romanze in C-Moll

um 1908

Es war ein Sonntag hell und klar,
Ein Sonntag, wirklich wunderbar,
Der Sonntag war so einzig schön,
Ich hab' nicht leicht an schöner'n g'sehn,
Er geht ei'm wirklich durch's Gemüt,
Wenn man an solchen Sonntag sieht.
Doch dauerte es gar nicht lang,
Weil bald der Abend kam heran,
Stockfinster wurd' es um mich her
Und ich sah keinen Sonntag mehr.

Ein Auto stand an einem Eck
Und fuhr von seinem Platz nicht weg;
Ich tat's betrachten hin und her
Und wie von Stein war der Chauffeur.
Es roch auch gar nicht nach Benzin,
Ich griff dann mit dem Finger hin,
Da wurd' mir erst die Sache klar,
Daß das nur hingemalen war.
Das Auto, das stand immer stad,
's war nur ein großes Wandplakat.

An der elektrischen Straßenbahn,
Da hängt oft hint' ein Wagen dran,
Der Wagen, der da hängt daran,
Anhängewagen heißt er dann.
Er hängt daran nur dann und wann
An der elektrischen Straßenbahn,
Doch hängt er einmal nicht daran,
Was auch sehr oft stattfinden kann,
Dann kann es doch nicht anders sein,
Dann fährt der vord're Wagen »allein«.

Parodie auf Still ruht der See

um 1908

Ein Maler malt ein Seegemälde,
Da rutscht er mit dem Malstock aus,
Er stieß ein Loch ins Seegemälde,
Da floß auf einmal Wasser 'raus,
So lief der See dann wieder aus.

Die Frauen tragen auch Manschetten,
Gerade so als wie ein Mann,
Wenn man die Sach' genauer nehme,
So hätt' die Frau »Frauschetten« an,
Denn eine Frau ist doch kein Mann.

Schwarz ist die Nacht, schwarz ist das Zentrum,
Im Reichstag drinnen in Berlin,
Dann wollt' ich noch was schwärz'res seh'n
Und fuhr dann nach dem Schwarzwald hin,
Doch welche Täuschung, der war – grün.

Ein jeder Mann trägt eine Hose,
Ob er ein Jude oder Christ,
Drum muß ich jedem Manne sagen,
Daß er ein »Hosenträger« is,
Behaupten kann ich's nicht gewiß.

An einem Haus, da hing ein Kasten,
Ich glaubt', es sei ein Automat,
Ich zog den Griff heraus, welch Schrecken,
Da kam die Feuerwehr, o fad
Und ich, ich wollt' doch Schokolad'.

Das Kanapee, das steht im Zimmer,
Es sitzt darauf ein kleines Kind;
Das Kind, das spielte mit dem Kissen,
Wie harmlos ich die Sache find',
Denn »küssen« ist doch keine Sünd'.

Wenn sich ein Herr ein Zimmer mietet,
Ist es ein Zimmerherr sodann,
Doch wenn ein Mann ein Zimmer mietet,
So ist das dann ein »Zimmermann«;
Das geht doch Ihnen gar nichts an!

Ich hab' zu Hause ein Aquarium,
Da ist natürlich Wasser drinn',
Denn wenn darin kein Wasser wäre,
Da würden ja die Fischlein hin,
Da hülf' auch keine Medizin.

Wenn man die Tür' aufmacht, dann zieht es,
Das ist doch schon a alte G'schicht,
Doch wenn man sie dann wieder zumacht,
Das ist doch klar, dann zieht es nicht,
Denn Morgenstund' hat Gold im Mund'.

Die Medizin gehört dem Kranken,
Auch Obst ist für den Magen g'sund,
Jedoch das beste geg'n 'nen Einbruch,
Das ist ein recht wachsamer Hund;
Nach Tegernsee sind 14 Stund'.

Blödsinn-Verse

1908

Die Herrschaften verzeihen, sollt' ich hier oben stör'n,
Sie können jetzt von mir einmal
An großen Blödsinn hör'n,
Soll's Ihnen nicht gefallen,
Da liegt mir gar nichts dran,
Ich bitt' schön, hören Sie mir zu,
Nun geht der Unsinn an.

Es ist doch kaum zu glauben,
Was kürzlich erst passiert,
Ein Baumeister der hat sich da
Ganz fürchterlich blamiert,
Denn als der Bau beendet,
Er voll Entsetzen ruft:
Wir hab'n ja kein Parterr' gebaut,
Nun hängt's Haus in der Luft.

Erst kürzlich fuhr ein Auto,
Ganz leer an mir vorbei
Und daß das übel riechen tut,
Das war mir nicht mehr neu.
Denn dieser Autoführer,
Das ist doch kein Gebahrn,
Trotzdem daß niemand drinnen saß,
Ließ er doch einen fahr'n.

Ein Meister sagt zum Lehrbub',
Besorg' mir einen Gang,
Und schneide nur den Weg recht ab,
Dann brauchst Du nicht so lang.
Der Lehrbub' bleibt dumm stehen
Und schaut den Meister an
Und sagt geh' geb'ns mir d' Scher' mit,
Daß ich'n Weg »abschneiden kann«.

Es gibt noch dumme Leute,
Behaupte ich genau,
Einen Operngucker kaufte sich,
Erst kürzlich eine Frau.
Sie schaut hinein in Gucker
Und sagt, das ist gemein,
Da is ja gar kei' Oper drin,
Das muß a Schwind'l sein.

Chinesisches Couplet

1915/1916

*Vortragender erscheint als Chinese verkleidet, gelb geschminkt mit Zopf-
Perücke und chinesischem Schirm.*

I.

Mantsche Mantsche Pantsche Hon kon Tsching Tschang
Kaifu schin sie Peking gigi wai hai wai
Tschitschi tatschi makka zippi zippi zappi
Guggi dutti suppi Mongolai.
Tingeles Tangeles Hundi Hundi guschdi
Tschinschinati wuschi wuschi tam tam tam
Wann i ko na kimm i, kumm i aber nimmi,
Kimm i, kumm i, aber i kimm kam.
Wo wie we wie bobi hopsi tsching tschang
Asi Stasi Wasi Wisi Tschin Tschin Tschin
Taubi Taubi Piepi Piepi sei si indi ändi
Wase bobi widdi midi Lanolin.
China drinna kenna Kinda mi alsamm
Tam – Tam – Tam.

Refrain. Ziggi zam ziggi zam tschin tschin wuggi gu
Wassi Wassi tscheng patschi zsching wuh-hu wu.

II.

Ni widi tschen mali gan demi detti
La bade schon wette wett wum wum
Goll wudi bum bim wuschi wuschi sitz wetz
Sußi sußi sußi witschi schrumm
So von om runte, giglgiglgoggi
Da legst di nieder plim plam plum
Tutti tutti großi, heiße Suppi blosi
Rahm o schlecken un on inten rum
Anni wiedi well well tam di diti tam tam
Schlucki schlucki wust wust gudi gudi gut

Bier ham mi nimi, sauf ma halt a Wassi
Magi der is lari nachher wirst kaput
Niki nischi waschi schliffi schnack
Wauh, Wauh, Wauh.
Refrain. Ziggi zam ziggi zam tschin tschin wuggi gu
Wassi Wassi tscheng patschi zsching wuh-hu wu.

III.

Snekrededeng widi putzpomade Sachti
Boane wecke, tutti frutti wasch, wasch, wasch
Poppi nanni quaste Millen dunsen
Haferl goggen, Schmecki betzi G'wasch
Ka ko ki ka Kika keki Wanzi
Magi, Magi, Magi, Magi, Magi Magi a
Humi wepsi bieni, um halb elfi gimmi
Heidi bobi tschingreding ins pet
Tsching Tschang Tsching Tschang gibidane buse
Maini lippi Xaxixaxixaxixaxixax
Tsching Tschang Tsching Tschang gisidanan fussi
Andigiggiollipappi haxi haxi hax
Glaub mich lachen's aus, weil bin Chinese
Was ist dös?
Refrain. Ziggi zam ziggi zam tschin tschin wuggi gu
Wassi Wassi tscheng patschi zsching wuh-hu wu.

Der Maskenball der Tiere
1916

Die Tiere auf der Erde all',
die hielten einen Maskenball.
Vide rallala, vide rallala,
Vide rallalalala.

Die Ameise, die Ameise,
die tanzte nur die Franceise.
Vide rallala, vide rallala,
vide rallalalala.

Die Fliege, die Fliege,
Saß draußen auf der Stiege.

Nach jeder Strophe ist das »Vide rallala« zu singen.

Der Feuersalamander
Rutscht 'runter am Stieg'ng'lander.

Der Schellfisch und das Känguruh,
die spiel'n mitsammen »Blinde Kuh«.

Da plötzlich wird's ganz still im Saal,
sie saßen jetzt beim Mittagmahl.

Der Rabe, der Rabe,
Fraß d'Supp'n mit der Gabe.

Die Giraffe, die Giraffe,
die fraß a Schokoladewaffe.

Das Eidachsel, das Eidachsel,
das fraß a abbräunt's Schweinshaxel.

Die Schlange, die Schlange,
aß eine Blutorange.

Die Schnepfe, die Schnepfe,
die hat die größte Hepfe.

Das Lama, das Lama,
das fraß zum Schluß all's z'samma.

Der Maskenball ist nun zu End',
Drum bitte, klatschen S' in die Händ'.

Das futuristische Couplet

um 1919

In Nürnberg kam das Ganze,
Es sind ja mal er recht,
Doch als es mir ganz falsch war,
Ist es ohnedies zu schlecht.
Mit wessen ich grad dachte,
Von ohne sie berührt,
So sind sie denn von vorne rein
Ganz ohne diszipliert.

Wer allzulange sind ist,
Ob arm, geht sich bei dem,
Das einmal es oft lieber sein,
Drum wird ja ohnedem,
Mitsammen, ja denn so kann,
Bei Deinen nicht schon sein,
Sobald man kann es bleiben soll,
Zusammen fein zu sein.

Wenn einmal in der Nase,
Hast manchmal Du in Ruh,
Die Plattform in der Tasche hast,
Und treibst in allem zu,
So wittert aus den Mitteln,
In Spanien aus und ab,
Der Blumen Augenbrauen senkt,
Mit Asien und in Trapp.

Klapphornverse
1941

1. **VALENTIN:** *(singt)* Zwei Soldaten stiegen auf einen Turm
   B: *(spricht)* Ja was is dös!
   VAL: *(singt)* Sie hatten keine Unifurm
   B: *(spricht)* Ja freili!
   VAL: *(singt)* Auch keine Säbel beide hatten
   B: *(spricht)* Ja, und?
   VAL: *(singt)* Das war'n eigentlich keine Soldaten.
   B: *(spricht)* Auuu-wehhh!!!
   VAL: *(singt)* Mariechen saß auf einem Stein,
   Warum denn nicht auf zwei.

2. **V:** Zwei Katzen fingen eine Maus
   B: Ja, was is dös!
   V: Da kam sie ihnen wieder aus,
   B: Ja freili!
   V: Da dachten sich die beiden Katzen
   B: Ja, und?
   V: Das nächste Mal fang' ma an Ratzen!
   B: Auuu-wehhh!!!
   V: Mariechen saß auf einem Stein,
   Warum denn nicht auf zwei.

3. **V:** Zwei Knaben pflückten im Felde Blumen,
   B: Ja, was is dös,
   V: Da ist ein Aufseher gekummen,
   B: Ja freili!
   V: Der hat ihnen die Blumen genummen,
   B: Ja, und?
   V: Da sind ihnen Tränen runterg'runnen.
   B: Auuu-wehhh!!!
   V: Mariechen saß auf einem Stein,
   Warum denn nicht auf zwei.

4. V: Zwei Knaben stiegen auf einen Baum,
   B: Ja, was is dös!
   V: Sie wollten Äpfel runterhau'n,
   B: Ja freili!
   V: Am Gipfel dabei wurd's ihnen klar,
   B: Ja, und?
   V: Daß das a Fahnenstange war.
   B: Auuu-wehhh!!!
   V: Mariechen saß auf einem Stein,
       Warum denn nicht auf zwei.

5. V: Ein Kätzlein sagte zu dem andern,
   B: Ja, was is dös!
   V: Ich glaube schon an's Seelenwandern,
   B: Ja freili!
   V: Die andere sprach: du hast's erraten,
   B: Ja, und?
   V: Aus uns da macht man Hasenbraten.
   B: Auuu-wehhh!!!
   V: Mariechen saß auf einem Stein,
       Warum denn nicht auf zwei.

6. V: Zwei Spieler taten mitsamm' tarocken,
   B: Ja, was is dös!
   V: Dem einen tat er mächtig hocken,
   B: Ja freili!
   V: Der andre sagt: was soll das heißen?
   B: Ja, und?
   V: Ich glaube gar, du willst be......trügen.
   B: Auuu-wehhh!!!
   V: Mariechen saß auf einem Stein,
       Warum denn nicht auf zwei.

7. V: Zwei Knaben stiegen auf eine Leiter,
   B: Ja, was is dös!
   V: Der obere war etwas gescheiter,
   B: Ja freili!

V: Der untere Knabe, der war dumm,
B: Ja, und?
B: Auf einmal fiel die Leiter um.
B: Auuu-wehhh!!!
V: Mariechen saß auf einem Stein,
       Warum denn nicht auf zwei.

8. V: Zwei Herren taten mitsammen raufen,
   B: Ja, was is dös!
   V: Sie mußten beide heftig schnaufen,
   B: Ja freili!
   V: Ich denk' mir halt, die soll'n nicht raufen,
   B: Ja, und?
   V: Dann müssen s' auch nicht so fest schnaufen.
   B: Auuu-wehhh!!!
   V: Mariechen saß auf einem Stein,
       Warum denn nicht auf zwei.

9. V: Zwei Knaben fingen ein Eidachsel,
   B: Ja, was is dös!
   V: Der wo es g'fangt hat, der hieß Maxel,
   B: Ja freili!
   V: Der andre packte es beim Schwanzel,
   B: Ja, und?
   V: Und dieser Knabe, der hieß . . . .
   B: Franzel!
   V: Na, ... Gabriel hat der g'heißen!
   B: Auuu-wehhh!!!
   V: Mariechen saß auf einem Stein,
       Warum denn nicht auf zwei.

Wenn ich einmal der Herrgott wär'

1942

Melodie: »Da streiten sich die Leut' herum ...«

Wenn ich einmal der Herrgott wär'
Mein erstes wäre das,
Ich schüfe alle Kriege ab,
Vorbei wär' Streit und Haß.
Doch weil ich nicht der Herrgott bin,
Hab' ich auch keine Macht;
Zum ew'gen Frieden kommt es nie,
Weil's immer wieder kracht.

Wenn ich einmal der Herrgott wär'
Mein zweites wäre dies'
Ich schüfe alle Technik ab,
's wär besser, ganz gewiß.
Dann gäb' es auch kein Flugzeug mehr,
Oh Gott! Wie wär das nett!
Und ohne Angst, da gingen wir
Allabendlich ins Bett.

Wenn ich einmal der Herrgott wär'
Ich gäbe in der Welt
Den Menschen alle die Vernunft,
Die, scheints, noch vielen fehlt.
Doch weil mir das nicht möglich ist,
Die Sache ist zu dumm,
Drum bringen sich die Menschen mit
der Zeit noch alle um.

Wenn ich einmal der Herrgott wär'
Ich glaub, ich käm in Wut,
Weil diese Menschheit auf der Welt
Grad tut, was sie gern tut.
Ich schaute nicht mehr lange zu,

Wenn s' miteinander raufen;
Ich ließe eine Sintflut los
Und ließ' sie all' ersaufen.

Ja, lieber Herrgott, tu das doch,
Du hast die Macht in Händen,
Du könntest diesen Wirrwarr doch
Mit einem Schlag beenden.
Die Welt, die Du erschaffen hast,
Die sollst auch Du regieren!
Wenn Du die Menschheit nicht ersäufst,
Dann laß sie halt erfrieren.

Alte Volksliedertexte – wieder »zeitgemäß«

1943

Es ist doch lustig, wenn heute (1943!) der verliebte Erich oder Egon
sein Lottchen ansingt, mit dem alten Schlagerlied:
»Liebchen, ich kaufe dir ein Automobil . . . . «
Was hat sie schon davon, wenn er ihr eins kauft? Sie darf ja nicht
fahren! Sie kann sich nur hinein setzen und saudumm drein schauen.

Ein altes Lied heißt:
»Im tiefen Keller sitz ich hier . . . . « Heute?
Dieses Lied kann uns heute wirklich nicht mehr begeistern.

»Oh! Du lieber Augustin, alles ist hin . . . . «
Dieses Lied hat man stets gern gehört; heute hat es einen anderen
Sinn bekommen, genau so, wie das Rheinlied:
»Nur am Rhein, da möcht ich leben, nur am Rhein, ... «

»Hamburg ist ein schönes Städtchen, siehste wohl . . . . «
»Es war einmal« Musik von Paul Linke.

»Wenn die Schwalben wieder kommen, die wer'n schau'n, die wer'n schau'n .. «

All diese alten verstaubten Liedertexte wirken heute geradezu frisch, aber tragikomisch!

Man vergleiche z. B. den Text eines uralten Liedes mit der heutigen Zeit:

»So leb' denn wohl, – Du stilles Haus
Wir zieh'n betrübt – von dir hinaus.
Wir zieh'n betrübt – und traurig fort
Doch unbestimmt – an welchen Ort.«

Noch drastischer und aktueller wirkt jetzt das Lied aus dem »Rattenfänger von Hameln« das da heißt:

»Wandern, ach wandern – von Ort zu Ort,
Wandern, ach wandern – in einem fort.
Weiter ach eilen – von Land zu Land
Nirgends verweilen – von Niemand gekannt.«

»Weh, daß wir scheiden müssen . . . . . . «

»Nach der Heimat möcht ich wieder . . . . «

»Verlassen, verlassen, verlassen bin i . . . . . «

»Wer weiß ob wir uns wiederseh'n . . . . . «

Alle diese Volkslieder und viele andere mehr, haben in der Jetztzeit einen bitteren Beigeschmack erhalten!

»Vater, Mutter, Schwestern, Brüder,
Hab' ich auf der Welt nicht mehr . . . . «

Um die Jahrhundertwende komponierte und dichtete ein bekannter Wiener Volkssänger das Lied:

»Mondnacht is' . . . . . «

War dieser Dichter nicht auch zugleich ein glänzender Prophet, als er seinem Lied den Refrain anknüpfte:

»Wenn der Mond in seiner Pracht – so vom Himmel runter lacht,
Da g'schieht gar manches oft – ganz unverhofft . . . . . «

»Was kommt dort von der Höh' – was kommt dort von der Höh?
Was kommt dort von der Höh' juhe . . . . «
Der Freudenslaut »Juhe« kann heute als überflüssig betrachtet
werden.

»So leben wir – so leben wir – so leben wir alle Tage . . . . . «
Auch diesem alten Scherzlied könnte man ruhig heute den alten
Sang entgegen setzen:
»Glücklich ist, – wer vergißt,
Was nicht mehr – zu ändern ist . . . . . . «

Auch Paul Linkes Marschlied:
»Laßt den Kopf nicht hängen . . . . . . «
wirkt momentan sehr aufmunternd.

Es gibt sogar einen Liedertext, der da lautet:
»Ja, die Welt ist schön . . . . . . «

»Oh schöne Zeit – oh selige Zeit,
Wie liegst Du fern – wie liegst Du weit . . . . . «
(Geht zurück bis auf das Jahr 1914)

Aber trösten wir uns mit dem alten netten Volkslied, das da lautet:
»Alles neu – macht der Mai . . . . . «

Und zum Schluß, die »Münchner Nationalhymne«:
»Solang der alte Peter – am Petersberg'l steht,
Solang die grüne Isar – durch d' Münchner Stadt no geht,
Solang da drunt' am Platzl – noch steht das Hofbräuhaus,
»Solang« stirbt die Gemütlichkeit – der Münchner niemals aus.«
Was heißt: » S o l a n g «?
Dieses Lied gehört verboten.

Der Herrgott schaut oft von oben runter

1943

Gesungen nach Wiener Art.
Melodie von

I.

Die Welt die hat der Herrgott g'macht
Mit allem Drum und Dran
Hat dann zwei Menschen einig'stellt
Und sprach. »Nun fanget an.«
Die zwei hab'n sich dann fortgepflanzt
Bis rauf zum heutigen Tag,
Aber ob der Herrgott z'frieden is
Das is a zweite Frag'.

Refrain: Der Herrgott schaut oft von ob'n runter
Auf seine Welt – die er so wundervoll g'macht.
Wenn i das g'wußt hätt – sagt er –
Daß die Menschen das nicht schätzen –
Hätt i mir net – so viel Müha – damit g'macht.

II.

Der Herrgott hat sich einmal denkt
Jetzt hab i a Idee
Und pflanzte wo ein Zweiglein ein
Dies nannte er Kaffe.
Kaffe der wurd' ein Weltprodukt
Wir – krieg'n ja keinen mehr
Da – is er schon, – man nimmt ihn »Drüb'n«
Zum Kesselheizen her.

Refrain: Der Herrgott schaut oft von ob'n runter
Auf seine Welt – die er so wundervoll gemacht.
Wenn i das g'wußt hätt – sagt er –
Daß die Menschen das nicht schätzen –
Hätt i mir net – so viel Müha – damit g'macht.

III.

Die letzten Jahr – Ihr lieben Leut'
Ich sags ganz ungeniert
Da is der Herrgott selber schon
Auf 's schwerste depremiert.
Die Welt, die er g'schaffen hat,
so ruft er ganz empört, –
wird, – wenn's no lang so weiter geht
Vom Menschen ganz zerstört:

Refrain: Der Herrgott schaut oft von ob'n runter
Auf seine Welt – die er so wundervoll g'macht.
Wenn i das g'wußt hätt – sagt er –
Daß die Menschen das nicht schätzen –
Hätt i mir net – so viel Müha – damit g'macht.

Loreley
nach 1945

Das Lied: »Die Loreley« zum zweitenmal verboten!
Im dritten Reich durfte es nicht mehr gesungen werden, weil es von dem
jüdischen Dichter »Heine« stammt, und im vierten Reich darf es nicht
gesungen werden, weil Reichsleiter Robert Ley eine Tochter hatte, die hieß:
Lore Ley.

Ich weiß nicht, was soll es bedeuten,
Daß ich so traurig bin,
Ein Liedchen aus uralten Zeiten,
Das kommt mir nicht aus dem Sinn.
Ich weiß nicht, was soll es bedeuten,
Was ist denn in Bayern geschehn,
Da leben mehr Preußen als Bayern,
O Bayern, wie *warst* du so schön!

Expressionistischer Gesang

1948

Wie die Maler heute malen
Wie der Dichter heute dicht'
So will ich jetzt humoristeln
Ob es gut ist, oder nicht.

Kanapee glüht Meeresfreiheit
Lippen blau aus Abendrot
Stille Nacht in Marmelade
Edle Kunst, behüt' dich Gott.

A – b – c – d – e – f – g – h
I – k – l – m – n – o – p
Qu – r – s – t – u – v – w – x
Ypsilon – z – f – f – f *(drei Pfiffe)*

La la la la la la la la
La la la la la la li
Li li li li li li li li
Li li li li li li la.

In der Nacht die Sterne funkeln
Und der Rundfunk funkelt auch
Funkeln tun auch die Karfunkeln
Und ein funkelnagelneuer Anzug auch.

Wer will unter die Soldaten
Der muß haben ein Gewehr
Das muß er mit Pulver laden
Und so weiter und so wei – ter.

Ein Gewitter ist im Anzug
Dieses leuchtet mir nicht ein

Ein Gewitter in der Hose
Das könnt' leichter möglich sein.

Leiser Sturmwind heult in Strömen
Wenn die Katze Kikerikiet
Und der Vater melkt die Enten
Wenn der limburger blüht.

Wenn die Blätter leise klappern
Und das Bächlein fließt bergauf
Saust das Dampfschiff durch die Wälder
D' Gmütlichkeit hört sich dann auf.

Wenn die Ringelnatter ringelt
Und die Fischlein geh'n zu Fuß
Hört! Die Osterglocken pfeifen
Was sein muß, das muß sein muß.

Hundekuchen frißt die Katze
Und ein Kompaß singt Tenor
Und es sinkt der Barometer
Das kommt jedem spanisch vor.

Wenn die Reblaus rebiglauselt
Und das Dünnbier ist zu dünn
Billige Heimat sei gegrüßet
Mei' Vaterl war a Weanerin.

Suerkraut ist kein Getränke
Denunzieren tut ein Schuft
S' beste Flugzeug wär' ein Unsinn
Gäb's im Freien keine Luft.

Ob es heiß ist oder kälter
Ob es warm ist oder weit

Ob es kühl ist oder lustig
Ja, so ändert sich die Zeit.

In Berlin, in Prag und Hamburg
Auch in Bremen und Bayreuth
Auch in Salzburg und am Chiemsee
Und auch in Holzapfelskräut.

Und zum Schlusse muß ich schusseln
Nehmet eure Händ' in d' Hand
Schlagt dieselben oft zusammen
Das wird dann Applaus genannt.

Filme und Filmszenen

Wie entstand die Jazzkapelle

um 1928

Seit vielen Jahrhunderten schon existiert in Oberbayern ein uralter Brauch »das Haberfeldtreiben«. Dieser Brauch hat sich, wenn auch ganz selten noch, bis zum heutigen Tage erhalten. Wenn sich z. B. im Dorfe Weißbach, Schliersee, überhaupt im ganzen Oberland irgend einer vom Dorfe, sei es der Bürgermeister, die Bauern oder gleich gar der Pfarrer etwas zu schulden kommen ließen, so wurde ihnen nachts gehabert, also Haberfeldgetrieben. In dieser Komödie hier handelt es sich um den Bierbrauer von Tölz. Er war ein reicher Mann und seine Brauerei warf ihm guten Profit ab. Aber an dem schlechten Bier, an dem Plempel hatten die Tölzer keine Freude und außerdem war er ein gestrenger Herr und alle seine Dienstboten und sein Gesinde hatten unter seiner Herrschaft nichts zu lachen. – Und deshalb wurde bei ihm in einer Nacht Haberfeld getrieben.

Die Haberer kommen heimlich im Keller einer alten Bauernschenke in der Nähe von Tölz zusammen, alle Haberer sind schwarz vermummt, damit man sie nicht erkennt und an einem bestimmten Zeitpunkt ziehen sie übers Feld nach Tölz zur Brauerei und dann zu dem Wohnhaus des Brauers. Aufstellung! schreit der Habermeister – Fertig – los! Treibt's o! Höllenspektakel tönt durch die Nacht, solange bis der Brauer und seine Frau am Fenster erscheinen. – Sobald sie hier vor diesem Selbstgericht erscheinen, verstummt der Lärm – dann steigt der Habermeister auf ein mitgebrachtes Bierfaß und hält die Haberer Ansprache – Ruhe für den Haberermeister!

So G'sell'n, da schaut's her, da is er der Lump
dem gilt unser heutiger B'suach
Dem Bierpantscher woll'n ma heut d'Wahrheit verzähln
Dem Giftmischer Bazi, dem Ruach.
A so a schlechtes Bier wia der Haderlump braut,
er denkt sich für uns is guat gnua.
Der Bräuknecht hat's g'sehn – zum Hopfen und Malz

mischt er hoamlich a Sagleim dazua.
A solchener Schwindler g'hört aufg'hängt am Galgn
und wenn er dro baumelt, des tat uns g'falln
Hab i recht – G'sell'n? Jaaaa
Also dann treibt's zua .... Habererlärm.

Und jetzt kommst Du dran, du noble Madam
dich ham ma scho lang auf der Latten, `
Du protzerte Molln – du rothaarige Trut
Du paßt ja ganz guat zu dein Gatten
Deine Dienstboten ham bei dir koa gute Stund'
viel Arbeit – an schundigen Lohn
und wenn du am Montag a Kuhmagd einstellst
dann lafft's dir am Deanstag davon.
A so a schlechts Weibsbild ghört aufghängt am Galgn
und wenns na dro baumelt – dös tat uns g'fall'n
Hab i recht G'sell'n? – Jajajajajajaja
also dann treibts zua .... Habererlärm.

Als der Lärm verklungen war und die Haberer abziehen wollten, ging ein feiner Herr auf den Haberermeister zu und sprach: »Herr Haberermeister, kann ich Sie in einer geschäftlichen Angelegenheit sprechen, keine Angst, ich bin keiner von der Polizei. Wir gehen in die nächste Wirtschaft mit allen ihren Gesellen und da bezahle ich die Zeche, ich habe etwas Großartiges mit Euch vor.« *Bild:* In der Wirtschaft. – Meine Herren Haberer, ich habe soeben euer Haber-feldtreiben mit angehört, wollt ihr mit mir 1 Jahr, wenn ich euch zusammen 3000 Mark im Monat bezahle, auf Tourné gehen? Alle: Jawohl, sofort, aber schriftlich muß es gemacht werden. Gut, da habt ihr's schriftlich. In 14 Tagen geht's los. *Nächstes Bild:* Was aus den Habercern geworden ist – Eine Jazzkapelle.

Schlußbild: Feiner Tanzsalon, die ehemaligen Haberer alle im Smoking.

Ende

Münchner Fremdenrundfahrt

1929

1. Titel: Mit dem Fremdenwagen durch München.
2. „ : Ein modernes Lichtspiel mit Film-Glaslichtbilder und
Lautsprecher   von Karl Valentin u. Lisl Karlstadt.

PERSONEN:

1. Erklärer . . . . Karl Valentin
2. „ . . . . Herr Lisl Karlstadt
Der Fremdenautoführer. . . . . Josef Rankl
Der Fremdenwagen
Die Fremden

Film: Die 2 Erklärer (Streit ob nach rechts oder links wegfahren)
Film: Die Abfahrt des Wagens. (Hupensignal)
Film: längeres Stück   Die 2 Erklärer sprechen schon:

KARLSTADT: Meine Herrschaften – wir beginnen nun mit unserer
Fahrt. Wir umkreisen die Deutsche Bank und kommen hier zum
Wittelsbacherbrunnen. Er schließt die Anlage des Maximilians-
platzes gegen Osten ab. Die Figuren zeigen die fruchtbringende
und die zerstörende Kraft des Wassers.

VALENTIN: Der Brunnen macht, wie Sie sehen, auf Ihnen bei Besich-
tigung einen wässerigen Eindruck. Wie derselbe bei der Enthül-
lung eröffnet wurde, hat der berühmte Volkssänger Welsch über
den Brunnen folgendes Verschen gesungen:
»Der Wittelsbacher Brunna – So was war no net hier –
Da reit' glei a Jungfrau – direkt auf a 'ran Stier.«

KARLSTADT: Wir fahren weiter – hier sehn sie das Schillerdenkmal.

VALENTIN: Wolfgang Schiller, der bekannte Dichter der Fausttragö-
die hat uns durch die Erfindung des Fernrohrs die Sterne näher
gebracht, denn was wären wir heute ohne Stenografie?!

KARLSTADT: Rechts – eigentlich mehr links der »Justizpalast« –
»Frühbarock«

VALENTIN: Der ist abends a Barock.

KARLSTADT: Sei doch stad – Frühbarock von Friedrich Thiersch – 1897 vollendet.

VALENTIN: In demselben werden Gerichtsverhandlungen und hauptsächlich Ehescheidungen geschieden.

KARLSTADT: Jetzt geht es weiter zum Stachus mit dem Karlstor. Das Karlstor ist das westliche Tor der mittelalterlichen Stadt – erbaut im 14. Jahrhundert. Westlich durch die Bayerstraße kommen wir zum Hauptbahnhof – Ausgangspunkt der Fernverbindungen von München.

VALENTIN: Der Hauptbahnhof ist der Treffpunkt aller fremden Reisenden.

KARLSTADT: Die Fahrt geht nun weiter durch die Bayerstraße zum Bavariaring, welcher die Theresienwiese umschließt, auf welcher alle Jahre im September das Oktoberfest – lateinisch »Festus bsufferius« stattfindet. Auf der Theresienhöhe erblicken Sie von hier aus die Bavaria mit Ruhmeshalle. Ludwig der I. erbaute an einer Stelle von der die Stadtsilhouette am besten zu sehen ist, ein Nationaldenkmal für Bayern, umgeben von der Ruhmeshalle von Klenze, die Büsten verdienter Bayern enthält.

VALENTIN: Die Bavaria wurde aus hartem Erz gegossen und stellt das Sinnbild vor »Bayerns Stärke«. Eigentlich hätte ja ein großes Bierfaß hingehört, denn das Sinnbild Bayerns Stärke ist die Biersauferei, was sich jährlich beim Oktoberfest und zur Salvatorzeit beweist.

KARLSTADT: Nun begeben wir uns durch die Regenwurm. Verzeihung – besser gesagt, durch die Lindwurmstraße zum Sendlingertorplatz. Das Sendlingertor entstammt dem 14. Jahrhundert und ist ziemlich unverändert erhalten.

VALENTIN: Der Name Sendlingertor soll vor 500 Jahren dadurch entstanden sein, daß man, wenn man nach Sendling wollte, durch dieses Tor gehen mußte. (Kurfürst der Grandige)

KARLSTADT: Wir passieren nun die Sendlingerstraße und kommen zur St. Peterskirche. Das ist die älteste Kirche Münchens die 1181 gegründet ist. Der gegenwärtige Bau entstammt dem 14. Jahrhundert.

VALENTIN: Vom Petersturm aus hat man eine herrliche Aussicht auf die Münchner Straßenbahnen und das bayrische Gebirge mit der Schnellzugspitze.

KARLSTADT: Es geht weiter zum Marienplatz – zum Mittelpunkt des wirtschaftlichen Lebens von München. Die Mariensäule errichtet von Kurfürst Maximilian 1638 zum Gedächtnis des Sieges am weißen Berg.

VALENTIN: Die Grundsteinlegung zur Erbauung des Marienplatzes erfolgte im Jahre 1412 nachmittags halb drei Uhr – und täglich um 11 Uhr Mittag leuchten Ihnen die herrlichen Töne des Glockenspiels entgegen. Rechts unten liegt der Fischbrunnen, in welchem alle 7 Jahre der Schäfflertanz aufgeführt wird.

KARLSTADT: Der Metzgersprung wird aufgeführt.

VALENTIN: A – so – ja – ja – der Metzgersprung wird im Schäfflertanz a – im Fischbrunnen aufgeführt.

KARLSTADT: Hier vor unseren Augen das neue Rathaus – ein schulmäßiger gotischer Bau von Hauberrisser erbaut – 1908 vollendet. – Im Turm das Glockenspiel – Kunstuhr mit Spielwerk. Zur linken die Frauenkirche. Münchens größte, jedoch nicht älteste Kirche. Gotischer Backsteinbau erbaut von Ganghofer im 15. Jahrhundert. Die eigentümlichen Kuppeln sind das Wahrzeichen von München.

VALENTIN: Der rechte Turm steht vis a vis neben dem linken. Beide befinden sich auf der äußeren Seite.

KARLSTADT: Wir begeben uns nun vom Tal aus durchs Isartor: dasselbe ist das östliche Tor des mittelalterlichen Münchens aus dem Jahre 1314. Die Fresko zeigt Kaiser Ludwigs Einzug nach der Schlacht bei Mühldorf.

VALENTIN: Kaiser Ludwig soll damals beim Durchzug furchtbar Kopfweh gehabt haben, wurde aber trotzdem von der Menge feierlich empfangen – und weißgekleidete Mädchen überreichten ihm eine Schachtel Pyramidon.

KARLSTADT: Durch die Zweibrückenstraße gelangen wir zur Kohleninsel, auf welcher das deutsche Museum erbaut wurde. Es ist das größte, bedeutendste technische Museum der Welt – es zeigt geschichtlich bedeutsame Maschinen und den Entwicklungsgang der Technik. Das Museum ist eine Schöpfung von Oskar von Miller und wurde in der Nachkriegszeit trotz aller Schwierigkeiten im Hauptbau *1925* vollendet.

VALENTIN: Das Deutsche Museum ist der Treffpunkt aller Nationen – es sollen auch schon Münchner drinn gewesen sein.

KARLSTADT: Gegenüber dem Museum steht das Müller'sche Volksbad. Das 1901 im Barock erbaute Volksbad ist die Stiftung eines Münchner Bürgers.

VALENTIN: Es zeigt, daß die Münchner nicht nur gemütliche – sondern auch reinliche Menschen sind.

KARLSTADT: Hier ist das Maximilianeum. Auf dem Ostufer der Isar, ein von König Maximilian gegründete Erziehungsanstalt für Adelige und begabte Hochschulstudenten. Jetzt Gemäldesammlung.

VALENTIN: Das Maximilianeum ist im Sommer von grünen Bäumen umsäumt, welche im Winter mit tiefen Schneemassen bedeckt sind. Der darin befindliche Hausmeister feierte vorigen Donnerstag sein 25=jähriges Jubiläum Maximilianeleum.

KARLSTADT: Isar abwärts fahrend, sehen wir oben rechts den Friedensengel. Ein monumentaler Abschluß der Prinzregentenstraße.

VALENTIN: Der goldene Friedensengel ist aus Erz, sozusagen der Erzengel Friede. Was er während des Weltkrieges da oben getrieben hat, ist allen unerklärlich. Wir stehen auf der Prinzregentenbrücke. Diese moderne Brücke wurde nebst noch 4 anderen neuzeitlich modernen Brücken beim letzten großen Hochwasser 1899 weggeschwabt, währenddem 3 alte Holzbrücken aus dem Mittelalter dem Hochwasser zum Trotz der modernen Technik stehen geblieben sind. Unter der Brücke sehen Sie den Stromabwärts schwimmenden Isarfluß.

KARLSTADT: Wir kommen auf unserer Fahrt zum neuen Nationalmuseum. Erbaut im Jahre 1900 von Gabriel von Seidl. Das Museum zeigt in höchster Vollendung in Einzelstücken die Entwicklung der bayrischen Kunst und des Kunsthandwerks.

VALENTIN: In demselben soll sich unter anderen historischen Schätzen das versteinerte Hemdknöpfl des Königs Herodes befinden.

KARLSTADT: Hier biegen wir in den englischen Garten ein. Die früheren Isarauen wurden von dem letzten Kurfürsten zu einer großen Parkanlage ausgenutzt. Sie wurde von dem amerikanischen General Rumford angelegt.

VALENTIN: Sie sehen hier englische Bäume und ebensolche Fußwege. Dadurch ist es ermöglicht, auf nicht allzuhohem Bergesgipfel des Monopterus mit freiem Auge zu erblicken. Derselbe wird nur zum Herunterschauen benützt.

KARLSTADT: Hier sehen Sie einen der schönsten Wasserfälle.

VALENTIN: Er ist eine traurige Kopie des Nikolo – Nigara – – – Niagarafalles.

KARLSTADT: In langsam rasendem Tempo fahren wir zum Chinesischen Turm.

VALENTIN: Derselbe ist unten breit und wird nach oben zu viermal schmäler. Von einem Flugzeug aus zu sehen ist er unten schmal und oben 4 mal breiter und an schönen Tagen ist dort Militärkonzert. In der Mitte des energischen a – englischen Gartens ist der Kleinhesseloher See. Auf dem Wasser schwimmen Schifflein – in dem Wasser Fischlein. Derselbe ist so groß wie irgend ein anderer kleiner See.

KARLSTADT: Wir verlassen den englischen Garten, durchfahren die Feilitzstraße in Schwabing und unseren Blicken ergibt sich ein neuer Anblick. Das Siegestor. Es ist der architektonische Abschluß, der, von Ludwig I. erbauten Ludwigstraße – es ist eine Nachbildung des Konstantinbogens in Rom.

VALENTIN: Die Siegesgöttin mit den 4 Löwen wurde oben auf dem Tor angebracht – da sie auf der Straße verkehrsstörend gewirkt hätten.

KARLSTADT: Die herrliche Ludwigstraße entlang kommen wir zur Feldherrnhalle. Dieselbe ist der Abschluß der Ludwigstraße gegen die Stadt – die unter Ludwig I. von Klenze errichtet wurde. Links im Vordergrund der Pfalzgedenkstein – ein Meisterwerk moderner Bildhauerkunst.

VALENTIN: Alle Sonntage um 11 Uhr findet vor der Feldherrnhalle Parademusik statt – mit Ausnahmen im Winter, da ihnen sonst die Trompeten einfrieren täten.

KARLSTADT: Links die Residenz – das Maxdenkmal in der Mitte des Platzes – und im Hintergrunde das Hof- und Nationaltheater.

Die führende Opernbühne Süddeutschlands – die Stätte vieler Erstaufführungen Richard Wagners. Der Bau entstammt dem Anfang des 19. Jahrhunderts.

VALENTIN: Vormittags finden im Hoftheater meistens selten nie keine Vorstellungen statt.

KARLSTADT: Wir fahren durch die Repräsentationsstraße der Stadt, die Maximiliansstraße ein kleines Stück östlich – biegen rechts ein – und vor Ihren Augen erblicken Sie das Symbol der Kunststadt München, das Hofbräuhaus.

VALENTIN UND KARLSTADT: Hier rufen wir aus ! ! ! *(Bier 3 Maß)* 1 – 2 – 3 – *Gsuffa ! ! !*

Film: 3 Glaskrüge werden ausgetrunken – Orchester spielt dazu.
  :/: Ein Prosit :/: der Gemütlichkeit!
  :/: „   „ :/: „ Gemüt – lich – keit – !

Sie weiß etwas

1935

Ort der Handlung: Wohnzimmer des Herrn Generalinspektors Edmund Vstblk.
Spielt am 1. April.

1. Scene

Generalinspektor, dessen Gattin und die Schauspielerin, Frl. Karlstadt, sitzen beim Aufgehen des Vorhangs auf der Bühne an einem Tisch und plaudern.

FRAU G.: Ich freue mich so, Frl. Karlstadt, daß Sie uns heute die Ehre Ihres Besuches geschenkt haben. Sie waren ja gestern wieder großartig in Ihrem Spiel.

HERR G.: So gut waren Sie noch nie – Sie haben sich selbst übertroffen – Ihre Sprache und Ihre Mimik – das macht Ihnen keine nach.

FRAU G.: Gelacht haben wir über Sie. Wie machen Sie das bloß, daß Sie jedesmal eine andere Person sind?

KARLST.: Dafür ist man schließlich Schauspielerin – ich spiele am Theater fast alle Fächer – sei es nun eine komische Alte – eine Dirne –

FRAU G.: Eine Dirne waren Sie auch schon?

KARLST.: Auf der Bühne.

HERR G.: Hahaha!

KARLST.: Meine Arbeit ist nicht leicht – aber wissen Sie – ich lerne stets von den Menschen. Wenn ich z. B. eine Bardame spielen muß, dann gehe ich mit einigen Freunden in eine Bar, betrachte so eine Bardame in ihrem Milieu. Muß ich eine komische Rolle spielen, sagen wir eine Marktfrau, dann unterhalte ich mich mit einer echten Marktfrau und lerne dabei. – Sehen Sie, meine nächste Rolle ist ein einfaches Dienstmädchen, da will ich nun gelegentlich zusehen, bei welcher Gelegenheit ich so ein Dienstmädchen beobachten kann. Wie ist denn Ihr Mädchen, Frau Generalinspektor?

FRAU G.: Das ist ein braves, harmloses Geschöpf, die hat nichts individuelles an sich – und im übrigen ist unsere Klara heute gar nicht da – weil sie Ausgang hat.

HERR G.: Was sagst Du? – Die Klara hat Ausgang – wie kannst Du sie ausgehen lassen, Du weißt doch, daß heute Abend noch weiterer Besuch kommt, mein langjähriger Freund Pfliefentranz.

FRAU G.: Was – der Herr Baron kommt heute, ich dachte morgen erst –

HERR G.: Aber Amalie, ich habe dir doch gestern gesagt, er kommt morgen und heute ist morgen, daran ist nichts mehr zu ändern und zwar kommt er Punkt 8 Uhr *(schaut auf die Uhr)* jetzt ist es schon gleich 8 Uhr. Also, der kann alle Augenblicke kommen.

FRAU G.: So, das kann ja nett werden, ausgerechnet heute und das Dienstmädchen hat Ausgang.

HERR G.: Nun mal Dir nicht wieder alles so schrecklich. Vor 10 Jahren hatten wir auch noch kein Dienstmädchen und auch Einladungen und es ist auch gegangen.

KARLST.: Da könnten wir doch jetzt eine lustige Sache machen.

BEIDE: Wieso eine lustige Sache?

KARLST.: Nun, *ich* mache eben das Dienstmädchen!

BEIDE: Das ist eine gute Idee!

HERR G.: Das läßt sich auch machen, denn der Herr Baron ist in unserer Stadt fremd und hat keine Ahnung von Ihnen. *(zur Frau)* Los! Bring das Häubchen und die weiße Schürze von der Klara. *(Frau geht)*

KARLST.: Das wird eine Mordsgaudi geben.

FRAU G..: So, Fräulein Karlstadt, hier ist die Uniform unseres Mädchens. *(hilft anziehen)*

HERR G.: Großartig! Mein Freund Clemens wird sich wahrscheinlich in Sie verlieben!

KARLST.: Das glaube ich weniger, diesem Herrn Baron werde ich die Hölle heiß machen.

(Es läutet. Herr und Frau Generalinspektor und Frl. Karlstadt geheimnisvoll:) Er kommt!

KARLST.: Lassen Sie mich allein mit ihm und wenn Sie dann hereinkommen, werde ich schon fertig mit ihm, aber bitte, Sie müssen immer ernst bleiben, ja nicht lachen – und ich heiße jetzt »Paula«, verstanden? *(Es läutet zum 2. Male)*

(Herr und Frau Generalinspektor verschwinden aus dem Zimmer, Paula geht zur Türe und man hört von außen, wie sie den Herrn Baron empfängt)

BARON: Guten Tag! Mein Name ist Baron von Pliefentranz, sind Herr und Frau Generalinspektor Vstblk zu Hause?

PAULA: Ah, Sie kommen zum Essen!

BARON: *(ist so entrüstet, denkt, nicht richtig gehört zu haben und frägt:)* Sind die Herrschaften schon beim Speisen?

PAULA: Was heißt beim Speisen? Heute gibts nicht so was Feines, daß man da von Speisen sprechen kann, da ist meine Herrschaft viel zu geizig dazu und bei Einladungen wird überhaupt das Billigste gekocht, was es nur gibt.

BARON: Sie sind doch das Dienstmädchen?

PAULA: Natürlich – oder halten Sie mich für die Frau Generalinspektor?

BARON: Wo ist denn die gnädige Frau?

PAULA: Was heißt gnädige Frau – ein altes Luder ist sie und er ein alter Depp!

BARON: Geht es Ihnen denn so schlecht in diesem Hause hier, daß Sie so über Ihre Herrschaft schimpfen?

PAULA: Mir? Mir geht es nicht schlecht, ich laß mir's schon nicht schlecht gehen! *(führt den Baron in das Zimmer, in welchem schon Herr und Frau Generalinspektor sitzen)* So, da ist er! *(ruft sie zum Herrn Generalinspektor)* Da setzen S' Ihnen her, das Essen bring ich Ihnen gleich – haben S' schon recht viel Hunger?

BARON: *(ist ganz überrascht über das Benehmen dieses Dienstmädchens und als er nach seiner Begrüßung gleich das Verhalten dieses eigenartigen Dienstboten rügt und von Herrn und Frau Generalinspektor auf seine Anklage gar keine Entschuldigung erhält, ist er ganz verstört und meint:)* Ja, was haben Sie denn da für ein Dienstmädchen – haben Sie das schon länger?

FRAU G.: Ja, die ist schon ein Jahr bei uns, ein anständiges Mädchen, noch sehr kindlich.

PAULA: *(kommt herein, bringt drei Glas Bier, stellt jedem ein Glas hin)* Da schau her, die Malefizfliegn! *(greift mit zwei Fingern in das Bier des Herrn Baron und zieht die Fliege heraus und schleudert dieselbe gegen die Wand)*

HERR u. FRAU G.: *(lachen)* Die Paula weiß sich halt immer gleich zu helfen! *(nehmen ihre Gläser zur Hand und stoßen mit dem Baron an)* Prost!

BARON: Prosit! *(trinkt aber nicht, weil es ihn ekelt)*

FRAU G.: Sie haben ja nur genippt, Herr Baron, die Fliege hat ja unsere Paula schon herausgenommen.

PAULA: *(setzt sich ganz ungeniert neben den Herrn Baron und fängt mit ihm ein Gespräch an)* Wie gehts sonst immer, Herr Baron? Was macht die Frau und die Kinder?

BARON: Ich habe keine Frau!

PAULA: Kinder auch keine?

Baron: Wenn ich keine Frau habe, kann ich keine Kinder haben.

PAULA: Warum nicht? Sie könnten doch ledige Kinder haben.

BARON: *(zum Generalinspektor)* Ja, was sagst Du denn dazu, Edmund?

HERR G.: Die Paula meint, ob Du ledige Kinder hast.

BARON: Ja, da weiß ich ja nicht, was ich da antworten soll.

PAULA: Ja, ja, so was hört man nicht gern. Soll ich jetzt das Essen bringen, gnädige Frau?

FRAU G.: Ja, bring die Suppe herein und das Fleisch.

PAULA: Kriegt »Er« auch was?

BARON: Ja, wer ist denn der »Er«?

HERR G.: Sie meint Dich, Clemens, sie ist wirklich sehr naiv, wir müssen immer so viel lachen über diese Paula.

PAULA: *(hat die 4 Teller Suppe gebracht, beim Essen schlürft sie die Suppe daß der Herr Baron jedesmal zusammenfährt, worauf Paula sagt:)* Sind Sie nervös, Herr Baron? *(Geht nach dem Suppenessen in die Küche)*

BARON: *(zu den Generalinspektors)* Ja, was ist denn das, so was habe ich noch nicht erlebt. Das Mädchen ist doch nicht ganz normal, warum lassen Sie sich von einem Dienstboten so was bieten?

FRAU G.: Ja, das ist ja das Übel, wir müssen uns leider alles gefallen lassen. Wir können da gar nichts machen.

BARON: Ja, warum denn?

HERR G.: Sie weiß etwas von uns, wir können ihr nicht kündigen, das ist ja das Furchtbare an der Sache.

BARON: Die könnte Sie ja auch aus dem Hause jagen.

BEIDE: Auch *das*, wir müssen uns von ihr *alles* gefallen lassen.

BARON: Da werde aber ich eingreifen!

BEIDE: Um Gotteswillen, tu das nicht, das wäre ein Unglück für uns alle!

BARON: So kann das aber doch nicht weitergehen.

BEIDE: Das *muß* aber leider so weitergehen, wir müssen gute Miene zum bösen Spiel machen.

BARON: Ja Sie, aber *ich* nicht!

BEIDE: Bitte, mach uns nicht unglücklich!

PAULA: *(ist inzwischen wieder ins Zimmer gekommen und schimpft mit dem Herrn Baron, weil er noch nicht fertig gegessen hat).*

BARON: Ich bin satt!

PAULA: Nein, Sie sind noch nicht satt, das sieht man ja an Ihrem mageren Gstell, Sie essen das auf. Glauben Sie, ich habe umsonst gekocht? *(zwingt ihn zum Essen)*

BARON: Ich sage nochmals, ich bin satt!

PAULA: *(gibt ihm das Essen ein)*

HERR G.: So iß doch, die Paula will es haben! Paula, bring jetzt eine Flasche Bier.

(Bierflasche etwas erwärmt, das Bier treibt beim Öffnen des Patentverschlusses und das Bier spritzt dem Herrn Baron ins Gesicht)

BARON: Na, jetzt habe ich aber die Nase voll!

PAULA: Voll Bier? So lassen Sie mal sehen! *(Nimmt den Baron bei der Nase und schaut ihm in die Nasenlöcher hinein)* Da ist kein Bier da schneuz na amal richtig und die Sache ist erledigt! *(nimmt das weiße Tischtuch und putzt ihm die Nase).*

BARON: *(höchst verärgert)* Jetzt wird mir aber die Geschichte zu bunt! *(haut mit der Hand auf den Tisch und schlägt in die Torte hinein, (Giraffen-Schokoladentorte) daß die braune Masse alle besudelt)*

ALLE 3: Ja, zum Donnerwetter, wie benehmen Sie sich denn in einer fremden Wohnung, das ist ja skandalös!

BARON: Nein, Ihr Benehmen ist skandalös!

FRAU G.: Nun beruhigen Sie sich, Herr Baron, die Paula meint es nicht böse, sie hat sich nur geärgert, weil sie so viel gekocht hat und sie essen nicht alles auf.

Paula hat inzwischen die Schokoladenspritzer von der Wand und am Tisch mit dem Löffel zusammengescharrt und setzt die Torte wieder dem Baron vor mit den Worten: So aber jetzt wird gegessen!

BARON: Soll ich vielleicht diesen Dreck da fressen?

PAULA: Was Dreck? Die feinste Schokoladentorte heißen Sie Dreck, was kann denn ich dafür, wenn Sie mit Ihren schmutzigen Händen in den Kuchen hineinschlagen?

Frau G.: Da kann aber die Paula wirklich nichts dafür. Die Torte haben doch nur Sie selber so zugerichtet.

BARON: Ja, weil sie mir in die Nase hineingesehen hat.

BEIDE: Weil Sie sagten, Sie hätten Bier in der Nase, sie hat es Ihnen doch gut gemeint.

BARON: Ich gehe jetzt! *(ersucht das Mädchen um seinen Mantel und seinen Hut)*

PAULA: *(hat inzwischen schon wieder einen tollen Streich ausstudiert, sie hat Hut und Mantel des Barons, sowie alle Mäntel und Hüte des Herrn*

Generalinspektors in einer Kammer versteckt, um einen Einbruch vorzutäuschen die Wohnungstüre aufgemacht und kommt schnell und voll Entsetzen ins Zimmer gestürzt und schreit): Um Gotteswillen, Einbrecher waren da und haben unsere ganze Garderobe gestohlen!

Alle laufen hinaus, sehen die Wohnungstüre offen und Mäntel und Hüte, auch des Barons, sind fort.

BARON: Das auch noch – ich kann doch bei diesem naßkalten Wetter nicht ohne Mantel heimgehen.

FRAU G.: Ach, Bubis Mantel und Matrosenmützchen ist ja noch da, das geht schon für den Notfall.

BARON: *zieht Bubis Mantel an, setzt die Matrosenmütze auf und will in diesem Verzug nach Hause gehen.*

HERR G.: *(begleitet den Baron noch die Treppe hinunter, vorher gibt ihm die Paula noch ein Zwickerbusserl)*

BEIDE G.: Aber Paula, jetzt ist's aber Schluß, das geht denn doch zu weit, daß Du den Herrn Baron gleich abküßt.

PAULA: *(will dem Baron nochmals einen Kuß geben, aber die Frau Generalinspektor tritt energisch dazwischen)*

BARON: Lassen Sie ihr doch die Freude, sie weiß doch etwas von Ihnen. *(Baron, dem die Busserln, scheint's, geschmeckt haben, meint:)* Seit ich jetzt da bin, war die Paula *nur* unverschämt mit mir und Sie haben der Paula *alles* hingehen lassen, *jetzt,* da sie das *erste* Mal *lieb* und *nett* ist mit mir, regen Sie sich auf. Sie weiß scheinbar doch nichts von Ihnen, wie Sie immer sagen.

FRAU G. *(energisch)* Das ist mir jetzt ganz egal, ob sie was weiß oder nicht, ich dulde einfach nicht, daß die Dienstboten meine Gäste abknutschen. Machen Sie jetzt den Vernünftigen, Herr Baron.

BARON: Also, Edmund, ich muß mich leider verabschieden. Von diesem Narrenhaus habe ich die Nase voll, leben Sie wohl, Frau Generalinspektor!

FRAU G.: Herr Baron, leben Sie wohl und auf Wiedersehen!

BARON: Wiedersehen? Nein! Kommt nicht in Frage, solange Sie dieses Dienstmädchen haben.

PAULA: Aber Herr Baron, seien Sie doch nicht so streng, ich habe Sie in dieser kurzen Zeit so lieb gewonnen, ich kann nicht umhin, Ihnen einen Abschiedskuß zu geben. *(Umarmt ihn und gibt ihm einen Kuß)*.

FRAU G.: Aber Paula, jetzt ist es Schluß, das geht denn doch zu weit, alles muß seine Grenzen haben. Machen Sie sofort, daß Sie in die Küche kommen, sonst helfe ich Ihnen.

PAULA: Das ist doch kein Verbrechen, wenn ich dem Herrn Baron einen Abschiedskuß gebe.

BARON: Das ist auch meine Meinung, ich kann das auch nicht verstehen. Als das Fräulein ungezogen zu mir war, haben Sie es gestattet, jetzt, weil sie lieb und nett zu mir ist, regen Sie sich auf. Ich muß Ihnen gestehen, ich war ein eingefleischter Junggeselle und Weiberfeind, aber die süßen Küsse von Fräulein Paula haben mich plötzlich verändert, ich gehe sogar so weit, daß ich erkläre, ich habe mich unsterblich in Sie verliebt und wenn Sie auch nur ein armes Dienstmädchen sind, bin ich fest entschlossen, mich mit ihr in den Hafen der Ehe einzuschiffen.

BEIDE G.: Was? Sie wollen dieses Dienstmädchen heiraten?

BARON: Ja, das will ich. Fräulein Paula, sind Sie damit einverstanden?

PAULA: Nein, Herr Baron, das bin ich leider nicht.

BARON: Ja, warum denn nicht?

PAULA: Weil ich kein Dienstmädchen bin –

BARON: Wieso? Was sind Sie denn?

PAULA: Was ich bin? Ich bin die Schauspielerin Liesl Karlstadt, bin heute zu Besuch bei Herrn und Frau Vstblk und habe mir den Spaß erlaubt, das Dienstmädchen zu spielen, weil das richtige Dienstmädchen heute Ausgang hat.

BARON: Wie können Sie sich mit mir *so* einen Scherz erlauben?

Herr und Frau Generalinspektor, Frl. Karlstadt zugleich: Heute ist doch der 1. April!

BARON: *(greift sich an die Stirne und sagt:)* Der 1. April!

Die gestreifte Zeltleinwand oder
im Übereifer gehandelt
dreißiger Jahre

In einer großen Zeltleinwandfabrik, welche als Spezialität nur Zeltleinwand mit breiten grünen und grauen Streifen für die Rolleaux
der Eisenbahnwaggonfenster herstellte, war ein alter Werkmeister
Namens August Trollmann (der Name muß natürlich im Film geän-
dert werden). Dieser alte Werkmeister hatte einen Sohn gleichen
Namens, also auch August Trollmann. Als sein Sohn aus der Schule
kam, war es dem Vater natürlich ein Leichtes, ihn als Lehrling in die
Fabrik aufzunehmen. Der Sohn wuchs zum tüchtigen Gehilfen
heran und als sich der Vater nach 10 Jahren wegen vorgerückten
Alters in den Ruhestand begab, übernahm der Sohn den Posten des
Vaters und wurde vom Fabrikbesitzer Dank der Protektion seines
Vaters zum Werkmeister befördert. – Der Vater, ein großer behäbi-
ger Mann erzählte nun als Privatier allabendlich an seinem Stammtisch mit Stolz von seinem Sohn. – In der Fabrik, die 30 Arbeiter
zählte, ging alles in Ordnung, der einzige Misstand war, daß hie und
da von einem Ballen Zeltleinwand einige Meter fehlten. Trotz stren-
ger Kontrolle konnte der Dieb nicht ermittelt werden. Der neue
Werkmeister August Trollmann machte öfters Stichproben und ließ
die Arbeiter nach Arbeitsschluß untersuchen ob dieselben etwas
mitgehen ließen, aber immer ohne Erfolg.

Eines Tages machte der alte pensionierte Werkmeister einen
schönen Spaziergang in die Umgebung der Stadt, in welcher sich
ein kleiner See befindet und weil es ein heißer Sonntag gewesen,
hatte man in dem See allerlei Wassersport getrieben. Der alte Werkmeister sah fröhlich zu, wie sich das junge Volk mit Schwimmen und
Kahnfahren amüsierte und der Ruderklub »Gondel Heil« war auch
vertreten. Der alte Werkmeister verfolgte all das fröhliche Treiben,
da plötzlich heftete sich sein Blick auf irgend etwas, er hatte am See-
ufer etwas gesehen, langsam aber sicher geht er auf dasselbe zu und
bald steht er vor einem kleinen Zelt. Es ist ein Zelt, ein sogenanntes Kahnzelt, es besteht aus 4 Stangen, welche ins Wasser getrieben

sind und ist überzogen mit einer gestreiften Zeltleinwand, wie dieselbe aber nur für die Eisenbahnroulleauxfenster gemacht wird. Vor diesem Zelt steht ein junger Mann im Badekostüm. Der alte Werkmeister stellt mit strengem Blick und vor allerlei Zeugen den Mann zur Rede »Gehört dieses Zelt Ihnen?«

HERR: Jawohl, das ist mein Eigentum.

WERKM.: Woher haben Sie diese Zeltleinwand?

HERR: Gekauft.

WERKM.: Wo?

HERR: Das kann Ihnen gleich sein.

WERKM.: Das ist mir nicht gleich *(Das Gespräch wird immer lauter und energischer, die Leute laufen zusammen um zu hören was da los ist)* Ich muß wissen, woher Sie diese Zeltleinwand haben.

HERR: Darüber bin ich Ihnen keine Rechenschaft schuldig.

WERKM.: Dann haben Sie eben die Leinwand gestohlen.

HERR: Ich verbitte mir das ganz energisch.

WERKM.: Dann nennen Sie mir doch den Laden in welchem Sie die Leinwand gekauft haben.

HERR: Das ist kein Laden, die Leinwand habe ich von privater Seite.

WERKM.: So, so, privat! Wie heißt denn der Privatmann der diese Zeltleinwand verkauft? wenn ich bitten darf.

HERR: Das geht Sie nichts an!

WERKM.: Wenn Sie mir nicht augenblicklich den Namen dieses Herrn nennen, hole ich einen Schutzmann, dem werden Sie den Namen sagen müssen.

HERR: Wenn Sie Lust haben, holen Sie einen Schutzmann.

WERKM.: Das können wir schon machen *(geht und holt einen Schutzmann)*

Inzwischen erzählt der Herr den umstehenden Neugierigen, was dieser Herr von ihm will und nach einigen Minuten kommt der alte Werkmeister mit dem Schutzmann. Die Neugierigen (die Neugierigen können auch Mädchen und junge Herren in Badekleidern sein) sind inzwischen noch mehr geworden, der Schutzmann und der Herr Werkmeister drängen sich durch die Menge und das Verhör beginnt.

WERKM.: Herr Schutzmann! Der Herr weigert sich mir den Namen zu nennen von wem er die Leinwand zu diesem Zelt gekauft hat.

SCHUTZMANN: Warum wollen Sie das wissen?

WERKM.: Weil ich einen Diebstahl vermute.

SCHUTZMANN: Wieso?

WERKM.: Diese Leinwand ist nirgends käuflich, dieses Fabrikat wird nur für die Eisenbahnwaggonfenster hergestellt und das weiß ich am allerbesten, weil ich 40 Jahre in dieser Fabrik als Werkmeister tätig war. Die ist nirgends zu kaufen und kann daher nur von einem Diebstahl herrühren, ich verlange daß Sie den Namen notieren, von dem der Mann die Leinwand gekauft hat.

HERR: Gut, der Name meines Freundes ist August Trollmann, er ist Werkmeister und wohnt Bahnhofstraße 14.

(Der Werkmeister reißt Mund und Augen auf ohne etwas zu sagen, denn es ist ja die Adresse seines eigenen Sohnes)

SCHUTZM.: *(zum Werkmeister gewendet)* Also, hier haben Sie den Namen, August Trollmann, Werkmeister, Bahnhofstr. 13 und wie heißen Sie?

WERKM.: *(aufs höchste verlegen)* Ach meinen Namen brauchen Sie ja nicht zu wissen, das ist nicht wichtig *(und will gehen)*

SCHUTZM.: Halt, halt! Sie haben mich geholt und der Name des Anzeigeerstatters ist doch genau so wichtig wie der des vermeintlichen Diebes. Also wie heißen Sie? – Wie Sie heißen, frage ich? *(Die Umstehenden werden stutzig)* Sie sollen mir sagen wie Sie heißen! *(Schutzmann wird grimmig, schreit ihn an)* Wie *Sie* heißen?

WERKM.: *(leise)* August Trollmann.

SCHUTZM.: Nein! Wie Sie heißen?

WERKM.: *(noch leiser)* August Trollmann.

SCHUTZM.: Zum Donnerwetter, das weiß ich schon daß der Trollmann heißt, Ihren Namen möchte ich wissen.

WERKM.: Ich heiße auch August Trollmann.

SCHUTZM.: Was, das ist ja ein ganz eigenartiger Zufall, Beruf?

WERKM.: Werkmeister a. D.

SCHUTZM.: Was Sie für einen Beruf haben?

WERKM.: Werkmeister.

SCHUTZM.: Auch Werkmeister und Ihre Adresse?

WERKM.: Bahnhofstraße 13.
SCHUTZM.: Ja wollen Sie mich frozzeln, da wohnt doch der vermutliche Dieb der Zeltleinwand.
WERKM.: Der wohnt bei mir.
SCHUTZM.: Was, der Dieb?
WERKM.: Nein, mein Sohn.
SCHUTZM.: Ja dann ist ja ihr eigener Sohn der Dieb.
WERKM.: – und ich bin der Vater und daß ich ausgerechnet da meinen Sohn ... nur ein Zufall.

Schluß fehlt!

Schloß Grünwald

1939

Ritter Kuno von Unkenstein (Karl Valentin) lebt mit seiner Rittersehefrau Barbara Unkenstein geborenen Strstb im 15. Jahrhundert auf der Burg Grünwald.

Der Einakter zeigt eine Familien Idylle: *Ein Tag auf Schloß Grünwald.*

Ein Burgzimmer mit Erkern (gemalen) und Butzenscheibenfenstern, ein alter Tisch, einige hohe Sessel als Requisiten, Humpen etc.

Vorhang auf, Bühne ist leer – Zeit früh 10 Uhr – der Hahn kräht.

RITTER KUNO: *(Karl Valentin – kommt verschlafen aus dem Schlafzimmer im Nachthemd, weiße Socken, weiße Unterhose mit weißer Zipfelhaube, er geht ins Wohnzimmer):* (Gockel kräht fortwährend: Kikeriki – Kikeriki) Valentin: *fluchend:* Dös Sauviech dös mistige, seit in da Früh um 5 Uhr lieg i wach im Bett und ko net schlaf'n, weil der Mistgockel in einer Tour schreit, aber dem helf i *(nimmt nun allerlei Einrichtungsgegenstände von der Wand wie Kannen, Teller, Blumentöpfe und wirft dieselben mit darauffolgendem Geklirr zum Fenster hinaus, anscheinend um den krähenden Gockel zu treffen. Aber bei jedem Wurf trifft er nicht den Gockel, sondern immer etwas anderes, denn bald winselt ein Hund, dann schreit eine Katze, dann schreit wieder der Hausknecht Au au, aber der Gockel kräht lustig weiter Kikeriki, Kikeriki, dann nimmt der Ritter sein Gewehr und schießt einige Male zum Fenster hinunter. Hennengegacker vernimmt man nach jedem Schuß.)*

RITTERSFRAU BARBARA: *(kommt entsetzt zur Thüre herein)* Ja Kuno bist denn narrisch wor'n, was ist denn los?

RITTER KUNO: Dem Sauviech wer i helfa mit seiner Kikerikiplärrerei, hi muaß er no werd'n der Hund.

BARBARA: Na der Hund is scho hi, und dös andere Zeug is auch alles hi. 5 Hennen hast derschossen, da Katz hast mit'n Zinnteller an Schwanz abgworfa, an Hausmoasta hast an Blumahofa auf'n Schädel g'schmiss'n, der is ganz dappig, was treibst denn eigentlich?

RITTER KUNO: I kann einfach die ewige Kikerikikräherei nimmer hörn.

BARBARA: Ja mei, a Gockel schreit halt amal Kikeriki, das is ein Naturgesetz, oder soll a Gockel vielleicht grunzen wie a Sau?

RITTER KUNO: Der braucht net krähn und net grunz'n, der soll sei' Maul halt'n.

BARBARA: A Gockel hat koa Maul, der hat an Schnabel – war g'scheiter du tatst die um deine Regierungsgeschäfte kümmern, dös war wichtiger als der Gockel.

RITTER KUNO: Warum, is scho' wieder was los?

BARBARA: Was hoaßt los? Der ganze Bezirk bis nauf nach Wolfratshausen beschwert sich über die hohen Steuern.

RITTER KUNO: O mei, so was hör i gar nimmer, über d' Steuern hab'n sich die Leut scho immer beschwert, dös werd a so bleib'n in alle Ewigkeit.

BARBARA: Und der Ritter zu Schrenk hat sagen lassen, daß er in 10 Minuten zu Dir kommt, er hat sehr wichtige Sachen mit Dir zu besprechen.

RITTER KUNO: I woaß scho' oazoagn will er mi wieder.

Weltanschauung

um 1941

VALENTIN: Ja, ja, Herr .... glauben Sie mir das, ich habe die richtige Weltanschauung, weil ich mir die Welt genügend angeschaut habe.

N. N.: Haben Sie Amerika auch schon gesehen?

V.: Hm, von Amerika habe ich gesehen: New York, San Franzisco, Chicago, die Niagarafälle. Dann habe ich gesehen: den Nil in Ägypten, Kairo, die ganze Wüste, die Pyramiden, Oasen, Kamele, dann habe ich schon gesehen ganz Italien, Rom, Neapel, das Kolosseum, den Vesuv, den Vatikan rauchend ...

N. N.: Was, der Vatikan hat geraucht? Sie meinen: der Vesuv!

V.: Ja, ja, der hat auch geraucht.

N. N.: Was heißt: auch geraucht!

V.: Natürlich geht aus dem Vatikan oben auch Rauch heraus aus den Kaminen, die heizen doch auch ein. – Dann habe ich Asien gesehen, China mit der Hauptstadt Peking, die Einwohner von Peking sind in der Mehrzahl Chinesen und Asiaten. – Dann hab ich Frankreich gesehen, Paris mit dem Eiffelturm, der Eiffelturm ist sehr eiffelartig, eigenartig will ich sagen, der Eiffeltrum ist höher als breit, – dann die Seine ....

N. N.: Wem die seine, dem andern die seine oder die Ihrige?

V.: Nein, Spaß beiseite! – Dann hab ich gesehen: Afrika – Affen hab ich dort gesehen, mehr wie auf dem Salvatorkeller in München.

N. N.: Ja, das sagt ja schon der Name: Aff-rika!

V.: Außer Afrika hab ich noch gesehen: Grönland, da soll es sogar im Winter kalt sein. Sehr interessant ist das ewige Eis anzusehen. In Christiania – wo man hinsieht, nichts als Schnee und Eis – Verzeihung – Eis und Schnee wollt ich sagen! – Weiter habe ich gesehen: Rußland, Sibierien, Tibet, Korea, Formosa, Japan, Australien, die Insel Ceylon, Sumatra, Java, dann Indochina, Siam, Hinter- und Vorderindien, Mittel- und Seitenindien, Afghanistan, Arabien, Senegambien, Abessinien, auch Madagaskar hab ich gesehen, den Sudan, den Kongo, Natal, das Kap der guten

Hoffnung. Dann hab ich gesehen: Deisenhofen, Harlaching, Freising, Ostern, Pfingsten, Chile, Argentinien, Peru, Brasilien, Mexiko, Ecuador, Uruquai, Paraquai, Kanada, Lappland, Finnland, Schweden, Norwegen, die Türkei hab ich auch gesehn usw.

N.N.: Na, da hat Sie aber der liebe Gott sehr gern, weil er Ihnen so viel Gunst erwiesen hat!

V.: Wieso Kunst! Was hat denn meine Weltanschauung mit der Kunst zu tun?

N.N.: *Gunst!* Es heißt doch in dem Lied:

(Gesang)   Wem Gott will rechte Gunst erweisen,
          Den schickt er in die weite Welt,
          Dem will er seine Wunder weisen,
          in Berg und Tal und Flur und Feld.

V.: Ich versteh Sie nicht, was Sie mit dem Lied meinen.

N.N.: Wenn das alles wahr ist, was Sie mir jetzt erzählt haben, so sagen Sie mir zugleich, daß Sie wahrscheinlich ein ganz vermögender Mann sind, denn Ihre Weltreisen müssen ja ein ganzes Vermögen verschlungen haben.

V.: Wieso ein reicher Mann?

N.N.: Das Reisen heutzutage mit Eisenbahn – Schiff – womöglich noch Flugzeug – ist doch heute keine billige Angelegenheit.

V.: Wieso Eisenbahn – Schiff – Flugzeug?

N.N.: Dann müssen Sie doch eine ganz gesunde Körperkonstitution haben! Diese Strapazen und die vielerlei Klimas in den verschiedenen Ländern.

V.: Strapazen – und Klima, wieso?

N.N.: Na, in Indien die furchbare Hitze – in den Nordländern die eisige Kälte.

V.: Ach!!! – Jetzt versteh ich Sie erst! Sie glauben ich sei da überall gewesen!

N.N.: Natürlich! Sonst hätten Sie's doch nicht sehen können!

V.: Gesehen hab ichs schon – aber nur – im Kino.

Unterbrechungen

1941

HERR N. N.: Wie gesagt, meine Frau, die Sie sehr gut kennen, hat ......

VALENTIN: Verzeihen Sie, daß ich Sie unterbreche ....

HERR N. N.: Bitte!

VALENTIN: Weil Sie grad von Ihrer Frau sprechen: meine Frau wollte sich gestern einen neuen Hut kaufen, geht in ein Geschäft hinein ....

HERR N. N.: Verzeihen Sie, daß ich Sie unterbreche ...

VALENTIN: Bitte!

HERR N. N.: Weil Sie soeben von einem Geschäft sprechen, Sie kennen doch das Geschäft in der Bahnhofstraße, neben dem Radiogeschäft ...

VALENTIN: Verzeihen Sie, daß ich Sie unterbreche!

HERR N. N.: Bitte!

VALENTIN: Weil Sie grad von einem Radio sprechen: seit mehr oder 5 Jahren hat mein Radio tadellos funktioniert. Gestern schalte ich ein, ist gerade die Stunde der Gymnastik und ich ...

HERR N. N.: Verzeihen Sie, daß ich Sie unterbreche.

VALENTIN: Bitte!

HERR N. N.: Weil Sie von Gymnastik sprechen: mein Neffe, ein strammer aber etwas kränklicher Mensch, ging zum Hausarzt und ließ sich .....

VALENTIN: Verzeihen Sie, daß ich Sie unterbreche!

HERR N. N.: Bitte!

VALENTIN: Weil Sie soeben vom Hausarzt sprechen: mein Hausarzt wohnt zufällig im selben Haus, in dem ich wohne: ich hatte einen furchtbaren Husten, er untersuchte mich ...

HERR N. N.: Verzeihen Sie, daß ich Sie unterbreche!

VALENTIN: Bitte!

HERR N. N.: Weil Sie grad vom Husten reden: ich hatte auch kürzlich einen Husten und das erzählte ich der Frau Haberstroh, die neben uns wohnt, ich habe ....

VALENTIN: Verzeihen Sie, wenn ich Sie unterbreche.

HERR N. N.: Bitte!

VALENTIN: Weil Sie soeben vom Stroh reden: bei meiner letzten Gebirgstour übernachteten wir in einer Berghütte; weil dort keine Betten mehr zur Verfügung standen, schliefen wir die ganze Nacht auf Stroh; ich war kaum eingeschlafen, da hörte ich plötzlich ....

HERR N. N.: Verzeihen Sie, wenn ich Sie unterbreche.

VALENTIN: Bitte!

HERR N. N.: Weil Sie soeben vom einschlafen sprechen, ich leide seit einiger Zeit an Schlaflosigkeit; da sagte mir ein guter Freund, wenn Du nicht gut schläfst, da ist das einfachste Mittel, Du kaufst Dir ein elektrisches Heizk....

VALENTIN: Verzeihen Sie, daß ich Sie unterbreche.

HERR N. N.: Bitte!

VALENTIN: Weil Sie soeben vom Elektrischen reden: ich fahre vorgestern mit der Elektrischen nach dem Bahnhof; wie ich mir einen Fahrschein kaufen will, hab ich meine Geldbörse vergessen; ich sag zum Schaffner .....

HERR N. N.: Verzeihen Sie, daß ich Sie unterbreche.

VALENTIN: Bitte!

HERR N. N.: Marke von dem Brief herunter, wollte dieselbe in mein Briefmarkenalbum kleben, ich fand mein Album aber *nicht*, ...

VALENTIN: Verzeihen Sie, wenn ich Sie unterbreche.

HERR N. N.: Bitte!

VALENTIN: Weil Sie soeben von *nicht* gesprochen haben: meine *Nichte*, die Sie wahrscheinlich *nicht* kennen, ...

HERR N. N.: Verzeihen Sie, daß ich Sie unterbreche.

VALENTIN: Bitte!

HERR N. N.: Ich muß jetzt ins Geschäft, ich hab schon höchste Zeit.

VALENTIN: So So, also auf Wiedersehen!

HERR N. N.: Auf Wiedersehen!

VALENTIN: Verzeihen Sie, wenn ich Sie unterbreche.

HERR N. N.: Hab keine Zeit mehr – auf Wiedersehen!

VALENTIN: Auf Wiedersehen!

Mo-zart!

1942

Schülerin läutet an der Wohnungstüre des Musikprofessors – kling kling –

FRAU PROF. *(öffnet)* Ah, Guten Tag, Frl. Liselotte – wie geht es, haben Sie fleißig geübet? Seit der letzten Unterrichtsstunde?

LISELOTTE Gewiß Frau Professor!

FRAU PRO. Nun, das läßt sich hören! Da wird sich am meisten der Herr Professor freuen, wenn Sie recht gute Fortschritte machen. Der arme Mann ist seit gestern wieder so nervös, zum Zerspringen.

LISELOTTE Um Gotteswillen – noch nervöser, als in der letzten Stunde, da geh ich gleich wieder – und komme ein anderes Mal!

FRAU PRO. Um Himmelswillen, bleiben Sie da. Das würde ihn ja noch mehr erregen, wenn er Sie zum Unterricht erwartet und Sie kämen nicht. Denn an seiner ganzen Nervosität sind ja nur die Schüler und Schülerinnen schuld, weil niemand zuhause übt – sie sagen alle ja – und wenn sie ihm dann in der Musikstunde die Aufgaben vorspielen, können sie nichts. Und das macht den Herrn Profess. noch ganz konfus! *(Es läutet)* Das ist er! Machen Sie ihre Sache gut, Frl. Liselotte.

PROFESS Guten Tag, Frl. Liselotte – verzeihen Sie meine kleine Verspätung, aber wir können sofort beginnen, haben Sie zuhause fleißig geübt?

LISELOTTE *(sehr zögernd und leise)* Ja, die Übungen waren sehr schwer, Herr Professor!

PROFESS Die leichten Übungen auch?

LISELOTTE Auch sogar – aber die schwereren waren noch schwerer.

PROFESS Nun spielen Sie gleich die Übung von hier an ....

LISELOTTE *(spielt so, leise und zögernd, daß man kaum etwas hört 6 Takte)*

PROFESS Ich sehe zwar an Ihren Händen, daß Sie spielen, aber hören tue ich nichts! Darf ich um etwas mehr Forte bitten! Auf deutsch – mehr Lauterkeit.

LISELOTTE Ich traue mir nicht lauter spielen.

PROFESS Warum nicht, mein liebes Kind?

LISELOTTE Weil Sie sonst eventuell auch die Fehler hören würden, Herr Professor.

PROFESS Das Wort eventuell hasse ich genau so, als einen bereits bestehenden Fehler, aber ich erkenne schon an Ihrer ängstlichen Tasterei, daß Sie nicht geübt haben – das Lügen fällt Ihnen leichter als das Üben – gut, dann übergehen wir diese Übung, und Sie lernen mir dieselbe bis zur nächsten Unterrichtsstunde.

LISELOTTE Jawohl, Herr Professor.

PROFESS Was sagen Sie? Jawohl? Sie lügen ja schon wieder für den nächsten Unterricht – wir gehen nun weiter und zwar nehmen wir hier diese sehr leichte aber wundervolle Übung von Mozart durch – ich spiele Ihnen die Übung vor *(spielt irgend eine ganz seriöse lyrische Mozartsache, vielleicht 12 Takte ...)* wiederholen Sie, bitte, was ich Ihnen vorgespielt habe – aber ganz zart, das sagt schon der Name Mozart!

LISELOTTE *(schlägt aber statt Pianissimo die ersten Töne der Mozartübung kräftig an, obwohl der Herr Professor soeben an »zart« erinnert hat).*

PROFESS *(gerät darüber in Wut)* So Frl. spielen Sie die Übung nur kräftig und laut. *(Frl. Liselotte hält das für ernst und spielt noch lauter)* Noch lauter, Frl. – können Sie denn nicht lauter spielen? Nehmen Sie doch die Fäuste dazu. Kommen Sie her, ich helfe mit – so, die Ellenbogen sollen auch beschäftigt sein – so ist es recht – fortissimo – fortissimo-furioso *(Höllenlärm)* Mit dem Klavierhocker kann man auch noch spielen, das verstärkt die Musik.

Frau Prof. *(kommt erschrocken in das Musikzimmer herein und schreit)* Um Gotteswillen, was ist denn das für ein Riesenskandal, was bedeutet denn dieser Höllenlärm, da fliegen ja die Klaviertasten im Zimmer herum. Was hat denn das alles zu bedeuten?

PROFESS Meine teure Gattin! Meine Schülerin kann Dir darüber Auskunft erteilen!

FRAU PROF *(vorwurfsvoll)* Ja Frl. Liselotte, was ist denn hier vorgefallen, mein Mann ist ja ganz außer Rand und Band!

LISELOTTE *(ganz verstört und halb weinerlich)* Dem Herrn Professor kann man absolut nichts mehr recht machen –. Die erste Übung habe ich ihm zu leise gespielt – da hat er mich geschimpft.

FRAU PROF Ja, dann hätten Sie halt lauter gespielt, wenn er es schon haben wollte.

LISELOTTE Das habe ich ja auch gemacht, er wollte es aber immer noch lauter haben und dann hat er die ganzen Tasten mit dem Klavierhocker zerschlagen.

FRAU PROF Ja, Du bist ja ein Narr – du weißt ja nicht mehr, was Du willst, Dir kann es ja niemand mehr recht machen. Auf diese Art verlierst Du ja Deine ganzen Schüler und Schülerinnen. Da schau hin – Frl. Liselotte zieht sich an und geht *(Türschlag)*

PROFESS Stell Dir vor, diese junge Gans spielt Mozart mit hartem Anschlag, statt mit dem leisesten Pianissimo schlägt sie Forte.

FRAU PROF Aber Du als Lehrer hast doch schließlich das Recht, ihr zu sagen: spielen Sie zart.

PROFESS Das habe ich ihr gesagt. Ich habe es ihr sogar vorgespielt.

FRAU PROF Mit den Schülern muß man eben Geduld haben und man muß sie immer wieder und wieder auf ihre Fehler aufmerksam machen.

PROFESS Nein! Die Geduld habe ich nicht mehr! Im Gegenteil, ich habe gesagt: Spielen Sie noch lauter und noch lauter, hauen Sie mit den Fäusten in das Klavier, daß die Fetzen fliegen, dann habe ich sogar mit dem Klavierhocker noch mitgespielt, aber die Tasten haben dem gewaltigen Fortissimo, furioso nicht mehr standgehalten tastiaturo – Instrumenti – marode-defekte-reparaturo . . . .

FRAU PROF So! Und Du bist schuld, hättest Du Deine Schülerin mit Ruhe und Geduld behandelt . . . so . . . .

PROFESS Mit meinen Nerven ist mir das nicht möglich.

FRAU PROF Aber den teuren Flügel zu demolieren, das war Dir möglich.

PROFESS Jawohl! – Das bin ich Mozart schuldig!

Ende.

Zum Mozartjahr

Die gestrige Zeitung
1943

MANN: Du Frau, hat der Mann, der heute die gestrige Zeitung kaufen wollte, die Zeitung schon bekommen?

Frau: Dem hab ich's schon gegeben.

MANN: Die gestrige?

Frau: Nein, die heutige.

MANN: Ach! Der wollte doch die gestrige haben!

Frau: Die gestrige hab ich nicht gehabt, dann hab ich ihm die heutige gegeben.

MANN: Wann?

Frau: Heute. Die gestrige hab ich ihm für morgen versprochen.

MANN: Ich auch; dann brauchst Du ihm die gestrige nicht besorgen, weil ich ihm dieselbe besorge.

Frau: Die gestrige können wir ihm beide nicht mehr besorgen, weil die Redaktion keine mehr hat. Dann muß halt der Mann eine vorgestrige nehmen!

MANN: Eine vorgestrige wird dem Mann doch nichts nützen!

Frau: Na, wenn er schon eine alte Zeitung will, dann ist doch eine vorgestrige *noch* älter als eine gestrige!

MANN: Du hast Ansichten! In der gestrigen Zeitung kann aber etwas gestanden sein, was in der vorgestrigen nicht gestanden hat, was nicht einmal in der heutigen steht!

Frau: Ja, ja! Das hat ja der Herr gesagt, und dann hat er mir die heutige abgekauft und hat gesagt: Auweh!, da steht's nicht drin! Wahrscheinlich ist das gestern drin gestanden! – – *Was* drin gestanden sein soll, das hat er mir nicht gesagt!

MANN: Das steht dann sicher in der gestrigen drin!

Frau: Was?

MANN: Was der Mann in der heutigen g'sucht hat.

Frau: Das glaub ich nicht, denn solche Sachen steh'n oft gar nicht in der Zeitung!

MANN: Was für Sachen?

Frau: Na ja, so geheime Sachen!

MANN: Woher weißt Du denn, daß der Herr eine geheime Sache sucht?

Frau: Na, wenn das nichts Geheimes wär', dann hätt er mir doch gesagt, was er sucht!

MANN: Was er sucht! – Wasersucht! – Wassersucht ist doch nichts Geheimes, das ist eine Krankheit. Natürlich liest man auch in der Zeitung von Heilmitteln. Vielleicht steht's in der morgigen Zeitung!

Frau: Die morgige gibt's doch heute noch nicht!

MANN: Aber morgen gibt's die heutige!

Frau: Aber der Mann will doch die gestrige!

MANN: Ach! – Du machst mich noch ganz wirr! Der Mann war doch gestern da, nicht heute! Und gestern wollte er die gestrige, also ist das in diesem Fall die vorgestrige!

Frau: Nein! – – – Das hat der Herr nur vermutet; er hat gemeint, wenn es nicht in der gestrigen steht, dann könnte es eventuell in der vorgestrigen stehen.

MANN: Du verstehst mich nicht! Sagen wir, der Mann wäre erst morgen gekommen und hätte die gestrige Zeitung wollen, dann wäre die heutige Zeitung die gestrige gewesen, und die gestrige die vorgestrige. In Wirklichkeit aber wäre die vorgestrige die gestrige gewesen; hast Du das verstanden?

Frau: *(ganz laut)* Ja nicht im Geringsten!

MANN: *(zornig)* Das ist ja auch gar nicht wichtig! Der Herr braucht *die* Zeitung, wo das drin steht.

Frau: Dann muß er *doch* in der vorgestrigen nachschauen!

MANN: Ja, steht's denn in der vorgestrigen?

Frau: Ja, das weiß doch *ich* nicht, der Mann weiß es ja selbst nicht!

MANN: Ja wenn's er selber nicht weiß, was drin steht, wie solln's denn wir dann wissen!

Frau: Natürlich weiß er das, was drin stehen soll, nur wo es drin steht, in was für einer Zeitung, das weiß er nicht! Zu mir hat er g'sagt, in der gestrigen . . . . Hallo! Hallo! – Sie Herr! – Du, da ist der Herr! – Sie, die gestrige Zeitung hab ich leider nicht mehr bekommen, wo das drin steh'n soll, was Sie suchen . . . . .

HERR: Ach, das ist nicht so wichtig! Ich brauch die Zeitung nicht mehr. Ich wollte nur wissen, ob die Sparkasse für eisernes Sparen, auch Nachmittag's geöffnet ist.

Realsatire in Briefen

Brief an den Feuilletonredakteur
Dr. Walter Behrend

München, den 28. 1926

Sehr geehrter Herr Docktor Behrendt!
Bin bis morgen noch nicht im Besitze des Honorars für den verregneten Artikel »Der Regen«.

Ich habe seit drei Tagen kein Stück Brot mehr zuhause, dasselbe liegt noch ungekauft beim Bäcker. Ich, meine Kinder, die Großmutter und der Papagei schreien nach Brot.

Alles ist schon verkauft und versetzt, verfressen, versoffen und verraucht. Und die braunen Tausender behalten immer noch ihren ungültigen Wert.

Es ist zum Kotzen.

Geben Sie sofort, ohne sich zu besinnen, eine Expreßflugpostanweisung auf, über 60,– – Mark. – Sollte binnen der Betrag in meinem Besitze nicht sein, bin ich leider gezwungen, länger zu warten, so leid mir das tut.

Ihrem Wunsche sofort nachkommend
zeichnet
Niederverachtungsleer
Karl Valentin

Bitte dieses nicht zu veröffentlichen, sonst schreib ich nichts mehr für die M.N.N.

Brief an den Schauspieler Max Pallenberg

1927

Das Gerücht, welches sich kürzlich in ganz Deutschland und selbstverständlich auch in München verbreitet hat: »Max Pallenberg sei 50 Jahre alt geworden« – hat also seine Bestätigung gefunden. – Pallenberg ist also 50 Jahre alt. – Warum – weiß niemand ... Die Schuld wälzt man jetzt auf seine Eltern. Als er 49 Jahre alt war, sagte er einmal zu mir: »In einem Jahre feiere ich meinen 50. Geburtstag.« Und siehe da, es war keine Lüge, sondern sichere Berechnung. Ja, ja, sage ich, lieber Herr Max Pallenberg, die Eltern sind oft älter als wir meinen, und trotzdem schreibt man in unserer deutschen Ordogravieh nicht »Ältern«, sondern Eltern. – Geschwister schreibt man ja auch nicht mit »Ä«, – warum schreibt man dann Eltern nicht mit »Ä«? Als Pallenberg als junges Kind im zarten Blütenalter von einem Jahr von seinem Vater, der ebenfalls Pallenberg hieß, so mitten im Gespräch gefragt wurde, was er denn eigentlich später für einen Beruf ergreifen wolle, schwieg das sprachlose kleine Kind und auch mit Recht, denn es konnte noch nicht sprechen, viel weniger Antwort geben. Seine Frau ist die berühmte Fritzi Massary, und wer sie noch nicht kennt, der hat sie sicher schon geraucht. Über Pallenberg selbst ist zu sagen: er ist 50 Jahre alt, klein von Gestalt und groß sein Gehalt. Sein öffentliches Auftreten hat ihm viel zu seinem Ruhm verholfen. Die Komischkeit, welche Pallenberg besitzt, soll er von seiner Muttter geerbt haben, obwohl seine Muttter nicht komisch war, sondern mehr weiblich. Im letztgenannten Satze habe ich irrtümlicherweise bei dem zehnten Worte (Muttter) ein hartes t zu viel gemacht, der verehrliche Leser möchte dieses dritte harte t beim 15. Wort (Muter) dieses Satzes dazu lesen, da es hier leider fehlt. Wieder zu Pallenberg zurück, also in weiteren 50 Jahren – am 18. Dezember 1977 – wird Max Pallenberg 100 Jahre alt. Ich wünsche ihm das. – Wer wünscht mit?

Karl *Valentin* (München).

Brief an eine Zigarettenfabrik

München, den 29. November 1928

Hochwohlgeborne Firma!
Soeben erhielt ich vor längerer Zeit Ihr Fahnenalbum billig geschenkt. Ich habe schon viele Fahnenbilder dazu gesammelt, ungefähr drei oder vier Stück. Diese Bilder strotzen vor Farbenpracht, leider kann ich diese Pracht nicht genießen, da ich farbenblind bin.

Das Einkleben der Bilder in das Album, war katastrophal. Ich bereitete mir aus einem Löffel Mehl, welches ich mir aus meiner eigenen Küche entwendete, einen Mehlpapp mit Zusatz von oberbayrischem Brunnenwasser. Dieser Mehlpapp hatte jedoch nicht die richtige Klebkraft, denn schon nach kurzen 22 Minuten fielen die Bilder schon wieder aus dem Album heraus. Ich habe über dieses Vorkommnis tagelang geweint. – Kurz entschlossen trug ich das Album zu einem Spängler und ließ mir die Papierfahnenbilder in das Album hineinlöten. Durch das heiße Zinn fing das Album Feuer und brannte lichterloh. Die herbei geeilte Feuerwehr bekämpfte mit sechs Schlauchlagen und zwei Motorspritzen das Feuer, Und erst nach zwei Minuten konnte Gefahr vorüber gemeldet werden. Nur das eine Wort »Massary« welches auf dem Album gedruckt stand, blieb von den Flammen verschont. Alles andere ist tadellos verbrannt. Der Spengler und der heiße Lötkolben wurden sofort wegen Brandstiftung verhaftet. Dies zur gefälligen Kenntnis.
Ehemaliger Fahnenalbumbesitzer a. D.
München 1928
Karl Valentin

Brief an den Schriftsteller Dr. Eugen Gürster

München im Mai 1929

Münchendenerstenmärzneunzehnhundertneunundzwanzig

Sehr geehrter Herr lieber Dr. Gürster

Kalte Winterstürme schimmern tagelang durch die eisbeblumten Großstadtfensterscheiben und mit frostdurchseuchter Faust ergreife ich das Schreibblei um einem aus München geflüchteten treuen Freunde meine jetzige armselige Lage zu bemerken. Amor Fati – ja, ja, nein, nein, und doch ist es so, aber genug von dem, es ist immer das gleiche, ob so oder so – ja, ja es ist schwer, und trotzdem leicht, nicht direkt leicht, ungefähr halbschwer wenn man so sagen darf, warum soll man nicht darfen, es ist unleicht, der miesen Miseere zu entschlüpfen, man steckt eben drinn, und wenn man schon einmal drinn steckt, geht es einem genau so, wie einem, der auch drinn steckt.

»Es ist nicht alles Gold was glänzt« – schäme dich, blödes Sprichwort, hast du noch nichts von Mattgold gehört? Und so könnte man stundenlang über die Welt und deren Angehörige kritisieren, wenn das Wörtlein »wenn« nicht wäre. – Warum soll denn aber gerade dieses kleine Wörtlein nicht sein? – Was haben wir alles gegen dieses kleine harmlose Wörtlein »wenn«? – Gibt es nicht viele andere scheußlichererere Wörter in der deutschen Sprache als ausgerechnet dieses kleine »wenn«. Ist nicht z. B. Rotz – Schleim – Rindvieh – Hölle – pissen – scheißen u.s.w. ...... Sind das nicht scheußlichere Worte als »wenn«?.

Da sehn Sie, so ist die Welt, das kleine »wenn« will man entfernen, und Rotz – Schleim – Scheiße, läßt man liegen. Ja, lieber Herr Freund, warum haben Sie denn so eilplötzlich München verlassen, ist Ihnen endlich bei uns das Pflaster unter den Füßen zu heiß geworden? Ich kann das nicht begreifen, bei 25 Grad unter Null – Der Stachus Abort ist am 30. Februar Nachmittag 10 Uhr tatol ein-

gefroren, es hatte in dieser Anstalt 25 Grad unter Null – mathematisch berechnet Abortus o o
         25 Grad unter   o
           Summatra o o o
Ihr
Karl Valentin

München steht vor einer Hungersnot, die meisten Leute haben nur noch Hummermayonaise zu essen.

Brief an den Schauspieler Gustl Waldau 1931

Gustl Waldau ist 60 Jahre alt, das kann man glauben oder nicht. Sein 50. Geburtstag war glaubwürdiger als sein 60. Gerade bei solchen Anlässen muß man sehr vorsichtig sein, denn falsche Gerüchte sind heute an der Tagesordnung, manchmal streuen Kapazitäten selbst falsche aus, zum Beispiel Jubiläume, Geburtstage, Namenstage, hundertjährige Todestage usw. – nur um Geschenke zu erhalten. Statistisch nachgewiesen hofft man von Gustl Waldau keine solche Zicken. Eine Anfrage im Kreisarchiv Oberbayern, ob Gustl Waldau auch wirklich 60 Jahre alt ist, fand amtlich seine Bestätigung. Was sind aber 60 Jahre, erstens sind es nur zweimal 30 Jahre, und zweitens sind sie wie bei jedem andern jungen Greis nur vorübergehend. Gustl Waldau hat nach seiner persönlichen Aussage noch nie in seinem ganzen Leben einen 60. Geburtstag gefeiert, worüber seine Freude doppelt so groß ist, er hätte sich also über seinen 120. Geburtstag auch nicht mehr freuen können. Gustl Waldau ist seit ungefähr soundsoviel Jahren im Münchner Hoftheater auf der Bühne beschäftigt, sein Beruf ist Bühnenschauspieler. Sein schauspielerisches Talent ist geradezu sehr gut in Spiel und Maske, ob er einen fünf Monate alten Säugling oder ob er den alten 700jährigen Abraham kreiert, niemand erkennt dabei den 60er. Er spricht den Dialekt des Vorstadteskimos genau so gut, wie seine eigene Schwie-

germuttersprache. Rollen, die er für sich nicht passend fand, wies er ablehnend zurück, sogar den Lohengrin. Waldaus Lebenslauf ist sehr bewegt, er begann mit seiner Geburt, und pflanzte sich fort bis zum heutigen 60. Geburtstag. Um der Erste zu sein, eile ich voraus und gratulier' schon zum 70.
Karl Valentin

Brief an die Tochter Bertl Fey

München, den 3. Februar 32

Sehr geehrte Tochter!
Anläßlich unseres letzten Beisammenseins in München am 5. August 31 gestatte ich mir, jetzt die Rechnung für Deine Existenz gütigst zu übersenden und hoffe, daß Du mit den Preisen einverstanden bist.

Hebammenkosten, bezahlt am 21. Sept. 1910	RM.	20.—
1 kleine Blechbadewanne	„ „	6.—
lauwarmes Wasser, 6 Jahre lang, täglich 10 Pfennig	„ „	219.—
Schwammbenützung, 6 „ „ „ 5 „	„ „	108.50
1 Wickelkissen und Babyausstattung	„ „	100.—
Täglich 1 Liter Milch, ca 6 Jahre lang, Semmelmus etc.	„ „	438.—
Schmerzensgeld bei Geburt von Mutter billigst berechnet	„ „	100.—
Schulzeit:		
Einschreibegebühr	„ „	2.20
Schultoiletten	„ „	500.—
Schulbücher	„ „	90.—
Pause Frühstück		
Pause Nachmittagsstück m/ Berücksichtigung von Samstag Nachmittag insgesamt 1.386 Tage	„ „	29.—

bis zu 21 Jahren täglich Mittag- u. Abendbrot à RM. 1.–	„ „	6550.—
Täglich ab 10 Jahre ½ Liter Bier à 30 Pfg.	„ „	1204.50
Taschengeld vom 7.–21. Jahr	„ „	1000.—
5 mal photographieren lassen	„ „	40.—
Ärztliche Behandlung und 16 $\frac{1}{27}$ Warzen abätzen lassen (rechte Hand)	„ „	120.—
Kirchensteuer	„ „	200.—
Schulsteuer	„ „	150.—
Täglich $\frac{1}{5}$ Liter Kaffee à 15 Pfg.	„ „	1120.—
Monatlich ½ Liter Wasser unberechnet	„ „	—.—
Bubikopf schneiden	„ „	5.—
Kopfwaschen 6 Jahre lang, wöchentlich à RM. 3.–	„ „	936.—
Barauslagen für Kino und Theaterbesuch, Bälle etc.	„ „	3570.—
Kleidung vom 14.–21. Jahr, pro Jahr RM. 500.–, incl. Wäsche	„ „	3500.—
Unterricht im Schauspiel, pro Stunde RM. 12.–	„ „	3144.—
Unterricht französisch, englisch, Literatur	„ „	540.—
Klavier- und Guitarreunterricht	„ „	700.—
Reise nach Königsberg	„ „	83.—
Briefmarken und Telefongespräche nach Königsberg	„ „	150.—

Gesamtsumme: RM. 24625.20

Bezugnehmend, daß Du mein eigenes Fleisch und Blut bist, habe ich 10% Ermäßigung zugestanden	„ „	2462.50

RM. 22162.70

Binnen acht Tagen zahlbar, da ich sonst zu meinem Bedauern gezwungen wäre, gerichtliche Schritte zu unternehmen.
Mit vorzüglicher Hochachtung!
Karl Valentin

Brief an den Kunstmaler Otto Pippel

München, den 8. August 32

Betrifft: Gartenzaunschändung!

Sehr geehrter Herr Nachbar!

Ihr werter Brief kam leider eine Stunde zu spät in meinen Besitz. – Als ich gestern auf mein Rittergut kam, sah ich mit meinen zwei eigenen Augen, meinen eigenen Gartenzaun mit länglichem Stacheldraht gespickt: Ich dachte momentan an alle meine vollendeten Verbrechen, wie Ehebruch, Untreue, Brandstiftungen ausgeführt an Zigarren und Zigaretten, etc., aber daß ich jemals über fremde Gartenzäune gestiegen wäre, könnte ich mich nicht erinnern. Müßte ich vielleicht Gartendiebstähle im Traum ausgeführt haben, das könnte sein, aber auch das ist mir nicht bewußt. Daß Sie ohne mein Wissen und ohne meine Erlaubnis den Draht an meinem eigenen Gartenzaun befestigen ließen, ist nicht meine, sondern Ihre Schuld, Sie kamen mir mit der Ausführung dieses Schutzdrahtes zuvor, denn ich wollte diesen schon lang anbringen lassen, damit die lästigen Insekten, wie Hummeln, Wespen, Schmetterlinge etc. nicht immer von Ihrem in meinen Garten hereinfliegen können. Geärgert hat mich nur das eine, daß Sie meinen Zaun mit gewöhnlichem ordinären Kriegsstacheldraht geziert haben. Wenn auch vernickelter Stachelbeerdraht etwas teuer ist, so hätte er wenigstens zur Zierde unserer beiden herrlichen Landgüter beigetragen.

Die Anzeige wegen unerlaubter Stacheldraht-Dekoration an einem fremden Gartenzaun ist leider schon gemacht und wird vor dem kgl. Schwurgericht Planegg ausgetragen werden, mein Verteidiger Dr. Brüning, ehm. Reichskanzler ist bereits davon unterrichtet. – Die Kosten des unerlaubten Drahtes haben Sie zu tragen.

Mit aller Niederachtung

Karl Valentin

Gartenzaunbesitzer in Planegg.

Brief an den Direktor
des Münchner Volkstheaters

München, den 15. September 1934

Sehr geehrter Herr Direktor!
Wenn ich mir erlaube, über die gestrige Premiere zu kritisieren, so
dürfen Sie es mir ruhig gestatten, mich über meine Eindrücke zu
äußern.

Daß gestern abend, in Ihrem fast neuen Volkstheater Theater
gespielt wurde, haben Sie eigentlich sich selber zu danken, denn ein
Mann, wie Ihr Bruder und Sie und Ihr Herr Papa, wo man Nachmittag noch nicht bestimmt gewußt hat, ob am Abend bestimmt
premiert werden kann, haben es fertig gebracht, mit fleißiger Energie und stahlhartem Willen, ein herabgekommenes Theater wieder
als Schmuckkästchen zu verwandeln, sogar Oberbürgermeister
Fiehler war unter den Gästen zu erblicken, über ihm, im 4. Rang,
welcher sich ebenfalls über das famose Spiel gänzlich amüsierte, saß
ein alter Schulkamerad von meiner Wenigkeit, dieser freute sich
mehr über die 2 Freikarten, als über das Stück selbst, was auch nicht
schwer zu verstehen ist, denn er hat selbst schon, genau wie der
Hauptmann auf der Bühne, Unterschlagungen gemacht, nur nicht
in Dollar, sondern in Mark und Pein.

Ich selbst will ja nicht Kritik ausüben über das Stück, denn dazu
bin ich als früherer Schreiner und Getreidehändler nicht berechtigt
– aber es war gut – guter hätte es nicht sein sollen, sonst wäre es zu
gut gewesen und damit verwöhnt man das anwesende Puplikum im
Zuschauerraum, wenn dann das nächstfolgende Stück nicht so gut
ist, ich meine überhaupt nicht gut, also ungut, kann man es so leicht
nicht mehr gut machen ... Das einzige was ich auszusetzen habe,
war am Schluß der plötzliche Schuß. Obwohl das ganze Puplikum
ahnte (ich selbstverständlich auch) daß jetzt der Hauptmann hinaus-
geht um Selbstmord zu verüben, erschrak es doch furchtbar. Einer
alten Dame hinter mir, fiel vor Schreck ihr Gebiß aus der Höhle des
Mundes und fiel so unglücklich in die Hände einer neben ihr sit-

zenden jungen Dame, daß dieselbe meinte es sei ihr eigenes und flugs in den Mund schob; leider bemerkte sie sofort, daß es nicht mehr Platz hatte, da sie ja die ihren drinn hatte. Es wäre nur eine Anregung meinerseits, wenn vor dem Schuß hinter der Bühne ein Herr vor die Rahmbe treten würde und in einer kurzen Ansprache erklären würde, daß das verehrl. Puplikum gefaßt sein soll, auf den kommenden Revolverschuß. – Oder könnte man den Schuß nicht weglassen und der Hauptmann soll sich mit Veronal vergiften? Dann könnte sich der Herr diese Erklärung ersparen, denn da kann dann das Puplikum nicht erschrecken und solche unliebsame Vorkommnisse, wie das mit dem Gebiß, wäre ein für allemal aus der Welt geschafft – vor allem aus der Theaterwelt.

Daß Sie im Erfrischungsraum nur Flaschenbier verabreichen, ist ein widerlicher Gedanke für einen Münchner, aber wahrscheinlich nicht zu umgehen, da das Anzapfen der Fässer während der Vorstellung zu viel Radau machen würde.

Furchtbare Regiefehler waren in dem Stück wahrzunehmen. – An der Stelle wo der junge Bankier Raaz in einem hochmodernen Zimmer mit Stahlmöbel und Telefon sitzt, hat der junge Mann eine alte Plastron Kravatte, wie sie mein Uhrgroßvater getragen hat, als er das erstemal in die Synagoge gehen durfte. Sie Herr werther Herr Direktor, haben so viel in das neue Theater gesteckt, kaufen Sie dem Raaz eine moderne Kravatte, Modell September 1934, statt Januar 1866. – Daß bei dem Stück viel telefoniert wird ist nicht zu vermeiden (wenn auch nur Schwindel) aber jedenfalls hat gestern das Puplikum daran Anstoß genommen, daß die Bühnentelefone fertig waren und die neue Telefonzelle im Vorraum des Theaters noch ohne jede Apparatur ist. Wann wird hier endlich Abhilfe geschafft. – Sonst ist alles herrlich gewesen, besonders das neue Theatermobilar, die kostbaren Teppiche im Zuschauerraum; schade wenn dieser wunderbare Bodenbelag durch das Puplikum abgenutzt wird. Ich würde an Ihrer Stelle Niemand hinein lassen.
Gruß und Kuß
Ihr
Karl Valentin

Brief an den Programmmreferenten des Reichssenders München Dr. Heinrich Cassimir

München, den 29. April 1936

Sehr geehrter Herr Dr. Cassimir!
Ich besitze außer einer möblierten Wohnung 4 Zimmer und Küche mit Bad einen guten Freund Namens Oskar Huber (Varieté Humorist) Dieser klagt an, er hätte einmal im Münchner Senderaum eine Probe machen sollen, ob er geeignet sei, geeigneten Humor für den Münchner Rundfunk zu besitzen. Nachdem er aber schon dreimal im Frankfurter Sender gearbeitet hat, denke ich, müßte er doch auch dem verwöhnten Münchner Elite Puplikum entsprechen. Da nun die Münchner meistens die Münchner anscheißen, was ich auch von mir behaupten kann und deshalb keine Lust mehr verspüre in München aufzutreten, so können Sie das doch meinen Freund nicht büßen lassen. Angesichts der kommenden Existenzlosigkeit die uns beiden bevorsteht, haben wir uns entschlossen als Münchner Komiker noch in unseren alten Tagen das Eishockeyspiel und das Schlittschuhlaufen zu lernen, kurzum uns der Neuzeit anzupassen. Ob sich aber unsere neue Sache für Rundfunk eignet, ist eine andere Frage.

Für Sie Herr Dr. Cassimir wäre jetzt die günstigste Gelegenheit, bevor das Gärtnertheater abgebrochen wird, mit dem Herr Oskar Huber zwar nichts zu tun hat, ihn einmal ohne Probe vor das pp. Münchner Puplikum zu stellen.

Herr Oskar Huber wiegt nackt 1 Zentner 60 Pfund, hat innere Hämorhiden (also nicht sichtbar) verleiht bei Engagementslosigkeit sein Gebiß an fremde Leute um etwas zu verdienen, ist bekannt als großer Wohltäter da er im Winter die Isarmöven mit Küchenabfällen füttert, entfernt sich seine Hühneraugen noch selbst mit dem Rettichschneider und trägt von seiner Frau die verschwitzten Strümpfe als Selbstbinder. Das lästige Bettbrunzen verübt er nur zuhause. Sie können ihn also ohne Aufsicht einmal im Münchner Rundfunk arbeiten lassen. Sollte er wider Erwarten keinen Erfolg haben, bezahle ich die Konventionalstrafe von 1 Mark. Wegen dem Preuß und dem Termin müssen Sie sich selbst mit Herrn Oskar Huber ins Benehmen hineinsetzen.

Anbei sende ich Ihnen einen Zeitungsartikel.

Mit deutschem Gruß!

Karl Valentin

Brief an den Beamten
des Wasserbauamtes München R. Knorr

den 11. Septenber 1936

Sehr geehrter Herr R. Knorr!

Seit Ende Juli bin ich nun in Berlin.

In meiner freien Zeit habe ich natürlich nichts anderes zu tun, als in allen Gewässern in und um Berlin zu kontrollieren, ob sich auch ähnlich, wie in München, *grüne Wiesenflächen* mitten im Flußbett befinden. Aber nirgends ist so etwas ähnliches zu sehen. Man sieht nur Sachen, die in ein Flußbett unbedingt hineingehören, wie z. B. Wasser – Schiffe – Fische – Brückenpfeiler – Möwen – Enten u. s. w., nie aber Gras. Dieses trifft man häufig auf den Wiesen, hier erinnere ich mich an die Oktoberfestwies'n, diese Wiese hat aber einen Zweck, nämlich den Zweck, daß darauf gesoffen wird. Aber auf dieser Isarwiese wird ja nicht gesoffen, also es scheint mir, daß diese Isarwiese, die vom hohen Wasserbauamt noch mit Faschienen eingezäunt wurde, überhaupt garkeinen Zweck hat, dann wäre dieselbe zwecklos. Und sie hat doch einen Zweck!

Sie hat den Zweck, daß jeder der das Isarbett sich betrachtet, sich über diese Insel ärgert.

Und wenn das Münchener Wasserbauamt keinen Schönheitssinn hat und kein Geld dazu, dann werde ich das Berliner Wasserbauamt aufhetzen, 6 bewasserstiefelte Arbeiter nach München zu schicken,

um diesen grünen Schandfleck endlich zu beseitigen.
Viele Grüße aus Berlin
sendet
Karlstadt – Valentin
Kabarett der Komiker
Karl Valentin

Anbei Kupfertiefdruck.

Brief an die Schriftleitung
der Süddeutschen Sonntagspost

München, den 21. Febr. 1941

Sehr geehrte Schriftleitung!
Heute am 21. Febr. 41 erhielt ich per Post das Honorar von RM. 5.–
i. W.: RM. Fünf. – Sie können sich den Jubel meiner Familie kaum
vorstellen, als der Geldbriefträger die Geldscheine auf unsern Tisch
hinflattern ließ. – Meine Frau vergaß sich in meiner Gegenwart,
umarmte den Geldbriefträger und küßte ihn inniglich. Meine Tochter (29 Jahre alt) stand vor Freude auf dem Fußboden Kopf, in
Gegenwart der Eltern ein widerliches Bild! – Wir gaben uns alle 3
die größte Mühe, dieses Ereignis überhaupt fassen zu können! Als
der Geldbriefträger unsere Wohnung verließ, winkten wir ihm noch
lange mit dem Sacktuch nach. Da meine Frau nicht gleich eins zur
Hand hatte, nahm sie in der Eile den Fußabstreifer (Friedensware
aus Kokosnußfasern) und meine Tochter warf ihm Handküsse nach.
Dann setzten wir uns zusammen und berieten uns, was wir um den
Betrag alles Neue anschaffen können. Wir notierten uns:

1 Paket Zahnstocher	20 Pfg.
1 Paket Zündhölzer	35 Pfg.
1 neuer Putzlumpen	60 Pfg.

1 Schachtel Stiefelwichs	18 Pfg.
1 Schachtel Vim	20 Pfg.
1 Paket Imi	22 Pfg.
1 Pfund Salz	16 Pfg.
1 Bleistift	15 Pfg.
1 Radiergummi	10 Pfg.

und so weiter.

Da ich seit 5 Jahren auch im Film keinen Pfennig verdient habe, trotzdem erst in der letzten Nummer der Zeitschrift »*Das Reich*« zu lesen ist, daß ich auch im Film zu gebrauchen wäre (siehe Beilage), freut es einen doppelt, wenn auf einmal so ein großer Batzen Geld ins Haus kommt.

Nun könnte ich für die nächste Sonntags-Nummer eine kleine Arbeit liefern. Es ist nur *eine* Schreibmaschinenzeile zu *25 Pfg.* (siehe Beiblatt I.) Den Betrag bitte ich mir per Postanweisung übersenden zu wollen.

Haben Sie auch Verwertung für kleine Wortwitze zu *5 Pfg.?* (siehe Beiblatt II.)

Die mir angebotene ständige Mitarbeit bei Ihrer Zeitung kann ich leider nicht annehmen, da ich die halbe Nacht als Aufsichtsrat und Präservativ-Verleiher im Freudenhaus in der Senefelderstr. 5 beschäftigt bin.

Mit deutschem Gruß!

Karl Valentin

3 Anlagen.

Brief an den Münchner Oberbürgermeister Karl Fiehler

den 12. 6. 42

Sehr verehrter Herr Oberbürgermeister Fiehler!
Herzlichen Dank, für Ihre Glückwünsche zu meinem Geburtstag!
»Einem geschenkten Gaul, schaut man nicht in's Maul«!

Als geborener Münchner wäre mir allerdings statt Rheinwein
»bayrischer« Wein lieber gewesen. Leider wächst bei uns in Bayern
kein Wein! Berge hätten wir genügend, aber keine Weinberge – nur
Schneeberge. Wenn man diesen Schnee, der auf unsern Bergen
liegt, in Flaschen abfüllen würde und lagern täte, entstünde daraus
Wasser, welches wir gegenwärtig in gewaltigen Mengen zu unserm
bayrischen Dünnbier benötigen. Genau so, wie der Rheinländer aus
seinen Weinbergen Nutzen zieht, genau so ziehen wir Bayern aus
unsern Schneebergen Nutzen. Wir haben auch noch das Recht, auf
unsern Bergen Ski zu fahren, was auf einem Weinberg unmöglich
wäre. Ich hätte eine gute Idee: Den Schnee auf den Bergen wegräumen und dafür Wein pflanzen. Leider gibt es z. Z. keine
Schneeräumer, da dieselben eingerückt sind. Aber, ich glaube, es
hätte doch keinen Sinn, dies zu tun, denn setzen wir den Fall, es
wäre gerade Weinernte und würde cirka acht Tage lang schneien, so
daß der Schnee meterhoch tief auf den Bergen läge, so müßten sich
diese Erntearbeiter *sofort* auf Schneeräumer umstellen und den
Schnee aus den Weintraubenreben heraus schaufeln. Daß aber
durch die schweren eisernen Schneeschaufeln Millionen von Trau-
ben ruiniert werden würden, liegt klar auf dem Fuß, vielmehr auf
der Hand. Man sieht hieraus ganz deutlich, daß man auch da und hie
keine gute Idee haben kann. – Den Schnee auf den Bergen zu entfernen, hätte auch noch andere Nachteile, z. B.: Die Berge liegen
meterhoch voll Schnee; plötzlich scheint die Sonne – es wird warm.
Der Schnee schmilzt zu flüssigem Wasser und läuft von den Bergen
herunter in die Gebirgsbäche. In denselben gibt es Fische. Diese
dienen als Nahrungsmittel für die Menschen. Wenn wir nun, nach

meiner oben erwähnten Idee, den ganzen Schnee von unsern bayrischen Bergen wegräumen würden, gäbe es keine Gebirgsbäche. Hätten wir nun keine Gebirgsbäche, gäbe es auch in denselben keine Fische. Wir haben auch z. Zt. sehr selten Fische zu essen; infolgedessen müssen wir fast keinen Schnee auf den Bergen haben. Dann könnte man vielleicht *doch* Wein pflanzen! Leider ginge uns auf diese Weise, wie schon erwähnt, das Wasser verloren, welches wir zu unserm Dünnbier benötigen. – Es steht nun die Frage offen: Sollen wir nun den Schnee auf unsern bayrischen Bergen liegen lassen – oder wegräumen? Ich bitte Sie, sehr verehrter Herr Oberbürgermeister, dazu Stellung nehmen zu wollen.

Nochmals für Ihr flüssiges Geschenk und Ihre schönen Worte zu meinem Geburtstag meinen verbindlichsten Dank.

Heil Hitler!

Karl Valentin

Brief an das Wirtschaftsamt München
Februar 1946

An das Wirtschaftsamt München – Abtlg. »Kohlen«

Mir wurden II Zentner Kohlen spendiert;
Die Zeit ist vorbei, in welcher mich friert.
Aber, was mach ich im Sommer? Wenn die Witterung heiß?
Das ist unerträglich, – man transpiriert Schweiß.
Vor Kälte erfrieren, vor Hitze verschmachten
Sind Gegenteilspole, die sind zu beachten!
Drum bitt' ich im Sommer um 10 Zentner Eis
O, glücklich der Mensch, der zu helfen sich weiß.
Ihre Hilfe tat wohl – sie hat Zweck und Sinn;
Ich danke ergebenst!
Karl Valentin.

Brief an den Bürgermeister von Grünwald
Dr. Hans Eberl

Planegg, Juli 1947

Laut Dena-Meldung trifft der bekannte Rittergutaufräumungs-
general Karl Valentin in nächster Zeit in Grünwald ein. Zu den
Empfangsfeierlichkeiten wurden auch von dem Rittergutsbesitzer
Dr. Eberl die Herren Rembremerding, Mr. Hepperdepperneppe,
Herr Wrdlprmpft und der Generalgouverneur der Menterschwaige
eingeladen. Nachdem das Flugzeug des Rittergutaufräumungsgene-
rals Karl Valentin in Reperatur ist, unternimmt letzterer die Reise
von Planegg nach Grünwald mit der Elektrischen. Das Festessen
findet voraussichtlich im Hausgang der Burg Grünwald statt und
besteht, der Zeit Rechnung tragend, aus Baumrindenkompott mit
Holzwollesalat, als Getränke Isarwasser. Der Empfang wird durch
den Münchner Viereckfunk übertragen.

Anhang

Zeittafel

1882   Valentin Ludwig Fey wird am 4.6. im damaligen München Vorort Au geboren; Mutter: Johanna Maria Fey, geborene Schatte, Vater: Johann Valentin Fey.

1888–1896   Besuch der Volksschule und anschließend der Privatschule von Dr. F. Ustrich in München.

1897–1899   Schreinerlehre in der Münchner Schreinerei Hallhuber. Parallel bis 1902 Auftritte als Vereinshumorist.

1900–1902   Anstellung als Geselle in wechselnden Schreinereien.

1902   Unterricht in der Münchner Varietéschule bei dem Komiker Hermann Strebel. 1.–7.10. erstes Engagement im Varieté Zeughaus, Nürnberg. Nach dem Tod des Vaters am 7.10. muß Valentin zurück nach München, um mit seiner Mutter die väterliche Speditionsfirma Falk und Fey zu leiten.

1905   19.10. Geburt der ersten unehelichen Tochter Gisela; Mutter: Gisela Royes, seit 1899 als Dienstmädchen bei der Familie Fey. Die Tochter wächst bei den Großeltern mütterlicherseits in der Oberpfalz auf.

1906   Verkauf der Speditionsfirma wegen Zahlungsunfähigkeit.

1907   Erste Tournee unter dem Künstlernamen Charles Fey mit einem seit 1903 selbstgebastelten Musikapparat »Das lebende Orchestrion«. Diesen erfolglosen Versuch einer Künstlerkarriere bricht Valentin nach wenigen Monaten in Berlin ab und kehrt nach München zurück.

1908	Geglückter Auftritt im Münchner »Baderwirt«; Josef Durner engagiert ihn mit seinen Monologen und Couplets – darunter »Das Aquarium« – für seine Volkssängerbühne im »Frankfurter Hof« (ab Juni 1909).
1910	21.9. Geburt der zweiten Tochter Berta, genannt Bertl. Ab Juni Auftritte im »Konzerthaus Wagner«, München.
1911	Valentin lernt spätestens jetzt die damalige Verkäuferin Elisabeth Wellano kennen, die ab 1.6. 1911 im »Frankfurter Hof« als Soubrette auftrat und ab 1913 unter dem Namen Liesl Karlstadt seine Partnerin auf der Bühne und im Leben wird. Valentin überredet sie zum komischen Fach. 31. 7. Heirat mit der Mutter seiner zwei Töchter, Gisela Royes.
1912	Karl Valentin dreht » Karl Valentins Hochzeit«, seinen ersten Film.
1913	Er eröffnet sein eigenes Filmatelier. Erste gemeinsame Auftritte von Karl Valentin und Liesl Karlstadt – zunächst in getrennten Stücken innerhalb eines Abendprogramms, dann zusammen in der Szene »Schuhplatten Text. Alpensängerterzett«.
1914–1918	Valentin gibt in zahlreichen Lazaretten Vorstellungen für verwundete Kriegssoldaten.
1915	Valentin wird zusammen mit Liesl Karlstadt Direktor des bekannten Kabaretts »München – Wien«, dem Theatersaal im Hotel Wagner (bis Dezember 1916), München. Ab Juni regelmäßige Auftritte mit Liesl Karlstadt in München, u.a. im »Frankfurter Hof«, »Cabaret Benz«, »Serenissimus«, »Annenhof«, »Hofbräuhaus«, »Kammerbrettl Salim«, »Charivari«, »Kolosseum«. Ihre Zusamenarbeit wurde durch Karlstadts

nervlich bedingte Krankheiten und ihren Selbstmord-
versuch 1935 unterbrochen sowie durch ihre erfolg-
reichen Bemühungen, als Schauspielerin von Valentin
unabhängig zu werden und an etablierten Bühnen zu
spielen. Valentins eigenes Verzeichnis absolvierter
Engagements ist bis 1940 gut gefüllt; danach tritt er
nur noch vereinzelt auf.

1922   16.8.–31.8. Gastspiel in Zürich, »Bonbonniere«. Der
Film »Mysterien eines Frisiersalons« mit Karl Valentin, Liesl Karlstadt, Bertolt Brecht u. a. wird gedreht.
Gastspiel in den Nachtvorstellungen der »Kammer-
spiele« mit Bertolt Brecht und Joachim Ringelnatz.

1923   24. 1. Tod der Mutter. Februar, April und Mai Auftritte
mit »Theater in der Vorstadt« in den Münchner
»Kammerspielen«. Gastspiele in Wien (März, November und Dezember) und Zürich (Juni).

1924   1.4. Uraufführung der »Raubritter vor München« in
den Münchner »Kammerspielen«. Erstes Gastspiel in
Berlin (September, Oktober).

1925   Gastspiele in Zürich in der »Bonbonniere« (Januar,
März). Wiederholte Auftritte in den »Kammerspielen«
und im »Deutschen Theater«, München. Uraufführung
von »Der Bittsteller« (1. 1. »Bonbonniere«), »Die zwei
Elektrotechniker oder ›Der reparierte Scheinwerfer‹ «
(13.6. »Cherubin-Palast«) in München.

1926   5.5. Uraufführung von »Das Brilliantfeuerwerk. Ro-
senau« im »Deutschen Schauspielhaus«, München. Ab
1926 spielt der Münchner Josef Rankl mit Valentin und
Liesl Karlstadt in den »Raubrittern vor München« (im
»Varieté Kolosseum«), der dann jahrelang wichtigster
Mitarbeiter Valentins ist.

1928	14. 1.–28. 2. Gastspiel im »Kabarett der Komiker«, Berlin, vor stets ausverkauftem Haus. Valentin steht jetzt mit seiner Partnerin Liesl Karlstadt auf dem Höhepunkt seiner Karriere und seiner Gagenforderungen. Ab Juni wiederholte Schallplattenaufnahmen.
1929	Der Film »Der Sonderling« von Walter Jerven, in der Hauptrolle Karl Valentin, wird gedreht. Ab November Gastspiel in Berlin (bis 15. 1. 1930)
1931	Karl Valentin hat ein eigenes Theater, den »Goethesaal« im Münchner »Hotel Wagner«, Leopoldstraße 46a (28. 2.–24. 4.).
1932	Tournee in Bayern (Oktober, November).
1934	Betrieb des »Panoptikums« in München (21. 10.–31. 12. 1934, 4. 5. 1935–16. 11. 1935) in den Kellerräumen vom Hotel Wagner.
1936	Der Film »Die Erbschaft«, Regie Jacob Geis, entsteht im April – wird aber von der nationalsozialistischen Zensur verboten. Im Juli wird der Film »Der Bittsteller« gedreht, im August »Donner, Blitz und Sonnenschein« (Regie beider Filme: Erich Engels).
1937	Schallplattenaufnahmen: »Im Senderaum«, »Firmling«, »Orchesterprobe«. Dritter Versuch mit dem »Panoptikum« im Färbergraben 33 vom 18. 6. 1937 – 1. 3. 1938, wozu er Liesl Karlstadt noch im Sommer 1937 schreibt: »sonst nichts Neues Geschäft überall schlecht auch im Scheißkeller«. Valentin ruinierte mit diesem Theaterprojekt sowohl seine eigene finanzielle Situation als auch die von Liesl Karlstadt.

1939	Betrieb des Panoptikums, Kabaretts und Lokals »Ritterspelunke« im Färbergraben 33, München (17. 7. 1939–1942, danach verpachtet sie Valentin); keine regelmäßigen Auftritte dort. Valentin spielt jetzt viel mit Annemarie Fischer.
1940	Vorerst letzte Auftritte mit Liesl Karlstadt im »Deutschen Theater«, München (August, November). Mehr als die Hälfte des Jahres hat Valentin kein Engagement mehr. Diese Situation verschlimmert sich bis zu seinem Tod weiter.
1941	Valentin zieht mit seiner Familie nach Planegg und gibt seine Münchner Stadtwohnung auf.
1942–1945	Er schreibt Artikel für die »Münchner Feldpost«, an die Soldaten im Krieg gerichtet. Ab 1942 hat er bis kurz vor seinem Tod gar keine Auftritte mehr.
1943	Valentin schreibt sein letztes Theaterstück »Familien-Sorgen«.
1945	Er versucht mit selbstgebastelten Haushaltsartikeln Geld zu verdienen.
1946	Die Hörfunksendungen »Es dreht sich um Karl Valentin« und »Oktoberfest« werden frühzeitig abgesetzt; Valentin hat kein Publikum mehr.
1947	Gastspiel im »Bunten Würfel«, München, mit Liesl Karlstadt (11.–15. 12).
1948	Gastspiel mit Liesl Karlstadt im »Simpl«, München (1.–15. 1.), im »Bunten Würfel« (20.–31. 1.). 9. 2. Tod Karl Valentins, 11. 2. Beerdigung auf dem Waldfriedhof, Planegg.

Nachwort

»Das Beste von Karl Valentin« vereint seine unterhaltsamsten Dialoge und Monologe, amüsante Szenen und Sketche, abendfüllende
Theaterstücke, Lieder und Couplets wie auch einige seiner interes-
santesten Filmprojekte. Bekannte Texte stehen hier neben weniger
geläufigen, damit auch langjährigen Valentin-Lesern Neuent-
deckungen möglich sind. Urbayerische Wortgefechte wie »Semmelknödel« mit ihrem einmaligen Disput über die notwendige Bezeichnung »Semmel*n*knödeln« oder die doch ausreichenden
»Semmelknödeln« stehen neben hochdeutschen Texten wie »Der
neue Buchhalter«, der über die sieben Herren namens Meier mit
jeweils anderer Schreibweise verzweifelt und sich zu der Ausflucht
rettet: »Zusperren und keinen hereinlassen«. Ausgewählte Briefe
runden den Band ab und zeigen, wie eng Valentin und seine Welt-
sicht der kleinen Dinge mit dem Menschen Karl Valentin verknüpft
sind. Wer außer einem Vollblutkomiker hätte wohl im Winter 1946
auf eine Kohlenspende der Stadt dem Wirtschaftsamt geschrieben,
daß er statt dessen lieber Eis für den Sommer hätte? Und welcher
Vater würde seiner erwachsenen Tochter eine Rechnung für ihre
bisherige Existenz präsentieren, die von 20.- Reichsmark Hebam-
menkosten über 21 Jahre Mahlzeiten à 1.- Reichsmark bis hin zu
Briefmarken und Telefongesprächen reicht? Seine Bühnenstücke
wie auch seine privaten Texte sind noch heute Zeugnis eines Ori-
ginals.

Die Reihenfolge der Dialoge, Monologe, Szenen etc. richtet sich
nach ihrer Entstehung, die jeweils unter dem Titel vermerkt ist.
Dem Leser liegt die ganze Schaffensspanne Karl Valentins vor: von
seinen Anfängen mit dem beliebten »Aquarium« von 1907 und dem
»Alpensängerterzett« von 1911 über das weitverbreitete »Brilliantfeuerwerk. Rosenau« von 1926 und die Filmszenen auf »Schloß
Grünwald« von 1939 bis hin zu den späten, teils zeitkritischen Texten wie »Verstehst nix von der Politik«. Sein darin enthaltener Hit-
ler-Witz löst noch heute manches Schmunzeln aus – zugleich aber

Anerkennung für einen Komiker, der 1945 wenige Monate nach dem überstandenen Naziregime schreibt: »da Hitler hat a Glück g'habt, daß er net Adolf Kräuter g'hoaßn hat, sonst hätt'n ma schrein... ›Müassn‹ Heil Kräuter!« Und in der Techniksatire »Die Atombombe« schafft Valentin den einmaligen Begriff »das Katastrophal« für die lebensbedrohliche Bombe – eine Bezeichnung, die noch heute manche Atomgegner verwenden könnten, wenn sie sie kennen würden.

Karl Valentins Themen

Valentin holt seine Themen aus dem Alltag und seinem nächsten Umfeld. Seine Zuschauer kennen die kleinen Szenen genau, haben sie x-mal selbst erlebt und müssen doch immer wieder lachen, wenn ihnen vorgeführt wird, wie Mann und Frau aneinander vorbeireden und -denken. Valentin entzieht den Gesprächspartnern die gemeinsamen Selbstverständlichkeiten im Denken und Handeln – und schon setzen die Mißverständnisse und mit ihnen die Komik ein.

Nicht selten herrscht in Valentins Bühnenszenen am Ende das Chaos; alles läuft auf die Aufhebung gewohnter Regeln, die Zerstörung des Bekannten hinaus. Er führt seine Zuschauer bewußt an den Rand der Vernunft. »Nieder mit dem Verstand – es lebe der Blödsinn« endet »Die Geldentwertung«.

Seine gedanklichen Verbindungen sind oftmals grotesk, seine Ratschläge skurril. Wenn er im Monolog »All Heil!« als Radfahrer auftritt, sagt er: »und mir tut das Radfahren gut, a jeder kanns net vertragen, da muß ma guat beinand sei, vor allem gsund auf der Brust *(husten)* , jetzt ich halt auch was auf meine Gesundheit, ich leb auch darnach. Bei mir heißts in der Früh um 11 Uhr raus ausn Bett, a paar gute Zigaretten graucht, z'Mittag a Paar Regensburger in Essig und Öl, recht sauer, das macht Blut.« Darüber konnten nicht nur 1910 die Anhänger von Pfarrer Kneipp und Turnvater Jahn lächeln; das treibt auch noch heute manchem Sportfanatiker nebst Kritikern des Fitneßbooms das Wasser in die Augen.

Generell sind die Monologe Selbstgespräche vor Publikum. Valentin reiht Assoziationen und Gedanken scheinbar wahllos aneinander, spricht aus, was immer ihm durch den Kopf rauscht. Und doch will er mit dem nur scheinbar Unsinnigen etwas ausdrücken: Alles ist möglich! Nichts ist endgültig! Selbst etwas so eindeutig Erscheinendes wie Alter und Zeit sind nur relativ: »Sehen Sie, weil wir gerade von einer Uhr reden, mein Uhrgroßvater lebt nämlich noch, und dem wurde vor kurzer Zeit seine Uhr gestohlen. Seit dieser Zeit ist er jetzt jünger, denn jetzt ist er nur noch ›Großvater‹.« (»Die Uhr von Löwe«) Das ist eine geradezu klassisch valentineske Logik. Man kann Kurt Tucholsky nur zustimmen, wenn er in seinem Porträt »Der Linkshänder« Valentins Komik einen »Höllentanz der Vernunft um beide Pole des Irrsinns« nennt.

Valentin karikiert auf der Bühne die kleinen täglichen Sorgen; zwar zeigt er nur selten einen realistischen Ausweg aus der Misere, wohl aber bringt er sein Publikum zum Lachen. Und das war zwischen verlorenem Erstem Weltkrieg, Schwarzem Freitag und Währungsreform, den Nationalsozialisten und dem Zweiten Weltkrieg dringend erforderlich. Im Dialog »Das Hunderl« rührt das ganze Problem daher: »ich kann meinem Hund nicht zumuten, daß er aufs W.C. geht.« Und da der Hundebesitzer mit dem Gassigehen bei seinen Mitmenschen angeeckt ist, kommt er zu der Lösung: »ich laß ihn einschläfern und ausstopfen.« »Da ham's recht, dann braucht er sein G'schäfterl nimmer ausüben, dann hat er für immer ausgeschäftelt.« Valentin bietet Unterhaltung, leichte Kost mit Witz, aber so manches Mal auch mit Tiefgang.

Valentin sympathisiert ganz offen mit dem einfachen Volk; erfolgreiche Geschäftsmänner und das gehobene Bürgertum sind eher eine Zielscheibe für seinen Spott. Auch die Inflationsgewinnler sind ihm ein Graus, das zeigt er deutlich im Monolog »Kreszenz Hiagelwimpft«, wo die Bildung mit dem Reichtum bedauerlicherweise nicht mitgewachsen ist: »Blos 's Mai wenn ma aufmacha, dann san ma verlorn, dann hauts uns naus aus der Rolln, zwega der Haidhauser Grammatik.« Das heute eher schicke Haidhausen im Osten Münchens war zu Valentins Zeit ein Viertel der kleinen Leute.

Thematisiert Valentin die großen Probleme seiner Zeit, geschieht es fast unbemerkt am Rande, aber doch so, daß es dem aufmerksamen Zuhörer nicht entgeht. Die laute Kritik liegt Valentin nicht. Seine Darstellung sozialen Elends, wirtschaftlicher Not und der negativen Auswirkungen des Krieges sind subtil, nicht selten ironisch – immer mit einem äußerst kritischen Seitenblick auf die Verantwortlichen. Meist schleicht sich die Realität von Not und Elend in Nebensätzen in seine Dialoge und Monologe. Die »Funk-Reportage« endet 1947 mit den Worten: »25 Uhr mitteleuropäischer Hungerszeit – Verzeihung – Normalzeit.«

Auch der tragische Ausgang einer Szene enthält immer einen Schuß Komik. Im Dialog »Verstehst nix von der Politik« macht Valentin 1945 eine seiner seltenen politischen Äußerungen. »B. Aber Dei ganze politische Anschauung is ja nur a Kas gwesn, denn wenns nach Deiner Ansicht ganga wär, hättn mir den Kriag verlorn. A. Mir ham ihn ja verlorn! B. Dös weiß i scho! Ja moanst Du, daß Du alloa bloß an Kas daher gredt hast?« Der Monolog »Die Brennnessel« von 1937 wird in seiner Bedeutung erst verständlich, wenn man weiß, daß der Zentralverlag der NSDAP Eher Verlag hieß und eine Zeitschrift namens »Brennessel« herausgab, in der Valentin gelegentlich publizierte. Wie auch in seinen späteren Artikeln in der »Feldpost« für die Soldaten an der Front war er hier weder Kritiker noch Befürworter des NS-Regimes. Valentin verstand sich als unpolitisch und ist nie in die Partei eingetreten – sicherlich einer der Gründe für seine nachlassenden Auftrittsmöglichkeiten.

Karl Valentin und Liesl Karlstadt auf der Bühne

An seiner Wiege hat es dem Sohn einer sächsischen Mutter und eines Vaters aus dem hessischen Darmstadt niemand gesungen, daß ihn die berufliche Karriere auf die Bretter der bayerischen Volkssängerbühnen und Kabarette führen sollte. Und doch entschied Valentin sich früh und ohne finanzielle Absicherung für eine Komikerkarriere, die den Münchner bis ins berühmte Berlin der zwanziger und dreißiger Jahre, nach Wien und Zürich brachte. Wenige

Tage nach seinem Tod schrieb Thomas Mann am 20. 2. 1948 an seinen Bruder Viktor: »Valentins Tod ist mir nahe gegangen. Er war ein völlig einmaliges Gewächs.«

Schon seine Figur, dieser langgezogene, hagere Körper mit den endlosen Beinen, und die ausgeprägte Nase, die er am Schminktisch gern noch verlängerte, verpflichteten geradezu zum Komikerberuf. Bertolt Brecht sagte über ihn: »Er ist selbst ein Witz.« Und so zimmerte sich Valentin seine Rollen auf den Leib. Der frühe Monolog »Ich bin ein armer, magerer Mann« ist da nur ein extremes Beispiel. Valentin spielt sich selbst und lebt seine Rollen. Der Übergang vom Schauspieler zum Menschen, von den Monologen und Dialogen zu privaten Äußerungen ist fließend.

Sein ideales Gegenstück fand er in der eher rundlichen, von Statur her kleinen Liesl Karlstadt. Ihre Standfotos belegen ihr schauspielerisches Können noch heute. Sie überzeugte mit jeder Figur, denn ihr Verwandlungsgeschick war außergewöhnlich: Im »Überängstlichen Hausverkäufer« spielt sie einen potentiellen Hauskäufer, der irritiert nach der Toilette fragt und auf den Hinweis, »Der Wald ist 5 Minuten von hier entfernt« noch einmal nachfragt: »Ja, aber bei Nacht?« »Auch nur 5 Minuten«, lautet die Antwort. Der Hausverkäufer ist nur ein Beispiel ihrer zahlreichen Hosenrollen, die sie beim Publikum unvergeßlich machten. Sie hat in vielen Rollen keine Hemmungen gehabt, als Mann, Jugendlicher oder häßliche Alte in wenig attraktivem Gewand aufzutreten.

Wie eng Karl Valentin die Verknüpfung seiner eigenen Person und der Liesl Karlstadts mit ihren Bühnenrollen sah, wird an seinen Personenbezeichnungen deutlich: Nur selten macht er sich die Mühe, fiktive Namen zu erfinden. Im »Brilliantfeuerwerk. Rosenau« spielen Karl und Liesl, »Beim Tiefsee-Taucher« und in dem Film »Münchner Fremdenrundfahrt« stehen Personen namens Karlstadt und Valentin auf der Bühne. Im »Hasenbraten« schließlich streiten ein Mann und seine Frau Elisabeth. Bei dieser Identität ist es denn auch nicht verwunderlich, daß beide in den Manuskripten ihrer Texte die Namen auf die unterschiedlichste Weise abkürzen. Dies ist in diesem Band exakt übernommen und zeigt die Authentizität der Texte. In der Filmszene »Sie weiß etwas« läßt Valentin Liesl Karlstadt sogar ihre eigene Situation als Schauspielerin auf die Bühne tragen. Sie spielt als Aprilscherz das Stubenmädchen einer befreundeten Familie, und alle amüsieren sich auf Kosten des eingeladenen Barons, der dem Dienstmädchen schließlich einen Heiratsantrag macht, aber von der »Schauspielerin Liesl Karlstadt« einen Korb bekommt.

Die gemeinsame Arbeit von Karl Valentin und Liesl Karlstadt ging weit über das Bühnenspiel hinaus. Leider wird nur zu häufig übersehen, daß Liesl Karlstadt einen erheblichen Anteil der Texte mitverfaßte, Änderungen vorschlug, Texte überarbeitete und nach den Proben oder Auftritten Stegreifveränderungen einarbeitete. Das ergab sich schon aus Valentins Unvermögen, seine Texte auswendig zu lernen und sich später exakt an die Vorlagen zu halten. Er war ein Meister der Variation – und Liesl Karlstadt war eine Meisterin der dadurch notwendigen Improvisation und Anpassung. Daß sie ihm während der gesamten gemeinsamen Bühnenkarriere immer wieder die Stichworte zuflüsterte und häufig genug ganze Textpassagen soufflierte, blieb dem begeisterten Publikum verborgen.

Auf dem Höhepunkt ihrer gemeinsamen Karriere rückte Valentin in das Blickfeld der Kritiker und erhielt wesentlich mehr Beachtung als Liesl Karlstadt. Da machte auch Bertolt Brecht keine Ausnahme, der im Oktober 1922 über Valentin schrieb: »Es ist nicht einzusehen, inwiefern Karl Valentin dem großen Charlie, mit dem er mehr als den fast völligen Verzicht auf Mimik und billige Psychologismen gemein hat, nicht gleichgestellt werden sollte, es sei denn, man legte allzuviel Gewicht darauf, daß er Deutscher ist.« (B. Brecht: Karl Valentin. In: Karl Valentin. Monologe. Piper, München 1966) Einige der Filme mit Karl Valentin und Liesl Karlstadt sind noch heute unvergessen und werden immer wieder im Fernsehen gezeigt. Volkstheater spielen nach wie vor ihre Stücke.
Valentins wahres Talent zeigte sich am eindrucksvollsten auf den kleinen Volkssängerbühnen neben Liesl Karlstadt. Hier waren sie

ihrem geliebten Publikum am nächsten, hier traf Valentin all jene, für die er zeitlebens schreiben wollte: das einfache Volk von der Straße, die Familien von nebenan. Ihre Probleme bringt er als komische Szenen unterhaltsam auf die Bühne. Ob es die genervte Hausfrau ist, die über den Streit um eine zu heiße Suppe mit dem Ehemann den Hasenbraten anbrennen läßt (»Der Hasenbraten«) oder der entnervte Buchbinder Wanninger, der nur eine kurze Information am Telefon weitergeben möchte, doch an zehn falsche Personen vermittelt wird und sich schließlich auf die Bemerkung »wir haben jetzt Büroschluß!« auch noch selbst entschuldigt (»Telefon-Schmerzen. Buchbinder Wanninger«) – jeder kann sich in Valentins Stücken wiedererkennen. Liesl Karlstadts Talent zeigte sich darüber hinaus in der Arbeit unter anderen Regisseuren und auf größeren Theaterbühnen wie den Münchner Kammerspielen, wo sie ohne Karl Valentin große Erfolge feierte.

Aber die gemeinsame Karriere von Liesl Karlstadt und Karl Valentin hatte auch eine Schattenseite. Wann immer Valentin kaufmännisch tätig wurde, endete es in einem Fiasko. Am 23. 2. 1931 erhielt Valentin die polizeiliche Genehmigung, im Goethesaal, Leopoldstraße 46a Theater- und Varietéveranstaltungen durchzuführen; am 30. 4. 1931 schrieb er an Oberinspektor Gabler von der Münchner Polizeidirektion: »Ich ziehe mit heutigem meine Theaterkonzession zurück.« Er hätte das heruntergewirtschaftete Theater umbauen müssen, dafür war aber nicht genügend Geld vorhanden. Das museumsartig eingerichtete »Panoptikum« war insgesamt 17 Monate geöffnet und fand nur wenig Anklang beim Publikum; die »Ritterspelunke« war zweieinhalb Jahre in Betrieb, doch nur während eines Bruchteils dieser Zeit fanden schlecht besuchte Aufführungen statt. All diese Unternehmungen verschlangen Geld von Valentin wie von Liesl Karlstadt, die manchmal zu sehr an ihren Partner glaubte. Ernst Hoferichter erinnert sich: »Mit einem runden Vermögen in der Hand begann aber schon die Katastrophe. Inmitten der Innenstadt baute er ein Kellergewölbe zu einem Panoptikum aus, das Tausende verschlang. Schon der Anfang war mit Unheil gepflastert. Die Polizei mußte einschreiten, weil Valentin ein echtes Schafott zur Schau gestellt hatte, mit dem einst in Hamburg 40 Mörder hingerichtet wurden... Und der Besuch, der schon anfangs schwach einfiel, wurde täglich armseliger. Als Valentin seine Schaubude schloß, da hatten er und die Karlstadt ihr ganzes erspartes Vermögen verloren. Ich mußte es erleben, daß beide im Café Gröber wortlos in der hintersten Ecke saßen und die Liesl heulte, daß man die Tränen auf das Marmortischchen fallen sah.« (Karl Valentin: Monologe. Piper, München 1966)

Karl Valentin und die Bayern

Valentin verstand sich als Münchner Komiker. Aus seiner Heimatstadt bezog er einen Großteil seiner Themen, und »seine« Münchner sprach er in vielen Stücken und Dialogen direkt an. Noch heute ist er aus dem Umfeld von Hofbräuhaus und Oktoberfest, Zithermusik und Semmelknödeln nicht fortzudenken. Nicht umsonst stehen die Raubritter bei Valentin immer vor München – ob er sie nun in einem Film oder auf kleinen Volkssängerbühnen aufmarschieren läßt. Und daß Valentins Nachrichten »Neues vom Starnberger See« heißen, versteht sich von selbst.

Die Werke Karl Valentins blieben jedoch nach seinem Tod 1948 zum größten Teil nicht in seiner geliebten Heimatstadt. So sehr er seine Münchner geschätzt hatte, sie interessierten sich ab den vierziger Jahren immer weniger für ihn.

So kam sein literarischer Nachlaß schließlich nach Köln, in die Theaterwissenschaftliche Sammlung Köln-Wahn, ein Name, der den alten Komiker sicher zu einigen satirischen Versen animiert hätte.

Valentins Münchner Elternhaus in der Zeppelinstraße 41 im heutigen Stadtteil Au stand lange Jahre verwaist, bis es im Juli 1997 ein Privatmann kaufte und die Sanierung und der Umbau in fünf kleine Stadthäuser auf dem Gelände des ehemaligen Fuhrunternehmens begann. Valentin selbst hätte sicher gern eines davon bezogen, als er sich kurz nach Kriegsende auf der Suche nach einer Stadtwohnung an das Münchner Wohnungsamt wandte, da er wieder in München auftreten wollte. Doch die Wohnung fand er ebensowenig wie einen beruflichen Anschluß an den einstigen Erfolg.

Karl Valentins Sprache

Valentin schrieb seinen Dialog »Vergeßlich« ursprünglich mit zwei s, wechselte in den Nebensätzen munter von dass zu daß und schrieb den bayerischen Dialekt mal mit, mal ohne Apostroph. Einmal tönt es: »Grüass Gott!«, dann wieder »Grüß Gott!« Ein genauer Blick in Valentins Werk zeigt deutlich, daß ihm die Schreibweise nicht am Herzen lag. So wird in der Bühnenszene »Die Mutter« die Hauptperson von ihren Kindern mit »Muatter« angesprochen, doch der Titel ist hochdeutsch.

Valentin schrieb, wie ihm der Schnabel gewachsen war, einmal mehr, einmal weniger Dialekt. Neben dem münchnerischen oder bayerischen flocht er selbst den mütterlichen sächsischen Dialekt gelegentlich ein. Im »Ballgespräch« plaudert die junge Dame Schweizerdeutsch und antwortet auf die Frage: »Was Sie nicht sagen, schwitzt Ihr Herr Papa auch so leicht?« »Hä, er isch jo en geborene Schwyzer!«

Daß Valentin die Dialekte nutzte, um seine Späße über bayerischpreußische Konflikte zu verbalisieren, versteht sich bei einem Münchner Original von selbst. Und das kann so weit führen wie im Dialog »Zeuge Winkler«, wo der aufgebrachte bayerische Gerichtszeuge schließlich nach einem Dolmetscher verlangt! Auch privat soll Karl Valentin häufig und vor allem problemlos von der Mundart ins Hochdeutsche gewechselt haben.

Und noch eine Eigenart zieht sich durch das ganze Werk: Valentin liebt Begriffe mit zwei Bedeutungen. Auf ihnen baut er seine komisch-tragischen Mißverständnisse auf. Mit ihnen zeigt er, daß Sprache keineswegs ein präzises Kommunikationsmittel ist. Er nimmt die Wörter wörtlich, und schon ist die Kommunikation gestört. Als die Frau im Dialog »Hasenbraten« wütend ausruft: »ich lauf noch auf und davon!«, reagiert ihr Mann direkt: »Auf brauchst gar nicht laufen, nur davon! – Genügt mir vollständig!« Mit der gleichen Logik fragt Simmerl »Am Heubod'n«: »Hast dös jetzt g'hört, wia i nix g'redt hab?«

Ein wichtiges Element in Valentins Komik liegt in der Umstellung einzelner Wörter. So animiert der Monolog »Der Photograph« mit dem Satz zum Lachen: »Seit 1 1/4 Jahr apparate ich mit dem Photograph – umgekehrt wollte ich sagen, photographiere ich mit dem Apparat und krieg nichts fertig.« Letzteres glauben ihm die Zuhörer sofort!

Nicht selten entdeckt Valentin ganz neue Bedeutungen eines Wortes und zieht sie ins Komische: »Auf einmal ist doch ein anderer Wind kommen und das Feuer hat aufg'hört am Abend und seit dieser Zeit haben wir zur Erinnerung an das große Feuer alle Abend – Feierabend.« (»Der Feuerwehrtrompeter (Signalist)«)

Oder er erfindet neue Wörter: »ich hab' nämlich früher in der Sendlingerstraße gewohnt. Das heißt, nicht *in* der Sendlingerstraße, das wäre ja lächersam – in der Sendlingerstraße könnte man ja gar nicht wohnen, weil immer die Straßenbahn durchfährt.« (»Das Aquarium«) Ganz nebenbei wird hier eine wohlvertraute Redewendung auf ihre reale *Möglichkeit* überprüft und so in den Bereich des »Lächersamen« überführt.

Eine Sprache nahm Valentin immer wieder aufs Korn: die Wissenschaftssprache, von der er persönlich fasziniert war und die er zu gern lächerlich machte. »Wenn man nun eine Parallele zieht zwischen den Befreiungskriegen und dem Fortschritt der Farbenphotographie, so verknüpft sich in einem selbst der Gedanke an Maria Stuart, als sie auf der Ruine von Karthago stehend ausrufte: ›Ist denn kein Stuhl da für meine Hulda?‹« (»Historisches«)

Editorische Notiz

Alle hier im Band versammelten Texte folgen der Ausgabe Sämtliche Werke in acht Bänden, herausgegeben von Helmut Bachmaier und Manfred Faust, Piper, München, 1991 bis 1997, in der Interessierte weiterlesen können. Zur leichteren Lesbarkeit wurde lediglich die Schreibweise ss und ß, i und j vereinheitlicht; die eckigen Klammern, mit denen die kritische Gesamtausgabe verbesserte Tippfehler kenntlich macht, wurden aus dem gleichen Grund getilgt.

Elisabeth Veit

Bildnachweis

Valentin-Musäum, München S. 11
Stadtarchiv München S. 77, 92, 144, 188, 303, 363
Stadtmuseum München S. 331
Staatsarchiv Freiburg, Sammlung Willy Pragher S. 139

PIPER

Karl Valentin
Semmelnknödeln

Das Beste aus seinem Werk. 307 Seiten. Halbleinen.

Dieser Band enthält die besten Monologe, Szenen und
Couplets des einzigartigen Münchner Komikers, der längst
zu einem modernen Klassiker des Absurden geworden ist.

»Hoffentliche Käuferinnen und Käufer dieses Karl-
Valentin-Buches! Der Moment eines jahrhundertelangen
Wunsches ist nun in Erfüllung getreten. Schon Nepomuk
der Trotzige meinte, es müßte ein Karl-Valentin-Buch
erscheinen, welches zum Umblättern geeignet ist und von
groß und klein gelesen werden kann. Das Buch liegt heute
vor uns!«
Karl Valentin